2016年世界发展数据手册

世界银行　著

中国财经出版传媒集团
中国财政经济出版社

目录

致谢

《2016 年世界发展数据手册》是由 Bala Bhaskar 领导、Neil Fantom 管理的小组编撰，小组成员包括 Azita Amjadi、Maja Bresslauer、Tamirat Chulta、Liu Cui、Mahyar Eshragh-Tabary、Juan Feng、Saulo Ferreira、Masako Hiraga、Haruna Kashiwase、Buyant Erdene Khaltarkhuu、Tariq Khokhar、Elysee Kiti、Hiroko Maeda、Malvina Pollock、William Prince、Evis Rucaj、Umar Serajuddin、Sun Hwa Song、Rubena Sukaj、Emi Suzuki、Jomo Tariku 和 Dereje Wolde，并且与主管发展经济学的副行长属下的发展数据小组密切合作。本项工作是在 Haishan Fu 的管理下完成的。Barton Matheson Willse & Worthington 公司对本书进行了排版。世界银行出版局的工作人员负责监督本书的出版和发行。

引 言

《2016 年世界发展数据手册》是《2016 年世界发展指标》的袖珍版。它旨在为《2016 年世界发展指标》数据库、印刷版和移动应用程序的使用者提供一个快捷的参照。《世界发展指标》数据库囊括了横跨 50 多年的 1300 多项指标，可在网站 data. worldbank. org 上获得。

《世界发展数据手册》的国别篇共 214 页，提供了人口在 3 万以上的世界银行成员国及其他经济体最新可获得的数据。综述部分 12 页，涵盖了按地区和收入组别划分的合计数。

欲知有关这些数据或世界银行其他数据类出版物的更多信息，请访问我们的数据网站：data. worldbank. org；或给我们发电子邮件至 data@ worldbank. org；或拨打我们的热线电话：800 - 590 - 1906 或 202 - 473 - 7824，传真：202 - 522 - 1498。

欲订购《2016 年世界发展指标》（英文版），请访问世界银行出版物网站：www. worldbank. org/publications，或拨打电话：800 - 645 - 7247 或 703 - 661 - 1580，传真：703 - 661 - 1501。

关于数据的说明

本书数据为2000年、2010年和2014年或最近年份可获得的数据，正文表或者词汇表中另有说明的除外。

- 增长率指与前一年相比的变化比例，另有说明的除外。
- 斜体数字表明该数据是几年或者一段时期的，而不是特定年份的数据。

符号用法：

..	指该数据不可获得，或由于数据缺失而无法算出合计数。
0 或 0.0	指零或很小，小数位的数字四舍五入为零。
$	为现值美元。

一些国家的表中标有字母的注释，见第230页的“注释”。

本书提供了人口在3万以上以及世界银行较小成员经济体的数据。“国家”（与“经济体”交替使用）一词并不意味着政治的独立或世界银行对其地位的官方认可，而是指任何一个其当局分别报告了社会或经济统计数据的经济体。

本书所选的指标，包含了那些用于检测可持续发展目标进展情况的指标。要了解有关17个目标的更多信息——在2030年前消灭贫困、保护地球并确保共同繁荣——请参阅《2016年世界发展指标》类别的其他图书。

本书数据截止日期为2016年2月24日。

地区篇

各地区的国家构成是基于世界银行为进行分析而做的地区划分，可能与通用的地理划分有别。

东亚和太平洋地区

美属萨摩亚、澳大利亚、文莱、柬埔寨、中国、斐济、法属波利尼西亚、关岛、中国香港、印度尼西亚、日本、基里巴斯、朝鲜、韩国、老挝、中国澳门、马来西亚、马绍尔群岛、密克罗尼西亚联邦、蒙古、缅甸、新喀里多尼亚、新西兰、北马里亚纳群岛、帕劳、巴布亚新几内亚、菲律宾、萨摩亚、新加坡、所罗门群岛、泰国、东帝汶、汤加、图瓦卢、瓦努阿图、越南

欧洲和中亚

阿尔巴尼亚、安道尔、亚美尼亚、奥地利、阿塞拜疆、白俄罗斯、比利时、波斯尼亚和黑塞哥维那、保加利亚、海峡群岛、克罗地亚、塞浦路斯、捷克共和国、丹麦、爱沙尼亚、法罗群岛、芬兰、法国、格鲁吉亚、德国、希腊、格陵兰、匈牙利、冰岛、爱尔兰、马恩岛、意大利、哈萨克斯坦、科索沃、吉尔吉斯共和国、拉脱维亚、列支敦士登、立陶宛、卢森堡、前南马其顿、摩尔多瓦、摩纳哥、黑山、荷兰、挪威、波兰、葡萄牙、罗马尼亚、俄罗斯联邦、圣马力诺、塞尔维亚、斯洛伐克、斯洛文尼亚、西班牙、瑞典、瑞士、塔吉克斯坦、土耳其、土库曼斯坦、乌克兰、英国、乌兹别克斯坦

拉丁美洲和加勒比地区

安提瓜和巴布达、阿根廷、阿鲁巴、巴哈马、巴巴多斯、伯利兹、玻利维亚、巴西、开曼群岛、智利、哥伦比亚、哥斯达黎加、古巴、库拉索、多米尼克、多米尼加共和国、厄瓜多尔、萨尔瓦多、格林纳达、危地马拉、圭亚那、海地、洪都拉斯、牙买加、墨西哥、尼加拉瓜、巴拿马、巴拉圭、秘鲁、波多黎各、荷属圣马丁、圣基茨和尼维斯、圣卢西亚、法属圣马丁、圣文森特和格林纳丁斯、苏里南、特立尼达和多巴哥、特克斯和凯科斯群岛、乌拉圭、委内瑞拉、美属维尔京群岛

中东和北非

阿尔及利亚、巴林、吉布提、埃及、伊朗、伊拉克、以色列、约旦、科威特、黎巴嫩、利比亚、马耳他、摩洛哥、阿曼、卡塔尔、沙特阿拉伯、叙利亚、突尼斯、阿拉伯联合酋长国、西岸和加沙、也门

北美

百慕大、加拿大、美国

南亚

阿富汗、孟加拉国、不丹、印度、马尔代夫、尼泊尔、巴基斯坦、斯里兰卡

撒哈拉以南非洲地区

安哥拉、贝宁、博茨瓦纳、布基纳法索、布隆迪、佛得角、喀麦隆、中非共和国、乍得、科摩罗、刚果民主共和国、刚果共和国、科特迪瓦、赤道几内亚、厄立特里亚、埃塞俄比亚、加蓬、冈比亚、加纳、几内亚、几内亚比绍、肯尼亚、莱索托、利比里亚、马达加斯加、马拉维、马里、毛里塔尼亚、毛里求斯、莫桑比克、纳米比亚、尼日尔、尼日利亚、卢旺达、圣多美和普林西比、塞内加尔、塞舌尔、塞拉利昂、索马里、南非、南苏丹、苏丹、斯威士兰、坦桑尼亚、多哥、乌干达、赞比亚、津巴布韦

世界

人口(百万)	7,259.7	人口增长率(百分比)	1.2
陆地面积(千平方千米)	134,325	每天生活费用不足1.90美元的人口(占人口的百分比)	*12.7*
GNI,图表集法(10亿美元)	78,399.9	人均GNI,图表集法(美元)	10,799
PPP衡量的GNI(10亿美元)	108,477.1	PPP衡量的人均GNI(美元)	14,942

	2000	**2010**	**2014**
人口			
最贫困的20%人口占国家消费/收入的份额(百分比)	..	..	..
出生时的预期寿命(岁)	68	70	71
总生育率(每个女性生育数)	2.7	2.5	2.5
孕产妇死亡率(每十万次分娩)	341	246	216
避孕普及率(占15—49岁已婚女性的百分比)	60	*63*	..
在熟练医护人员护理下的分娩(占总数的百分比)	60	*68*	..
5岁以下儿童死亡率(每千人)	76	52	43
生长迟缓(占5岁以下儿童的百分比)	32.7	26.2	23.8
儿童麻疹免疫接种率(占12—23个月年龄组的百分比)	72	85	85
小学毕业率,总数(占适龄年龄组的百分比)	81	92	*92*
小学和中学中女孩与男孩的比率	0.9	1.0	*1.0*
劳动力参与率(占15岁以上人口的百分比)	65	63	63
HIV感染率(占15—49岁人口的百分比)	0.8	0.8	0.8
环境			
森林(千平方千米)	40,464	40,065	39,900
森林采伐(2000—2010年和2010—2015年,平均年度百分比)		0.1	0.1
淡水使用量(占内陆水资源的百分比)	..	..	9.1
获得改善的水资源的人口(占总人口的百分比)	82	88	91
获得改善的卫生设施的人口(占总人口的百分比)	59	65	68
人均能源使用量(千克石油当量)	1,639	1,849	*1,894*
人均二氧化碳排放量(吨)	4.1	4.8	..
人均用电量(千瓦时)	2,378	2,957	*3,105*
经济			
GDP(10亿美元)	33,290	*65,588*	77,960
GDP增长率(年度百分比)	4.3	4.1	2.5
GDP隐含价格平减指数(年度增长百分比)	5.2	4.5	2.0
农业增加值(占GDP的百分比)	4	3	*3*
工业增加值(占GDP的百分比)	29	27	*26*
服务业增加值(占GDP的百分比)	67	70	*71*
货物和服务出口(占GDP的百分比)	25	28	30
货物和服务进口(占GDP的百分比)	25	28	29
资本形成总额(占GDP的百分比)	24	22	22
中央政府收入(占GDP的百分比)	26.7	16.7	*17.9*
中央政府现金盈余/赤字(占GDP的百分比)	0.7	-5.3	*-2.7*
政府与市场			
创办企业的时间(天)	*50*	34	20
总体统计能力水平(0—100)	..	..	..
军费支出(占GDP的百分比)	2.2	2.5	2.3
移动电话用户(每100人)	12.1	76.6	96.9
互联网用户(占总人口的百分比)	6.8	29.2	40.7
金融部门提供的国内信用(占GDP的百分比)	163.7	167.2	173.6
高科技出口(占制成品出口的百分比)	24	17	18
全球联系			
商品贸易(占GDP的百分比)	39	47	49
净易货贸易条件指数(2000年=100)	..	..	..
外债总额(百万美元)	..	..	..
债务还本付息总额(占出口的百分比)	..	..	..
净移民(千人)	*0.0*	*0.0*	*0.0*
获得的侨汇(10亿美元)	136	410	528
外国直接投资,净流入额(10亿美元)	1,319	1,747	1,561
获得的净官方发展援助(10亿美元)	50	131	161

东亚和太平洋地区

人口(百万)	2,264.1	人口增长率(百分比)	0.7
陆地面积(千平方千米)	24,825	每天生活费用不足1.90美元的人口(占人口的百分比)	..
GNI,图表集法(10亿美元)	22,032.5	人均GNI,图表集法(美元)	9,731
PPP衡量的GNI(10亿美元)	33,741.6	PPP衡量的人均GNI(美元)	14,903

	2000	2010	2014
人口			
最贫困的20%人口占国家消费/收入的份额(百分比)	..	..	..
出生时的预期寿命(岁)	71	74	75
总生育率(每个女性生育数)	1.8	1.8	1.8
孕产妇死亡率(每十万次分娩)	113	74	59
避孕普及率(占15—49岁已婚女性的百分比)	75	*81*	..
在熟练医护人员护理下的分娩(占总数的百分比)	85	*92*	..
5岁以下儿童死亡率(每千人)	40	22	17
生长迟缓(占5岁以下儿童的百分比)	..	..	..
儿童麻疹免疫接种率(占12—23个月年龄组的百分比)	84	93	94
小学毕业率,总数(占适龄年龄组的百分比)	91	105	*105*
小学和中学中女孩与男孩的比率	1.0	1.0	*1.0*
劳动力参与率(占15岁以上人口的百分比)	74	70	70
HIV感染率(占15—49岁人口的百分比)	..	..	..
环境			
森林(千平方千米)	6,254	6,371	6,413
森林采伐(2000—2010年和2010—2015年,平均年度百分比)		-0.2	-0.1
淡水使用量(占内陆水资源的百分比)	..	..	10.8
获得改善的水资源的人口(占总人口的百分比)	82	91	94
获得改善的卫生设施的人口(占总人口的百分比)	63	73	77
人均能源使用量(千克石油当量)	1,230	1,855	*2,073*
人均二氧化碳排放量(吨)	3.2	5.5	..
人均用电量(千瓦时)	1,646	3,063	*3,568*
经济			
GDP(10亿美元)	8,124	*16,647*	21,468
GDP增长率(年度百分比)	4.5	7.0	3.6
GDP隐含价格平减指数(年度增长百分比)	2.5	3.5	2.1
农业增加值(占GDP的百分比)	6	4	*4*
工业增加值(占GDP的百分比)	35	33	*32*
服务业增加值(占GDP的百分比)	59	63	*64*
货物和服务出口(占GDP的百分比)	26	32	32
货物和服务进口(占GDP的百分比)	24	29	31
资本形成总额(占GDP的百分比)	28	28	29
中央政府收入(占GDP的百分比)	..	13.7	..
中央政府现金盈余/赤字(占GDP的百分比)	..	-4.8	..
政府与市场			
创办企业的时间(天)	*38*	35	23
总体统计能力水平(0—100)	..	..	..
军费支出(占GDP的百分比)	1.4	1.6	1.8
移动电话用户(每100人)	11.4	73.7	103.4
互联网用户(占总人口的百分比)	5.6	34.2	46.9
金融部门提供的国内信用(占GDP的百分比)	225.1	200.1	205.6
高科技出口(占制成品出口的百分比)	33	26	27
全球联系			
商品贸易(占GDP的百分比)	42	55	55
净易货贸易条件指数(2000年=100)	..	..	..
外债总额(百万美元)	..	..	..
债务还本付息总额(占出口的百分比)	..	..	..
净移民(千人)	*-2,993*	*-5,720*	*-1,457*
获得的侨汇(10亿美元)	25.2	67.6	93.1
外国直接投资,净流入额(10亿美元)	163	497	612
获得的净官方发展援助(10亿美元)	8.6	9.7	9.4

欧洲和中亚

人口(百万)	902.0	人口增长率(百分比)	0.3
陆地面积(千平方千米)	28,460	每天生活费用不足1.90美元的人口(占人口的百分比)	..
GNI,图表集法(10亿美元)	22,932.5	人均GNI,图表集法(美元)	25,425
PPP衡量的GNI(10亿美元)	26,001.8	PPP衡量的人均GNI(美元)	28,827

	2000	2010	2014
人口			
最贫困的20%人口占国家消费/收入的份额(百分比)	..	..	..
出生时的预期寿命(岁)	73	76	77
总生育率(每个女性生育数)	1.6	1.7	1.7
孕产妇死亡率(每十万次分娩)	33	19	16
避孕普及率(占15—49岁已婚女性的百分比)	..	..	..
在熟练医护人员护理下的分娩(占总数的百分比)	..	..	..
5岁以下儿童死亡率(每千人)	23	14	11
生长迟缓(占5岁以下儿童的百分比)	..	..	..
儿童麻疹免疫接种率(占12—23个月年龄组的百分比)	91	93	94
小学毕业率,总数(占适龄年龄组的百分比)	95	98	*98*
小学和中学中女孩与男孩的比率	1.0	1.0	*1.0*
劳动力参与率(占15岁以上人口的百分比)	57	58	59
HIV感染率(占15—49岁人口的百分比)	..	..	..
环境			
森林(千平方千米)	10,286	10,409	10,434
森林采伐(2000—2010年和2010—2015年,平均年度百分比)		-0.1	0.0
淡水使用量(占内陆水资源的百分比)	..	..	7.5
获得改善的水资源的人口(占总人口的百分比)	96	98	98
获得改善的卫生设施的人口(占总人口的百分比)	91	93	93
人均能源使用量(千克石油当量)	3,193	3,300	*3,216*
人均二氧化碳排放量(吨)	7.6	7.6	..
人均用电量(千瓦时)	4,943	5,527	*5,437*
经济			
GDP(10亿美元)	9,926	*20,832*	23,183
GDP增长率(年度百分比)	4.2	2.5	1.4
GDP隐含价格平减指数(年度增长百分比)	3.8	2.2	1.4
农业增加值(占GDP的百分比)	3	2	2
工业增加值(占GDP的百分比)	29	26	25
服务业增加值(占GDP的百分比)	68	72	73
货物和服务出口(占GDP的百分比)	35	38	42
货物和服务进口(占GDP的百分比)	34	37	39
资本形成总额(占GDP的百分比)	23	21	20
中央政府收入(占GDP的百分比)	35.2	23.3	*24.2*
中央政府现金盈余/赤字(占GDP的百分比)	-0.3	-4.8	*-2.5*
政府与市场			
创办企业的时间(天)	*42*	16	10
总体统计能力水平(0—100)	..	..	..
军费支出(占GDP的百分比)	1.9	1.8	1.8
移动电话用户(每100人)	34.1	120.3	125.9
互联网用户(占总人口的百分比)	13.2	56.2	69.2
金融部门提供的国内信用(占GDP的百分比)	*110.4*	152.7	142.6
高科技出口(占制成品出口的百分比)	21	15	16
全球联系			
商品贸易(占GDP的百分比)	56	60	64
净易货贸易条件指数(2000年=100)	..	..	..
外债总额(百万美元)	..	..	..
债务还本付息总额(占出口的百分比)	..	..	..
净移民(千人)	*6,969*	*7,419*	*5,547*
获得的侨汇(10亿美元)	52	127	161
外国直接投资,净流入额(10亿美元)	659	677	410
获得的净官方发展援助(10亿美元)	4.6	7.4	10.4

拉丁美洲和加勒比地区

人口(百万)	626.3	人口增长率(百分比)	1.1
陆地面积(千平方千米)	20,425	每天生活费用不足1.90美元的人口(占人口的百分比)	..
GNI,图表集法(10亿美元)	6,207.5	人均GNI,图表集法(美元)	9,912
PPP衡量的GNI(10亿美元)	9,535.7	PPP衡量的人均GNI(美元)	15,226

	2000	2010	2014
人口			
最贫困的20%人口占国家消费/收入的份额(百分比)	..	..	..
出生时的预期寿命(岁)	72	74	75
总生育率(每个女性生育数)	2.6	2.2	2.1
孕产妇死亡率(每十万次分娩)	99	81	67
避孕普及率(占15—49岁已婚女性的百分比)	..	..	..
在熟练医护人员护理下的分娩(占总数的百分比)	86	*93*	..
5岁以下儿童死亡率(每千人)	32	24	18
生长迟缓(占5岁以下儿童的百分比)	..	..	..
儿童麻疹免疫接种率(占12—23个月年龄组的百分比)	94	94	92
小学毕业率,总数(占适龄年龄组的百分比)	96	99	*101*
小学和中学中女孩与男孩的比率	1.0	1.0	*1.0*
劳动力参与率(占15岁以上人口的百分比)	64	66	66
HIV感染率(占15—49岁人口的百分比)	..	..	..
环境			
森林(千平方千米)	9,797	9,381	9,272
森林采伐(2000—2010年和2010—2015年,平均年度百分比)		0.4	0.2
淡水使用量(占内陆水资源的百分比)	..	..	2.4
获得改善的水资源的人口(占总人口的百分比)	90	93	95
获得改善的卫生设施的人口(占总人口的百分比)	75	81	83
人均能源使用量(千克石油当量)	1,134	1,320	*1,373*
人均二氧化碳排放量(吨)	2.6	2.9	..
人均用电量(千瓦时)	1,571	1,950	*2,118*
经济			
GDP(10亿美元)	2,263	*5,373*	6,253
GDP增长率(年度百分比)	3.9	5.7	1.3
GDP隐含价格平减指数(年度增长百分比)	6.9	5.3	2.9
农业增加值(占GDP的百分比)	5	5	5
工业增加值(占GDP的百分比)	33	34	30
服务业增加值(占GDP的百分比)	62	61	65
货物和服务出口(占GDP的百分比)	22	24	23
货物和服务进口(占GDP的百分比)	22	24	25
资本形成总额(占GDP的百分比)	20	21	22
中央政府收入(占GDP的百分比)	17.6	..	..
中央政府现金盈余/赤字(占GDP的百分比)	-1.3	..	..
政府与市场			
创办企业的时间(天)	*73*	56	29
总体统计能力水平(0—100)	..	..	..
军费支出(占GDP的百分比)	1.3	1.4	1.3
移动电话用户(每100人)	12.1	96.4	114.7
互联网用户(占总人口的百分比)	3.9	34.7	50.2
金融部门提供的国内信用(占GDP的百分比)	44.5	64.7	75.8
高科技出口(占制成品出口的百分比)	16	11	11
全球联系			
商品贸易(占GDP的百分比)	34	34	37
净易货贸易条件指数(2000年=100)	..	..	..
外债总额(百万美元)	..	..	..
债务还本付息总额(占出口的百分比)	..	..	..
净移民(千人)	*-5,547*	*-2,676*	*-2,082*
获得的侨汇(10亿美元)	20.3	56.6	65.0
外国直接投资,净流入额(10亿美元)	87	143	215
获得的净官方发展援助(10亿美元)	4.9	11.0	10.1

中东和北非

人口(百万)	417.5	人口增长率(百分比)	2.0
陆地面积(千平方千米)	11,371	每天生活费用不足1.90美元的人口(占人口的百分比)	..
GNI,图表集法(10亿美元)	*3,570.2*	人均GNI,图表集法(美元)	*8,722*
PPP衡量的GNI(10亿美元)	*7,267.2*	PPP衡量的人均GNI(美元)	*17,754*

	2000	2010	2014
人口			
最贫困的20%人口占国家消费/收入的份额(百分比)	..	..	..
出生时的预期寿命(岁)	70	72	73
总生育率(每个女性生育数)	3.2	2.9	2.8
孕产妇死亡率(每十万次分娩)	113	89	81
避孕普及率(占15—49岁已婚女性的百分比)	58	*64*	..
在熟练医护人员护理下的分娩(占总数的百分比)	78	*89*	..
5岁以下儿童死亡率(每千人)	43	28	23
生长迟缓(占5岁以下儿童的百分比)	..	..	..
儿童麻疹免疫接种率(占12—23个月年龄组的百分比)	91	91	87
小学毕业率,总数(占适龄年龄组的百分比)	83	93	*94*
小学和中学中女孩与男孩的比率	0.9	0.9	*1.0*
劳动力参与率(占15岁以上人口的百分比)	47	48	49
HIV感染率(占15—49岁人口的百分比)	0.1	0.1	0.1
环境			
森林(千平方千米)	205	231	232
森林采伐(2000—2010年和2010—2015年,平均年度百分比)		-1.3	-0.1
淡水使用量(占内陆水资源的百分比)	..	..	133.6
获得改善的水资源的人口(占总人口的百分比)	89	91	93
获得改善的卫生设施的人口(占总人口的百分比)	80	88	91
人均能源使用量(千克石油当量)	1,531	2,135	*2,190*
人均二氧化碳排放量(吨)	4.7	6.0	..
人均用电量(千瓦时)	1,752	2,680	*2,876*
经济			
GDP(10亿美元)	962	*2,736*	3,520
GDP增长率(年度百分比)	5.5	5.1	2.5
GDP隐含价格平减指数(年度增长百分比)	11.0	10.6	0.6
农业增加值(占GDP的百分比)	*8*	6	6
工业增加值(占GDP的百分比)	*45*	49	48
服务业增加值(占GDP的百分比)	*47*	45	46
货物和服务出口(占GDP的百分比)	38	47	47
货物和服务进口(占GDP的百分比)	28	38	40
资本形成总额(占GDP的百分比)	22	28	27
中央政府收入(占GDP的百分比)	..	..	..
中央政府现金盈余/赤字(占GDP的百分比)	..	..	..
政府与市场			
创办企业的时间(天)	*41*	19	19
总体统计能力水平(0—100)	..	..	..
军费支出(占GDP的百分比)	5.8	4.8	6.5
移动电话用户(每100人)	4.6	92.9	110.2
互联网用户(占总人口的百分比)	1.7	24.9	38.3
金融部门提供的国内信用(占GDP的百分比)	54.8	46.3	50.8
高科技出口(占制成品出口的百分比)	6	*3*	..
全球联系			
商品贸易(占GDP的百分比)	55	67	71
净易货贸易条件指数(2000年=100)	..	..	..
外债总额(百万美元)	..	..	..
债务还本付息总额(占出口的百分比)	..	..	..
净移民(千人)	*1,045*	*5,031*	*-213*
获得的侨汇(10亿美元)	11.9	38.1	49.7
外国直接投资,净流入额(10亿美元)	10.9	82.8	50.1
获得的净官方发展援助(10亿美元)	4.8	12.3	32.6

北美

人口(百万)	354.5	人口增长率(百分比)	0.8
陆地面积(千平方千米)	19,816	每天生活费用不足1.90美元的人口(占人口的百分比)	..
GNI,图表集法(10亿美元)	19,452.6	人均GNI,图表集法(美元)	54,879
PPP衡量的GNI(10亿美元)	19,406.4	PPP衡量的人均GNI(美元)	54,748

	2000	2010	2014
人口			
最贫困的20%人口占国家消费/收入的份额(百分比)	..	..	..
出生时的预期寿命(岁)	77	79	79
总生育率(每个女性生育数)	2.0	1.9	1.8
孕产妇死亡率(每十万次分娩)	12	14	13
避孕普及率(占15—49岁已婚女性的百分比)	73	*76*	..
在熟练医护人员护理下的分娩(占总数的百分比)	..	..	..
5岁以下儿童死亡率(每千人)	8	7	6
生长迟缓(占5岁以下儿童的百分比)	..	..	..
儿童麻疹免疫接种率(占12—23个月年龄组的百分比)	91	92	91
小学毕业率,总数(占适龄年龄组的百分比)	..	..	..
小学和中学中女孩与男孩的比率	1.0	1.0	*1.0*
劳动力参与率(占15岁以上人口的百分比)	66	64	63
HIV感染率(占15—49岁人口的百分比)	..	..	..
环境			
森林(千平方千米)	6,513	6,560	6,572
森林采伐(2000—2010年和2010—2015年,平均年度百分比)		-0.1	0.0
淡水使用量(占内陆水资源的百分比)	..	..	9.1
获得改善的水资源的人口(占总人口的百分比)	99	99	99
获得改善的卫生设施的人口(占总人口的百分比)	100	100	100
人均能源使用量(千克石油当量)	8,068	7,184	6,951
人均二氧化碳排放量(吨)	19.9	17.2	..
人均用电量(千瓦时)	13,997	13,587	*13,239*
经济			
GDP(10亿美元)	11,028	*16,584*	19,210
GDP增长率(年度百分比)	4.2	2.6	2.4
GDP隐含价格平减指数(年度增长百分比)	2.3	1.2	1.6
农业增加值(占GDP的百分比)	1	1	*1*
工业增加值(占GDP的百分比)	23	21	*21*
服务业增加值(占GDP的百分比)	76	78	*78*
货物和服务出口(占GDP的百分比)	13	14	15
货物和服务进口(占GDP的百分比)	16	17	18
资本形成总额(占GDP的百分比)	23	19	20
中央政府收入(占GDP的百分比)	20.5	10.3	19.1
中央政府现金盈余/赤字(占GDP的百分比)	2.2	-6.5	-5.1
政府与市场			
创办企业的时间(天)	*4*	6	4
总体统计能力水平(0—100)	..	..	..
军费支出(占GDP的百分比)	2.8	4.3	3.3
移动电话用户(每100人)	37.5	89.8	107.3
互联网用户(占总人口的百分比)	43.9	72.5	87.3
金融部门提供的国内信用(占GDP的百分比)	185.6	227.1	253.5
高科技出口(占制成品出口的百分比)	31	19	18
全球联系			
商品贸易(占GDP的百分比)	23	24	26
净易货贸易条件指数(2000年=100)	..	..	..
外债总额(百万美元)	..	..	..
债务还本付息总额(占出口的百分比)	..	..	..
净移民(千人)	*6,176*	*6,300*	*6,184*
获得的侨汇(10亿美元)	4.4	8.4	9.4
外国直接投资,净流入额(10亿美元)	387	288	189
获得的净官方发展援助(百万美元)	0.0	0.0	0.0

南亚

人口(百万)	1,721.2	人口增长率(百分比)	1.4
陆地面积(千平方千米)	5,136	每天生活费用不足1.90美元的人口(占人口的百分比)	*18.8*
GNI,图表集法(10亿美元)	2,575.3	人均GNI,图表集法(美元)	1,496
PPP衡量的GNI(10亿美元)	9,118.9	PPP衡量的人均GNI(美元)	5,298

	2000	2010	2014
人口			
最贫困的20%人口占国家消费/收入的份额(百分比)	..	..	..
出生时的预期寿命(岁)	63	67	68
总生育率(每个女性生育数)	3.5	2.8	2.6
孕产妇死亡率(每十万次分娩)	388	228	182
避孕普及率(占15—49岁已婚女性的百分比)	45	*53*	..
在熟练医护人员护理下的分娩(占总数的百分比)	36	*50*	..
5岁以下儿童死亡率(每千人)	94	64	53
生长迟缓(占5岁以下儿童的百分比)	51.2	41.1	37.2
儿童麻疹免疫接种率(占12—23个月年龄组的百分比)	58	80	80
小学毕业率,总数(占适龄年龄组的百分比)	70	91	*91*
小学和中学中女孩与男孩的比率	0.8	1.0	*1.0*
劳动力参与率(占15岁以上人口的百分比)	60	57	56
HIV感染率(占15—49岁人口的百分比)	..	..	..
环境			
森林(千平方千米)	790	827	834
森林采伐(2000—2010年和2010—2015年,平均年度百分比)		-0.5	-0.2
淡水使用量(占内陆水资源的百分比)	..	..	51.6
获得改善的水资源的人口(占总人口的百分比)	80	89	92
获得改善的卫生设施的人口(占总人口的百分比)	29	40	45
人均能源使用量(千克石油当量)	395	517	*550*
人均二氧化碳排放量(吨)	1.0	1.3	..
人均用电量(千瓦时)	357	575	*673*
经济			
GDP(10亿美元)	629	*2,094*	2,589
GDP增长率(年度百分比)	4.1	9.1	6.9
GDP隐含价格平减指数(年度增长百分比)	4.1	9.2	4.4
农业增加值(占GDP的百分比)	23	19	18
工业增加值(占GDP的百分比)	26	26	29
服务业增加值(占GDP的百分比)	51	55	53
货物和服务出口(占GDP的百分比)	14	21	22
货物和服务进口(占GDP的百分比)	15	26	25
资本形成总额(占GDP的百分比)	23	33	30
中央政府收入(占GDP的百分比)	11.9	12.8	*12.6*
中央政府现金盈余/赤字(占GDP的百分比)	-3.9	-3.4	*-4.3*
政府与市场			
创办企业的时间(天)	*40*	26	16
总体统计能力水平(0—100)	..	70.0	71.1
军费支出(占GDP的百分比)	3.0	2.7	2.4
移动电话用户(每100人)	0.3	59.7	75.4
互联网用户(占总人口的百分比)	0.5	7.2	16.6
金融部门提供的国内信用(占GDP的百分比)	47.9	67.4	70.1
高科技出口(占制成品出口的百分比)	5	6	8
全球联系			
商品贸易(占GDP的百分比)	23	34	38
净易货贸易条件指数(2000年=100)	..	..	..
外债总额(10亿美元)	162	411	613
债务还本付息总额(占出口的百分比)	17.2	7.4	17.6
净移民(千人)	*-5,336*	*-9,901*	*-6,281*
获得的侨汇(10亿美元)	17	82	116
外国直接投资,净流入额(10亿美元)	4.4	31.6	39.5
获得的净官方发展援助(10亿美元)	4.1	15.4	15.4

撒哈拉以南非洲地区

人口(百万)	974.3	人口增长率(百分比)	2.7
陆地面积(千平方千米)	24,291	每天生活费用不足1.90美元的人口(占人口的百分比)	..
GNI,图表集法(10亿美元)	1,603.7	人均GNI,图表集法(美元)	1,646
PPP衡量的GNI(10亿美元)	3,309.3	PPP衡量的人均GNI(美元)	3,396

	2000	2010	2014
人口			
最贫困的20%人口占国家消费/收入的份额(百分比)	..	..	..
出生时的预期寿命(岁)	50	56	59
总生育率(每个女性生育数)	5.8	5.2	5.0
孕产妇死亡率(每十万次分娩)	846	625	547
避孕普及率(占15—49岁已婚女性的百分比)	22	*24*	..
在熟练医护人员护理下的分娩(占总数的百分比)	42	*49*	..
5岁以下儿童死亡率(每千人)	155	101	83
生长迟缓(占5岁以下儿童的百分比)	..	..	..
儿童麻疹免疫接种率(占12—23个月年龄组的百分比)	53	74	73
小学毕业率,总数(占适龄年龄组的百分比)	55	68	*69*
小学和中学中女孩与男孩的比率	0.8	0.9	*0.9*
劳动力参与率(占15岁以上人口的百分比)	69	70	70
HIV感染率(占15—49岁人口的百分比)	5.8	4.8	4.5
环境			
森林(千平方千米)	6,619	6,286	6,144
森林采伐(2000—2010年和2010—2015年,平均年度百分比)		0.5	0.5
淡水使用量(占内陆水资源的百分比)	..	..	3.0
获得改善的水资源的人口(占总人口的百分比)	55	63	68
获得改善的卫生设施的人口(占总人口的百分比)	25	28	30
人均能源使用量(千克石油当量)	646	677	*671*
人均二氧化碳排放量(吨)	0.8	0.8	..
人均用电量(千瓦时)	511	509	*488*
经济			
GDP(10亿美元)	363	*1,337*	1,745
GDP增长率(年度百分比)	3.5	5.2	4.4
GDP隐含价格平减指数(年度增长百分比)	7.6	5.9	3.1
农业增加值(占GDP的百分比)	17	15	15
工业增加值(占GDP的百分比)	34	28	27
服务业增加值(占GDP的百分比)	49	57	58
货物和服务出口(占GDP的百分比)	34	31	28
货物和服务进口(占GDP的百分比)	30	31	33
资本形成总额(占GDP的百分比)	16	21	22
中央政府收入(占GDP的百分比)	*20.8*	20.3	*21.0*
中央政府现金盈余/赤字(占GDP的百分比)	*-2.9*	-3.1	*-3.4*
政府与市场			
创办企业的时间(天)	*61*	46	27
总体统计能力水平(0—100)	..	..	..
军费支出(占GDP的百分比)	1.8	1.3	1.0
移动电话用户(每100人)	1.7	44.4	71.0
互联网用户(占总人口的百分比)	0.5	10.0	19.2
金融部门提供的国内信用(占GDP的百分比)	66.5	68.4	61.4
高科技出口(占制成品出口的百分比)	4	3	4
全球联系			
商品贸易(占GDP的百分比)	49	50	46
净易货贸易条件指数(2000年=100)	..	..	..
外债总额(百万美元)	..	..	..
债务还本付息总额(占出口的百分比)	..	..	..
净移民(千人)	*-532*	*-497*	*-1,689*
获得的侨汇(10亿美元)	4.8	29.5	34.2
外国直接投资,净流入额(10亿美元)	6.7	28.2	46.1
获得的净官方发展援助(10亿美元)	13.0	44.3	46.5

收入组别篇

为便于操作和分析，世界银行对各经济体分组的主要标准是人均国民总收入（GNI）。在《世界发展数据手册》中，每个经济体被划分为低收入经济体、中低收入经济体、中高收入经济体或者高收入经济体。低收入经济体和中等收入经济体有时被称为发展中经济体。注：因为在世界银行的财年期间（6 月 30 日结束）分类是固定的，因此，各国依然在它们被划分的类别，不考虑是否对其人均收入数据进行了修订。

低收入经济体是指 2014 年人均国民总收入为 1, 045 美元及其以下的经济体。

中低收入经济体是指人均国民总收入高于 1, 046 美元但低于 4, 125 美元的经济体。

中高收入经济体是指人均国民总收入高于 4, 126 美元但低于 12, 735 美元的经济体。

高收入经济体是指人均国民总收入为 12, 736 美元及以上的经济体。

低收入经济体

人口（百万）	622.0	人口增长率（百分比）	2.7
陆地面积（千平方千米）	14,456	每天生活费用不足1.90美元的人口（占人口的百分比）	*47.2*
GNI，图表集法（10亿美元）	390.3	人均GNI，图表集法（美元）	628
PPP衡量的GNI（10亿美元）	977.0	PPP衡量的人均GNI（美元）	1,571

	2000	**2010**	**2014**
人口			
最贫困的20%人口占国家消费/收入的份额（百分比）	..	..	..
出生时的预期寿命（岁）	52	59	61
总生育率（每个女性生育数）	5.9	5.1	4.8
孕产妇死亡率（每十万次分娩）	839	593	495
避孕普及率（占15—49岁已婚女性的百分比）	23	*30*	..
在熟练医护人员护理下的分娩（占总数的百分比）	34	*52*	..
5岁以下儿童死亡率（每千人）	150	96	76
生长迟缓（占5岁以下儿童的百分比）	47.9	40.5	37.6
儿童麻疹免疫接种率（占12—23个月年龄组的百分比）	53	75	77
小学毕业率，总数（占适龄年龄组的百分比）	51	69	*71*
小学和中学中女孩与男孩的比率	0.9	0.9	*0.9*
劳动力参与率（占15岁以上人口的百分比）	77	78	78
HIV感染率（占15—49岁人口的百分比）	4.5	3.2	2.9
环境			
森林（千平方千米）	4,017	3,780	3,750
森林采伐（2000—2010年和2010—2015年，平均年度百分比）		0.6	0.2
淡水使用量（占内陆水资源的百分比）	..	..	3.1
获得改善的水资源的人口（占总人口的百分比）	52	61	66
获得改善的卫生设施的人口（占总人口的百分比）	20	26	28
人均能源使用量（千克石油当量）	..	..	..
人均二氧化碳排放量（吨）	0.3	0.3	..
人均用电量（千瓦时）	..	..	..
经济			
GDP（10亿美元）	111	*281*	398
GDP增长率（年度百分比）	1.8	6.7	6.3
GDP隐含价格平减指数（年度增长百分比）	6.3	5.5	2.7
农业增加值（占GDP的百分比）	35	33	32
工业增加值（占GDP的百分比）	20	20	22
服务业增加值（占GDP的百分比）	45	46	47
货物和服务出口（占GDP的百分比）	20	24	24
货物和服务进口（占GDP的百分比）	31	41	43
资本形成总额（占GDP的百分比）	17	22	28
中央政府收入（占GDP的百分比）	..	13.4	..
中央政府现金盈余/赤字（占GDP的百分比）	..	-1.7	..
政府与市场			
创办企业的时间（天）	*67*	45	27
总体统计能力水平（0—100）	..	57.3	59.8
军费支出（占GDP的百分比）	2.4	1.8	1.5
移动电话用户（每100人）	0.3	29.1	56.7
互联网用户（占总人口的百分比）	0.1	3.3	6.3
金融部门提供的国内信用（占GDP的百分比）	20.2	19.8	23.4
高科技出口（占制成品出口的百分比）	2	..	*5*
全球联系			
商品贸易（占GDP的百分比）	33	48	51
净易货贸易条件指数（2000年=100）	..	..	..
外债总额（10亿美元）	105	120	167
债务还本付息总额（占出口的百分比）	10.4	4.0	6.1
净移民（千人）	*-867*	*-2,673*	*-1,166*
获得的侨汇（10亿美元）	1.5	9.3	13.9
外国直接投资，净流入额（10亿美元）	1.7	9.1	16.8
获得的净官方发展援助（10亿美元）	8.3	36.3	34.6

中低收入经济体

人口（百万）	2,878.5	人口增长率（百分比）	1.5
陆地面积（千平方千米）	20,523	每天生活费用不足1.90美元的人口（占人口的百分比）	*18.7*
GNI，图表集法（10亿美元）	5,807.5	人均GNI，图表集法（美元）	2,018
PPP衡量的GNI（10亿美元）	17,275.3	PPP衡量的人均GNI（美元）	6,002

	2000	2010	2014
人口			
最贫困的20%人口占国家消费/收入的份额（百分比）	..	..	..
出生时的预期寿命（岁）	63	66	67
总生育率（每个女性生育数）	3.5	3.0	2.8
孕产妇死亡率（每十万次分娩）	411	286	253
避孕普及率（占15—49岁已婚女性的百分比）	46	*52*	..
在熟练医护人员护理下的分娩（占总数的百分比）	46	*57*	..
5岁以下儿童死亡率（每千人）	93	64	53
生长迟缓（占5岁以下儿童的百分比）	45.6	36.8	33.5
儿童麻疹免疫接种率（占12—23个月年龄组的百分比）	64	80	79
小学毕业率，总数（占适龄年龄组的百分比）	77	91	*91*
小学和中学中女孩与男孩的比率	0.8	1.0	*1.0*
劳动力参与率（占15岁以上人口的百分比）	61	59	59
HIV感染率（占15—49岁人口的百分比）	..	..	..
环境			
森林（千平方千米）	5,663	5,506	5,336
森林采伐（2000—2010年和2010—2015年，平均年度百分比）		0.3	0.6
淡水使用量（占内陆水资源的百分比）	..	..	17.9
获得改善的水资源的人口（占总人口的百分比）	78	86	90
获得改善的卫生设施的人口（占总人口的百分比）	39	48	52
人均能源使用量（千克石油当量）	526	623	*636*
人均二氧化碳排放量（吨）	1.1	1.4	..
人均用电量（千瓦时）	441	661	*743*
经济			
GDP（10亿美元）	1,307	*4,531*	5,781
GDP增长率（年度百分比）	4.2	7.5	5.7
GDP隐含价格平减指数（年度增长百分比）	6.7	7.8	4.0
农业增加值（占GDP的百分比）	22	17	17
工业增加值（占GDP的百分比）	31	30	31
服务业增加值（占GDP的百分比）	47	52	52
货物和服务出口（占GDP的百分比）	26	26	26
货物和服务进口（占GDP的百分比）	25	30	29
资本形成总额（占GDP的百分比）	22	29	27
中央政府收入（占GDP的百分比）	*13.9*	14.9	*15.0*
中央政府现金盈余/赤字（占GDP的百分比）	*-3.1*	-3.2	*-3.9*
政府与市场			
创办企业的时间（天）	52	36	20
总体统计能力水平（0—100）	..	70.0	70.4
军费支出（占GDP的百分比）	2.4	2.0	1.8
移动电话用户（每100人）	1.1	67.6	87.6
互联网用户（占总人口的百分比）	0.6	11.8	22.6
金融部门提供的国内信用（占GDP的百分比）	49.6	56.2	61.3
高科技出口（占制成品出口的百分比）	16	9	12
全球联系			
商品贸易（占GDP的百分比）	42	43	45
净易货贸易条件指数（2000年=100）	..	..	..
外债总额（10亿美元）	594	1,075	1,527
债务还本付息总额（占出口的百分比）	16.7	10.8	14.5
净移民（百万）	*-14.5*	*-17.2*	*-16.0*
获得的侨汇（10亿美元）	42	191	248
外国直接投资，净流入额（10亿美元）	11	95	119
获得的净官方发展援助（10亿美元）	18.9	40.4	51.1

中高收入经济体

人口（百万）	2,360.8	人口增长率（百分比）	0.8
陆地面积（千平方千米）	41,621	每天生活费用不足1.90美元的人口（占人口的百分比）	*5.4*
GNI，图表集法（10亿美元）	18,712.6	人均GNI，图表集法（美元）	7,926
PPP衡量的GNI（10亿美元）	33,583.2	PPP衡量的人均GNI（美元）	14,225

	2000	2010	2014
人口			
最贫困的20%人口占国家消费/收入的份额（百分比）	..	..	..
出生时的预期寿命（岁）	71	74	75
总生育率（每个女性生育数）	1.9	1.8	1.8
孕产妇死亡率（每十万次分娩）	88	64	55
避孕普及率（占15—49岁已婚女性的百分比）	78	*83*	..
在熟练医护人员护理下的分娩（占总数的百分比）	92	*98*	..
5岁以下儿童死亡率（每千人）	40	24	19
生长迟缓（占5岁以下儿童的百分比）	18.7	9.8	7.5
儿童麻疹免疫接种率（占12—23个月年龄组的百分比）	87	96	95
小学毕业率，总数（占适龄年龄组的百分比）	91	103	..
小学和中学中女孩与男孩的比率	1.0	1.0	*1.0*
劳动力参与率（占15岁以上人口的百分比）	71	67	67
HIV感染率（占15—49岁人口的百分比）	..	..	..
环境			
森林（千平方千米）	11,852	11,798	11,802
森林采伐（2000—2010年和2010—2015年，平均年度百分比）		0.0	0.0
淡水使用量（占内陆水资源的百分比）	..	..	7.4
获得改善的水资源的人口（占总人口的百分比）	84	92	95
获得改善的卫生设施的人口（占总人口的百分比）	66	76	80
人均能源使用量（千克石油当量）	1,080	1,757	*2,015*
人均二氧化碳排放量（吨）	3.0	5.4	..
人均用电量（千瓦时）	1,311	2,673	*3,214*
经济			
GDP（10亿美元）	3,859	*13,407*	18,958
GDP增长率（年度百分比）	5.9	8.1	4.5
GDP隐含价格平减指数（年度增长百分比）	11.3	5.4	2.2
农业增加值（占GDP的百分比）	10	7	7
工业增加值（占GDP的百分比）	38	38	36
服务业增加值（占GDP的百分比）	52	54	57
货物和服务出口（占GDP的百分比）	26	29	28
货物和服务进口（占GDP的百分比）	25	28	27
资本形成总额（占GDP的百分比）	27	33	32
中央政府收入（占GDP的百分比）	..	18.1	..
中央政府现金盈余/赤字（占GDP的百分比）	..	..	..
政府与市场			
创办企业的时间（天）	*51*	39	24
总体统计能力水平（0—100）	..	71.4	71.5
军费支出（占GDP的百分比）	1.8	1.9	1.9
移动电话用户（每100人）	8.0	75.4	101.4
互联网用户（占总人口的百分比）	2.5	32.8	47.7
金融部门提供的国内信用（占GDP的百分比）	78.3	108.1	132.8
高科技出口（占制成品出口的百分比）	22	21	21
全球联系			
商品贸易（占GDP的百分比）	45	49	46
净易货贸易条件指数（2000年=100）	..	..	..
外债总额（10亿美元）	1,043	2,470	3,699
债务还本付息总额（占出口的百分比）	21.4	8.6	7.4
净移民（千人）	*-5,010*	*-4,878*	*719*
获得的侨汇（10亿美元）	35	92	116
外国直接投资，净流入额（10亿美元）	112	425	526
获得的净官方发展援助（10亿美元）	9.4	13.0	16.7

高收入经济体

人口（百万）	1,398.4	人口增长率（百分比）	0.5
陆地面积（千平方千米）	57,725	每天生活费用不足1.90美元的人口（占人口的百分比）	..
GNI，图表集法（10亿美元）	53,561.2	人均GNI，图表集法（美元）	38,301
PPP衡量的GNI（10亿美元）	56,961.0	PPP衡量的人均GNI（美元）	40,732

	2000	2010	2014
人口			
最贫困的20%人口占国家消费/收入的份额（百分比）	..	..	..
出生时的预期寿命（岁）	76	78	79
总生育率（每个女性生育数）	1.7	1.7	1.7
孕产妇死亡率（每十万次分娩）	22	19	17
避孕普及率（占15—49岁已婚女性的百分比）	..	..	..
在熟练医护人员护理下的分娩（占总数的百分比）	..	..	..
5岁以下儿童死亡率（每千人）	11	8	7
生长迟缓（占5岁以下儿童的百分比）	4.1	3.5	3.3
儿童麻疹免疫接种率（占12—23个月年龄组的百分比）	91	93	94
小学毕业率，总数（占适龄年龄组的百分比）	96	98	*99*
小学和中学中女孩与男孩的比率	1.0	1.0	*1.0*
劳动力参与率（占15岁以上人口的百分比）	60	61	61
HIV感染率（占15—49岁人口的百分比）	..	..	..
环境			
森林（千平方千米）	18,933	18,980	19,012
森林采伐（2000—2010年和2010—2015年，平均年度百分比）		0.0	0.0
淡水使用量（占内陆水资源的百分比）	..	..	7.1
获得改善的水资源的人口（占总人口的百分比）	98	99	99
获得改善的卫生设施的人口（占总人口的百分比）	95	96	96
人均能源使用量（千克石油当量）	4,808	4,782	4,608
人均二氧化碳排放量（吨）	11.7	11.2	..
人均用电量（千瓦时）	8,068	8,654	*8,508*
经济			
GDP（10亿美元）	28,012	*47,394*	52,850
GDP增长率（年度百分比）	4.0	3.0	1.7
GDP隐含价格平减指数（年度增长百分比）	3.1	1.5	1.2
农业增加值（占GDP的百分比）	2	1	*2*
工业增加值（占GDP的百分比）	28	25	*25*
服务业增加值（占GDP的百分比）	70	74	*74*
货物和服务出口（占GDP的百分比）	25	28	30
货物和服务进口（占GDP的百分比）	25	28	30
资本形成总额（占GDP的百分比）	24	20	21
中央政府收入（占GDP的百分比）	28.0	16.6	*17.7*
中央政府现金盈余/赤字（占GDP的百分比）	1.0	-5.5	*-2.7*
政府与市场			
创办企业的时间（天）	*39*	23	15
总体统计能力水平（0—100）	..	..	..
军费支出（占GDP的百分比）	2.2	2.8	2.5
移动电话用户（每100人）	42.4	115.4	125.7
互联网用户（占总人口的百分比）	26.1	67.6	80.6
金融部门提供的国内信用（占GDP的百分比）	186.0	195.8	202.2
高科技出口（占制成品出口的百分比）	25	17	18
全球联系			
商品贸易（占GDP的百分比）	39	47	50
净易货贸易条件指数（2000年=100）	..	..	..
外债总额（百万美元）	..	..	..
债务还本付息总额（占出口的百分比）	..	..	..
净移民（百万）	*20.2*	*24.8*	*16.5*
获得的侨汇（10亿美元）	57	118	150
外国直接投资，净流入额（10亿美元）	1,194	1,219	900
获得的净官方发展援助（百万美元）	571	728	431

中国

除非另有说明，中国的数据不包括中国香港、中国澳门和中国台湾。

塞浦路斯

GNI 和 GDP 数据以及利用 GNI 和 GDP 计算的数据为塞浦路斯政府控制地区的数据。

格鲁吉亚

GNI、GDP 和人口数据以及使用 GNI、GDP 和人口计算的数据都不包括阿布哈兹和南奥塞梯。

科索沃、黑山和塞尔维亚

如果数据可以获得，各国的数据单独给出。然而，2006 年以前塞尔维亚的一些指标包括黑山，这些数据在表中给予了注释。此外，1999 年以来塞尔维亚的大多数指标数据不包括科索沃。根据联合国安理会第 1244 号决议（1999 年），科索沃在 1999 年由国际托管。科索沃于 2009 年 6 月 29 日成为世界银行成员，数据如果可以获得，则给出该国数据。

摩尔多瓦

GNI、GDP 和人口数据以及利用 GNI、GDP 和人口计算的数据不包括德涅斯特地区。

摩洛哥

GNI 和 GDP 数据以及利用 GNI 和 GDP 计算的数据包括前西属撒哈拉。

南苏丹和苏丹

南苏丹于 2011 年 7 月 9 日宣布独立。如果数据可以获得，则单独给出南苏丹的数据。但是苏丹公布的数据在 2011 年前包含南苏丹，除非另有说明。

坦桑尼亚

GNI 和 GDP 数据以及利用 GNI 和 GDP 计算的数据仅为坦桑尼亚大陆的数据。

更多的信息见《2016 年世界发展指标》及其网站 data. worldbank. org。

阿富汗

南亚			低收入经济体
人口（百万）	31.6	人口增长率（百分比）	3.0
陆地面积（千平方千米）	653	每天生活费用不足1.90美元的人口（占人口的百分比）	..
GNI，图表集法（10亿美元）	21.4	人均GNI，图表集法（美元）	680
PPP衡量的GNI（10亿美元）	63.2	PPP衡量的人均GNI（美元）	2,000

	2000	2010	2014
人口			
最贫困的20%人口占国家消费/收入的份额（百分比）	..	..	..
出生时的预期寿命（岁）	55	59	60
总生育率（每个女性生育数）	7.5	5.7	4.8
孕产妇死亡率（每十万次分娩）	1,100	584	396
避孕普及率（占15—49岁已婚女性的百分比）	5	22	..
在熟练医护人员护理下的分娩（占总数的百分比）	12	34	..
5岁以下儿童死亡率（每千人）	137	105	91
生长迟缓（占5岁以下儿童的百分比）	..	..	..
儿童麻疹免疫接种率（占12—23个月年龄组的百分比）	27	62	66
小学毕业率，总数（占适龄年龄组的百分比）	..	..	..
小学和中学中女孩与男孩的比率	*0.0*	0.6	0.7
劳动力参与率（占15岁以上人口的百分比）	48	48	48
HIV感染率（占15—49岁人口的百分比）	0.1	0.1	0.1
环境			
森林（千平方千米）	14	14	14
森林采伐（2000—2010年和2010—2015年，平均年度百分比）		0.0	0.0
淡水使用量（占内陆水资源的百分比）	*43.0*	..	43.0
获得改善的水资源的人口（占总人口的百分比）	30	48	55
获得改善的卫生设施的人口（占总人口的百分比）	23	29	32
人均能源使用量（千克石油当量）	..	..	..
人均二氧化碳排放量（吨）	0.04	0.30	..
人均用电量（千瓦时）	..	..	..
经济			
GDP（10亿美元）	*2.5*	*15.9*	20.0
GDP增长率（年度百分比）	*8.4*	8.4	1.3
GDP隐含价格平减指数（年度增长百分比）	*11.7*	9.4	0.2
农业增加值（占GDP的百分比）	*38*	27	23
工业增加值（占GDP的百分比）	*24*	22	22
服务业增加值（占GDP的百分比）	*38*	51	54
货物和服务出口（占GDP的百分比）	*32*	10	7
货物和服务进口（占GDP的百分比）	*65*	45	46
资本形成总额（占GDP的百分比）	*12*	18	18
中央政府收入（占GDP的百分比）	..	11.0	*9.9*
中央政府现金盈余/赤字（占GDP的百分比）	..	1.5	*-0.6*
政府与市场			
创办企业的时间（天）	..	7	7
总体统计能力水平（0—100）	..	52.2	51.1
军费支出（占GDP的百分比）	*2.3*	1.9	1.3
移动电话用户（每100人）	0.0	45.8	74.9
互联网用户（占总人口的百分比）	*0.0*	4.0	6.4
金融部门提供的国内信用（占GDP的百分比）	..	4.2	-2.3
高科技出口（占制成品出口的百分比）	..	..	..
全球联系			
商品贸易（占GDP的百分比）	*72*	35	41
净易货贸易条件指数（2000年=100）	100	144	138
外债总额（10亿美元）	..	2.4	2.6
债务还本付息总额（占出口的百分比）	..	0.4	1.8
净移民（千人）	*804*	*-677*	*473*
获得的侨汇（百万美元）	..	342	268
外国直接投资，净流入额（百万美元）	0.2	54.2	48.8
获得的净官方发展援助（10亿美元）	0.1	6.5	4.8

阿尔巴尼亚

欧洲和中亚		中高收入经济体	
人口（百万）	2.9	人口增长率（百分比）	-0.1
陆地面积（千平方千米）	29	每天生活费用不足1.90美元的人口（占人口的百分比）	<2
GNI，图表集法（10亿美元）	12.9	人均GNI，图表集法（美元）	4,450
PPP衡量的GNI（10亿美元）	31.8	PPP衡量的人均GNI（美元）	10,980

	2000	2010	2014
人口			
最贫困的20%人口占国家消费/收入的份额（百分比）	*8.2*	*8.9*	*8.9*
出生时的预期寿命（岁）	74	77	78
总生育率（每个女性生育数）	2.2	1.7	1.8
孕产妇死亡率（每十万次分娩）	43	30	29
避孕普及率（占15—49岁已婚女性的百分比）	58	*69*	..
在熟练医护人员护理下的分娩（占总数的百分比）	99	*99*	..
5岁以下儿童死亡率（每千人）	26	17	14
生长迟缓（占5岁以下儿童的百分比）	39.2	*23.1*	..
儿童麻疹免疫接种率（占12—23个月年龄组的百分比）	95	99	98
小学毕业率，总数（占适龄年龄组的百分比）	97	93	108
小学和中学中女孩与男孩的比率	1.0	1.0	0.9
劳动力参与率（占15岁以上人口的百分比）	62	55	55
HIV感染率（占15—49岁人口的百分比）	..	..	..
环境			
森林（千平方千米）	7.7	7.8	7.7
森林采伐（2000—2010年和2010—2015年，平均年度百分比）		-0.1	0.1
淡水使用量（占内陆水资源的百分比）	*6.8*	*4.9*	4.9
获得改善的水资源的人口（占总人口的百分比）	96	96	95
获得改善的卫生设施的人口（占总人口的百分比）	83	91	93
人均能源使用量（千克石油当量）	571	725	*800*
人均二氧化碳排放量（吨）	1.0	1.5	..
人均用电量（千瓦时）	1,437	1,947	*2,531*
经济			
GDP（10亿美元）	3.6	*11.9*	13.2
GDP增长率（年度百分比）	6.7	3.7	2.2
GDP隐含价格平减指数（年度增长百分比）	4.0	4.5	1.0
农业增加值（占GDP的百分比）	26	21	23
工业增加值（占GDP的百分比）	17	29	25
服务业增加值（占GDP的百分比）	57	51	52
货物和服务出口（占GDP的百分比）	18	32	28
货物和服务进口（占GDP的百分比）	38	53	47
资本形成总额（占GDP的百分比）	32	30	25
中央政府收入（占GDP的百分比）	*23.5*	..	..
中央政府现金盈余/赤字（占GDP的百分比）	*-6.7*	..	..
政府与市场			
创办企业的时间（天）	*41*	7	6
总体统计能力水平（0—100）	..	70.0	72.2
军费支出（占GDP的百分比）	1.2	1.6	1.0
移动电话用户（每100人）	0.9	85.5	105.5
互联网用户（占总人口的百分比）	0.1	45.0	60.1
金融部门提供的国内信用（占GDP的百分比）	49.0	66.7	68.1
高科技出口（占制成品出口的百分比）	1	1	0
全球联系			
商品贸易（占GDP的百分比）	37	50	58
净易货贸易条件指数（2000年=100）	100	92	90
外债总额（10亿美元）	1.1	5.2	8.0
债务还本付息总额（占出口的百分比）	3.7	5.2	8.6
净移民（千人）	*-175*	*-253*	*-92*
获得的侨汇（10亿美元）	0.6	1.2	1.1
外国直接投资，净流入额（10亿美元）	0.1	1.1	1.1
获得的净官方发展援助（百万美元）	318	364	280

阿尔及利亚

中东和北非 **中高收入经济体**

人口（百万）	38.9	人口增长率（百分比）	1.9
陆地面积（千平方千米）	2,382	每天生活费用不足1.90美元的人口（占人口的百分比）	..
GNI，图表集法（10亿美元）	213.8	人均GNI，图表集法（美元）	5,490
PPP衡量的GNI（10亿美元）	540.5	PPP衡量的人均GNI（美元）	13,880

	2000	2010	2014
人口			
最贫困的20%人口占国家消费/收入的份额（百分比）	..	..	..
出生时的预期寿命（岁）	70	74	75
总生育率（每个女性生育数）	2.5	2.9	2.9
孕产妇死亡率（每十万次分娩）	170	147	140
避孕普及率（占15—49岁已婚女性的百分比）	64	*61*	*57*
在熟练医护人员护理下的分娩（占总数的百分比）	93	*95*	*97*
5岁以下儿童死亡率（每千人）	40	27	26
生长迟缓（占5岁以下儿童的百分比）	23.6	..	*11.7*
儿童麻疹免疫接种率（占12—23个月年龄组的百分比）	80	95	95
小学毕业率，总数（占适龄年龄组的百分比）	80	96	109
小学和中学中女孩与男孩的比率	1.0	1.0	..
劳动力参与率（占15岁以上人口的百分比）	44	43	44
HIV感染率（占15—49岁人口的百分比）	0.1	0.1	0.1
环境			
森林（千平方千米）	16	19	20
森林采伐（2000—2010年和2010—2015年，平均年度百分比）		-2.0	-0.4
淡水使用量（占内陆水资源的百分比）	*50.9*	..	74.9
获得改善的水资源的人口（占总人口的百分比）	90	86	84
获得改善的卫生设施的人口（占总人口的百分比）	84	87	88
人均能源使用量（千克石油当量）	866	1,112	*1,246*
人均二氧化碳排放量（吨）	2.8	3.3	..
人均用电量（千瓦时）	680	1,015	*1,277*
经济			
GDP（10亿美元）	55	*161*	214
GDP增长率（年度百分比）	2.2	3.6	3.8
GDP隐含价格平减指数（年度增长百分比）	24.6	16.1	-0.4
农业增加值（占GDP的百分比）	9	9	11
工业增加值（占GDP的百分比）	59	54	46
服务业增加值（占GDP的百分比）	33	37	43
货物和服务出口（占GDP的百分比）	41	38	31
货物和服务进口（占GDP的百分比）	21	31	32
资本形成总额（占GDP的百分比）	25	41	46
中央政府收入（占GDP的百分比）	38.3	37.1	..
中央政府现金盈余/赤字（占GDP的百分比）	9.7	0.4	..
政府与市场			
创办企业的时间（天）	*25*	24	20
总体统计能力水平（0—100）	..	58.9	53.3
军费支出（占GDP的百分比）	3.4	3.5	5.6
移动电话用户（每100人）	0.3	88.4	92.9
互联网用户（占总人口的百分比）	0.5	12.5	18.1
金融部门提供的国内信用（占GDP的百分比）	28.3	-6.6	18.0
高科技出口（占制成品出口的百分比）	4	1	0
全球联系			
商品贸易（占GDP的百分比）	57	60	57
净易货贸易条件指数（2000年=100）	100	225	265
外债总额（10亿美元）	25.5	7.2	5.5
债务还本付息总额（占出口的百分比）	..	1.0	0.4
净移民（千人）	*-205*	*-357*	*-143*
获得的侨汇（百万美元）	790	197	304
外国直接投资，净流入额（10亿美元）	0.3	2.3	1.5
获得的净官方发展援助（百万美元）	200	198	158

美属萨摩亚

东亚和太平洋地区			中高收入经济体
人口（千人）	55	人口增长率（百分比）	0.2
陆地面积（平方千米）	200	每天生活费用不足1.90美元的人口（占人口的百分比）	..
GNI，图表集法（百万美元）	..	人均GNI，图表集法（美元）	..
PPP衡量的GNI（百万美元）	..	PPP衡量的人均GNI（美元）	..

	2000	2010	2014
人口			
最贫困的20%人口占国家消费/收入的份额（百分比）	..	..	..
出生时的预期寿命（岁）	..	..	..
总生育率（每个女性生育数）	..	..	..
孕产妇死亡率（每十万次分娩）	..	..	..
避孕普及率（占15—49岁已婚女性的百分比）	..	..	..
在熟练医护人员护理下的分娩（占总数的百分比）	*100*	..	..
5岁以下儿童死亡率（每千人）	..	..	..
生长迟缓（占5岁以下儿童的百分比）	..	..	..
儿童麻疹免疫接种率（占12—23个月年龄组的百分比）	..	..	..
小学毕业率，总数（占适龄年龄组的百分比）	..	..	..
小学和中学中女孩与男孩的比率	..	..	..
劳动力参与率（占15岁以上人口的百分比）	..	..	..
HIV感染率（占15—49岁人口的百分比）	..	..	..
环境			
森林（平方千米）	180	180	180
森林采伐（2000—2010年和2010—2015年，平均年度百分比）		0.2	0.2
淡水使用量（占内陆水资源的百分比）	..	..	..
获得改善的水资源的人口（占总人口的百分比）	98	100	100
获得改善的卫生设施的人口（占总人口的百分比）	62	62	63
人均能源使用量（千克石油当量）	..	..	..
人均二氧化碳排放量（吨）	..	..	..
人均用电量（千瓦时）	..	..	..
经济			
GDP（百万美元）	..	..	..
GDP增长率（年度百分比）	..	..	..
GDP隐含价格平减指数（年度增长百分比）	..	..	..
农业增加值（占GDP的百分比）	..	..	..
工业增加值（占GDP的百分比）	..	..	..
服务业增加值（占GDP的百分比）	..	..	..
货物和服务出口（占GDP的百分比）	..	..	..
货物和服务进口（占GDP的百分比）	..	..	..
资本形成总额（占GDP的百分比）	..	..	..
中央政府收入（占GDP的百分比）	..	..	..
中央政府现金盈余/赤字（占GDP的百分比）	..	..	..
政府与市场			
创办企业的时间（天）	..	..	..
总体统计能力水平（0—100）	..	..	..
军费支出（占GDP的百分比）	..	..	..
移动电话用户（每100人）	3.5	..	..
互联网用户（占总人口的百分比）	..	..	..
金融部门提供的国内信用（占GDP的百分比）	..	..	..
高科技出口（占制成品出口的百分比）	..	..	..
全球联系			
商品贸易（占GDP的百分比）	..	..	..
净易货贸易条件指数（2000年=100）	100	157	137
外债总额（百万美元）	..	..	..
债务还本付息总额（占出口的百分比）	..	..	..
净移民（千人）	..	..	..
获得的侨汇（百万美元）	..	..	..
外国直接投资，净流入额（百万美元）	..	..	..
获得的净官方发展援助（百万美元）	..	..	..

安道尔

欧洲和中亚		高收入经济体	
人口（千人）	73	人口增长率（百分比）	-4.2
陆地面积（平方千米）	470	每天生活费用不足1.90美元的人口（占人口的百分比）	..
GNI，图表集法（10亿美元）	*3.3*	人均GNI，图表集法（美元）	*43,270*
PPP衡量的GNI（百万美元）	..	PPP衡量的人均GNI（美元）	..

	2000	2010	2014
人口			
最贫困的20%人口占国家消费/收入的份额（百分比）	..	..	..
出生时的预期寿命（岁）	..	..	..
总生育率（每个女性生育数）	..	1.3	..
孕产妇死亡率（每十万次分娩）	..	..	..
避孕普及率（占15—49岁已婚女性的百分比）	..	..	..
在熟练医护人员护理下的分娩（占总数的百分比）	..	..	..
5岁以下儿童死亡率（每千人）	5	3	3
生长迟缓（占5岁以下儿童的百分比）	..	..	..
儿童麻疹免疫接种率（占12—23个月年龄组的百分比）	97	99	96
小学毕业率，总数（占适龄年龄组的百分比）	..	..	..
小学和中学中女孩与男孩的比率	..	..	..
劳动力参与率（占15岁以上人口的百分比）	..	..	..
HIV感染率（占15—49岁人口的百分比）	..	..	..
环境			
森林（平方千米）	160	160	160
森林采伐（2000—2010年和2010—2015年，平均年度百分比）		0.0	0.0
淡水使用量（占内陆水资源的百分比）	..	..	..
获得改善的水资源的人口（占总人口的百分比）	100	100	100
获得改善的卫生设施的人口（占总人口的百分比）	100	100	100
人均能源使用量（千克石油当量）	..	..	..
人均二氧化碳排放量（吨）	8.0	6.1	..
人均用电量（千瓦时）	..	..	..
经济			
GDP（百万美元）	1.4	*3.3*	*3.2*
GDP增长率（年度百分比）	1.2	-5.3	*-0.1*
GDP隐含价格平减指数（年度增长百分比）	29.2	1.6	*0.0*
农业增加值（占GDP的百分比）	0	0	*1*
工业增加值（占GDP的百分比）	14	14	*10*
服务业增加值（占GDP的百分比）	77	78	*79*
货物和服务出口（占GDP的百分比）	..	..	..
货物和服务进口（占GDP的百分比）	..	..	..
资本形成总额（占GDP的百分比）	..	..	..
中央政府收入（占GDP的百分比）	..	..	..
中央政府现金盈余/赤字（占GDP的百分比）	..	..	..
政府与市场			
创办企业的时间（天）	..	..	..
总体统计能力水平（0—100）	..	..	..
军费支出（占GDP的百分比）	..	..	..
移动电话用户（每100人）	36.0	84.1	82.6
互联网用户（占总人口的百分比）	10.5	81.0	95.9
金融部门提供的国内信用（占GDP的百分比）	..	..	..
高科技出口（占制成品出口的百分比）	11	..	..
全球联系			
商品贸易（占GDP的百分比）	..	..	..
净易货贸易条件指数（2000年=100）	100	..	..
外债总额（百万美元）	..	..	..
债务还本付息总额（占出口的百分比）	..	..	..
净移民（千人）	..	..	..
获得的侨汇（百万美元）	..	..	..
外国直接投资，净流入额（百万美元）	..	..	..
获得的净官方发展援助（百万美元）	..	..	..

安哥拉

撒哈拉以南非洲地区 **中高收入经济体**

人口（百万）	24.2	人口增长率（百分比）	3.3
陆地面积（千平方千米）	1,247	每天生活费用不足1.90美元的人口（占人口的百分比）	*30.1*
GNI，图表集法（10亿美元）	..	人均GNI，图表集法（美元）	..
PPP衡量的GNI（10亿美元）	*139.1*	PPP衡量的人均GNI（美元）	*6,340*

	2000	2010	2014
人口			
最贫困的20%人口占国家消费/收入的份额（百分比）	3.2	*5.4*	..
出生时的预期寿命（岁）	45	51	52
总生育率（每个女性生育数）	6.9	6.4	6.1
孕产妇死亡率（每十万次分娩）	924	561	477
避孕普及率（占15—49岁已婚女性的百分比）	*6*	..	..
在熟练医护人员护理下的分娩（占总数的百分比）	*45*	*47*	..
5岁以下儿童死亡率（每千人）	217	183	157
生长迟缓（占5岁以下儿童的百分比）	*50.8*	*29.2*	..
儿童麻疹免疫接种率（占12—23个月年龄组的百分比）	41	93	85
小学毕业率，总数（占适龄年龄组的百分比）	..	43	..
小学和中学中女孩与男孩的比率	*0.8*	0.8	..
劳动力参与率（占15岁以上人口的百分比）	71	70	70
HIV感染率（占15—49岁人口的百分比）	1.6	2.3	2.4
环境			
森林（千平方千米）	597	585	579
森林采伐（2000—2010年和2010—2015年，平均年度百分比）		0.2	0.2
淡水使用量（占内陆水资源的百分比）	*0.4*	*0.5*	0.5
获得改善的水资源的人口（占总人口的百分比）	46	47	49
获得改善的卫生设施的人口（占总人口的百分比）	32	46	52
人均能源使用量（千克石油当量）	498	632	*655*
人均二氧化碳排放量（吨）	0.6	1.4	..
人均用电量（千瓦时）	82	227	*227*
经济			
GDP（10亿美元）	9.1	*83.4*	*138.4*
GDP增长率（年度百分比）	3.0	..	..
GDP隐含价格平减指数（年度增长百分比）	418.2	..	..
农业增加值（占GDP的百分比）	6	..	..
工业增加值（占GDP的百分比）	72	..	..
服务业增加值（占GDP的百分比）	22	..	..
货物和服务出口（占GDP的百分比）	90	62	*51*
货物和服务进口（占GDP的百分比）	63	43	*36*
资本形成总额（占GDP的百分比）	13	29	*24*
中央政府收入（占GDP的百分比）	52.8	35.2	*37.0*
中央政府现金盈余/赤字（占GDP的百分比）	26.3	0.9	*6.1*
政府与市场			
创办企业的时间（天）	*83*	66	36
总体统计能力水平（0—100）	..	45.6	47.8
军费支出（占GDP的百分比）	6.4	4.2	*4.4*
移动电话用户（每100人）	0.2	48.1	63.5
互联网用户（占总人口的百分比）	0.1	10.0	21.3
金融部门提供的国内信用（占GDP的百分比）	-14.8	19.1	*16.9*
高科技出口（占制成品出口的百分比）	..	..	..
全球联系			
商品贸易（占GDP的百分比）	120	81	*68*
净易货贸易条件指数（2000年=100）	100	201	240
外债总额（10亿美元）	9.8	16.9	28.4
债务还本付息总额（占出口的百分比）	20.9	4.5	11.9
净移民（千人）	*173*	*85*	*102*
获得的侨汇（百万美元）	..	18.0	0.0
外国直接投资，净流入额（10亿美元）	0.9	-3.2	1.9
获得的净官方发展援助（百万美元）	302	237	231

安提瓜和巴布达

拉丁美洲和加勒比地区　　高收入经济体

人口（千人）	91	人口增长率（百分比）	1.0
陆地面积（平方千米）	440	每天生活费用不足1.90美元的人口（占人口的百分比）	..
GNI，图表集法（10亿美元）	1.2	人均GNI，图表集法（美元）	13,300
PPP衡量的GNI（10亿美元）	1.9	PPP衡量的人均GNI（美元）	21,370

	2000	2010	2014
人口			
最贫困的20%人口占国家消费/收入的份额（百分比）	..	..	..
出生时的预期寿命（岁）	73	75	76
总生育率（每个女性生育数）	2.3	2.1	2.1
孕产妇死亡率（每十万次分娩）	..	..	..
避孕普及率（占15—49岁已婚女性的百分比）	53	..	..
在熟练医护人员护理下的分娩（占总数的百分比）	100	*100*	*100*
5岁以下儿童死亡率（每千人）	16	10	8
生长迟缓（占5岁以下儿童的百分比）	..	..	..
儿童麻疹免疫接种率（占12—23个月年龄组的百分比）	95	98	98
小学毕业率，总数（占适龄年龄组的百分比）	..	102	102
小学和中学中女孩与男孩的比率	..	1.0	1.0
劳动力参与率（占15岁以上人口的百分比）	..	..	..
HIV感染率（占15—49岁人口的百分比）	..	..	..
环境			
森林（平方千米）	100	100	100
森林采伐（2000—2010年和2010—2015年，平均年度百分比）		0.2	0.0
淡水使用量（占内陆水资源的百分比）	..	*16.2*	22.1
获得改善的水资源的人口（占总人口的百分比）	98	98	98
获得改善的卫生设施的人口（占总人口的百分比）	85	91	..
人均能源使用量（千克石油当量）	..	*1,730*	..
人均二氧化碳排放量（吨）	4.4	6.0	..
人均用电量（千瓦时）	..	..	..
经济			
GDP（百万美元）	784	*1,136*	1,221
GDP增长率（年度百分比）	5.0	-7.1	4.8
GDP隐含价格平减指数（年度增长百分比）	14.5	1.4	-3.0
农业增加值（占GDP的百分比）	2	2	2
工业增加值（占GDP的百分比）	16	19	18
服务业增加值（占GDP的百分比）	82	79	80
货物和服务出口（占GDP的百分比）	60	46	45
货物和服务进口（占GDP的百分比）	64	60	59
资本形成总额（占GDP的百分比）	31	28	26
中央政府收入（占GDP的百分比）	15.4	20.9	*19.9*
中央政府现金盈余/赤字（占GDP的百分比）	-5.3	-1.4	*-1.3*
政府与市场			
创办企业的时间（天）	..	21	21
总体统计能力水平（0—100）	..	42.2	57.8
军费支出（占GDP的百分比）	..	..	..
移动电话用户（每100人）	28.3	192.6	132.1
互联网用户（占总人口的百分比）	6.5	47.0	64.0
金融部门提供的国内信用（占GDP的百分比）	80.9	100.7	84.6
高科技出口（占制成品出口的百分比）	0	0	0
全球联系			
商品贸易（占GDP的百分比）	59	48	45
净易货贸易条件指数（2000年=100）	100	73	57
外债总额（百万美元）	..	..	..
债务还本付息总额（占出口的百分比）	..	..	..
净移民（千人）	*-0.3*	*-0.1*	*-0.1*
获得的侨汇（百万美元）	20.7	20.2	21.1
外国直接投资，净流入额（百万美元）	43	97	167
获得的净官方发展援助（百万美元）	9.8	19.1	2.1

阿根廷

拉丁美洲和加勒比地区 **中高收入经济体**

人口（百万）	43.0	人口增长率（百分比）	1.0
陆地面积（千平方千米）	2,780	每天生活费用不足1.90美元的人口（占人口的百分比）	<2
GNI，图表集法（10亿美元）	579.2	人均GNI，图表集法（美元）	13,480
PPP衡量的GNI（10亿美元）	..[a]	PPP衡量的人均GNI（美元）	..[a]

	2000	2010	2014
人口			
最贫困的20%人口占国家消费/收入的份额（百分比）	3.2	4.4	*4.8*
出生时的预期寿命（岁）	74	75	76
总生育率（每个女性生育数）	2.6	2.4	2.3
孕产妇死亡率（每十万次分娩）	60	58	52
避孕普及率（占15—49岁已婚女性的百分比）	*65*	..	*77*
在熟练医护人员护理下的分娩（占总数的百分比）	*98*	95	*97*
5岁以下儿童死亡率（每千人）	20	15	13
生长迟缓（占5岁以下儿童的百分比）	..	..	..
儿童麻疹免疫接种率（占12—23个月年龄组的百分比）	91	98	95
小学毕业率，总数（占适龄年龄组的百分比）	98	105	*101*
小学和中学中女孩与男孩的比率	1.0	1.0	*1.0*
劳动力参与率（占15岁以上人口的百分比）	58	61	61
HIV感染率（占15—49岁人口的百分比）	0.3	0.4	0.5
环境			
森林（千平方千米）	319	286	271
森林采伐（2000—2010年和2010—2015年，平均年度百分比）		1.1	1.1
淡水使用量（占内陆水资源的百分比）	..	..	12.9
获得改善的水资源的人口（占总人口的百分比）	96	98	99
获得改善的卫生设施的人口（占总人口的百分比）	91	95	96
人均能源使用量（千克石油当量）	1,662	1,910	*1,895*
人均二氧化碳排放量（吨）	3.8	4.3	..
人均用电量（千瓦时）	2,078	2,847	*3,093*
经济			
GDP（10亿美元）	284	*462*	538
GDP增长率（年度百分比）	-0.8	9.5[b]	0.5[b]
GDP隐含价格平减指数（年度增长百分比）	1.0	17.2[b]	29.3[b]
农业增加值（占GDP的百分比）	5	8	8
工业增加值（占GDP的百分比）	28	31	29
服务业增加值（占GDP的百分比）	67	61	63
货物和服务出口（占GDP的百分比）	11	17	15
货物和服务进口（占GDP的百分比）	12	15	14
资本形成总额（占GDP的百分比）	16	19	20
中央政府收入（占GDP的百分比）	..	..	..
中央政府现金盈余/赤字（占GDP的百分比）	..	..	..
政府与市场			
创办企业的时间（天）	66	25	25
总体统计能力水平（0—100）	..	86.7	95.6
军费支出（占GDP的百分比）	1.1	0.7	0.8
移动电话用户（每100人）	17.6	141.4	158.8
互联网用户（占总人口的百分比）	7.0	45.0	64.7
金融部门提供的国内信用（占GDP的百分比）	34.5	23.2	35.6
高科技出口（占制成品出口的百分比）	9	8	7
全球联系			
商品贸易（占GDP的百分比）	18	27	26
净易货贸易条件指数（2000年=100）	100	149	170
外债总额（百万美元）	..	..	..
债务还本付息总额（占出口的百分比）	64.0	17.1	*13.7*
净移民（千人）	*-90.0*	*-85.0*	*30.0*
获得的侨汇（百万美元）	86	639	502
外国直接投资，净流入额（10亿美元）	10.4	7.8	6.1
获得的净官方发展援助（百万美元）	52	121	49

亚美尼亚

欧洲和中亚			中低收入经济体
人口（百万）	3.0	人口增长率（百分比）	0.5
陆地面积（千平方千米）	30	每天生活费用不足1.90美元的人口（占人口的百分比）	*2.4*
GNI，图表集法（10亿美元）	12.1	人均GNI，图表集法（美元）	4,020
PPP衡量的GNI（10亿美元）	25.4	PPP衡量的人均GNI（美元）	8,450

	2000	2010	2014
人口			
最贫困的20%人口占国家消费/收入的份额（百分比）	*7.7*	8.9	*8.5*
出生时的预期寿命（岁）	71	74	75
总生育率（每个女性生育数）	1.7	1.6	1.5
孕产妇死亡率（每十万次分娩）	40	33	25
避孕普及率（占15—49岁已婚女性的百分比）	61	55	..
在熟练医护人员护理下的分娩（占总数的百分比）	97	100	..
5岁以下儿童死亡率（每千人）	30	18	14
生长迟缓（占5岁以下儿童的百分比）	17.7	20.8	..
儿童麻疹免疫接种率（占12—23个月年龄组的百分比）	92	97	97
小学毕业率，总数（占适龄年龄组的百分比）	*94*	*100*	..
小学和中学中女孩与男孩的比率	1.1	*1.2*	..
劳动力参与率（占15岁以上人口的百分比）	65	62	64
HIV感染率（占15—49岁人口的百分比）	0.1	0.2	0.2
环境			
森林（千平方千米）	3.3	3.3	3.3
森林采伐（2000—2010年和2010—2015年，平均年度百分比）		0.1	-0.1
淡水使用量（占内陆水资源的百分比）	*25.3*	*41.7*	42.9
获得改善的水资源的人口（占总人口的百分比）	93	98	100
获得改善的卫生设施的人口（占总人口的百分比）	89	90	90
人均能源使用量（千克石油当量）	655	838	*969*
人均二氧化碳排放量（吨）	1.1	1.4	..
人均用电量（千瓦时）	1,295	1,676	*1,870*
经济			
GDP（10亿美元）	1.9	*9.3*	11.6
GDP增长率（年度百分比）	5.9	2.2	3.5
GDP隐含价格平减指数（年度增长百分比）	-1.4	7.8	2.7
农业增加值（占GDP的百分比）	26	19	21
工业增加值（占GDP的百分比）	39	37	29
服务业增加值（占GDP的百分比）	35	44	51
货物和服务出口（占GDP的百分比）	23	21	28
货物和服务进口（占GDP的百分比）	51	45	47
资本形成总额（占GDP的百分比）	19	33	21
中央政府收入（占GDP的百分比）	*17.7*	22.6	*22.6*
中央政府现金盈余/赤字（占GDP的百分比）	*-0.7*	-5.0	*-1.3*
政府与市场			
创办企业的时间（天）	*18*	14	3
总体统计能力水平（0—100）	..	92.2	93.3
军费支出（占GDP的百分比）	3.6	4.3	4.0
移动电话用户（每100人）	0.6	130.4	115.9
互联网用户（占总人口的百分比）	1.3	25.0	46.3
金融部门提供的国内信用（占GDP的百分比）	11.5	27.8	51.3
高科技出口（占制成品出口的百分比）	5	2	3
全球联系			
商品贸易（占GDP的百分比）	62	52	51
净易货贸易条件指数（2000年=100）	100	127	113
外债总额（10亿美元）	1.0	6.3	8.6
债务还本付息总额（占出口的百分比）	9.2	29.7	31.7
净移民（千人）	*-144*	*-136*	*-10*
获得的侨汇（10亿美元）	0.1	1.7	2.1
外国直接投资，净流入额（百万美元）	104	529	404
获得的净官方发展援助（百万美元）	216	342	265

阿鲁巴

拉丁美洲和加勒比地区			高收入经济体
人口（千人）	103	人口增长率（百分比）	0.5
陆地面积（平方千米）	180	每天生活费用不足1.90美元的人口（占人口的百分比）	..
GNI，图表集法（百万美元）	..	人均GNI，图表集法（美元）	..
PPP衡量的GNI（百万美元）	..	PPP衡量的人均GNI（美元）	..

	2000	2010	2014
人口			
最贫困的20%人口占国家消费/收入的份额（百分比）	..	..	..
出生时的预期寿命（岁）	74	75	75
总生育率（每个女性生育数）	1.9	1.7	1.7
孕产妇死亡率（每十万次分娩）	..	..	..
避孕普及率（占15—49岁已婚女性的百分比）	..	..	..
在熟练医护人员护理下的分娩（占总数的百分比）	*96*	..	..
5岁以下儿童死亡率（每千人）	..	..	..
生长迟缓（占5岁以下儿童的百分比）	..	..	..
儿童麻疹免疫接种率（占12—23个月年龄组的百分比）	..	..	..
小学毕业率，总数（占适龄年龄组的百分比）	97	95	..
小学和中学中女孩与男孩的比率	1.0	1.0	*1.0*
劳动力参与率（占15岁以上人口的百分比）	..	..	..
HIV感染率（占15—49岁人口的百分比）	..	..	..
环境			
森林（平方千米）	0.0	0.0	0.0
森林采伐（2000—2010年和2010—2015年，平均年度百分比）		0.0	0.0
淡水使用量（占内陆水资源的百分比）	..	..	..
获得改善的水资源的人口（占总人口的百分比）	94	97	98
获得改善的卫生设施的人口（占总人口的百分比）	98	98	98
人均能源使用量（千克石油当量）	..	..	..
人均二氧化碳排放量（吨）	25.5	24.2	..
人均用电量（千瓦时）	..	..	..
经济			
GDP（百万美元）	1.9	*2.5*	..
GDP增长率（年度百分比）	-0.4	*-5.7*	..
GDP隐含价格平减指数（年度增长百分比）	9.1	*-5.1*	..
农业增加值（占GDP的百分比）	0	0	..
工业增加值（占GDP的百分比）	17	16	..
服务业增加值（占GDP的百分比）	82	83	..
货物和服务出口（占GDP的百分比）	74	62	..
货物和服务进口（占GDP的百分比）	71	75	..
资本形成总额（占GDP的百分比）	25	28	..
中央政府收入（占GDP的百分比）	..	..	..
中央政府现金盈余/赤字（占GDP的百分比）	..	..	..
政府与市场			
创办企业的时间（天）	..	..	..
总体统计能力水平（0—100）	..	..	..
军费支出（占GDP的百分比）	..	..	..
移动电话用户（每100人）	16.5	129.7	135.1
互联网用户（占总人口的百分比）	15.4	62.0	83.8
金融部门提供的国内信用（占GDP的百分比）	44.1	57.5	..
高科技出口（占制成品出口的百分比）	..	3	5
全球联系			
商品贸易（占GDP的百分比）	272	67	..
净易货贸易条件指数（2000年=100）	100	99	133
外债总额（百万美元）	..	..	..
债务还本付息总额（占出口的百分比）	..	..	..
净移民（千人）	*6.3*	*-0.4*	*1.3*
获得的侨汇（百万美元）	7.9	5.0	7.3
外国直接投资，净流入额（百万美元）	-128	187	248
获得的净官方发展援助（百万美元）	*-7.4*	..	..

澳大利亚

东亚和太平洋地区		高收入经济体	
人口（百万）	23.5	人口增长率（百分比）	1.5
陆地面积（千平方千米）	7,741	每天生活费用不足1.90美元的人口（占人口的百分比）	..
GNI，图表集法（10亿美元）	1,516.2	人均GNI，图表集法（美元）	64,600
PPP衡量的GNI（10亿美元）	1,049.1	PPP衡量的人均GNI（美元）	44,700

	2000	2010	2014
人口			
最贫困的20%人口占国家消费/收入的份额（百分比）	*6.9*	7.1	..
出生时的预期寿命（岁）	79	82	82
总生育率（每个女性生育数）	1.8	1.9	1.9
孕产妇死亡率（每十万次分娩）	9	6	6
避孕普及率（占15—49岁已婚女性的百分比）	*71*	..	..
在熟练医护人员护理下的分娩（占总数的百分比）	*100*	..	..
5岁以下儿童死亡率（每千人）	6	5	4
生长迟缓（占5岁以下儿童的百分比）	..	*1.8*	..
儿童麻疹免疫接种率（占12—23个月年龄组的百分比）	91	94	93
小学毕业率，总数（占适龄年龄组的百分比）	..	..	..
小学和中学中女孩与男孩的比率	1.0	1.0	*1.0*
劳动力参与率（占15岁以上人口的百分比）	63	66	65
HIV感染率（占15—49岁人口的百分比）	..	..	..
环境			
森林（千平方千米）	1,288	1,232	1,248
森林采伐（2000—2010年和2010—2015年，平均年度百分比）		0.4	-0.2
淡水使用量（占内陆水资源的百分比）	*4.4*	*3.8*	4.0
获得改善的水资源的人口（占总人口的百分比）	100	100	100
获得改善的卫生设施的人口（占总人口的百分比）	100	100	100
人均能源使用量（千克石油当量）	5,644	5,649	5,483
人均二氧化碳排放量（吨）	17.2	16.7	..
人均用电量（千瓦时）	10,194	10,747	*10,134*
经济			
GDP（10亿美元）	415	*1,142*	1,455
GDP增长率（年度百分比）	3.9	2.0	2.5
GDP隐含价格平减指数（年度增长百分比）	2.6	1.0	1.4
农业增加值（占GDP的百分比）	3	2	2
工业增加值（占GDP的百分比）	27	27	27
服务业增加值（占GDP的百分比）	70	71	71
货物和服务出口（占GDP的百分比）	19	19	21
货物和服务进口（占GDP的百分比）	21	20	21
资本形成总额（占GDP的百分比）	26	28	27
中央政府收入（占GDP的百分比）	26.0	23.4	*24.6*
中央政府现金盈余/赤字（占GDP的百分比）	1.7	-4.0	*-1.5*
政府与市场			
创办企业的时间（天）	*3*	3	3
总体统计能力水平（0—100）	..	..	..
军费支出（占GDP的百分比）	1.9	2.0	1.8
移动电话用户（每100人）	44.5	100.4	131.2
互联网用户（占总人口的百分比）	46.8	76.0	84.6
金融部门提供的国内信用（占GDP的百分比）	93.4	154.3	165.9
高科技出口（占制成品出口的百分比）	15	12	14
全球联系			
商品贸易（占GDP的百分比）	33	36	33
净易货贸易条件指数（2000年=100）	100	179	165
外债总额（百万美元）	..	..	..
债务还本付息总额（占出口的百分比）	..	..	..
净移民（千人）	*575*	*1,133*	*1,023*
获得的侨汇（10亿美元）	1.9	1.9	2.3
外国直接投资，净流入额（10亿美元）	13.6	35.2	46.3
获得的净官方发展援助（百万美元）	..	..	..

奥地利

欧洲和中亚		高收入经济体	
人口（百万）	8.5	人口增长率（百分比）	0.8
陆地面积（千平方千米）	84	每天生活费用不足1.90美元的人口（占人口的百分比）	..
GNI，图表集法（10亿美元）	423.9	人均GNI，图表集法（美元）	49,600
PPP衡量的GNI（10亿美元）	404.9	PPP衡量的人均GNI（美元）	47,380

	2000	2010	2014
人口			
最贫困的20%人口占国家消费/收入的份额（百分比）	..	8.0	*7.8*
出生时的预期寿命（岁）	78	81	81
总生育率（每个女性生育数）	1.4	1.4	1.4
孕产妇死亡率（每十万次分娩）	5	4	4
避孕普及率（占15—49岁已婚女性的百分比）	..	*70*	..
在熟练医护人员护理下的分娩（占总数的百分比）	..	..	..
5岁以下儿童死亡率（每千人）	6	4	4
生长迟缓（占5岁以下儿童的百分比）	..	..	..
儿童麻疹免疫接种率（占12—23个月年龄组的百分比）	75	76	76
小学毕业率，总数（占适龄年龄组的百分比）	*101*	99	99
小学和中学中女孩与男孩的比率	1.0	1.0	1.0
劳动力参与率（占15岁以上人口的百分比）	58	61	61
HIV感染率（占15—49岁人口的百分比）	..	..	..
环境			
森林（千平方千米）	38	39	39
森林采伐（2000—2010年和2010—2015年，平均年度百分比）		-0.1	0.0
淡水使用量（占内陆水资源的百分比）	*6.6*	..	6.6
获得改善的水资源的人口（占总人口的百分比）	100	100	100
获得改善的卫生设施的人口（占总人口的百分比）	100	100	100
人均能源使用量（千克石油当量）	3,562	4,080	3,752
人均二氧化碳排放量（吨）	7.8	8.1	..
人均用电量（千瓦时）	7,076	8,382	*8,513*
经济			
GDP（10亿美元）	196	*390*	437
GDP增长率（年度百分比）	3.4	1.9	0.4
GDP隐含价格平减指数（年度增长百分比）	1.4	1.0	1.6
农业增加值（占GDP的百分比）	2	1	1
工业增加值（占GDP的百分比）	32	29	28
服务业增加值（占GDP的百分比）	67	70	71
货物和服务出口（占GDP的百分比）	43	51	53
货物和服务进口（占GDP的百分比）	42	48	49
资本形成总额（占GDP的百分比）	26	23	23
中央政府收入（占GDP的百分比）	43.3	31.2	*32.3*
中央政府现金盈余/赤字（占GDP的百分比）	-3.0	-3.4	*-1.4*
政府与市场			
创办企业的时间（天）	*25*	25	22
总体统计能力水平（0—100）	..	..	..
军费支出（占GDP的百分比）	1.0	0.8	0.7
移动电话用户（每100人）	76.3	145.7	151.9
互联网用户（占总人口的百分比）	33.7	75.2	81.0
金融部门提供的国内信用（占GDP的百分比）	*120.8*	135.6	126.9
高科技出口（占制成品出口的百分比）	15	12	14
全球联系			
商品贸易（占GDP的百分比）	71	80	82
净易货贸易条件指数（2000年=100）	100	91	88
外债总额（百万美元）	..	..	..
债务还本付息总额（占出口的百分比）	..	..	..
净移民（千人）	*178*	*154*	*147*
获得的侨汇（10亿美元）	1.8	2.5	3.3
外国直接投资，净流入额（10亿美元）	8.5	-22.0	8.2
获得的净官方发展援助（百万美元）	..	..	..

阿塞拜疆

欧洲和中亚			中高收入经济体
人口（百万）	9.5	人口增长率（百分比）	1.2
陆地面积（千平方千米）	87	每天生活费用不足1.90美元的人口（占人口的百分比）	<2
GNI，图表集法（10亿美元）	72.4	人均GNI，图表集法（美元）	7,600
PPP衡量的GNI（10亿美元）	161.3	PPP衡量的人均GNI（美元）	16,920

	2000	2010	2014
人口			
最贫困的20%人口占国家消费/收入的份额（百分比）	*7.4*	..	..
出生时的预期寿命（岁）	67	70	71
总生育率（每个女性生育数）	2.0	1.9	2.0
孕产妇死亡率（每十万次分娩）	48	27	25
避孕普及率（占15—49岁已婚女性的百分比）	55	55	..
在熟练医护人员护理下的分娩（占总数的百分比）	84	99	..
5岁以下儿童死亡率（每千人）	74	39	32
生长迟缓（占5岁以下儿童的百分比）	24.1	*26.8*	*18.0*
儿童麻疹免疫接种率（占12—23个月年龄组的百分比）	67	89	98
小学毕业率，总数（占适龄年龄组的百分比）	90	90	98
小学和中学中女孩与男孩的比率	..	1.0	1.0
劳动力参与率（占15岁以上人口的百分比）	64	65	67
HIV感染率（占15—49岁人口的百分比）	0.1	0.1	0.1
环境			
森林（千平方千米）	9	10	11
森林采伐（2000—2010年和2010—2015年，平均年度百分比）		-1.5	-2.5
淡水使用量（占内陆水资源的百分比）	*124.1*	*150.5*	147.5
获得改善的水资源的人口（占总人口的百分比）	74	83	87
获得改善的卫生设施的人口（占总人口的百分比）	66	82	89
人均能源使用量（千克石油当量）	1,403	1,280	*1,474*
人均二氧化碳排放量（吨）	3.7	3.4	..
人均用电量（千瓦时）	2,040	1,603	*2,093*
经济			
GDP（10亿美元）	5.3	*52.9*	75.2
GDP增长率（年度百分比）	11.1	4.9	2.0
GDP隐含价格平减指数（年度增长百分比）	12.5	13.8	0.2
农业增加值（占GDP的百分比）	17	6	6
工业增加值（占GDP的百分比）	45	64	58
服务业增加值（占GDP的百分比）	38	30	36
货物和服务出口（占GDP的百分比）	39	54	43
货物和服务进口（占GDP的百分比）	38	21	26
资本形成总额（占GDP的百分比）	21	18	26
中央政府收入（占GDP的百分比）	*17.6*	46.8	*41.8*
中央政府现金盈余/赤字（占GDP的百分比）	*-4.7*	15.4	*6.1*
政府与市场			
创办企业的时间（天）	*105*	8	3
总体统计能力水平（0—100）	..	78.9	67.8
军费支出（占GDP的百分比）	2.3	2.8	4.8
移动电话用户（每100人）	5.2	100.1	110.9
互联网用户（占总人口的百分比）	0.1	46.0	61.0
金融部门提供的国内信用（占GDP的百分比）	9.6	23.0	33.8
高科技出口（占制成品出口的百分比）	5	1	7
全球联系			
商品贸易（占GDP的百分比）	55	63	50
净易货贸易条件指数（2000年=100）	100	155	184
外债总额（10亿美元）	1.5	7.0	11.7
债务还本付息总额（占出口的百分比）	6.4	1.4	5.2
净移民（千人）	*10.7*	*-96.8*	*-16.1*
获得的侨汇（10亿美元）	0.1	1.4	1.8
外国直接投资，净流入额（10亿美元）	0.1	3.4	4.4
获得的净官方发展援助（百万美元）	139	160	215

巴哈马

拉丁美洲和加勒比地区 | **高收入经济体**

人口（千人）	383	人口增长率（百分比）	1.4
陆地面积（千平方千米）	14	每天生活费用不足1.90美元的人口（占人口的百分比）	..
GNI，图表集法（10亿美元）	8.0	人均GNI，图表集法（美元）	20,980
PPP衡量的GNI（10亿美元）	8.5	PPP衡量的人均GNI（美元）	22,290

	2000	2010	2014
人口			
最贫困的20%人口占国家消费/收入的份额（百分比）	..	..	..
出生时的预期寿命（岁）	72	75	75
总生育率（每个女性生育数）	2.1	1.9	1.9
孕产妇死亡率（每十万次分娩）	61	85	80
避孕普及率（占15—49岁已婚女性的百分比）	*45*	..	..
在熟练医护人员护理下的分娩（占总数的百分比）	99	99	*98*
5岁以下儿童死亡率（每千人）	16	14	12
生长迟缓（占5岁以下儿童的百分比）	..	..	..
儿童麻疹免疫接种率（占12—23个月年龄组的百分比）	93	94	92
小学毕业率，总数（占适龄年龄组的百分比）	*82*	93	..
小学和中学中女孩与男孩的比率	*1.0*	1.0	..
劳动力参与率（占15岁以上人口的百分比）	71	74	74
HIV感染率（占15—49岁人口的百分比）	..	..	..
环境			
森林（千平方千米）	5.2	5.2	5.2
森林采伐（2000—2010年和2010—2015年，平均年度百分比）		0.0	0.0
淡水使用量（占内陆水资源的百分比）	..	..	..
获得改善的水资源的人口（占总人口的百分比）	97	98	98
获得改善的卫生设施的人口（占总人口的百分比）	89	91	92
人均能源使用量（千克石油当量）	..	*2,072*	..
人均二氧化碳排放量（吨）	5.6	6.8	..
人均用电量（千瓦时）	..	..	..
经济			
GDP（10亿美元）	6.3	*7.9*	8.5
GDP增长率（年度百分比）	4.1	1.5	1.0
GDP隐含价格平减指数（年度增长百分比）	0.9	-0.4	-0.1
农业增加值（占GDP的百分比）	3	2	2
工业增加值（占GDP的百分比）	18	16	21
服务业增加值（占GDP的百分比）	80	81	77
货物和服务出口（占GDP的百分比）	44	41	44
货物和服务进口（占GDP的百分比）	47	49	61
资本形成总额（占GDP的百分比）	28	25	29
中央政府收入（占GDP的百分比）	..	..	..
中央政府现金盈余/赤字（占GDP的百分比）	..	..	..
政府与市场			
创办企业的时间（天）	..	24	29
总体统计能力水平（0—100）	..	..	..
军费支出（占GDP的百分比）	..	..	..
移动电话用户（每100人）	10.6	118.8	82.3
互联网用户（占总人口的百分比）	8.0	43.0	76.9
金融部门提供的国内信用（占GDP的百分比）	67.3	105.3	102.6
高科技出口（占制成品出口的百分比）	7	0	0
全球联系			
商品贸易（占GDP的百分比）	42	42	48
净易货贸易条件指数（2000年=100）	100	83	81
外债总额（百万美元）	..	..	..
债务还本付息总额（占出口的百分比）	..	..	..
净移民（千人）	*15.5*	*14.4*	9.7
获得的侨汇（百万美元）	..	..	..
外国直接投资，净流入额（百万美元）	250	872	266
获得的净官方发展援助（百万美元）	..	..	..

巴林

中东和北非			高收入经济体
人口（百万）	1.4	人口增长率（百分比）	0.9
陆地面积（平方千米）	770	每天生活费用不足1.90美元的人口（占人口的百分比）	..
GNI，图表集法（10亿美元）	*28.4*	人均GNI，图表集法（美元）	*21,060*
PPP衡量的GNI（10亿美元）	*50.8*	PPP衡量的人均GNI（美元）	*37,680*

	2000	2010	2014
人口			
最贫困的20%人口占国家消费/收入的份额（百分比）	..	..	..
出生时的预期寿命（岁）	75	76	77
总生育率（每个女性生育数）	2.8	2.1	2.1
孕产妇死亡率（每十万次分娩）	21	16	15
避孕普及率（占15—49岁已婚女性的百分比）	..	..	..
在熟练医护人员护理下的分娩（占总数的百分比）	..	*100*	..
5岁以下儿童死亡率（每千人）	13	8	6
生长迟缓（占5岁以下儿童的百分比）	..	..	..
儿童麻疹免疫接种率（占12—23个月年龄组的百分比）	98	99	99
小学毕业率，总数（占适龄年龄组的百分比）	*100*	..	..
小学和中学中女孩与男孩的比率	*1.0*	..	..
劳动力参与率（占15岁以上人口的百分比）	66	71	70
HIV感染率（占15—49岁人口的百分比）	..	..	..
环境			
森林（平方千米）	0.0	10.0	10.0
森林采伐（2000—2010年和2010—2015年，平均年度百分比）		-3.6	-2.8
淡水使用量（占内陆水资源的百分比）	..	*8,935.0*	8,935.0
获得改善的水资源的人口（占总人口的百分比）	99	100	100
获得改善的卫生设施的人口（占总人口的百分比）	99	99	99
人均能源使用量（千克石油当量）	11,948	9,952	*10,172*
人均二氧化碳排放量（吨）	28.0	18.4	..
人均用电量（千瓦时）	19,947	17,746	*18,217*
经济			
GDP（10亿美元）	9.1	*25.7*	33.9
GDP增长率（年度百分比）	5.3	4.3	4.5
GDP隐含价格平减指数（年度增长百分比）	30.0	7.4	-1.5
农业增加值（占GDP的百分比）	..	..	..
工业增加值（占GDP的百分比）	..	..	..
服务业增加值（占GDP的百分比）	..	..	..
货物和服务出口（占GDP的百分比）	79	70	71
货物和服务进口（占GDP的百分比）	57	51	44
资本形成总额（占GDP的百分比）	17	27	16
中央政府收入（占GDP的百分比）	28.9	22.2	..
中央政府现金盈余/赤字（占GDP的百分比）	7.5	-4.8	..
政府与市场			
创办企业的时间（天）	..	9	9
总体统计能力水平（0—100）	..	..	..
军费支出（占GDP的百分比）	4.0	3.3	4.2
移动电话用户（每100人）	30.8	125.2	173.3
互联网用户（占总人口的百分比）	6.2	55.0	91.0
金融部门提供的国内信用（占GDP的百分比）	33.9	67.1	75.1
高科技出口（占制成品出口的百分比）	0	0	1
全球联系			
商品贸易（占GDP的百分比）	119	106	102
净易货贸易条件指数（2000年=100）	100	126	125
外债总额（百万美元）	..	..	..
债务还本付息总额（占出口的百分比）	..	..	..
净移民（千人）	*134*	*317*	*30*
获得的侨汇（百万美元）	..	..	..
外国直接投资，净流入额（百万美元）	364	156	958
获得的净官方发展援助（百万美元）	60.4	..	..

孟加拉国

南亚			中低收入经济体
人口（百万）	159.1	人口增长率（百分比）	1.2
陆地面积（千平方千米）	148	每天生活费用不足1.90美元的人口（占人口的百分比）	*43.7*
GNI，图表集法（10亿美元）	171.3	人均GNI，图表集法（美元）	1,080
PPP衡量的GNI（10亿美元）	529.9	PPP衡量的人均GNI（美元）	3,330

	2000	**2010**	**2014**
人口			
最贫困的20%人口占国家消费/收入的份额（百分比）	8.7	8.9	..
出生时的预期寿命（岁）	65	70	72
总生育率（每个女性生育数）	3.2	2.3	2.2
孕产妇死亡率（每十万次分娩）	399	242	176
避孕普及率（占15—49岁已婚女性的百分比）	54	*61*	62
在熟练医护人员护理下的分娩（占总数的百分比）	12	27	42
5岁以下儿童死亡率（每千人）	88	50	38
生长迟缓（占5岁以下儿童的百分比）	50.8	*41.4*	36.1
儿童麻疹免疫接种率（占12—23个月年龄组的百分比）	74	88	89
小学毕业率，总数（占适龄年龄组的百分比）	..	66	..
小学和中学中女孩与男孩的比率	..	1.1	..
劳动力参与率（占15岁以上人口的百分比）	71	71	71
HIV感染率（占15—49岁人口的百分比）	0.1	0.1	0.1
环境			
森林（千平方千米）	15	14	14
森林采伐（2000—2010年和2010—2015年，平均年度百分比）		0.2	0.2
淡水使用量（占内陆水资源的百分比）	..	..	34.2
获得改善的水资源的人口（占总人口的百分比）	76	84	87
获得改善的卫生设施的人口（占总人口的百分比）	45	56	61
人均能源使用量（千克石油当量）	139	201	*216*
人均二氧化碳排放量（吨）	0.2	0.4	..
人均用电量（千瓦时）	102	241	*293*
经济			
GDP（10亿美元）	53.4	*115.3*	172.9
GDP增长率（年度百分比）	5.3	5.6	6.1
GDP隐含价格平减指数（年度增长百分比）	3.4	7.1	5.7
农业增加值（占GDP的百分比）	24	18	16
工业增加值（占GDP的百分比）	23	26	28
服务业增加值（占GDP的百分比）	53	56	56
货物和服务出口（占GDP的百分比）	12	16	19
货物和服务进口（占GDP的百分比）	17	22	26
资本形成总额（占GDP的百分比）	24	26	29
中央政府收入（占GDP的百分比）	*8.6*	9.7	..
中央政府现金盈余/赤字（占GDP的百分比）	*-0.6*	-0.8	..
政府与市场			
创办企业的时间（天）	..	..	20
总体统计能力水平（0—100）	..	68.9	76.7
军费支出（占GDP的百分比）	1.2	1.2	1.2
移动电话用户（每100人）	0.2	44.9	80.0
互联网用户（占总人口的百分比）	0.1	3.7	9.6
金融部门提供的国内信用（占GDP的百分比）	30.2	57.4	58.6
高科技出口（占制成品出口的百分比）	0	0	..
全球联系			
商品贸易（占GDP的百分比）	29	41	42
净易货贸易条件指数（2000年=100）	100	61	59
外债总额（10亿美元）	15.6	25.8	34.9
债务还本付息总额（占出口的百分比）	10.6	4.7	5.2
净移民（千人）	*-1,700*	*-3,571*	*-2,226*
获得的侨汇（10亿美元）	2.0	10.9	15.0
外国直接投资，净流入额（10亿美元）	0.3	1.2	2.5
获得的净官方发展援助（10亿美元）	1.2	1.4	2.4

巴巴多斯

拉丁美洲和加勒比地区			高收入经济体
人口（千人）	283	人口增长率（百分比）	0.3
陆地面积（平方千米）	430	每天生活费用不足1.90美元的人口（占人口的百分比）	..
GNI，图表集法（10亿美元）	*4.3*	人均GNI，图表集法（美元）	*15,310*
PPP衡量的GNI（10亿美元）	*4.3*	PPP衡量的人均GNI（美元）	*15,190*

	2000	2010	2014
人口			
最贫困的20%人口占国家消费/收入的份额（百分比）	..	..	..
出生时的预期寿命（岁）	73	75	75
总生育率（每个女性生育数）	1.7	1.8	1.8
孕产妇死亡率（每十万次分娩）	48	33	27
避孕普及率（占15—49岁已婚女性的百分比）	*55*	..	..
在熟练医护人员护理下的分娩（占总数的百分比）	98	*100*	*98*
5岁以下儿童死亡率（每千人）	16	15	13
生长迟缓（占5岁以下儿童的百分比）	..	..	*7.7*
儿童麻疹免疫接种率（占12—23个月年龄组的百分比）	94	85	95
小学毕业率，总数（占适龄年龄组的百分比）	98	96	96
小学和中学中女孩与男孩的比率	1.0	1.0	1.0
劳动力参与率（占15岁以上人口的百分比）	70	71	71
HIV感染率（占15—49岁人口的百分比）	..	..	..
环境			
森林（平方千米）	60	60	60
森林采伐（2000—2010年和2010—2015年，平均年度百分比）		0.0	0.0
淡水使用量（占内陆水资源的百分比）	..	*101.3*	101.3
获得改善的水资源的人口（占总人口的百分比）	98	99	100
获得改善的卫生设施的人口（占总人口的百分比）	87	94	96
人均能源使用量（千克石油当量）	..	*1,452*	..
人均二氧化碳排放量（吨）	4.4	5.4	..
人均用电量（千瓦时）	..	..	..
经济			
GDP（10亿美元）	3.1	*4.4*	4.4
GDP增长率（年度百分比）	4.5	0.3	0.2
GDP隐含价格平减指数（年度增长百分比）	-1.4	-3.7	1.5
农业增加值（占GDP的百分比）	..	..	..
工业增加值（占GDP的百分比）	..	..	..
服务业增加值（占GDP的百分比）	..	..	..
货物和服务出口（占GDP的百分比）	42	46	37
货物和服务进口（占GDP的百分比）	46	50	48
资本形成总额（占GDP的百分比）	18	14	13
中央政府收入（占GDP的百分比）	*27.8*	27.1	*27.0*
中央政府现金盈余/赤字（占GDP的百分比）	*-2.4*	-8.0	*-12.2*
政府与市场			
创办企业的时间（天）	..	*18*	18
总体统计能力水平（0—100）	..	..	..
军费支出（占GDP的百分比）	..	..	..
移动电话用户（每100人）	10.7	124.8	128.7
互联网用户（占总人口的百分比）	4.0	65.1	76.7
金融部门提供的国内信用（占GDP的百分比）	58.2	*106.5*	..
高科技出口（占制成品出口的百分比）	23	12	16
全球联系			
商品贸易（占GDP的百分比）	46	45	50
净易货贸易条件指数（2000年=100）	100	118	114
外债总额（百万美元）	..	..	..
债务还本付息总额（占出口的百分比）	..	..	..
净移民（千人）	*-0.1*	*2.1*	*2.2*
获得的侨汇（百万美元）	115	82	87
外国直接投资，净流入额（百万美元）	19	669	275
获得的净官方发展援助（百万美元）	0.2	16.2	..

白俄罗斯

欧洲和中亚 **中高收入经济体**

人口（百万）	9.5	人口增长率（百分比）	0.0
陆地面积（千平方千米）	208	每天生活费用不足1.90美元的人口（占人口的百分比）	<2
GNI，图表集法（10亿美元）	69.5	人均GNI，图表集法（美元）	7,340
PPP衡量的GNI（10亿美元）	166.8	PPP衡量的人均GNI（美元）	17,610

	2000	2010	2014
人口			
最贫困的20%人口占国家消费/收入的份额（百分比）	8.4	9.0	*9.7*
出生时的预期寿命（岁）	69	70	73
总生育率（每个女性生育数）	1.3	1.4	1.6
孕产妇死亡率（每十万次分娩）	26	5	4
避孕普及率（占15—49岁已婚女性的百分比）	..	..	*63*
在熟练医护人员护理下的分娩（占总数的百分比）	100	100	*100*
5岁以下儿童死亡率（每千人）	14	6	5
生长迟缓（占5岁以下儿童的百分比）	..	..	..
儿童麻疹免疫接种率（占12—23个月年龄组的百分比）	98	99	99
小学毕业率，总数（占适龄年龄组的百分比）	102	106	98
小学和中学中女孩与男孩的比率	*1.0*	1.0	1.0
劳动力参与率（占15岁以上人口的百分比）	58	55	56
HIV感染率（占15—49岁人口的百分比）	0.1	0.4	0.5
环境			
森林（千平方千米）	83	85	86
森林采伐（2000—2010年和2010—2015年，平均年度百分比）		-0.3	-0.2
淡水使用量（占内陆水资源的百分比）	*5.4*	*5.0*	4.5
获得改善的水资源的人口（占总人口的百分比）	100	100	100
获得改善的卫生设施的人口（占总人口的百分比）	95	95	94
人均能源使用量（千克石油当量）	2,456	2,900	*2,882*
人均二氧化碳排放量（吨）	5.3	6.6	..
人均用电量（千瓦时）	2,989	3,564	*3,648*
经济			
GDP（10亿美元）	12.7	*55.2*	76.1
GDP增长率（年度百分比）	5.8	7.7	1.6
GDP隐含价格平减指数（年度增长百分比）	185.3	11.1	18.1
农业增加值（占GDP的百分比）	14	11	9
工业增加值（占GDP的百分比）	39	42	42
服务业增加值（占GDP的百分比）	47	47	49
货物和服务出口（占GDP的百分比）	69	53	57
货物和服务进口（占GDP的百分比）	72	67	58
资本形成总额（占GDP的百分比）	25	41	33
中央政府收入（占GDP的百分比）	28.7	31.4	*30.0*
中央政府现金盈余/赤字（占GDP的百分比）	0.1	-1.5	*0.1*
政府与市场			
创办企业的时间（天）	*79*	10	3
总体统计能力水平（0—100）	..	85.6	87.8
军费支出（占GDP的百分比）	1.3	1.4	1.3
移动电话用户（每100人）	0.5	108.9	122.5
互联网用户（占总人口的百分比）	1.9	31.8	59.0
金融部门提供的国内信用（占GDP的百分比）	19.2	45.3	42.8
高科技出口（占制成品出口的百分比）	4	3	4
全球联系			
商品贸易（占GDP的百分比）	125	109	101
净易货贸易条件指数（2000年=100）	100	101	117
外债总额（10亿美元）	2.6	28.4	40.0
债务还本付息总额（占出口的百分比）	4.9	5.8	12.1
净移民（千人）	-6	*64*	*121*
获得的侨汇（百万美元）	139	575	1,231
外国直接投资，净流入额（10亿美元）	0.1	1.4	1.9
获得的净官方发展援助（百万美元）	..	139	120

比利时

欧洲和中亚			高收入经济体
人口（百万）	11.2	人口增长率（百分比）	0.4
陆地面积（千平方千米）	31	每天生活费用不足1.90美元的人口（占人口的百分比）	..
GNI，图表集法（10亿美元）	530.6	人均GNI，图表集法（美元）	47,240
PPP衡量的GNI（10亿美元）	495.2	PPP衡量的人均GNI（美元）	44,090

	2000	2010	2014
人口			
最贫困的20%人口占国家消费/收入的份额（百分比）	..	8.5	*8.6*
出生时的预期寿命（岁）	78	80	81
总生育率（每个女性生育数）	1.7	1.9	1.8
孕产妇死亡率（每十万次分娩）	9	8	7
避孕普及率（占15—49岁已婚女性的百分比）	*76*	70	..
在熟练医护人员护理下的分娩（占总数的百分比）	*99*	..	..
5岁以下儿童死亡率（每千人）	6	5	4
生长迟缓（占5岁以下儿童的百分比）	..	..	..
儿童麻疹免疫接种率（占12—23个月年龄组的百分比）	82	95	96
小学毕业率，总数（占适龄年龄组的百分比）	..	89	*90*
小学和中学中女孩与男孩的比率	1.1	1.0	*1.1*
劳动力参与率（占15岁以上人口的百分比）	52	54	53
HIV感染率（占15—49岁人口的百分比）	..	..	..
环境			
森林（千平方千米）	6.7	6.8	6.8
森林采伐（2000—2010年和2010—2015年，平均年度百分比）		-0.2	-0.1
淡水使用量（占内陆水资源的百分比）	*56.2*	*51.8*	51.5
获得改善的水资源的人口（占总人口的百分比）	100	100	100
获得改善的卫生设施的人口（占总人口的百分比）	100	100	100
人均能源使用量（千克石油当量）	5,714	5,598	4,810
人均二氧化碳排放量（吨）	11.2	10.0	..
人均用电量（千瓦时）	8,248	8,388	*7,967*
经济			
GDP（10亿美元）	238	*484*	532
GDP增长率（年度百分比）	3.6	2.7	1.3
GDP隐含价格平减指数（年度增长百分比）	2.0	1.9	0.7
农业增加值（占GDP的百分比）	1	1	1
工业增加值（占GDP的百分比）	28	23	22
服务业增加值（占GDP的百分比）	71	76	77
货物和服务出口（占GDP的百分比）	72	76	84
货物和服务进口（占GDP的百分比）	69	75	83
资本形成总额（占GDP的百分比）	24	23	23
中央政府收入（占GDP的百分比）	42.2	26.2	*28.4*
中央政府现金盈余/赤字（占GDP的百分比）	-0.4	-3.0	*-2.4*
政府与市场			
创办企业的时间（天）	*56*	4	4
总体统计能力水平（0—100）	..	..	..
军费支出（占GDP的百分比）	1.3	1.1	1.0
移动电话用户（每100人）	54.8	111.1	114.3
互联网用户（占总人口的百分比）	29.4	75.0	85.0
金融部门提供的国内信用（占GDP的百分比）	*116.1*	113.7	116.0
高科技出口（占制成品出口的百分比）	11	10	13
全球联系			
商品贸易（占GDP的百分比）	154	165	174
净易货贸易条件指数（2000年=100）	100	96	95
外债总额（百万美元）	..	..	..
债务还本付息总额（占出口的百分比）	..	..	..
净移民（千人）	*248*	*267*	*270*
获得的侨汇（10亿美元）	4.0	10.4	11.5
外国直接投资，净流入额（10亿美元）	*18*	111	-20
获得的净官方发展援助（百万美元）	..	..	..

伯利兹

拉丁美洲和加勒比地区			中高收入经济体
人口（千人）	352	人口增长率（百分比）	2.2
陆地面积（千平方千米）	23	每天生活费用不足1.90美元的人口（占人口的百分比）	*13.9*
GNI，图表集法（10亿美元）	*1.5*	人均GNI，图表集法（美元）	*4,350*
PPP衡量的GNI（10亿美元）	*2.6*	PPP衡量的人均GNI（美元）	*7,590*

	2000	2010	2014
人口			
最贫困的20%人口占国家消费/收入的份额（百分比）	*3.2*	..	..
出生时的预期寿命（岁）	68	70	70
总生育率（每个女性生育数）	3.6	2.7	2.6
孕产妇死亡率（每十万次分娩）	53	37	28
避孕普及率（占15—49岁已婚女性的百分比）	*56*	*55*	..
在熟练医护人员护理下的分娩（占总数的百分比）	100	94	..
5岁以下儿童死亡率（每千人）	25	19	17
生长迟缓（占5岁以下儿童的百分比）	..	*19.3*	..
儿童麻疹免疫接种率（占12—23个月年龄组的百分比）	96	98	95
小学毕业率，总数（占适龄年龄组的百分比）	100	101	102
小学和中学中女孩与男孩的比率	1.0	1.0	*1.0*
劳动力参与率（占15岁以上人口的百分比）	62	65	66
HIV感染率（占15—49岁人口的百分比）	1.5	1.3	1.2
环境			
森林（千平方千米）	15	14	14
森林采伐（2000—2010年和2010—2015年，平均年度百分比）		0.5	0.4
淡水使用量（占内陆水资源的百分比）	*0.7*	..	0.7
获得改善的水资源的人口（占总人口的百分比）	85	97	100
获得改善的卫生设施的人口（占总人口的百分比）	83	89	91
人均能源使用量（千克石油当量）	..	*597*	..
人均二氧化碳排放量（吨）	2.8	1.7	..
人均用电量（千瓦时）	..	..	..
经济			
GDP（百万美元）	832	*1,397*	1,699
GDP增长率（年度百分比）	13.0	3.3	3.6
GDP隐含价格平减指数（年度增长百分比）	0.5	1.1	1.0
农业增加值（占GDP的百分比）	17	13	*15*
工业增加值（占GDP的百分比）	21	22	*19*
服务业增加值（占GDP的百分比）	62	65	*66*
货物和服务出口（占GDP的百分比）	53	58	*61*
货物和服务进口（占GDP的百分比）	74	57	*66*
资本形成总额（占GDP的百分比）	32	13	*18*
中央政府收入（占GDP的百分比）	20.4	27.4	*26.1*
中央政府现金盈余/赤字（占GDP的百分比）	-5.7	-1.2	*-0.2*
政府与市场			
创办企业的时间（天）	..	43	43
总体统计能力水平（0—100）	..	61.1	54.4
军费支出（占GDP的百分比）	0.9	1.1	1.0
移动电话用户（每100人）	7.0	62.9	50.7
互联网用户（占总人口的百分比）	6.0	28.2	38.7
金融部门提供的国内信用（占GDP的百分比）	43.5	69.6	57.7
高科技出口（占制成品出口的百分比）	0	5	0
全球联系			
商品贸易（占GDP的百分比）	89	85	94
净易货贸易条件指数（2000年=100）	100	99	100
外债总额（10亿美元）	0.5	1.3	1.3
债务还本付息总额（占出口的百分比）	15.3	14.6	8.4
净移民（千人）	*5.8*	*8.7*	*7.6*
获得的侨汇（百万美元）	26.4	78.1	80.3
外国直接投资，净流入额（百万美元）	23	96	141
获得的净官方发展援助（百万美元）	14.7	24.5	36.0

贝宁

撒哈拉以南非洲地区		低收入经济体	
人口（百万）	10.6	人口增长率（百分比）	2.6
陆地面积（千平方千米）	115	每天生活费用不足 1.90 美元的人口（占人口的百分比）	*53.1*
GNI，图表集法（10 亿美元）	9.5	人均 GNI，图表集法（美元）	890
PPP 衡量的 GNI（10 亿美元）	21.4	PPP 衡量的人均 GNI（美元）	2,020

	2000	2010	2014
人口			
最贫困的 20% 人口占国家消费/收入的份额（百分比）	*7.0*	*6.1*	..
出生时的预期寿命（岁）	55	59	60
总生育率（每个女性生育数）	6.0	5.1	4.8
孕产妇死亡率（每十万次分娩）	572	446	405
避孕普及率（占 15—49 岁已婚女性的百分比）	*19*	*17*	18
在熟练医护人员护理下的分娩（占总数的百分比）	*66*	*74*	77
5 岁以下儿童死亡率（每千人）	145	112	100
生长迟缓（占 5 岁以下儿童的百分比）	*39.1*	*44.7*	34.0
儿童麻疹免疫接种率（占 12—23 个月年龄组的百分比）	70	68	63
小学毕业率，总数（占适龄年龄组的百分比）	37	65	76
小学和中学中女孩与男孩的比率	0.6	*0.8*	0.8
劳动力参与率（占 15 岁以上人口的百分比）	72	73	73
HIV 感染率（占 15—49 岁人口的百分比）	1.4	1.2	1.1
环境			
森林（千平方千米）	51	46	43
森林采伐（2000—2010 年和 2010—2015 年，平均年度百分比）		1.0	1.1
淡水使用量（占内陆水资源的百分比）	*1.3*	..	1.3
获得改善的水资源的人口（占总人口的百分比）	66	75	78
获得改善的卫生设施的人口（占总人口的百分比）	12	17	20
人均能源使用量（千克石油当量）	285	384	*393*
人均二氧化碳排放量（吨）	0.2	0.5	..
人均用电量（千瓦时）	57	*84*	..
经济			
GDP（10 亿美元）	2.6	*7.0*	9.6
GDP 增长率（年度百分比）	5.9	2.1	6.5
GDP 隐含价格平减指数（年度增长百分比）	4.3	0.9	-1.3
农业增加值（占 GDP 的百分比）	26	26	23
工业增加值（占 GDP 的百分比）	32	25	23
服务业增加值（占 GDP 的百分比）	42	49	53
货物和服务出口（占 GDP 的百分比）	21	24	36
货物和服务进口（占 GDP 的百分比）	35	37	45
资本形成总额（占 GDP 的百分比）	24	23	25
中央政府收入（占 GDP 的百分比）	*14.6*	17.3	*16.8*
中央政府现金盈余/赤字（占 GDP 的百分比）	*0.6*	1.9	*2.7*
政府与市场			
创办企业的时间（天）	*35*	34	12
总体统计能力水平（0—100）	..	55.6	66.7
军费支出（占 GDP 的百分比）	0.6	*0.9*	1.0
移动电话用户（每 100 人）	0.8	74.4	99.7
互联网用户（占总人口的百分比）	0.2	3.1	5.3
金融部门提供的国内信用（占 GDP 的百分比）	7.4	17.2	20.4
高科技出口（占制成品出口的百分比）	0	1	4
全球联系			
商品贸易（占 GDP 的百分比）	39	48	47
净易货贸易条件指数（2000 年 =100）	100	121	115
外债总额（10 亿美元）	1.4	1.6	2.0
债务还本付息总额（占出口的百分比）	13.6	3.3	*4.2*
净移民（千人）	*98.8*	*50.0*	*-10.0*
获得的侨汇（百万美元）	87	139	217
外国直接投资，净流入额（百万美元）	60	53	377
获得的净官方发展援助（百万美元）	243	690	600

百慕大

北美			高收入经济体
人口（千人）	65	人口增长率（百分比）	0.3
陆地面积（平方千米）	50	每天生活费用不足1.90美元的人口（占人口的百分比）	..
GNI，图表集法（10亿美元）	*6.9*	人均GNI，图表集法（美元）	*106,140*
PPP衡量的GNI（10亿美元）	*4.3*	PPP衡量的人均GNI（美元）	*66,560*

	2000	2010	2014
人口			
最贫困的20%人口占国家消费/收入的份额（百分比）	..	..	..
出生时的预期寿命（岁）	78	79	81
总生育率（每个女性生育数）	1.7	1.8	1.6
孕产妇死亡率（每十万次分娩）	..	..	..
避孕普及率（占15—49岁已婚女性的百分比）	..	..	..
在熟练医护人员护理下的分娩（占总数的百分比）	..	..	..
5岁以下儿童死亡率（每千人）	..	..	..
生长迟缓（占5岁以下儿童的百分比）	..	..	..
儿童麻疹免疫接种率（占12—23个月年龄组的百分比）	..	..	..
小学毕业率，总数（占适龄年龄组的百分比）	*97*	100	79
小学和中学中女孩与男孩的比率	*1.0*	*1.1*	1.1
劳动力参与率（占15岁以上人口的百分比）	..	..	..
HIV感染率（占15—49岁人口的百分比）	..	..	..
环境			
森林（平方千米）	10.0	10.0	10.0
森林采伐（2000—2010年和2010—2015年，平均年度百分比）		0.0	0.0
淡水使用量（占内陆水资源的百分比）	..	..	..
获得改善的水资源的人口（占总人口的百分比）	..	..	..
获得改善的卫生设施的人口（占总人口的百分比）	..	..	..
人均能源使用量（千克石油当量）	..	..	..
人均二氧化碳排放量（吨）	8.0	7.3	..
人均用电量（千瓦时）	..	..	..
经济			
GDP（10亿美元）	3.5	*5.7*	*5.6*
GDP增长率（年度百分比）	9.3	*-2.1*	*-2.5*
GDP隐含价格平减指数（年度增长百分比）	-4.2	1.0	*3.2*
农业增加值（占GDP的百分比）	1	1	*1*
工业增加值（占GDP的百分比）	12	8	*6*
服务业增加值（占GDP的百分比）	88	91	*93*
货物和服务出口（占GDP的百分比）	..	47	*48*
货物和服务进口（占GDP的百分比）	..	30	*30*
资本形成总额（占GDP的百分比）	..	13	*12*
中央政府收入（占GDP的百分比）	..	..	..
中央政府现金盈余/赤字（占GDP的百分比）	..	..	..
政府与市场			
创办企业的时间（天）	..	..	..
总体统计能力水平（0—100）	..	..	..
军费支出（占GDP的百分比）	..	..	..
移动电话用户（每100人）	20.7	135.8	90.9
互联网用户（占总人口的百分比）	42.9	84.2	96.8
金融部门提供的国内信用（占GDP的百分比）	..	..	..
高科技出口（占制成品出口的百分比）	..	..	28
全球联系			
商品贸易（占GDP的百分比）	22	17	*18*
净易货贸易条件指数（2000年=100）	100	72	113
外债总额（百万美元）	..	..	..
债务还本付息总额（占出口的百分比）	..	..	..
净移民（千人）	..	..	..
获得的侨汇（10亿美元）	..	1.3	1.3
外国直接投资，净流入额（百万美元）	67	223	-17
获得的净官方发展援助（百万美元）	..	..	..

不丹

南亚			中低收入经济体
人口（千人）	765	人口增长率（百分比）	1.4
陆地面积（千平方千米）	38	每天生活费用不足1.90美元的人口（占人口的百分比）	2.2
GNI，图表集法（10亿美元）	1.8	人均GNI，图表集法（美元）	2,370
PPP衡量的GNI（10亿美元）	5.6	PPP衡量的人均GNI（美元）	7,280

	2000	2010	2014
人口			
最贫困的20%人口占国家消费/收入的份额（百分比）	*0.3*	6.7	6.8
出生时的预期寿命（岁）	61	68	69
总生育率（每个女性生育数）	3.6	2.3	2.0
孕产妇死亡率（每十万次分娩）	423	204	148
避孕普及率（占15—49岁已婚女性的百分比）	31	66	..
在熟练医护人员护理下的分娩（占总数的百分比）	24	65	75
5岁以下儿童死亡率（每千人）	80	42	33
生长迟缓（占5岁以下儿童的百分比）	*47.7*	33.6	..
儿童麻疹免疫接种率（占12—23个月年龄组的百分比）	78	95	97
小学毕业率，总数（占适龄年龄组的百分比）	51	90	97
小学和中学中女孩与男孩的比率	0.9	1.0	1.0
劳动力参与率（占15岁以上人口的百分比）	67	72	73
HIV感染率（占15—49岁人口的百分比）	..	..	..
环境			
森林（千平方千米）	26	27	28
森林采伐（2000—2010年和2010—2015年，平均年度百分比）		-0.4	-0.4
淡水使用量（占内陆水资源的百分比）	..	..	0.4
获得改善的水资源的人口（占总人口的百分比）	84	96	100
获得改善的卫生设施的人口（占总人口的百分比）	31	47	50
人均能源使用量（千克石油当量）	..	*358*	..
人均二氧化碳排放量（吨）	0.7	0.7	..
人均用电量（千瓦时）	..	..	..
经济			
GDP（百万美元）	439	*1,585*	1,959
GDP增长率（年度百分比）	6.9	11.7	5.5
GDP隐含价格平减指数（年度增长百分比）	2.3	6.0	7.6
农业增加值（占GDP的百分比）	27	17	18
工业增加值（占GDP的百分比）	36	45	43
服务业增加值（占GDP的百分比）	37	38	39
货物和服务出口（占GDP的百分比）	29	42	36
货物和服务进口（占GDP的百分比）	53	71	57
资本形成总额（占GDP的百分比）	48	62	58
中央政府收入（占GDP的百分比）	22.9	*22.9*	..
中央政府现金盈余/赤字（占GDP的百分比）	-2.4	*0.5*	..
政府与市场			
创办企业的时间（天）	*62*	46	15
总体统计能力水平（0—100）	..	75.6	68.9
军费支出（占GDP的百分比）	..	..	..
移动电话用户（每100人）	0.0	55.0	82.1
互联网用户（占总人口的百分比）	0.4	13.6	34.4
金融部门提供的国内信用（占GDP的百分比）	2.9	45.6	47.3
高科技出口（占制成品出口的百分比）	*0*	0	*0*
全球联系			
商品贸易（占GDP的百分比）	63	94	70
净易货贸易条件指数（2000年=100）	100	133	123
外债总额（百万美元）	212	935	1,840
债务还本付息总额（占出口的百分比）	..	14.4	12.2
净移民（千人）	*35.0*	*16.8*	*10.0*
获得的侨汇（百万美元）	..	8.3	14.3
外国直接投资，净流入额（百万美元）	*1.1*	75.3	8.4
获得的净官方发展援助（百万美元）	53	130	130

玻利维亚

拉丁美洲和加勒比地区		中低收入经济体	
人口（百万）	10.6	人口增长率（百分比）	1.5
陆地面积（千平方千米）	1,099	每天生活费用不足1.90美元的人口（占人口的百分比）	*7.7*
GNI，图表集法（10亿美元）	30.3	人均GNI，图表集法（美元）	2,870
PPP衡量的GNI（10亿美元）	66.4	PPP衡量的人均GNI（美元）	6,290

	2000	2010	2014
人口			
最贫困的20%人口占国家消费/收入的份额（百分比）	0.8	*3.7*	*3.4*
出生时的预期寿命（岁）	61	66	68
总生育率（每个女性生育数）	4.1	3.2	3.0
孕产妇死亡率（每十万次分娩）	334	253	206
避孕普及率（占15—49岁已婚女性的百分比）	53	*61*	..
在熟练医护人员护理下的分娩（占总数的百分比）	69	*84*	*85*
5岁以下儿童死亡率（每千人）	80	47	38
生长迟缓（占5岁以下儿童的百分比）	*32.5*	*27.2*	..
儿童麻疹免疫接种率（占12—23个月年龄组的百分比）	84	88	95
小学毕业率，总数（占适龄年龄组的百分比）	100	98	*96*
小学和中学中女孩与男孩的比率	1.0	1.0	*1.0*
劳动力参与率（占15岁以上人口的百分比）	71	72	73
HIV感染率（占15—49岁人口的百分比）	0.2	0.3	0.3
环境			
森林（千平方千米）	601	562	548
森林采伐（2000—2010年和2010—2015年，平均年度百分比）		0.7	0.5
淡水使用量（占内陆水资源的百分比）	..	..	0.7
获得改善的水资源的人口（占总人口的百分比）	79	87	90
获得改善的卫生设施的人口（占总人口的百分比）	38	47	50
人均能源使用量（千克石油当量）	588	645	*786*
人均二氧化碳排放量（吨）	1.2	1.5	..
人均用电量（千瓦时）	420	604	*705*
经济			
GDP（10亿美元）	8.4	*19.6*	33.0
GDP增长率（年度百分比）	2.5	4.1	5.5
GDP隐含价格平减指数（年度增长百分比）	5.2	8.8	2.0
农业增加值（占GDP的百分比）	15	13	13
工业增加值（占GDP的百分比）	30	37	37
服务业增加值（占GDP的百分比）	55	50	50
货物和服务出口（占GDP的百分比）	18	41	43
货物和服务进口（占GDP的百分比）	27	34	42
资本形成总额（占GDP的百分比）	18	17	21
中央政府收入（占GDP的百分比）	..	..	..
中央政府现金盈余/赤字（占GDP的百分比）	..	..	..
政府与市场			
创办企业的时间（天）	*60*	50	50
总体统计能力水平（0—100）	..	66.7	78.9
军费支出（占GDP的百分比）	2.1	1.7	1.5
移动电话用户（每100人）	6.9	70.7	96.3
互联网用户（占总人口的百分比）	1.4	22.4	39.0
金融部门提供的国内信用（占GDP的百分比）	62.0	49.4	55.2
高科技出口（占制成品出口的百分比）	40	8	8
全球联系			
商品贸易（占GDP的百分比）	36	61	69
净易货贸易条件指数（2000年=100）	100	201	203
外债总额（10亿美元）	5.9	5.7	8.8
债务还本付息总额（占出口的百分比）	39.8	9.4	7.3
净移民（千人）	*-90.0*	*-84.0*	*-61.8*
获得的侨汇（百万美元）	127	960	1,184
外国直接投资，净流入额（百万美元）	736	622	73
获得的净官方发展援助（百万美元）	482	715	672

波斯尼亚和黑塞哥维那

欧洲和中亚			中高收入经济体
人口（百万）	3.8	人口增长率（百分比）	-0.2
陆地面积（千平方千米）	51	每天生活费用不足1.90美元的人口（占人口的百分比）	<2
GNI，图表集法（10亿美元）	18.5	人均GNI，图表集法（美元）	4,840
PPP衡量的GNI（10亿美元）	40.3	PPP衡量的人均GNI（美元）	10,550

	2000	2010	2014
人口			
最贫困的20%人口占国家消费/收入的份额（百分比）	*8.9*	*7.5*	..
出生时的预期寿命（岁）	74	76	76
总生育率（每个女性生育数）	1.4	1.3	1.3
孕产妇死亡率（每十万次分娩）	17	13	11
避孕普及率（占15—49岁已婚女性的百分比）	48	*36*	*46*
在熟练医护人员护理下的分娩（占总数的百分比）	100	*100*	*100*
5岁以下儿童死亡率（每千人）	9	7	5
生长迟缓（占5岁以下儿童的百分比）	12.1	*11.8*	*8.9*
儿童麻疹免疫接种率（占12—23个月年龄组的百分比）	80	91	89
小学毕业率，总数（占适龄年龄组的百分比）	..	..	..
小学和中学中女孩与男孩的比率	..	..	..
劳动力参与率（占15岁以上人口的百分比）	45	45	45
HIV感染率（占15—49岁人口的百分比）	..	..	..
环境			
森林（千平方千米）	22	22	22
森林采伐（2000—2010年和2010—2015年，平均年度百分比）		0.0	0.0
淡水使用量（占内陆水资源的百分比）	..	*0.9*	0.9
获得改善的水资源的人口（占总人口的百分比）	98	99	100
获得改善的卫生设施的人口（占总人口的百分比）	95	95	95
人均能源使用量（千克石油当量）	1,146	1,690	*1,688*
人均二氧化碳排放量（吨）	3.6	5.5	..
人均用电量（千瓦时）	2,008	3,049	*3,219*
经济			
GDP（10亿美元）	5.5	*17.2*	18.5
GDP增长率（年度百分比）	5.5	0.8	1.1
GDP隐含价格平减指数（年度增长百分比）	28.8	1.5	1.0
农业增加值（占GDP的百分比）	11	8	7
工业增加值（占GDP的百分比）	23	27	27
服务业增加值（占GDP的百分比）	66	64	66
货物和服务出口（占GDP的百分比）	29	30	34
货物和服务进口（占GDP的百分比）	76	51	57
资本形成总额（占GDP的百分比）	21	16	18
中央政府收入（占GDP的百分比）	..	23.1	*22.9*
中央政府现金盈余/赤字（占GDP的百分比）	..	-2.0	*-1.7*
政府与市场			
创办企业的时间（天）	*68*	94	67
总体统计能力水平（0—100）	..	62.2	67.8
军费支出（占GDP的百分比）	*3.6*	1.3	1.1
移动电话用户（每100人）	2.4	80.9	91.3
互联网用户（占总人口的百分比）	1.1	42.8	60.8
金融部门提供的国内信用（占GDP的百分比）	37.4	53.2	60.3
高科技出口（占制成品出口的百分比）	*2*	3	2
全球联系			
商品贸易（占GDP的百分比）	76	82	91
净易货贸易条件指数（2000年=100）	100	100	98
外债总额（10亿美元）	2.8	9.9	10.6
债务还本付息总额（占出口的百分比）	14.2	14.1	11.8
净移民（千人）	*34.8*	*3.7*	*-2.5*
获得的侨汇（10亿美元）	1.6	1.8	2.1
外国直接投资，净流入额（百万美元）	146	444	497
获得的净官方发展援助（百万美元）	738	508	632

博茨瓦纳

撒哈拉以南非洲地区		中高收入经济体	
人口（百万）	2.2	人口增长率（百分比）	2.0
陆地面积（千平方千米）	582	每天生活费用不足1.90美元的人口（占人口的百分比）	*18.2*
GNI，图表集法（10亿美元）	16.1	人均GNI，图表集法（美元）	7,240
PPP衡量的GNI（10亿美元）	35.6	PPP衡量的人均GNI（美元）	16,030

	2000	2010	2014
人口			
最贫困的20%人口占国家消费/收入的份额（百分比）	*2.3*	*2.8*	..
出生时的预期寿命（岁）	49	63	64
总生育率（每个女性生育数）	3.4	2.9	2.8
孕产妇死亡率（每十万次分娩）	311	169	129
避孕普及率（占15—49岁已婚女性的百分比）	44	*53*	..
在熟练医护人员护理下的分娩（占总数的百分比）	94	*95*	..
5岁以下儿童死亡率（每千人）	83	54	44
生长迟缓（占5岁以下儿童的百分比）	29.1	*31.4*	..
儿童麻疹免疫接种率（占12—23个月年龄组的百分比）	91	96	97
小学毕业率，总数（占适龄年龄组的百分比）	90	*96*	*100*
小学和中学中女孩与男孩的比率	1.0	*1.0*	*1.0*
劳动力参与率（占15岁以上人口的百分比）	75	77	77
HIV感染率（占15—49岁人口的百分比）	29.0	26.0	25.2
环境			
森林（千平方千米）	125	114	108
森林采伐（2000—2010年和2010—2015年，平均年度百分比）		1.0	0.9
淡水使用量（占内陆水资源的百分比）	*8.1*	..	8.1
获得改善的水资源的人口（占总人口的百分比）	95	96	96
获得改善的卫生设施的人口（占总人口的百分比）	52	61	63
人均能源使用量（千克石油当量）	1,034	1,066	*1,098*
人均二氧化碳排放量（吨）	2.5	2.6	..
人均用电量（千瓦时）	1,094	1,555	*1,564*
经济			
GDP（10亿美元）	5.8	*12.8*	15.8
GDP增长率（年度百分比）	2.0	8.6	4.4
GDP隐含价格平减指数（年度增长百分比）	14.2	8.9	8.0
农业增加值（占GDP的百分比）	3	3	2
工业增加值（占GDP的百分比）	51	37	39
服务业增加值（占GDP的百分比）	46	61	58
货物和服务出口（占GDP的百分比）	52	38	50
货物和服务进口（占GDP的百分比）	40	50	43
资本形成总额（占GDP的百分比）	30	41	31
中央政府收入（占GDP的百分比）	..	36.3	*36.7*
中央政府现金盈余/赤字（占GDP的百分比）	..	-7.5	*1.4*
政府与市场			
创办企业的时间（天）	*125*	59	48
总体统计能力水平（0—100）	..	60.0	45.6
军费支出（占GDP的百分比）	3.2	2.7	1.9
移动电话用户（每100人）	12.7	120.0	167.3
互联网用户（占总人口的百分比）	2.9	6.0	18.5
金融部门提供的国内信用（占GDP的百分比）	-65.7	10.9	8.5
高科技出口（占制成品出口的百分比）	1	0	0
全球联系			
商品贸易（占GDP的百分比）	82	81	98
净易货贸易条件指数（2000年=100）	100	85	85
外债总额（10亿美元）	0.5	1.8	2.4
债务还本付息总额（占出口的百分比）	2.0	1.3	0.6
净移民（千人）	*21.3*	*18.7*	*20.0*
获得的侨汇（百万美元）	26.2	22.3	48.3
外国直接投资，净流入额（百万美元）	57	136	393
获得的净官方发展援助（百万美元）	31	153	100

巴 西

拉丁美洲和加勒比地区 **中高收入经济体**

人口（百万）	206.1	人口增长率（百分比）	0.9
陆地面积（千平方千米）	8,516	每天生活费用不足1.90美元的人口（占人口的百分比）	*4.9*
GNI，图表集法（10亿美元）	2,429.7	人均GNI，图表集法（美元）	11,790
PPP衡量的GNI（10亿美元）	3,209.4	PPP衡量的人均GNI（美元）	15,570

	2000	**2010**	**2014**
人口			
最贫困的20%人口占国家消费/收入的份额（百分比）	*2.4*	*3.3*	*3.3*
出生时的预期寿命（岁）	70	73	74
总生育率（每个女性生育数）	2.4	1.8	1.8
孕产妇死亡率（每十万次分娩）	66	65	44
避孕普及率（占15—49岁已婚女性的百分比）	..	*81*	..
在熟练医护人员护理下的分娩（占总数的百分比）	*96*	*98*	*98*
5岁以下儿童死亡率（每千人）	32	17	16
生长迟缓（占5岁以下儿童的百分比）	..	*7.1*	..
儿童麻疹免疫接种率（占12—23个月年龄组的百分比）	99	99	97
小学毕业率，总数（占适龄年龄组的百分比）	..	..	..
小学和中学中女孩与男孩的比率	..	..	..
劳动力参与率（占15岁以上人口的百分比）	68	70	70
HIV感染率（占15—49岁人口的百分比）	..	..	..
环境			
森林（千平方千米）	5,213	4,985	4,935
森林采伐（2000—2010年和2010—2015年，平均年度百分比）		0.4	0.2
淡水使用量（占内陆水资源的百分比）	..	*1.0*	1.3
获得改善的水资源的人口（占总人口的百分比）	94	97	98
获得改善的卫生设施的人口（占总人口的百分比）	75	81	83
人均能源使用量（千克石油当量）	1,066	1,339	*1,438*
人均二氧化碳排放量（吨）	1.9	2.1	..
人均用电量（千瓦时）	1,887	2,339	*2,529*
经济			
GDP（10亿美元）	655	*2,209*	2,417
GDP增长率（年度百分比）	4.1	7.5	0.1
GDP隐含价格平减指数（年度增长百分比）	5.9	8.4	6.9
农业增加值（占GDP的百分比）	6	5	5
工业增加值（占GDP的百分比）	27	27	24
服务业增加值（占GDP的百分比）	68	68	71
货物和服务出口（占GDP的百分比）	10	11	11
货物和服务进口（占GDP的百分比）	12	12	14
资本形成总额（占GDP的百分比）	19	22	21
中央政府收入（占GDP的百分比）	19.6	25.4	*23.8*
中央政府现金盈余/赤字（占GDP的百分比）	-1.8	-1.6	*-1.8*
政府与市场			
创办企业的时间（天）	..	..	83
总体统计能力水平（0—100）	..	83.3	65.6
军费支出（占GDP的百分比）	1.7	1.5	1.3
移动电话用户（每100人）	13.3	100.9	139.0
互联网用户（占总人口的百分比）	2.9	40.7	57.6
金融部门提供的国内信用（占GDP的百分比）	70.7	93.4	105.1
高科技出口（占制成品出口的百分比）	19	11	11
全球联系			
商品贸易（占GDP的百分比）	17	18	19
净易货贸易条件指数（2000年=100）	100	131	130
外债总额（10亿美元）	242	352	557
债务还本付息总额（占出口的百分比）	85.9	18.4	21.6
净移民（千人）	*0.0*	*0.0*	*15.9*
获得的侨汇（10亿美元）	1.6	2.8	2.6
外国直接投资，净流入额（10亿美元）	32.8	53.3	96.9
获得的净官方发展援助（百万美元）	231	450	912

文莱

东亚和太平洋地区			高收入经济体
人口（千人）	417	人口增长率（百分比）	1.4
陆地面积（千平方千米）	5.8	每天生活费用不足1.90美元的人口（占人口的百分比）	..
GNI，图表集法（10亿美元）	*15.1*	人均GNI，图表集法（美元）	*37,320*
PPP衡量的GNI（10亿美元）	*29.3*	PPP衡量的人均GNI（美元）	*72,190*

	2000	2010	2014
人口			
最贫困的20%人口占国家消费/收入的份额（百分比）	..	..	..
出生时的预期寿命（岁）	75	78	79
总生育率（每个女性生育数）	2.3	2.0	1.9
孕产妇死亡率（每十万次分娩）	31	27	23
避孕普及率（占15—49岁已婚女性的百分比）	..	..	..
在熟练医护人员护理下的分娩（占总数的百分比）	*99*	*100*	..
5岁以下儿童死亡率（每千人）	9	9	10
生长迟缓（占5岁以下儿童的百分比）	..	*19.7*	..
儿童麻疹免疫接种率（占12—23个月年龄组的百分比）	99	94	97
小学毕业率，总数（占适龄年龄组的百分比）	116	106	101
小学和中学中女孩与男孩的比率	1.0	1.0	1.0
劳动力参与率（占15岁以上人口的百分比）	68	65	64
HIV感染率（占15—49岁人口的百分比）	..	..	..
环境			
森林（千平方千米）	4.0	3.8	3.8
森林采伐（2000—2010年和2010—2015年，平均年度百分比）		0.4	0.0
淡水使用量（占内陆水资源的百分比）	..	..	1.1
获得改善的水资源的人口（占总人口的百分比）	..	..	..
获得改善的卫生设施的人口（占总人口的百分比）	..	..	..
人均能源使用量（千克石油当量）	7,214	8,239	*7,393*
人均二氧化碳排放量（吨）	18.5	21.9	..
人均用电量（千瓦时）	7,605	8,706	*9,704*
经济			
GDP（10亿美元）	6.0	*12.4*	17.1
GDP增长率（年度百分比）	2.8	2.6	-2.3
GDP隐含价格平减指数（年度增长百分比）	29.0	5.3	10.1
农业增加值（占GDP的百分比）	1	1	*1*
工业增加值（占GDP的百分比）	64	67	*68*
服务业增加值（占GDP的百分比）	35	32	*31*
货物和服务出口（占GDP的百分比）	67	81	71
货物和服务进口（占GDP的百分比）	36	33	36
资本形成总额（占GDP的百分比）	13	16	27
中央政府收入（占GDP的百分比）	..	..	..
中央政府现金盈余/赤字（占GDP的百分比）	..	..	..
政府与市场			
创办企业的时间（天）	..	108	14
总体统计能力水平（0—100）	..	..	..
军费支出（占GDP的百分比）	4.1	3.2	3.1
移动电话用户（每100人）	28.6	108.6	110.1
互联网用户（占总人口的百分比）	9.0	53.0	68.8
金融部门提供的国内信用（占GDP的百分比）	38.6	25.1	25.5
高科技出口（占制成品出口的百分比）	*0*	..	8
全球联系			
商品贸易（占GDP的百分比）	83	93	82
净易货贸易条件指数（2000年=100）	100	181	201
外债总额（百万美元）	..	..	..
债务还本付息总额（占出口的百分比）	..	..	..
净移民（千人）	*2.3*	*2.4*	*2.1*
获得的侨汇（百万美元）	..	..	..
外国直接投资，净流入额（百万美元）	*61*	481	568
获得的净官方发展援助（百万美元）	..	..	..

保加利亚

欧洲和中亚			中高收入经济体
人口（百万）	7.2	人口增长率（百分比）	-0.6
陆地面积（千平方千米）	111	每天生活费用不足1.90美元的人口（占人口的百分比）	*2.0*
GNI，图表集法（10亿美元）	55.0	人均GNI，图表集法（美元）	7,620
PPP衡量的GNI（10亿美元）	121.6	PPP衡量的人均GNI（美元）	16,840

	2000	2010	2014
人口			
最贫困的20%人口占国家消费/收入的份额（百分比）	*7.1*	6.3	6.2
出生时的预期寿命（岁）	72	74	75
总生育率（每个女性生育数）	1.3	1.6	1.5
孕产妇死亡率（每十万次分娩）	21	11	11
避孕普及率（占15—49岁已婚女性的百分比）	63	69	..
在熟练医护人员护理下的分娩（占总数的百分比）	100	100	*100*
5岁以下儿童死亡率（每千人）	21	13	10
生长迟缓（占5岁以下儿童的百分比）	..	..	..
儿童麻疹免疫接种率（占12—23个月年龄组的百分比）	89	97	93
小学毕业率，总数（占适龄年龄组的百分比）	97	105	99
小学和中学中女孩与男孩的比率	1.0	1.0	1.0
劳动力参与率（占15岁以上人口的百分比）	50	53	53
HIV感染率（占15—49岁人口的百分比）	..	..	..
环境			
森林（千平方千米）	34	37	38
森林采伐（2000—2010年和2010—2015年，平均年度百分比）		-1.0	-0.5
淡水使用量（占内陆水资源的百分比）	*27.1*	*29.5*	29.1
获得改善的水资源的人口（占总人口的百分比）	100	100	99
获得改善的卫生设施的人口（占总人口的百分比）	86	86	86
人均能源使用量（千克石油当量）	2,277	2,416	*2,327*
人均二氧化碳排放量（吨）	5.3	6.0	..
人均用电量（千瓦时）	3,674	4,560	*4,640*
经济			
GDP（10亿美元）	13.1	*49.9*	56.7
GDP增长率（年度百分比）	5.0	0.1	1.6
GDP隐含价格平减指数（年度增长百分比）	7.2	1.2	0.4
农业增加值（占GDP的百分比）	13	5	5
工业增加值（占GDP的百分比）	26	28	27
服务业增加值（占GDP的百分比）	62	68	68
货物和服务出口（占GDP的百分比）	36	54	65
货物和服务进口（占GDP的百分比）	42	56	66
资本形成总额（占GDP的百分比）	19	23	21
中央政府收入（占GDP的百分比）	32.3	28.2	*28.5*
中央政府现金盈余/赤字（占GDP的百分比）	-0.4	-3.3	*-0.8*
政府与市场			
创办企业的时间（天）	*32*	18	18
总体统计能力水平（0—100）	..	91.1	84.4
军费支出（占GDP的百分比）	2.7	1.8	1.5
移动电话用户（每100人）	9.2	138.0	137.7
互联网用户（占总人口的百分比）	5.4	46.2	55.5
金融部门提供的国内信用（占GDP的百分比）	17.1	67.9	62.5
高科技出口（占制成品出口的百分比）	3	8	7
全球联系			
商品贸易（占GDP的百分比）	87	92	113
净易货贸易条件指数（2000年=100）	100	110	108
外债总额（10亿美元）	12.0	50.6	48.7
债务还本付息总额（占出口的百分比）	18.2	12.2	15.2
净移民（千人）	*-83.0*	*-83.0*	*-50.0*
获得的侨汇（10亿美元）	0.1	1.4	1.7
外国直接投资，净流入额（10亿美元）	1.0	1.2	2.0
获得的净官方发展援助（百万美元）	..	..	..

布基纳法索

撒哈拉以南非洲地区 **低收入经济体**

人口（百万）	17.6	人口增长率（百分比）	2.9
陆地面积（千平方千米）	274	每天生活费用不足1.90美元的人口（占人口的百分比）	55.3
GNI，图表集法（10亿美元）	12.3	人均GNI，图表集法（美元）	700
PPP衡量的GNI（10亿美元）	28.2	PPP衡量的人均GNI（美元）	1,600

	2000	2010	2014
人口			
最贫困的20%人口占国家消费/收入的份额（百分比）	*5.8*	*6.7*	..
出生时的预期寿命（岁）	50	57	59
总生育率（每个女性生育数）	6.6	5.9	5.5
孕产妇死亡率（每十万次分娩）	547	417	371
避孕普及率（占15—49岁已婚女性的百分比）	*12*	16	..
在熟练医护人员护理下的分娩（占总数的百分比）	*31*	66	..
5岁以下儿童死亡率（每千人）	186	114	89
生长迟缓（占5岁以下儿童的百分比）	*45.5*	35.1	..
儿童麻疹免疫接种率（占12—23个月年龄组的百分比）	48	92	88
小学毕业率，总数（占适龄年龄组的百分比）	25	47	61
小学和中学中女孩与男孩的比率	0.7	0.9	0.9
劳动力参与率（占15岁以上人口的百分比）	83	84	83
HIV感染率（占15—49岁人口的百分比）	2.4	1.1	0.9
环境			
森林（千平方千米）	62	56	54
森林采伐（2000—2010年和2010—2015年，平均年度百分比）		1.0	1.1
淡水使用量（占内陆水资源的百分比）	*5.7*	*6.5*	6.5
获得改善的水资源的人口（占总人口的百分比）	60	78	82
获得改善的卫生设施的人口（占总人口的百分比）	12	17	20
人均能源使用量（千克石油当量）	..	..	..
人均二氧化碳排放量（吨）	0.09	0.11	..
人均用电量（千瓦时）	..	..	..
经济			
GDP（10亿美元）	2.6	*9.0*	12.5
GDP增长率（年度百分比）	1.8	8.4	4.0
GDP隐含价格平减指数（年度增长百分比）	-0.8	3.8	-0.4
农业增加值（占GDP的百分比）	33	36	34
工业增加值（占GDP的百分比）	22	23	23
服务业增加值（占GDP的百分比）	46	41	43
货物和服务出口（占GDP的百分比）	10	19	29
货物和服务进口（占GDP的百分比）	25	30	36
资本形成总额（占GDP的百分比）	20	27	31
中央政府收入（占GDP的百分比）	*11.7*	15.3	*18.7*
中央政府现金盈余/赤字（占GDP的百分比）	*-4.6*	-4.5	*-3.9*
政府与市场			
创办企业的时间（天）	*40*	14	13
总体统计能力水平（0—100）	..	62.2	67.8
军费支出（占GDP的百分比）	1.4	1.4	1.3
移动电话用户（每100人）	0.2	36.7	71.7
互联网用户（占总人口的百分比）	0.1	2.4	9.4
金融部门提供的国内信用（占GDP的百分比）	14.3	16.1	28.8
高科技出口（占制成品出口的百分比）	3	8	11
全球联系			
商品贸易（占GDP的百分比）	31	41	50
净易货贸易条件指数（2000年=100）	100	121	114
外债总额（10亿美元）	1.4	2.1	2.5
债务还本付息总额（占出口的百分比）	18.8	2.5	2.7
净移民（千人）	*-125*	*-125*	*-125*
获得的侨汇（百万美元）	67	120	121
外国直接投资，净流入额（百万美元）	23	39	342
获得的净官方发展援助（10亿美元）	0.2	1.0	1.1

布隆迪

撒哈拉以南非洲地区			低收入经济体
人口（百万）	10.8	人口增长率（百分比）	3.3
陆地面积（千平方千米）	28	每天生活费用不足1.90美元的人口（占人口的百分比）	77.7
GNI，图表集法（10亿美元）	2.9	人均GNI，图表集法（美元）	270
PPP衡量的GNI（10亿美元）	8.3	PPP衡量的人均GNI（美元）	770

	2000	2010	2014
人口			
最贫困的20%人口占国家消费/收入的份额（百分比）	*5.1*	..	..
出生时的预期寿命（岁）	51	55	57
总生育率（每个女性生育数）	7.1	6.3	5.9
孕产妇死亡率（每十万次分娩）	954	808	712
避孕普及率（占15—49岁已婚女性的百分比）	16	22	..
在熟练医护人员护理下的分娩（占总数的百分比）	25	60	..
5岁以下儿童死亡率（每千人）	152	99	82
生长迟缓（占5岁以下儿童的百分比）	63.1	57.5	..
儿童麻疹免疫接种率（占12—23个月年龄组的百分比）	72	92	94
小学毕业率，总数（占适龄年龄组的百分比）	24	50	67
小学和中学中女孩与男孩的比率	*0.8*	0.9	1.0
劳动力参与率（占15岁以上人口的百分比）	84	82	83
HIV感染率（占15—49岁人口的百分比）	3.3	1.6	1.1
环境			
森林（千平方千米）	2.0	2.5	2.8
森林采伐（2000—2010年和2010—2015年，平均年度百分比）		-2.5	-1.8
淡水使用量（占内陆水资源的百分比）	*2.9*	..	2.9
获得改善的水资源的人口（占总人口的百分比）	72	75	76
获得改善的卫生设施的人口（占总人口的百分比）	44	47	48
人均能源使用量（千克石油当量）	..	..	..
人均二氧化碳排放量（吨）	0.04	0.02	..
人均用电量（千瓦时）	..	..	..
经济			
GDP（百万美元）	0.9	*2.0*	3.1
GDP增长率（年度百分比）	-0.9	3.8	4.7
GDP隐含价格平减指数（年度增长百分比）	38.9	12.3	8.3
农业增加值（占GDP的百分比）	48	40	39
工业增加值（占GDP的百分比）	17	17	18
服务业增加值（占GDP的百分比）	35	43	42
货物和服务出口（占GDP的百分比）	6	9	8
货物和服务进口（占GDP的百分比）	16	39	34
资本形成总额（占GDP的百分比）	3	31	28
中央政府收入（占GDP的百分比）	*15.8*	..	..
中央政府现金盈余/赤字（占GDP的百分比）	*-2.4*	..	..
政府与市场			
创办企业的时间（天）	*13*	13	4
总体统计能力水平（0—100）	..	54.4	55.6
军费支出（占GDP的百分比）	4.9	*2.7*	2.0
移动电话用户（每100人）	0.2	18.2	30.5
互联网用户（占总人口的百分比）	0.1	1.0	1.4
金融部门提供的国内信用（占GDP的百分比）	21.6	25.1	23.4
高科技出口（占制成品出口的百分比）	0	8	1
全球联系			
商品贸易（占GDP的百分比）	23	30	29
净易货贸易条件指数（2000年=100）	100	153	138
外债总额（百万美元）	1,126	621	690
债务还本付息总额（占出口的百分比）	40.9	2.4	*13.7*
净移民（千人）	*113*	*164*	*40*
获得的侨汇（百万美元）	..	34.5	50.8
外国直接投资，净流入额（百万美元）	11.7	0.8	*6.9*
获得的净官方发展援助（百万美元）	93	629	502

佛得角

撒哈拉以南非洲地区 **中低收入经济体**

人口（千人）	514	人口增长率（百分比）	1.3
陆地面积（千平方千米）	4.0	每天生活费用不足1.90美元的人口（占人口的百分比）	*17.6*
GNI，图表集法（10亿美元）	1.8	人均GNI，图表集法（美元）	3,450
PPP衡量的GNI（10亿美元）	3.2	PPP衡量的人均GNI（美元）	6,200

	2000	2010	2014
人口			
最贫困的20%人口占国家消费/收入的份额（百分比）	*4.2*	*5.0*	..
出生时的预期寿命（岁）	70	73	73
总生育率（每个女性生育数）	3.7	2.5	2.3
孕产妇死亡率（每十万次分娩）	83	51	42
避孕普及率（占15—49岁已婚女性的百分比）	53	..	..
在熟练医护人员护理下的分娩（占总数的百分比）	*89*	..	..
5岁以下儿童死亡率（每千人）	36	28	25
生长迟缓（占5岁以下儿童的百分比）	..	..	..
儿童麻疹免疫接种率（占12—23个月年龄组的百分比）	86	97	93
小学毕业率，总数（占适龄年龄组的百分比）	102	98	100
小学和中学女孩与男孩的比率	*1.0*	1.0	1.0
劳动力参与率（占15岁以上人口的百分比）	64	67	68
HIV感染率（占15—49岁人口的百分比）	0.8	1.0	1.1
环境			
森林（平方千米）	820	850	900
森林采伐（2000—2010年和2010—2015年，平均年度百分比）		-0.4	-1.1
淡水使用量（占内陆水资源的百分比）	*7.3*	..	7.3
获得改善的水资源的人口（占总人口的百分比）	82	89	92
获得改善的卫生设施的人口（占总人口的百分比）	44	64	72
人均能源使用量（千克石油当量）	..	*214*	..
人均二氧化碳排放量（吨）	0.4	0.6	..
人均用电量（千瓦时）	..	..	..
经济			
GDP（百万美元）	539	*1,664*	1,871
GDP增长率（年度百分比）	14.3	1.5	2.8
GDP隐含价格平减指数（年度增长百分比）	-7.9	0.5	-0.9
农业增加值（占GDP的百分比）	13	8	8
工业增加值（占GDP的百分比）	22	18	17
服务业增加值（占GDP的百分比）	65	74	75
货物和服务出口（占GDP的百分比）	27	29	..
货物和服务进口（占GDP的百分比）	61	58	..
资本形成总额（占GDP的百分比）	..	48	..
中央政府收入（占GDP的百分比）	..	*26.0*	..
中央政府现金盈余/赤字（占GDP的百分比）	..	*-0.4*	..
政府与市场			
创办企业的时间（天）	..	11	10
总体统计能力水平（0—100）	..	73.3	66.7
军费支出（占GDP的百分比）	1.3	0.5	0.6
移动电话用户（每100人）	4.5	76.3	121.8
互联网用户（占总人口的百分比）	1.8	30.0	40.3
金融部门提供的国内信用（占GDP的百分比）	64.7	76.1	84.6
高科技出口（占制成品出口的百分比）	1	*1*	0
全球联系			
商品贸易（占GDP的百分比）	45	47	45
净易货贸易条件指数（2000年=100）	100	103	101
外债总额（百万美元）	320	892	1,537
债务还本付息总额（占出口的百分比）	10.7	5.6	4.9
净移民（千人）	*-9.9*	*-25.9*	*-11.1*
获得的侨汇（百万美元）	87	131	191
外国直接投资，净流入额（百万美元）	33	116	132
获得的净官方发展援助（百万美元）	94	328	230

柬埔寨

东亚和太平洋			低收入经济体
人口（百万）	15.3	人口增长率（百分比）	1.6
陆地面积（千平方千米）	181	每天生活费用不足1.90美元的人口（占人口的百分比）	6.2
GNI，图表集法（10亿美元）	15.6	人均GNI，图表集法（美元）	1,020
PPP衡量的GNI（10亿美元）	47.2	PPP衡量的人均GNI（美元）	3,080

	2000	2010	2014
人口			
最贫困的20%人口占国家消费/收入的份额（百分比）	..	8.4	*9.1*
出生时的预期寿命（岁）	58	66	68
总生育率（每个女性生育数）	3.8	2.9	2.6
孕产妇死亡率（每十万次分娩）	484	202	161
避孕普及率（占15—49岁已婚女性的百分比）	24	51	56
在熟练医护人员护理下的分娩（占总数的百分比）	32	71	89
5岁以下儿童死亡率（每千人）	108	43	29
生长迟缓（占5岁以下儿童的百分比）	49.2	40.9	32.4
儿童麻疹免疫接种率（占12—23个月年龄组的百分比）	65	93	94
小学毕业率，总数（占适龄年龄组的百分比）	*51*	85	96
小学和中学中女孩与男孩的比率	0.8	*0.9*	..
劳动力参与率（占15岁以上人口的百分比）	79	83	83
HIV感染率（占15—49岁人口的百分比）	1.7	0.8	0.6
环境			
森林（千平方千米）	115	101	95
森林采伐（2000—2010年和2010—2015年，平均年度百分比）		1.3	1.3
淡水使用量（占内陆水资源的百分比）	..	*1.8*	1.8
获得改善的水资源的人口（占总人口的百分比）	42	64	76
获得改善的卫生设施的人口（占总人口的百分比）	16	34	42
人均能源使用量（千克石油当量）	280	369	*396*
人均二氧化碳排放量（吨）	0.2	0.3	..
人均用电量（千瓦时）	33	144	*221*
经济			
GDP（10亿美元）	3.7	*11.2*	16.8
GDP增长率（年度百分比）	8.8	6.0	7.1
GDP隐含价格平减指数（年度增长百分比）	-3.2	3.1	1.7
农业增加值（占GDP的百分比）	38	36	30
工业增加值（占GDP的百分比）	23	23	27
服务业增加值（占GDP的百分比）	39	41	43
货物和服务出口（占GDP的百分比）	50	54	62
货物和服务进口（占GDP的百分比）	62	60	67
资本形成总额（占GDP的百分比）	18	17	22
中央政府收入（占GDP的百分比）	*10.3*	11.5	15.2
中央政府现金盈余/赤字（占GDP的百分比）	*-3.4*	-3.5	-1.0
政府与市场			
创办企业的时间（天）	*94*	102	87
总体统计能力水平（0—100）	..	73.3	76.7
军费支出（占GDP的百分比）	2.2	1.6	1.7
移动电话用户（每100人）	1.1	56.7	132.7
互联网用户（占总人口的百分比）	0.0	1.3	9.0
金融部门提供的国内信用（占GDP的百分比）	6.4	22.7	47.2
高科技出口（占制成品出口的百分比）	0	0	*0*
全球联系			
商品贸易（占GDP的百分比）	91	106	145
净易货贸易条件指数（2000年=100）	100	74	69
外债总额（10亿美元）	2.6	3.7	6.8
债务还本付息总额（占出口的百分比）	1.7	1.0	1.4
净移民（千人）	*-35*	*-296*	*-150*
获得的侨汇（百万美元）	121	153	377
外国直接投资，净流入额（百万美元）	149	735	1,730
获得的净官方发展援助（百万美元）	396	733	799

撒哈拉以南非洲地区		中低收入经济体	
人口（百万）	22.8	人口增长率（百分比）	2.5
陆地面积（千平方千米）	475	每天生活费用不足1.90美元的人口（占人口的百分比）	*29.3*
GNI，图表集法（10亿美元）	30.8	人均GNI，图表集法（美元）	1,350
PPP衡量的GNI（10亿美元）	67.1	PPP衡量的人均GNI（美元）	2,950

	2000	2010	2014
人口			
最贫困的20%人口占国家消费/收入的份额（百分比）	*6.2*	*5.8*	..
出生时的预期寿命（岁）	52	54	55
总生育率（每个女性生育数）	5.6	5.0	4.7
孕产妇死亡率（每十万次分娩）	750	676	596
避孕普及率（占15—49岁已婚女性的百分比）	26	*23*	34
在熟练医护人员护理下的分娩（占总数的百分比）	60	*64*	65
5岁以下儿童死亡率（每千人）	150	105	88
生长迟缓（占5岁以下儿童的百分比）	*36.7*	*32.6*	..
儿童麻疹免疫接种率（占12—23个月年龄组的百分比）	49	79	80
小学毕业率，总数（占适龄年龄组的百分比）	49	70	72
小学和中学中女孩与男孩的比率	*0.9*	*0.9*	0.9
劳动力参与率（占15岁以上人口的百分比）	69	70	70
HIV感染率（占15—49岁人口的百分比）	5.5	5.1	4.8
环境			
森林（千平方千米）	221	199	188
森林采伐（2000—2010年和2010—2015年，平均年度百分比）		1.0	1.1
淡水使用量（占内陆水资源的百分比）	*0.4*	..	0.4
获得改善的水资源的人口（占总人口的百分比）	62	72	76
获得改善的卫生设施的人口（占总人口的百分比）	42	45	46
人均能源使用量（千克石油当量）	396	338	*331*
人均二氧化碳排放量（吨）	0.2	0.3	..
人均用电量（千瓦时）	171	258	*278*
经济			
GDP（10亿美元）	9.3	*23.6*	32.1
GDP增长率（年度百分比）	4.2	3.3	5.9
GDP隐含价格平减指数（年度增长百分比）	2.9	2.6	2.4
农业增加值（占GDP的百分比）	22	23	22
工业增加值（占GDP的百分比）	36	30	30
服务业增加值（占GDP的百分比）	42	47	48
货物和服务出口（占GDP的百分比）	23	17	22
货物和服务进口（占GDP的百分比）	20	23	31
资本形成总额（占GDP的百分比）	17	19	21
中央政府收入（占GDP的百分比）	*14.1*	..	..
中央政府现金盈余/赤字（占GDP的百分比）	*0.1*	..	..
政府与市场			
创办企业的时间（天）	*45*	19	15
总体统计能力水平（0—100）	..	66.7	55.6
军费支出（占GDP的百分比）	1.3	1.5	1.3
移动电话用户（每100人）	0.6	41.9	75.7
互联网用户（占总人口的百分比）	0.3	4.3	11.0
金融部门提供的国内信用（占GDP的百分比）	14.4	10.3	16.3
高科技出口（占制成品出口的百分比）	1	5	5
全球联系			
商品贸易（占GDP的百分比）	36	38	37
净易货贸易条件指数（2000年=100）	100	152	156
外债总额（10亿美元）	10.6	3.2	5.3
债务还本付息总额（占出口的百分比）	20.8	3.6	*2.7*
净移民（千人）	*-90.0*	*-90.0*	*-60.0*
获得的侨汇（百万美元）	30	115	251
外国直接投资，净流入额（百万美元）	159	536	501
获得的净官方发展援助（百万美元）	377	541	852

加拿大

北美			高收入经济体
人口（百万）	35.5	人口增长率（百分比）	1.1
陆地面积（千平方千米）	9,985	每天生活费用不足1.90美元的人口（占人口的百分比）	..
GNI，图表集法（10亿美元）	1,835.1	人均GNI，图表集法（美元）	51,630
PPP衡量的GNI（10亿美元）	1,576.5	PPP衡量的人均GNI（美元）	44,350

	2000	2010	2014
人口			
最贫困的20%人口占国家消费/收入的份额（百分比）	6.9	7.1	..
出生时的预期寿命（岁）	79	81	82
总生育率（每个女性生育数）	1.5	1.6	1.6
孕产妇死亡率（每十万次分娩）	9	8	7
避孕普及率（占15—49岁已婚女性的百分比）	*74*	..	..
在熟练医护人员护理下的分娩（占总数的百分比）	*98*	*100*	..
5岁以下儿童死亡率（每千人）	6	6	5
生长迟缓（占5岁以下儿童的百分比）	..	..	..
儿童麻疹免疫接种率（占12—23个月年龄组的百分比）	96	95	95
小学毕业率，总数（占适龄年龄组的百分比）	97	..	..
小学和中学中女孩与男孩的比率	1.0	1.0	*1.0*
劳动力参与率（占15岁以上人口的百分比）	65	67	66
HIV感染率（占15—49岁人口的百分比）	..	..	..
环境			
森林（千平方千米）	3,478	3,473	3,471
森林采伐（2000—2010年和2010—2015年，平均年度百分比）		0.0	0.0
淡水使用量（占内陆水资源的百分比）	..	*1.4*	1.4
获得改善的水资源的人口（占总人口的百分比）	100	100	100
获得改善的卫生设施的人口（占总人口的百分比）	100	100	100
人均能源使用量（千克石油当量）	8,174	7,392	7,247
人均二氧化碳排放量（吨）	17.4	14.6	..
人均用电量（千瓦时）	16,991	15,342	*15,519*
经济			
GDP（10亿美元）	739	*1,614*	1,785
GDP增长率（年度百分比）	5.1	3.4	2.4
GDP隐含价格平减指数（年度增长百分比）	4.3	2.6	1.8
农业增加值（占GDP的百分比）	..	2	..
工业增加值（占GDP的百分比）	..	28	..
服务业增加值（占GDP的百分比）	..	71	..
货物和服务出口（占GDP的百分比）	44	29	32
货物和服务进口（占GDP的百分比）	39	31	33
资本形成总额（占GDP的百分比）	21	23	24
中央政府收入（占GDP的百分比）	..	13.9	*13.9*
中央政府现金盈余/赤字（占GDP的百分比）	..	-2.4	*-0.6*
政府与市场			
创办企业的时间（天）	*4*	6	2
总体统计能力水平（0—100）	..	..	..
军费支出（占GDP的百分比）	1.1	1.2	1.0
移动电话用户（每100人）	28.4	75.7	81.0
互联网用户（占总人口的百分比）	51.3	80.3	87.1
金融部门提供的国内信用（占GDP的百分比）	111.5	*173.1*	..
高科技出口（占制成品出口的百分比）	20	14	15
全球联系			
商品贸易（占GDP的百分比）	71	49	53
净易货贸易条件指数（2000年=100）	100	123	125
外债总额（百万美元）	..	..	..
债务还本付息总额（占出口的百分比）	..	..	..
净移民（千人）	*1,027*	*1,230*	*1,176*
获得的侨汇（10亿美元）	..	1.2	1.2
外国直接投资，净流入额（10亿美元）	66.1	28.6	57.2
获得的净官方发展援助（百万美元）	..	..	..

开曼群岛

拉丁美洲和加勒比地区		高收入经济体	
人口（千人）	59	人口增长率（百分比）	1.4
陆地面积（平方千米）	264	每天生活费用不足1.90美元的人口（占人口的百分比）	..
GNI，图表集法（百万美元）	..	人均GNI，图表集法（美元）	..
PPP衡量的GNI（百万美元）	..	PPP衡量的人均GNI（美元）	..

	2000	2010	2014
人口			
最贫困的20%人口占国家消费/收入的份额（百分比）	..	..	..
出生时的预期寿命（岁）	..	..	..
总生育率（每个女性生育数）	..	..	..
孕产妇死亡率（每十万次分娩）	..	..	..
避孕普及率（占15—49岁已婚女性的百分比）	..	..	..
在熟练医护人员护理下的分娩（占总数的百分比）	..	..	..
5岁以下儿童死亡率（每千人）	..	..	..
生长迟缓（占5岁以下儿童的百分比）	..	..	..
儿童麻疹免疫接种率（占12—23个月年龄组的百分比）	..	..	..
小学毕业率，总数（占适龄年龄组的百分比）	..	..	..
小学和中学中女孩与男孩的比率	..	..	..
劳动力参与率（占15岁以上人口的百分比）	..	..	..
HIV感染率（占15—49岁人口的百分比）	..	..	..
环境			
森林（平方千米）	130	130	130
森林采伐（2000—2010年和2010—2015年，平均年度百分比）		0.0	0.0
淡水使用量（占内陆水资源的百分比）	..	..	..
获得改善的水资源的人口（占总人口的百分比）	93	97	97
获得改善的卫生设施的人口（占总人口的百分比）	96	96	96
人均能源使用量（千克石油当量）	..	..	..
人均二氧化碳排放量（吨）	10.9	10.2	..
人均用电量（千瓦时）	..	..	..
经济			
GDP（百万美元）	..	..	..
GDP增长率（年度百分比）	..	..	..
GDP隐含价格平减指数（年度增长百分比）	..	..	..
农业增加值（占GDP的百分比）	..	0	0
工业增加值（占GDP的百分比）	..	5	5
服务业增加值（占GDP的百分比）	..	..	..
货物和服务出口（占GDP的百分比）	..	..	..
货物和服务进口（占GDP的百分比）	..	..	..
资本形成总额（占GDP的百分比）	..	..	..
中央政府收入（占GDP的百分比）	..	..	..
中央政府现金盈余/赤字（占GDP的百分比）	..	..	..
政府与市场			
创办企业的时间（天）	..	..	..
总体统计能力水平（0—100）	..	..	..
军费支出（占GDP的百分比）	..	..	..
移动电话用户（每100人）	25.7	181.2	153.7
互联网用户（占总人口的百分比）	..	66.0	74.1
金融部门提供的国内信用（占GDP的百分比）	..	..	..
高科技出口（占制成品出口的百分比）	..	..	..
全球联系			
商品贸易（占GDP的百分比）	..	..	..
净易货贸易条件指数（2000年=100）	100	74	62
外债总额（百万美元）	..	..	..
债务还本付息总额（占出口的百分比）	..	..	..
净移民（千人）	..	..	..
获得的侨汇（百万美元）	..	..	..
外国直接投资，净流入额（10亿美元）	7.6	8.7	18.6
获得的净官方发展援助（百万美元）	..	..	..

中非共和国

撒哈拉以南非洲地区		低收入经济体	
人口（百万）	4.8	人口增长率（百分比）	2.0
陆地面积（千平方千米）	623	每天生活费用不足1.90美元的人口（占人口的百分比）	*66.3*
GNI，图表集法（10亿美元）	1.6	人均GNI，图表集法（美元）	320
PPP衡量的GNI（10亿美元）	2.9	PPP衡量的人均GNI（美元）	600

	2000	2010	2014
人口			
最贫困的20%人口占国家消费/收入的份额（百分比）	*5.2*	*3.3*	..
出生时的预期寿命（岁）	45	48	51
总生育率（每个女性生育数）	5.4	4.6	4.3
孕产妇死亡率（每十万次分娩）	1,200	909	882
避孕普及率（占15—49岁已婚女性的百分比）	28	15	..
在熟练医护人员护理下的分娩（占总数的百分比）	44	54	..
5岁以下儿童死亡率（每千人）	175	150	130
生长迟缓（占5岁以下儿童的百分比）	44.6	40.7	..
儿童麻疹免疫接种率（占12—23个月年龄组的百分比）	36	53	49
小学毕业率，总数（占适龄年龄组的百分比）	..	40	*44*
小学和中学中女孩与男孩的比率	*0.7*	*0.7*	*0.7*
劳动力参与率（占15岁以上人口的百分比）	78	79	79
HIV感染率（占15—49岁人口的百分比）	9.6	5.2	4.3
环境			
森林（千平方千米）	224	222	222
森林采伐（2000—2010年和2010—2015年，平均年度百分比）		0.1	0.1
淡水使用量（占内陆水资源的百分比）	*0.0*	*0.1*	0.1
获得改善的水资源的人口（占总人口的百分比）	63	67	69
获得改善的卫生设施的人口（占总人口的百分比）	17	21	22
人均能源使用量（千克石油当量）	..	..	..
人均二氧化碳排放量（吨）	0.07	0.06	..
人均用电量（千瓦时）	..	..	..
经济			
GDP（百万美元）	915	*1,986*	1,723
GDP增长率（年度百分比）	-2.5	3.0	1.0
GDP隐含价格平减指数（年度增长百分比）	8.5	2.0	11.0
农业增加值（占GDP的百分比）	52	54	58
工业增加值（占GDP的百分比）	15	14	12
服务业增加值（占GDP的百分比）	33	32	30
货物和服务出口（占GDP的百分比）	20	12	12
货物和服务进口（占GDP的百分比）	25	27	37
资本形成总额（占GDP的百分比）	11	14	10
中央政府收入（占GDP的百分比）	..	9.9	*11.1*
中央政府现金盈余/赤字（占GDP的百分比）	..	-9.0	*0.7*
政府与市场			
创办企业的时间（天）	*22*	24	22
总体统计能力水平（0—100）	..	55.6	52.2
军费支出（占GDP的百分比）	*1.1*	2.6	..
移动电话用户（每100人）	0.1	22.5	24.5
互联网用户（占总人口的百分比）	0.1	2.0	4.0
金融部门提供的国内信用（占GDP的百分比）	12.0	22.7	33.6
高科技出口（占制成品出口的百分比）	0	17	*0*
全球联系			
商品贸易（占GDP的百分比）	30	22	20
净易货贸易条件指数（2000年=100）	100	81	74
外债总额（百万美元）	872	614	657
债务还本付息总额（占出口的百分比）	..	..	..
净移民（千人）	*-45.0*	*5.0*	*10.0*
获得的侨汇（百万美元）	..	..	..
外国直接投资，净流入额（百万美元）	0.9	61.5	3.5
获得的净官方发展援助（百万美元）	75	261	610

乍得

撒哈拉以南非洲地区			低收入经济体
人口（百万）	13.6	人口增长率（百分比）	3.3
陆地面积（千平方千米）	1,284	每天生活费用不足1.90美元的人口（占人口的百分比）	*38.4*
GNI，图表集法（10亿美元）	13.3	人均GNI，图表集法（美元）	980
PPP衡量的GNI（10亿美元）	28.2	PPP衡量的人均GNI（美元）	2,070

	2000	2010	2014
人口			
最贫困的20%人口占国家消费/收入的份额（百分比）	*6.3*	*4.9*	..
出生时的预期寿命（岁）	48	50	52
总生育率（每个女性生育数）	7.4	6.6	6.2
孕产妇死亡率（每十万次分娩）	1,370	1,040	856
避孕普及率（占15—49岁已婚女性的百分比）	8	5	..
在熟练医护人员护理下的分娩（占总数的百分比）	16	23	..
5岁以下儿童死亡率（每千人）	190	160	139
生长迟缓（占5岁以下儿童的百分比）	39.3	38.7	..
儿童麻疹免疫接种率（占12—23个月年龄组的百分比）	28	46	54
小学毕业率，总数（占适龄年龄组的百分比）	22	31	*38*
小学和中学中女孩与男孩的比率	0.6	0.7	*0.7*
劳动力参与率（占15岁以上人口的百分比）	72	72	72
HIV感染率（占15—49岁人口的百分比）	3.3	3.0	2.5
环境			
森林（千平方千米）	63	55	49
森林采伐（2000—2010年和2010—2015年，平均年度百分比）		1.4	2.4
淡水使用量（占内陆水资源的百分比）	5.7	5.9	5.9
获得改善的水资源的人口（占总人口的百分比）	45	50	51
获得改善的卫生设施的人口（占总人口的百分比）	10	12	12
人均能源使用量（千克石油当量）	..	..	..
人均二氧化碳排放量（吨）	0.02	0.04	..
人均用电量（千瓦时）	..	..	..
经济			
GDP（10亿美元）	1.4	*10.7*	13.9
GDP增长率（年度百分比）	-0.9	13.6	7.3
GDP隐含价格平减指数（年度增长百分比）	5.3	6.4	0.3
农业增加值（占GDP的百分比）	42	53	53
工业增加值（占GDP的百分比）	11	12	15
服务业增加值（占GDP的百分比）	46	34	32
货物和服务出口（占GDP的百分比）	17	37	34
货物和服务进口（占GDP的百分比）	35	44	42
资本形成总额（占GDP的百分比）	23	34	34
中央政府收入（占GDP的百分比）	..	..	..
中央政府现金盈余/赤字（占GDP的百分比）	..	..	..
政府与市场			
创办企业的时间（天）	*62*	62	60
总体统计能力水平（0—100）	..	56.7	65.6
军费支出（占GDP的百分比）	1.5	5.8	..
移动电话用户（每100人）	0.1	24.5	39.8
互联网用户（占总人口的百分比）	0.0	1.7	2.5
金融部门提供的国内信用（占GDP的百分比）	12.3	7.6	11.0
高科技出口（占制成品出口的百分比）	..	..	..
全球联系			
商品贸易（占GDP的百分比）	36	56	57
净易货贸易条件指数（2000年＝100）	100	177	197
外债总额（10亿美元）	1.1	2.2	2.9
债务还本付息总额（占出口的百分比）	..	..	..
净移民（千人）	*219*	*70*	*100*
获得的侨汇（百万美元）	..	..	..
外国直接投资，净流入额（百万美元）	115	313	761
获得的净官方发展援助（百万美元）	131	491	388

海峡群岛

欧洲和中亚		高收入经济体	
人口（千人）	163	人口增长率（百分比）	0.5
陆地面积（平方千米）	190	每天生活费用不足1.90美元的人口（占人口的百分比）	..
GNI，图表集法（10亿美元）	..	人均GNI，图表集法（美元）	..
PPP衡量的GNI（百万美元）	..	PPP衡量的人均GNI（美元）	..

	2000	2010	2014
人口			
最贫困的20%人口占国家消费/收入的份额（百分比）	..	..	..
出生时的预期寿命（岁）	78	80	81
总生育率（每个女性生育数）	1.4	1.4	1.5
孕产妇死亡率（每十万次分娩）	..	..	..
避孕普及率（占15—49岁已婚女性的百分比）	..	..	..
在熟练医护人员护理下的分娩（占总数的百分比）	..	..	..
5岁以下儿童死亡率（每千人）	..	..	..
生长迟缓（占5岁以下儿童的百分比）	..	..	..
儿童麻疹免疫接种率（占12—23个月年龄组的百分比）	..	..	..
小学毕业率，总数（占适龄年龄组的百分比）	..	..	..
小学和中学中女孩与男孩的比率	..	..	..
劳动力参与率（占15岁以上人口的百分比）	60	59	59
HIV感染率（占15—49岁人口的百分比）	..	..	..
环境			
森林（平方千米）	8.0	8.0	*8.0*
森林采伐（2000—2010年和2010—2015年，平均年度百分比）		..	..
淡水使用量（占内陆水资源的百分比）	..	..	..
获得改善的水资源的人口（占总人口的百分比）	..	..	..
获得改善的卫生设施的人口（占总人口的百分比）	..	..	..
人均能源使用量（千克石油当量）	..	..	..
人均二氧化碳排放量（吨）	..	..	..
人均用电量（千瓦时）	..	..	..
经济			
GDP（10亿美元）	6.4	*11.5*	..
GDP增长率（年度百分比）	5.8	*5.9*	..
GDP隐含价格平减指数（年度增长百分比）	3.9	*3.3*	..
农业增加值（占GDP的百分比）	..	..	..
工业增加值（占GDP的百分比）	..	..	..
服务业增加值（占GDP的百分比）	..	..	..
货物和服务出口（占GDP的百分比）	..	..	..
货物和服务进口（占GDP的百分比）	..	..	..
资本形成总额（占GDP的百分比）	..	..	..
中央政府收入（占GDP的百分比）	..	..	..
中央政府现金盈余/赤字（占GDP的百分比）	..	..	..
政府与市场			
创办企业的时间（天）	..	..	..
总体统计能力水平（0—100）	..	..	..
军费支出（占GDP的百分比）	..	..	..
移动电话用户（每100人）	..	..	..
互联网用户（占总人口的百分比）	..	..	..
金融部门提供的国内信用（占GDP的百分比）	..	..	..
高科技出口（占制成品出口的百分比）	..	..	..
全球联系			
商品贸易（占GDP的百分比）	..	..	..
净易货贸易条件指数（2000年=100）	..	..	..
外债总额（百万美元）	..	..	..
债务还本付息总额（占出口的百分比）	..	..	..
净移民（千人）	*4.6*	*4.5*	*3.7*
获得的侨汇（百万美元）	..	..	..
外国直接投资，净流入额（百万美元）	..	..	..
获得的净官方发展援助（百万美元）	..	..	..

智利

拉丁美洲和加勒比地区 | **高收入经济体**

人口（百万）	17.8	人口增长率（百分比）	1.1
陆地面积（千平方千米）	756	每天生活费用不足1.90美元的人口（占人口的百分比）	<2
GNI，图表集法（10亿美元）	264.8	人均GNI，图表集法（美元）	14,910
PPP衡量的GNI（10亿美元）	378.7	PPP衡量的人均GNI（美元）	21,320

	2000	2010	2014
人口			
最贫困的20%人口占国家消费/收入的份额（百分比）	3.7	*4.5*	*4.6*
出生时的预期寿命（岁）	77	80	81
总生育率（每个女性生育数）	2.1	1.8	1.8
孕产妇死亡率（每十万次分娩）	31	26	22
避孕普及率（占15—49岁已婚女性的百分比）	*61*	*58*	..
在熟练医护人员护理下的分娩（占总数的百分比）	*100*	100	*100*
5岁以下儿童死亡率（每千人）	11	9	8
生长迟缓（占5岁以下儿童的百分比）	*2.8*	*2.0*	1.8
儿童麻疹免疫接种率（占12—23个月年龄组的百分比）	97	93	94
小学毕业率，总数（占适龄年龄组的百分比）	..	*96*	*97*
小学和中学中女孩与男孩的比率	1.0	1.0	*1.0*
劳动力参与率（占15岁以上人口的百分比）	55	60	62
HIV感染率（占15—49岁人口的百分比）	0.2	0.3	0.3
环境			
森林（千平方千米）	158	162	177
森林采伐（2000—2010年和2010—2015年，平均年度百分比）		-0.2	-1.8
淡水使用量（占内陆水资源的百分比）	..	*4.0*	4.0
获得改善的水资源的人口（占总人口的百分比）	95	98	99
获得改善的卫生设施的人口（占总人口的百分比）	92	98	99
人均能源使用量（千克石油当量）	1,659	1,813	2,187
人均二氧化碳排放量（吨）	3.9	4.2	..
人均用电量（千瓦时）	2,528	3,316	*3,879*
经济			
GDP（10亿美元）	79	*218*	258
GDP增长率（年度百分比）	4.5	5.8	1.9
GDP隐含价格平减指数（年度增长百分比）	10.3	8.8	5.4
农业增加值（占GDP的百分比）	6	3	3
工业增加值（占GDP的百分比）	32	40	35
服务业增加值（占GDP的百分比）	62	57	62
货物和服务出口（占GDP的百分比）	29	38	34
货物和服务进口（占GDP的百分比）	29	32	32
资本形成总额（占GDP的百分比）	23	22	21
中央政府收入（占GDP的百分比）	20.5	21.5	*21.0*
中央政府现金盈余/赤字（占GDP的百分比）	-1.4	-0.4	*-0.6*
政府与市场			
创办企业的时间（天）	*42*	35	6
总体统计能力水平（0—100）	..	94.4	95.6
军费支出（占GDP的百分比）	2.7	2.2	2.0
移动电话用户（每100人）	22.0	115.8	133.3
互联网用户（占总人口的百分比）	16.6	45.0	72.4
金融部门提供的国内信用（占GDP的百分比）	69.9	104.8	120.3
高科技出口（占制成品出口的百分比）	3	5	6
全球联系			
商品贸易（占GDP的百分比）	48	60	57
净易货贸易条件指数（2000年=100）	100	157	135
外债总额（百万美元）	..	..	..
债务还本付息总额（占出口的百分比）	..	..	..
净移民（千人）	*94*	*139*	*201*
获得的侨汇（百万美元）	13	*4*	136
外国直接投资，净流入额（10亿美元）	4.9	15.7	22.0
获得的净官方发展援助（百万美元）	49	197	241

中国

东亚和太平洋地区			中高收入经济体
人口（百万）	1,364.3	人口增长率（百分比）	0.5
陆地面积（千平方千米）	9,563	每天生活费用不足1.90美元的人口（占人口的百分比）	*11.2*
GNI，图表集法（10亿美元）	10,097.0	人均GNI，图表集法（美元）	7,400
PPP衡量的GNI（10亿美元）	17,966.9	PPP衡量的人均GNI（美元）	13,170

	2000	2010	2014
人口			
最贫困的20%人口占国家消费/收入的份额（百分比）	*6.4*	4.7	..
出生时的预期寿命（岁）	72	75	76
总生育率（每个女性生育数）	1.4	1.5	1.6
孕产妇死亡率（每十万次分娩）	58	35	27
避孕普及率（占15—49岁已婚女性的百分比）	84	89	*88*
在熟练医护人员护理下的分娩（占总数的百分比）	97	100	*100*
5岁以下儿童死亡率（每千人）	37	16	11
生长迟缓（占5岁以下儿童的百分比）	17.8	9.4	..
儿童麻疹免疫接种率（占12—23个月年龄组的百分比）	84	99	99
小学毕业率，总数（占适龄年龄组的百分比）	..	..	..
小学和中学中女孩与男孩的比率	*1.0*	1.0	*1.0*
劳动力参与率（占15岁以上人口的百分比）	77	71	71
HIV感染率（占15—49岁人口的百分比）	..	..	..
环境			
森林（千平方千米）	1,770	2,006	2,083
森林采伐（2000—2010年和2010—2015年，平均年度百分比）		-1.3	-0.8
淡水使用量（占内陆水资源的百分比）	..	*19.7*	19.7
获得改善的水资源的人口（占总人口的百分比）	80	91	96
获得改善的卫生设施的人口（占总人口的百分比）	59	71	77
人均能源使用量（千克石油当量）	919	1,846	*2,226*
人均二氧化碳排放量（吨）	2.7	6.2	..
人均用电量（千瓦时）	993	2,944	*3,762*
经济			
GDP（10亿美元）	1,205	*6,040*	10,355
GDP增长率（年度百分比）	8.4	10.6	7.3
GDP隐含价格平减指数（年度增长百分比）	2.0	6.9	0.9
农业增加值（占GDP的百分比）	15	10	9
工业增加值（占GDP的百分比）	45	46	43
服务业增加值（占GDP的百分比）	40	44	48
货物和服务出口（占GDP的百分比）	21	26	23
货物和服务进口（占GDP的百分比）	19	23	19
资本形成总额（占GDP的百分比）	35	47	46
中央政府收入（占GDP的百分比）	..	11.3	..
中央政府现金盈余/赤字（占GDP的百分比）	..	..	..
政府与市场			
创办企业的时间（天）	..	..	31
总体统计能力水平（0—100）	..	65.6	70.0
军费支出（占GDP的百分比）[c]	1.8	2.0	2.1
移动电话用户（每100人）	6.7	63.2	92.3
互联网用户（占总人口的百分比）	1.8	34.3	49.3
金融部门提供的国内信用（占GDP的百分比）	119.0	143.6	169.3
高科技出口（占制成品出口的百分比）	19	28	25
全球联系			
商品贸易（占GDP的百分比）	39	49	42
净易货贸易条件指数（2000年=100）	100	82	84
外债总额（10亿美元）	146	560	960
债务还本付息总额（占出口的百分比）	9.1	3.5	1.9
净移民（千人）	*-2,144*	*-2,202*	*-1,800*
获得的侨汇（10亿美元）	4.8	13.6	29.9
外国直接投资，净流入额（10亿美元）	38	244	289
获得的净官方发展援助（百万美元）	1,712	645	-960

哥伦比亚

拉丁美洲和加勒比地区 | **中高收入经济体**

人口（百万）	47.8	人口增长率（百分比）	0.9
陆地面积（千平方千米）	1,142	每天生活费用不足1.90美元的人口（占人口的百分比）	*6.1*
GNI，图表集法（10亿美元）	381.0	人均GNI，图表集法（美元）	7,970
PPP衡量的GNI（10亿美元）	616.9	PPP衡量的人均GNI（美元）	12,910

	2000	**2010**	**2014**
人口			
最贫困的20%人口占国家消费/收入的份额（百分比）	1.9	3.2	*3.4*
出生时的预期寿命（岁）	71	73	74
总生育率（每个女性生育数）	2.4	2.0	1.9
孕产妇死亡率（每十万次分娩）	97	72	64
避孕普及率（占15—49岁已婚女性的百分比）	77	79	..
在熟练医护人员护理下的分娩（占总数的百分比）	86	95	*99*
5岁以下儿童死亡率（每千人）	25	19	16
生长迟缓（占5岁以下儿童的百分比）	18.1	12.7	..
儿童麻疹免疫接种率（占12—23个月年龄组的百分比）	88	88	91
小学毕业率，总数（占适龄年龄组的百分比）	95	*124*	..
小学和中学中女孩与男孩的比率	1.0	*1.0*	..
劳动力参与率（占15岁以上人口的百分比）	65	67	68
HIV感染率（占15—49岁人口的百分比）	0.5	0.4	0.4
环境			
森林（千平方千米）	618	586	585
森林采伐（2000—2010年和2010—2015年，平均年度百分比）		0.5	0.0
淡水使用量（占内陆水资源的百分比）	*0.4*	..	0.5
获得改善的水资源的人口（占总人口的百分比）	90	91	91
获得改善的卫生设施的人口（占总人口的百分比）	75	79	81
人均能源使用量（千克石油当量）	639	680	669
人均二氧化碳排放量（吨）	1.4	1.7	..
人均用电量（千瓦时）	829	1,078	*1,177*
经济			
GDP（10亿美元）	100	*287*	378
GDP增长率（年度百分比）	4.4	4.0	4.6
GDP隐含价格平减指数（年度增长百分比）	31.8	3.9	1.8
农业增加值（占GDP的百分比）	9	7	6
工业增加值（占GDP的百分比）	29	35	36
服务业增加值（占GDP的百分比）	62	58	58
货物和服务出口（占GDP的百分比）	16	16	16
货物和服务进口（占GDP的百分比）	17	18	21
资本形成总额（占GDP的百分比）	15	22	26
中央政府收入（占GDP的百分比）	15.5	21.5	*25.6*
中央政府现金盈余/赤字（占GDP的百分比）	-3.1	-4.7	-5.5
政府与市场			
创办企业的时间（天）	*43*	10	11
总体统计能力水平（0—100）	..	84.4	84.4
军费支出（占GDP的百分比）	3.0	3.6	3.5
移动电话用户（每100人）	5.7	95.8	113.1
互联网用户（占总人口的百分比）	2.2	36.5	52.6
金融部门提供的国内信用（占GDP的百分比）	30.4	66.0	71.1
高科技出口（占制成品出口的百分比）	8	5	8
全球联系			
商品贸易（占GDP的百分比）	25	28	31
净易货贸易条件指数（2000年=100）	100	149	146
外债总额（10亿美元）	33	64	102
债务还本付息总额（占出口的百分比）	29.8	20.3	19.5
净移民（千人）	*-159*	*-143*	*-145*
获得的侨汇（10亿美元）	1.6	4.0	4.2
外国直接投资，净流入额（10亿美元）	2.4	6.4	16.2
获得的净官方发展援助（百万美元）	186	675	1,221

科摩罗

撒哈拉以南非洲地区		低收入经济体	
人口（千人）	770	人口增长率（百分比）	2.4
陆地面积（千平方千米）	1.9	每天生活费用不足1.90美元的人口（占人口的百分比）	*13.5*
GNI，图表集法（百万美元）	605.4	人均GNI，图表集法（美元）	790
PPP衡量的GNI（百万美元）	1,098.3	PPP衡量的人均GNI（美元）	1,430

	2000	2010	2014
人口			
最贫困的20%人口占国家消费/收入的份额（百分比）	..	..	..
出生时的预期寿命（岁）	59	62	63
总生育率（每个女性生育数）	5.4	4.8	4.5
孕产妇死亡率（每十万次分娩）	499	388	335
避孕普及率（占15—49岁已婚女性的百分比）	26	..	*19*
在熟练医护人员护理下的分娩（占总数的百分比）	62	..	*82*
5岁以下儿童死亡率（每千人）	101	86	74
生长迟缓（占5岁以下儿童的百分比）	46.9	..	*32.1*
儿童麻疹免疫接种率（占12—23个月年龄组的百分比）	70	72	80
小学毕业率，总数（占适龄年龄组的百分比）	*48*	*73*	*74*
小学和中学中女孩与男孩的比率	*0.8*	..	*1.0*
劳动力参与率（占15岁以上人口的百分比）	55	57	58
HIV感染率（占15—49岁人口的百分比）	..	..	..
环境			
森林（平方千米）	450	390	370
森林采伐（2000—2010年和2010—2015年，平均年度百分比）		1.4	1.0
淡水使用量（占内陆水资源的百分比）	*0.8*	..	0.8
获得改善的水资源的人口（占总人口的百分比）	90	90	90
获得改善的卫生设施的人口（占总人口的百分比）	25	33	36
人均能源使用量（千克石油当量）	..	*63*	..
人均二氧化碳排放量（吨）	0.2	0.2	..
人均用电量（千瓦时）	..	..	..
经济			
GDP（百万美元）	204	*517*	624
GDP增长率（年度百分比）	10.8	2.2	2.1
GDP隐含价格平减指数（年度增长百分比）	-4.5	3.1	2.1
农业增加值（占GDP的百分比）	39	41	36
工业增加值（占GDP的百分比）	11	12	12
服务业增加值（占GDP的百分比）	50	47	53
货物和服务出口（占GDP的百分比）	23	17	17
货物和服务进口（占GDP的百分比）	28	53	63
资本形成总额（占GDP的百分比）	6	15	28
中央政府收入（占GDP的百分比）	..	..	..
中央政府现金盈余/赤字（占GDP的百分比）	..	..	..
政府与市场			
创办企业的时间（天）	..	22	15
总体统计能力水平（0—100）	..	50.0	42.2
军费支出（占GDP的百分比）	..	..	..
移动电话用户（每100人）	0.0	24.2	50.9
互联网用户（占总人口的百分比）	0.3	5.1	7.0
金融部门提供的国内信用（占GDP的百分比）	14.1	22.8	29.2
高科技出口（占制成品出口的百分比）	0	0	*0*
全球联系			
商品贸易（占GDP的百分比）	28	49	48
净易货贸易条件指数（2000年=100）	100	76	94
外债总额（百万美元）	227	281	145
债务还本付息总额（占出口的百分比）	*6.4*	4.7	0.7
净移民（千人）	*-10.0*	*-10.0*	*-10.0*
获得的侨汇（百万美元）	..	87	121
外国直接投资，净流入额（百万美元）	0.1	8.3	14.0
获得的净官方发展援助（百万美元）	18.7	67.2	74.0

刚果民主共和国

撒哈拉以南非洲地区 **低收入经济体**

人口（百万）	74.9	人口增长率（百分比）	3.2
陆地面积（千平方千米）	2,345	每天生活费用不足1.90美元的人口（占人口的百分比）	*77.2*
GNI，图表集法（10亿美元）	28.7	人均GNI，图表集法（美元）	380
PPP衡量的GNI（10亿美元）	48.8	PPP衡量的人均GNI（美元）	650

	2000	2010	2014
人口			
最贫困的20%人口占国家消费/收入的份额（百分比）	..	..	5.5
出生时的预期寿命（岁）	50	57	59
总生育率（每个女性生育数）	7.1	6.4	6.0
孕产妇死亡率（每十万次分娩）	874	794	693
避孕普及率（占15—49岁已婚女性的百分比）	*31*	17	20
在熟练医护人员护理下的分娩（占总数的百分比）	*61*	80	80
5岁以下儿童死亡率（每千人）	161	116	98
生长迟缓（占5岁以下儿童的百分比）	*44.4*	43.5	*42.6*
儿童麻疹免疫接种率（占12—23个月年龄组的百分比）	46	74	77
小学毕业率，总数（占适龄年龄组的百分比）	*34*	61	*67*
小学和中学中女孩与男孩的比率	..	0.8	0.8
劳动力参与率（占15岁以上人口的百分比）	72	72	72
HIV感染率（占15—49岁人口的百分比）	1.7	1.2	1.0
环境			
森林（千平方千米）	1,572	1,541	1,526
森林采伐（2000—2010年和2010—2015年，平均年度百分比）		0.2	0.2
淡水使用量（占内陆水资源的百分比）	*0.1*	*0.1*	0.1
获得改善的水资源的人口（占总人口的百分比）	47	51	52
获得改善的卫生设施的人口（占总人口的百分比）	23	27	29
人均能源使用量（千克石油当量）	290	301	*292*
人均二氧化碳排放量（吨）	0.03	0.05	..
人均用电量（千瓦时）	95	102	*110*
经济			
GDP（10亿美元）	19.1	*20.5*	33.1
GDP增长率（年度百分比）	-6.9	7.1	9.0
GDP隐含价格平减指数（年度增长百分比）	2,630.1	17.4	1.3
农业增加值（占GDP的百分比）	32	23	21
工业增加值（占GDP的百分比）	23	34	33
服务业增加值（占GDP的百分比）	45	42	46
货物和服务出口（占GDP的百分比）	11	43	33
货物和服务进口（占GDP的百分比）	16	48	39
资本形成总额（占GDP的百分比）	14	16	21
中央政府收入（占GDP的百分比）	0.8	15.0	..
中央政府现金盈余/赤字（占GDP的百分比）	-0.9	2.4	..
政府与市场			
创办企业的时间（天）	*166*	84	11
总体统计能力水平（0—100）	..	35.6	57.8
军费支出（占GDP的百分比）	0.2	0.9	1.4
移动电话用户（每100人）	0.0	19.0	53.5
互联网用户（占总人口的百分比）	0.0	0.7	3.0
金融部门提供的国内信用（占GDP的百分比）	1.3	0.8	8.6
高科技出口（占制成品出口的百分比）	..	..	..
全球联系			
商品贸易（占GDP的百分比）	8	48	41
净易货贸易条件指数（2000年=100）	100	138	123
外债总额（10亿美元）	11.8	6.2	5.5
债务还本付息总额（占出口的百分比）	..	3.1	3.3
净移民（千人）	*-242*	*-43*	*-96*
获得的侨汇（百万美元）	..	15.7	22.4
外国直接投资，净流入额（百万美元）	72	124	-344
获得的净官方发展援助（10亿美元）	0.2	3.5	2.4

刚果共和国

撒哈拉以南非洲地区　　中低收入经济体

人口（百万）	4.5	人口增长率（百分比）	2.5
陆地面积（千平方千米）	342	每天生活费用不足1.90美元的人口（占人口的百分比）	*28.7*
GNI，图表集法（10亿美元）	12.3	人均GNI，图表集法（美元）	2,720
PPP衡量的GNI（10亿美元）	23.4	PPP衡量的人均GNI（美元）	5,200

	2000	2010	2014
人口			
最贫困的20%人口占国家消费/收入的份额（百分比）	..	5.7	..
出生时的预期寿命（岁）	51	59	62
总生育率（每个女性生育数）	5.1	5.0	4.9
孕产妇死亡率（每十万次分娩）	653	509	442
避孕普及率（占15—49岁已婚女性的百分比）	..	..	*45*
在熟练医护人员护理下的分娩（占总数的百分比）	..	..	*93*
5岁以下儿童死亡率（每千人）	122	61	45
生长迟缓（占5岁以下儿童的百分比）	..	*25.0*	..
儿童麻疹免疫接种率（占12—23个月年龄组的百分比）	34	75	80
小学毕业率，总数（占适龄年龄组的百分比）	*58*	71	*74*
小学和中学中女孩与男孩的比率	*0.9*	..	*1.0*
劳动力参与率（占15岁以上人口的百分比）	68	71	71
HIV感染率（占15—49岁人口的百分比）	5.4	3.2	2.8
环境			
森林（千平方千米）	226	224	223
森林采伐（2000—2010年和2010—2015年，平均年度百分比）		0.1	0.1
淡水使用量（占内陆水资源的百分比）	*0.0*	..	0.0
获得改善的水资源的人口（占总人口的百分比）	69	74	77
获得改善的卫生设施的人口（占总人口的百分比）	13	14	15
人均能源使用量（千克石油当量）	226	409	556
人均二氧化碳排放量（吨）	0.3	0.5	..
人均用电量（千瓦时）	96	147	*234*
经济			
GDP（10亿美元）	3.2	*12.0*	14.2
GDP增长率（年度百分比）	7.6	8.8	6.8
GDP隐含价格平减指数（年度增长百分比）	47.0	20.7	-5.7
农业增加值（占GDP的百分比）	5	4	5
工业增加值（占GDP的百分比）	72	75	69
服务业增加值（占GDP的百分比）	23	21	26
货物和服务出口（占GDP的百分比）	80	85	73
货物和服务进口（占GDP的百分比）	44	55	70
资本形成总额（占GDP的百分比）	23	21	41
中央政府收入（占GDP的百分比）	*32.3*	38.4	..
中央政府现金盈余/赤字（占GDP的百分比）	*-1.3*	39.9	..
政府与市场			
创办企业的时间（天）	*37*	161	53
总体统计能力水平（0—100）	..	54.4	50.0
军费支出（占GDP的百分比）	*1.9*	1.8	5.0
移动电话用户（每100人）	2.2	90.4	108.1
互联网用户（占总人口的百分比）	0.0	5.0	7.1
金融部门提供的国内信用（占GDP的百分比）	8.7	-14.3	0.8
高科技出口（占制成品出口的百分比）	..	4	2
全球联系			
商品贸易（占GDP的百分比）	92	112	102
净易货贸易条件指数（2000年=100）	100	184	215
外债总额（10亿美元）	4.9	2.4	3.9
债务还本付息总额（占出口的百分比）	1.7	*1.8*	..
净移民（千人）	*-13.3*	*49.9*	*-60.0*
获得的侨汇（百万美元）	10.4	*14.8*	..
外国直接投资，净流入额（百万美元）	166	928	5,502
获得的净官方发展援助（百万美元）	32	1,315	106

哥斯达黎加

拉丁美洲和加勒比地区 **中高收入经济体**

人口（百万）	4.8	人口增长率（百分比）	1.1
陆地面积（千平方千米）	51	每天生活费用不足1.90美元的人口（占人口的百分比）	<2
GNI，图表集法（10亿美元）	48.1	人均GNI，图表集法（美元）	10,120
PPP衡量的GNI（10亿美元）	68.6	PPP衡量的人均GNI（美元）	14,420

	2000	2010	2014
人口			
最贫困的20%人口占国家消费/收入的份额（百分比）	3.9	4.5	*4.1*
出生时的预期寿命（岁）	77	79	79
总生育率（每个女性生育数）	2.4	1.9	1.8
孕产妇死亡率（每十万次分娩）	38	29	25
避孕普及率（占15—49岁已婚女性的百分比）	*80*	82	..
在熟练医护人员护理下的分娩（占总数的百分比）	*98*	99	..
5岁以下儿童死亡率（每千人）	13	10	10
生长迟缓（占5岁以下儿童的百分比）	..	*5.6*	..
儿童麻疹免疫接种率（占12—23个月年龄组的百分比）	82	83	95
小学毕业率，总数（占适龄年龄组的百分比）	92	99	99
小学和中学中女孩与男孩的比率	1.0	1.0	1.0
劳动力参与率（占15岁以上人口的百分比）	60	63	63
HIV感染率（占15—49岁人口的百分比）	0.1	0.2	0.3
环境			
森林（千平方千米）	24	26	28
森林采伐（2000—2010年和2010—2015年，平均年度百分比）		-0.9	-1.1
淡水使用量（占内陆水资源的百分比）	..	..	2.1
获得改善的水资源的人口（占总人口的百分比）	95	97	98
获得改善的卫生设施的人口（占总人口的百分比）	91	94	95
人均能源使用量（千克石油当量）	732	1,022	*1,029*
人均二氧化碳排放量（吨）	1.4	1.7	..
人均用电量（千瓦时）	1,521	1,901	*1,955*
经济			
GDP（10亿美元）	15.9	*36.3*	49.6
GDP增长率（年度百分比）	1.8	5.0	3.5
GDP隐含价格平减指数（年度增长百分比）	7.0	8.0	4.7
农业增加值（占GDP的百分比）	9	7	6
工业增加值（占GDP的百分比）	32	26	*25*
服务业增加值（占GDP的百分比）	58	67	*69*
货物和服务出口（占GDP的百分比）	49	38	35
货物和服务进口（占GDP的百分比）	46	41	37
资本形成总额（占GDP的百分比）	17	21	19
中央政府收入（占GDP的百分比）	20.9	16.1	*16.5*
中央政府现金盈余/赤字（占GDP的百分比）	-1.3	-4.5	*-5.2*
政府与市场			
创办企业的时间（天）	*77*	60	24
总体统计能力水平（0—100）	..	76.7	84.4
军费支出（占GDP的百分比）	..	..	..
移动电话用户（每100人）	5.4	67.0	143.8
互联网用户（占总人口的百分比）	5.8	36.5	49.4
金融部门提供的国内信用（占GDP的百分比）	32.4	50.6	63.0
高科技出口（占制成品出口的百分比）	52	40	*43*
全球联系			
商品贸易（占GDP的百分比）	77	63	57
净易货贸易条件指数（2000年=100）	100	66	63
外债总额（10亿美元）	4.7	8.2	21.0
债务还本付息总额（占出口的百分比）	8.1	8.0	21.1
净移民（千人）	*41.8*	*30.3*	*19.7*
获得的侨汇（百万美元）	136	531	594
外国直接投资，净流入额（10亿美元）	0.4	1.9	2.6
获得的净官方发展援助（百万美元）	9.6	94.0	53.5

科特迪瓦

撒哈拉以南非洲地区		中低收入经济体	
人口（百万）	22.2	人口增长率（百分比）	2.4
陆地面积（千平方千米）	322	每天生活费用不足1.90美元的人口（占人口的百分比）	*29.0*
GNI，图表集法（10亿美元）	32.2	人均GNI，图表集法（美元）	1,450
PPP衡量的GNI（10亿美元）	69.4	PPP衡量的人均GNI（美元）	3,130

	2000	2010	2014
人口			
最贫困的20%人口占国家消费/收入的份额（百分比）	*6.1*	*5.1*	..
出生时的预期寿命（岁）	47	50	52
总生育率（每个女性生育数）	5.9	5.2	5.0
孕产妇死亡率（每十万次分娩）	671	717	645
避孕普及率（占15—49岁已婚女性的百分比）	*15*	*13*	*18*
在熟练医护人员护理下的分娩（占总数的百分比）	63	*57*	*59*
5岁以下儿童死亡率（每千人）	146	109	93
生长迟缓（占5岁以下儿童的百分比）	*31.5*	*39.0*	*29.6*
儿童麻疹免疫接种率（占12—23个月年龄组的百分比）	68	70	63
小学毕业率，总数（占适龄年龄组的百分比）	44	*54*	57
小学和中学中女孩与男孩的比率	*0.7*	..	0.8
劳动力参与率（占15岁以上人口的百分比）	67	67	67
HIV感染率（占15—49岁人口的百分比）	5.5	4.0	3.5
环境			
森林（千平方千米）	103	104	104
森林采伐（2000—2010年和2010—2015年，平均年度百分比）		-0.1	0.0
淡水使用量（占内陆水资源的百分比）	*1.8*	*2.0*	2.0
获得改善的水资源的人口（占总人口的百分比）	78	81	82
获得改善的卫生设施的人口（占总人口的百分比）	18	21	23
人均能源使用量（千克石油当量）	411	505	*605*
人均二氧化碳排放量（吨）	0.4	0.3	..
人均用电量（千瓦时）	173	219	*252*
经济			
GDP（10亿美元）	10.7	*24.9*	34.3
GDP增长率（年度百分比）	-2.1	2.0	8.5
GDP隐含价格平减指数（年度增长百分比）	2.2	5.4	0.9
农业增加值（占GDP的百分比）	25	25	22
工业增加值（占GDP的百分比）	22	22	21
服务业增加值（占GDP的百分比）	54	53	57
货物和服务出口（占GDP的百分比）	41	51	43
货物和服务进口（占GDP的百分比）	34	43	39
资本形成总额（占GDP的百分比）	10	13	17
中央政府收入（占GDP的百分比）	*14.9*	15.8	*16.0*
中央政府现金盈余/赤字（占GDP的百分比）	*2.9*	-0.6	*-2.3*
政府与市场			
创办企业的时间（天）	*62*	40	7
总体统计能力水平（0—100）	..	58.9	58.9
军费支出（占GDP的百分比）	*1.4*	1.6	*1.5*
移动电话用户（每100人）	2.9	82.2	106.2
互联网用户（占总人口的百分比）	0.2	2.7	14.6
金融部门提供的国内信用（占GDP的百分比）	22.4	23.0	29.2
高科技出口（占制成品出口的百分比）	3	2	4
全球联系			
商品贸易（占GDP的百分比）	59	77	69
净易货贸易条件指数（2000年=100）	100	163	159
外债总额（10亿美元）	12.2	10.7	10.9
债务还本付息总额（占出口的百分比）	22.7	5.8	11.6
净移民（千人）	*-370*	*-220*	*50*
获得的侨汇（百万美元）	119	373	378
外国直接投资，净流入额（百万美元）	235	358	462
获得的净官方发展援助（百万美元）	351	845	922

克罗地亚

欧洲和中亚		高收入经济体	
人口（百万）	4.2	人口增长率（百分比）	-0.4
陆地面积（千平方千米）	57	每天生活费用不足1.90美元的人口（占人口的百分比）	<2
GNI，图表集法（10亿美元）	55.0	人均GNI，图表集法（美元）	12,980
PPP衡量的GNI（10亿美元）	88.6	PPP衡量的人均GNI（美元）	20,910

	2000	2010	2014
人口			
最贫困的20%人口占国家消费/收入的份额（百分比）	8.3	9.4	..
出生时的预期寿命（岁）	73	76	77
总生育率（每个女性生育数）	1.4	1.6	1.5
孕产妇死亡率（每十万次分娩）	11	10	8
避孕普及率（占15—49岁已婚女性的百分比）	69	..	..
在熟练医护人员护理下的分娩（占总数的百分比）	100	100	..
5岁以下儿童死亡率（每千人）	8	5	4
生长迟缓（占5岁以下儿童的百分比）	..	..	..
儿童麻疹免疫接种率（占12—23个月年龄组的百分比）	93	96	94
小学毕业率，总数（占适龄年龄组的百分比）	91	91	*92*
小学和中学中女孩与男孩的比率	1.0	1.0	*1.0*
劳动力参与率（占15岁以上人口的百分比）	54	52	51
HIV感染率（占15—49岁人口的百分比）	..	..	..
环境			
森林（千平方千米）	19	19	19
森林采伐（2000—2010年和2010—2015年，平均年度百分比）		-0.2	0.0
淡水使用量（占内陆水资源的百分比）	..	..	1.7
获得改善的水资源的人口（占总人口的百分比）	98	99	100
获得改善的卫生设施的人口（占总人口的百分比）	97	97	97
人均能源使用量（千克石油当量）	1,760	1,939	*1,814*
人均二氧化碳排放量（吨）	4.4	4.7	..
人均用电量（千瓦时）	2,856	3,814	*3,754*
经济			
GDP（10亿美元）	21.8	59.7	57.1
GDP增长率（年度百分比）	3.8	-1.7	-0.4
GDP隐含价格平减指数（年度增长百分比）	4.4	0.8	0.0
农业增加值（占GDP的百分比）	6	5	4
工业增加值（占GDP的百分比）	29	27	29
服务业增加值（占GDP的百分比）	64	68	67
货物和服务出口（占GDP的百分比）	37	38	46
货物和服务进口（占GDP的百分比）	40	38	44
资本形成总额（占GDP的百分比）	20	21	18
中央政府收入（占GDP的百分比）	35.3	33.6	*33.9*
中央政府现金盈余/赤字（占GDP的百分比）	-5.2	-4.4	*-3.4*
政府与市场			
创办企业的时间（天）	*29*	16	12
总体统计能力水平（0—100）	..	84.4	80.0
军费支出（占GDP的百分比）	3.0	1.7	1.5
移动电话用户（每100人）	23.1	113.6	104.4
互联网用户（占总人口的百分比）	6.6	56.6	68.6
金融部门提供的国内信用（占GDP的百分比）	40.0	90.7	90.8
高科技出口（占制成品出口的百分比）	9	9	8
全球联系			
商品贸易（占GDP的百分比）	57	53	64
净易货贸易条件指数（2000年=100）	100	100	99
外债总额（百万美元）	..	..	..
债务还本付息总额（占出口的百分比）	..	..	..
净移民（千人）	*-2.6*	*-22.5*	*-20.0*
获得的侨汇（10亿美元）	0.6	1.9	2.1
外国直接投资，净流入额（10亿美元）	1.1	1.4	3.9
获得的净官方发展援助（百万美元）	66	132	..

古巴

拉丁美洲和加勒比地区		中高收入经济体	
人口（百万）	11.4	人口增长率（百分比）	0.1
陆地面积（千平方千米）	110	每天生活费用不足1.90美元的人口（占人口的百分比）	..
GNI，图表集法（10亿美元）	*66.6*	人均GNI，图表集法（美元）	*5,880*
PPP衡量的GNI（10亿美元）	*211.0*	PPP衡量的人均GNI（美元）	*18,630*

	2000	2010	2014
人口			
最贫困的20%人口占国家消费/收入的份额（百分比）	..	..	..
出生时的预期寿命（岁）	77	79	79
总生育率（每个女性生育数）	1.6	1.6	1.6
孕产妇死亡率（每十万次分娩）	43	44	39
避孕普及率（占15—49岁已婚女性的百分比）	73	78	74
在熟练医护人员护理下的分娩（占总数的百分比）	*100*	100	99
5岁以下儿童死亡率（每千人）	8	6	6
生长迟缓（占5岁以下儿童的百分比）	7.0	..	..
儿童麻疹免疫接种率（占12—23个月年龄组的百分比）	94	99	99
小学毕业率，总数（占适龄年龄组的百分比）	96	98	98
小学和中学中女孩与男孩的比率	1.0	1.0	1.0
劳动力参与率（占15岁以上人口的百分比）	54	57	57
HIV感染率（占15—49岁人口的百分比）	0.1	0.1	0.3
环境			
森林（千平方千米）	24	29	32
森林采伐（2000—2010年和2010—2015年，平均年度百分比）		-1.9	-1.8
淡水使用量（占内陆水资源的百分比）	..	*13.0*	18.3
获得改善的水资源的人口（占总人口的百分比）	91	94	95
获得改善的卫生设施的人口（占总人口的百分比）	87	92	93
人均能源使用量（千克石油当量）	1,162	1,016	*1,031*
人均二氧化碳排放量（吨）	2.3	3.4	..
人均用电量（千瓦时）	1,139	1,294	*1,425*
经济			
GDP（10亿美元）	30.6	*64.3*	*77.1*
GDP增长率（年度百分比）	5.9	2.4	*2.7*
GDP隐含价格平减指数（年度增长百分比）	1.7	1.2	*2.7*
农业增加值（占GDP的百分比）	8	5	..
工业增加值（占GDP的百分比）	28	21	..
服务业增加值（占GDP的百分比）	64	74	..
货物和服务出口（占GDP的百分比）	14	23	*24*
货物和服务进口（占GDP的百分比）	17	18	*20*
资本形成总额（占GDP的百分比）	13	10	*9*
中央政府收入（占GDP的百分比）	..	..	..
中央政府现金盈余/赤字（占GDP的百分比）	..	..	..
政府与市场			
创办企业的时间（天）	..	..	..
总体统计能力水平（0—100）	..	..	..
军费支出（占GDP的百分比）	*3.5*	3.3	*3.5*
移动电话用户（每100人）	0.1	8.9	22.5
互联网用户（占总人口的百分比）	0.5	15.9	30.0
金融部门提供的国内信用（占GDP的百分比）	..	..	..
高科技出口（占制成品出口的百分比）	21	..	..
全球联系			
商品贸易（占GDP的百分比）	21	26	*26*
净易货贸易条件指数（2000年=100）	100	137	112
外债总额（百万美元）	..	..	..
债务还本付息总额（占出口的百分比）	..	..	..
净移民（千人）	*-150*	*-194*	*-80*
获得的侨汇（百万美元）	..	..	..
外国直接投资，净流入额（百万美元）	..	..	..
获得的净官方发展援助（百万美元）	44	129	262

库拉索

拉丁美洲和加勒比地区		高收入经济体	
人口（千人）	156	人口增长率（百分比）	1.3
陆地面积（平方千米）	444	每天生活费用不足1.90美元的人口（占人口的百分比）	..
GNI，图表集法（百万美元）	..	人均GNI，图表集法（美元）	..
PPP衡量的GNI（百万美元）	..	PPP衡量的人均GNI（美元）	..

	2000	2010	2014
人口			
最贫困的20%人口占国家消费/收入的份额（百分比）	..	..	..
出生时的预期寿命（岁）	..	*77*	78
总生育率（每个女性生育数）	..	2.2	2.0
孕产妇死亡率（每十万次分娩）	..	..	..
避孕普及率（占15—49岁已婚女性的百分比）	..	..	..
在熟练医护人员护理下的分娩（占总数的百分比）	..	..	..
5岁以下儿童死亡率（每千人）	..	..	..
生长迟缓（占5岁以下儿童的百分比）	..	..	..
儿童麻疹免疫接种率（占12—23个月年龄组的百分比）	..	..	..
小学毕业率，总数（占适龄年龄组的百分比）	..	..	..
小学和中学中女孩与男孩的比率	..	..	*1.0*
劳动力参与率（占15岁以上人口的百分比）	..	..	..
HIV感染率（占15—49岁人口的百分比）	..	..	..
环境			
森林（平方千米）	..	..	..
森林采伐（2000—2010年和2010—2015年，平均年度百分比）		..	..
淡水使用量（占内陆水资源的百分比）	..	..	..
获得改善的水资源的人口（占总人口的百分比）	..	..	..
获得改善的卫生设施的人口（占总人口的百分比）	..	..	..
人均能源使用量（千克石油当量）	15,762	13,816	*11,801*
人均二氧化碳排放量（吨）	..	..	..
人均用电量（千瓦时）	7,291	7,471	*5,006*
经济			
GDP（百万美元）	..	..	..
GDP增长率（年度百分比）	..	..	..
GDP隐含价格平减指数（年度增长百分比）	..	..	..
农业增加值（占GDP的百分比）	..	..	..
工业增加值（占GDP的百分比）	..	..	..
服务业增加值（占GDP的百分比）	..	..	..
货物和服务出口（占GDP的百分比）	..	..	..
货物和服务进口（占GDP的百分比）	..	..	..
资本形成总额（占GDP的百分比）	..	..	..
中央政府收入（占GDP的百分比）	..	..	..
中央政府现金盈余/赤字（占GDP的百分比）	..	..	..
政府与市场			
创办企业的时间（天）	..	..	..
总体统计能力水平（0—100）	..	..	..
军费支出（占GDP的百分比）	..	..	..
移动电话用户（每100人）	..	138.3	121.6
互联网用户（占总人口的百分比）	..	..	..
金融部门提供的国内信用（占GDP的百分比）	..	..	..
高科技出口（占制成品出口的百分比）	..	..	..
全球联系			
商品贸易（占GDP的百分比）	..	..	..
净易货贸易条件指数（2000年=100）	..	..	99
外债总额（百万美元）	..	..	..
债务还本付息总额（占出口的百分比）	..	..	..
净移民（千人）	*-6.1*	*15.4*	*5.7*
获得的侨汇（百万美元）	..	*150*	143
外国直接投资，净流入额（百万美元）	..	*68.9*	69.3
获得的净官方发展援助（百万美元）	..	..	..

塞浦路斯

欧洲和中亚			高收入经济体
人口（百万）	1.2	人口增长率（百分比）	1.0
陆地面积（千平方千米）	9.3	每天生活费用不足1.90美元的人口（占人口的百分比）	..
GNI，图表集法（10亿美元）	22.5	人均GNI，图表集法（美元）	26,370
PPP衡量的GNI（10亿美元）	24.9	PPP衡量的人均GNI（美元）	29,190

	2000	2010	2014
人口			
最贫困的20%人口占国家消费/收入的份额（百分比）	..	8.6	*8.0*
出生时的预期寿命（岁）	78	79	80
总生育率（每个女性生育数）	1.7	1.5	1.4
孕产妇死亡率（每十万次分娩）	15	8	7
避孕普及率（占15—49岁已婚女性的百分比）	..	..	..
在熟练医护人员护理下的分娩（占总数的百分比）	*99*	..	..
5岁以下儿童死亡率（每千人）	7	4	3
生长迟缓（占5岁以下儿童的百分比）	..	..	..
儿童麻疹免疫接种率（占12—23个月年龄组的百分比）	86	87	86
小学毕业率，总数（占适龄年龄组的百分比）	98	99	100
小学和中学中女孩与男孩的比率	1.0	1.0	1.0
劳动力参与率（占15岁以上人口的百分比）	61	64	64
HIV感染率（占15—49岁人口的百分比）	..	..	..
环境			
森林（千平方千米）	1.7	1.7	1.7
森林采伐（2000—2010年和2010—2015年，平均年度百分比）		-0.1	0.0
淡水使用量（占内陆水资源的百分比）	*27.0*	*27.7*	23.6
获得改善的水资源的人口（占总人口的百分比）	100	100	100
获得改善的卫生设施的人口（占总人口的百分比）	100	100	100
人均能源使用量（千克石油当量）	2,265	2,213	*1,691*
人均二氧化碳排放量（吨）	7.3	7.0	..
人均用电量（千瓦时）	3,373	4,623	*3,595*
经济			
GDP（10亿美元）	9.9	*25.2*	23.2
GDP增长率（年度百分比）	5.7	1.4	-2.3
GDP隐含价格平减指数（年度增长百分比）	3.0	2.1	-1.2
农业增加值（占GDP的百分比）	4	2	2
工业增加值（占GDP的百分比）	19	17	11
服务业增加值（占GDP的百分比）	77	81	87
货物和服务出口（占GDP的百分比）	70	48	55
货物和服务进口（占GDP的百分比）	68	53	53
资本形成总额（占GDP的百分比）	21	23	12
中央政府收入（占GDP的百分比）	53.4	28.6	*27.9*
中央政府现金盈余/赤字（占GDP的百分比）	-5.3	-7.0	*-4.6*
政府与市场			
创办企业的时间（天）	..	8	8
总体统计能力水平（0—100）	..	..	..
军费支出（占GDP的百分比）	2.8	1.9	1.8
移动电话用户（每100人）	23.1	93.7	96.3
互联网用户（占总人口的百分比）	15.3	53.0	69.3
金融部门提供的国内信用（占GDP的百分比）	171.0	290.0	307.8
高科技出口（占制成品出口的百分比）	2	37	6
全球联系			
商品贸易（占GDP的百分比）	48	39	37
净易货贸易条件指数（2000年=100）	100	98	92
外债总额（百万美元）	..	..	..
债务还本付息总额（占出口的百分比）	..	..	..
净移民（千人）	*61.8*	*44.2*	*35.0*
获得的侨汇（百万美元）	64	135	260
外国直接投资，净流入额（百万美元）	855	71	861
获得的净官方发展援助（百万美元）	..	..	..

捷克

欧洲和中亚 | 高收入经济体

人口（百万）	10.5	人口增长率（百分比）	0.1
陆地面积（千平方千米）	79	每天生活费用不足1.90美元的人口（占人口的百分比）	<2
GNI，图表集法（10亿美元）	193.1	人均GNI，图表集法（美元）	18,350
PPP衡量的GNI（10亿美元）	302.5	PPP衡量的人均GNI（美元）	28,740

	2000	2010	2014
人口			
最贫困的20%人口占国家消费/收入的份额（百分比）	..	9.4	*9.6*
出生时的预期寿命（岁）	75	77	78
总生育率（每个女性生育数）	1.2	1.5	1.5
孕产妇死亡率（每十万次分娩）	7	5	4
避孕普及率（占15—49岁已婚女性的百分比）	..	*86*	..
在熟练医护人员护理下的分娩（占总数的百分比）	100	100	..
5岁以下儿童死亡率（每千人）	7	4	3
生长迟缓（占5岁以下儿童的百分比）	*2.6*	..	..
儿童麻疹免疫接种率（占12—23个月年龄组的百分比）	97	98	99
小学毕业率，总数（占适龄年龄组的百分比）	99	107	*100*
小学和中学女孩与男孩的比率	1.0	1.0	*1.0*
劳动力参与率（占15岁以上人口的百分比）	61	58	60
HIV感染率（占15—49岁人口的百分比）	..	..	..
环境			
森林（千平方千米）	26	27	27
森林采伐（2000—2010年和2010—2015年，平均年度百分比）		-0.1	-0.1
淡水使用量（占内陆水资源的百分比）	*14.5*	*15.0*	14.0
获得改善的水资源的人口（占总人口的百分比）	100	100	100
获得改善的卫生设施的人口（占总人口的百分比）	99	99	99
人均能源使用量（千克石油当量）	3,988	4,238	3,945
人均二氧化碳排放量（吨）	12.1	10.6	..
人均用电量（千瓦时）	5,704	6,348	*6,285*
经济			
GDP（10亿美元）	61	*207*	205
GDP增长率（年度百分比）	4.3	2.3	2.0
GDP隐含价格平减指数（年度增长百分比）	1.7	-1.5	2.5
农业增加值（占GDP的百分比）	3	2	3
工业增加值（占GDP的百分比）	37	37	38
服务业增加值（占GDP的百分比）	59	62	59
货物和服务出口（占GDP的百分比）	48	66	84
货物和服务进口（占GDP的百分比）	50	63	77
资本形成总额（占GDP的百分比）	32	27	25
中央政府收入（占GDP的百分比）	28.1	27.4	*28.3*
中央政府现金盈余/赤字（占GDP的百分比）	-3.3	-4.5	*-2.3*
政府与市场			
创办企业的时间（天）	*40*	17	15
总体统计能力水平（0—100）	..	..	..
军费支出（占GDP的百分比）	1.9	1.2	1.0
移动电话用户（每100人）	42.4	122.6	129.5
互联网用户（占总人口的百分比）	9.8	68.8	79.7
金融部门提供的国内信用（占GDP的百分比）	45.6	62.9	73.5
高科技出口（占制成品出口的百分比）	8	15	15
全球联系			
商品贸易（占GDP的百分比）	99	125	159
净易货贸易条件指数（2000年=100）	100	104	103
外债总额（百万美元）	..	..	..
债务还本付息总额（占出口的百分比）	..	..	..
净移民（千人）	*47*	*251*	*30*
获得的侨汇（10亿美元）	0.3	1.2	1.9
外国直接投资，净流入额（10亿美元）	5.0	10.2	4.9
获得的净官方发展援助（百万美元）	..	..	..

丹 麦

欧洲和中亚 **高收入经济体**

人口（百万）	5.6	人口增长率（百分比）	0.4
陆地面积（千平方千米）	43	每天生活费用不足1.90美元的人口（占人口的百分比）	..
GNI，图表集法（10亿美元）	345.8	人均GNI，图表集法（美元）	61,330
PPP衡量的GNI（10亿美元）	264.2	PPP衡量的人均GNI（美元）	46,850

	2000	2010	2014
人口			
最贫困的20%人口占国家消费/收入的份额（百分比）	..	8.0	*8.5*
出生时的预期寿命（岁）	77	79	81
总生育率（每个女性生育数）	1.8	1.9	1.7
孕产妇死亡率（每十万次分娩）	9	7	6
避孕普及率（占15—49岁已婚女性的百分比）	..	..	..
在熟练医护人员护理下的分娩（占总数的百分比）	..	..	..
5岁以下儿童死亡率（每千人）	6	4	4
生长迟缓（占5岁以下儿童的百分比）	..	..	..
儿童麻疹免疫接种率（占12—23个月年龄组的百分比）	99	85	90
小学毕业率，总数（占适龄年龄组的百分比）	100	99	*99*
小学和中学中女孩与男孩的比率	1.0	1.0	*1.0*
劳动力参与率（占15岁以上人口的百分比）	66	64	62
HIV感染率（占15—49岁人口的百分比）	0.1	0.2	0.2
环境			
森林（千平方千米）	5.9	5.9	6.1
森林采伐（2000—2010年和2010—2015年，平均年度百分比）		0.0	-0.8
淡水使用量（占内陆水资源的百分比）	*11.1*	*9.5*	10.9
获得改善的水资源的人口（占总人口的百分比）	100	100	100
获得改善的卫生设施的人口（占总人口的百分比）	100	100	100
人均能源使用量（千克石油当量）	3,490	3,511	2,906
人均二氧化碳排放量（吨）	9.6	8.4	..
人均用电量（千瓦时）	6,482	6,328	*6,040*
经济			
GDP（10亿美元）	164	*320*	342
GDP增长率（年度百分比）	3.7	1.6	1.1
GDP隐含价格平减指数（年度增长百分比）	3.0	3.2	0.8
农业增加值（占GDP的百分比）	2	1	1
工业增加值（占GDP的百分比）	27	23	22
服务业增加值（占GDP的百分比）	70	76	76
货物和服务出口（占GDP的百分比）	45	50	54
货物和服务进口（占GDP的百分比）	38	44	48
资本形成总额（占GDP的百分比）	22	18	19
中央政府收入（占GDP的百分比）	38.5	39.9	*41.5*
中央政府现金盈余/赤字（占GDP的百分比）	0.1	-2.6	*-1.2*
政府与市场			
创办企业的时间（天）	*7*	6	3
总体统计能力水平（0—100）	..	..	..
军费支出（占GDP的百分比）	1.5	1.4	1.3
移动电话用户（每100人）	63.0	115.7	125.9
互联网用户（占总人口的百分比）	39.2	88.7	96.0
金融部门提供的国内信用（占GDP的百分比）	141.2	235.7	224.9
高科技出口（占制成品出口的百分比）	21	14	14
全球联系			
商品贸易（占GDP的百分比）	59	56	61
净易货贸易条件指数（2000年=100）	100	100	99
外债总额（百万美元）	..	..	..
债务还本付息总额（占出口的百分比）	..	..	..
净移民（千人）	*46.3*	*88.0*	*96.8*
获得的侨汇（10亿美元）	0.7	1.1	1.4
外国直接投资，净流入额（10亿美元）	36.0	-11.8	-0.7
获得的净官方发展援助（百万美元）	..	..	..

吉布提

中东和北非			中低收入经济体
人口（千人）	876	人口增长率（百分比）	1.3
陆地面积（千平方千米）	23	每天生活费用不足1.90美元的人口（占人口的百分比）	*18.3*
GNI，图表集法（百万美元）	..	人均GNI，图表集法（美元）	..
PPP衡量的GNI（百万美元）	..	PPP衡量的人均GNI（美元）	..

	2000	2010	2014
人口			
最贫困的20%人口占国家消费/收入的份额（百分比）	*6.0*	..	*4.3*
出生时的预期寿命（岁）	57	60	62
总生育率（每个女性生育数）	4.5	3.5	3.2
孕产妇死亡率（每十万次分娩）	401	275	229
避孕普及率（占15—49岁已婚女性的百分比）	*9*	*23*	*19*
在熟练医护人员护理下的分娩（占总数的百分比）	*61*	*93*	*87*
5岁以下儿童死亡率（每千人）	101	76	65
生长迟缓（占5岁以下儿童的百分比）	*26.5*	*32.6*	*33.5*
儿童麻疹免疫接种率（占12—23个月年龄组的百分比）	50	85	71
小学毕业率，总数（占适龄年龄组的百分比）	26	*51*	59
小学和中学中女孩与男孩的比率	0.7	*0.9*	0.8
劳动力参与率（占15岁以上人口的百分比）	49	51	52
HIV感染率（占15—49岁人口的百分比）	3.0	1.8	1.6
环境			
森林（平方千米）	60	60	60
森林采伐（2000—2010年和2010—2015年，平均年度百分比）		0.0	0.0
淡水使用量（占内陆水资源的百分比）	*6.3*	..	6.3
获得改善的水资源的人口（占总人口的百分比）	82	89	90
获得改善的卫生设施的人口（占总人口的百分比）	60	48	47
人均能源使用量（千克石油当量）	..	*179*	..
人均二氧化碳排放量（吨）	0.5	0.6	..
人均用电量（千瓦时）	..	..	..
经济			
GDP（百万美元）	551	*1,129*	1,589
GDP增长率（年度百分比）	0.4	3.5	6.0
GDP隐含价格平减指数（年度增长百分比）	2.4	4.0	3.0
农业增加值（占GDP的百分比）	4	*4*	..
工业增加值（占GDP的百分比）	15	*17*	..
服务业增加值（占GDP的百分比）	81	*79*	..
货物和服务出口（占GDP的百分比）	35	*57*	..
货物和服务进口（占GDP的百分比）	50	*77*	..
资本形成总额（占GDP的百分比）	9	*37*	..
中央政府收入（占GDP的百分比）	..	..	..
中央政府现金盈余/赤字（占GDP的百分比）	..	..	..
政府与市场			
创办企业的时间（天）	..	37	14
总体统计能力水平（0—100）	..	44.4	46.7
军费支出（占GDP的百分比）	4.7	*3.6*	..
移动电话用户（每100人）	0.0	19.9	32.4
互联网用户（占总人口的百分比）	0.2	6.5	10.7
金融部门提供的国内信用（占GDP的百分比）	36.1	36.0	33.2
高科技出口（占制成品出口的百分比）	..	*0*	..
全球联系			
商品贸易（占GDP的百分比）	43	41	70
净易货贸易条件指数（2000年=100）	100	80	84
外债总额（百万美元）	299	770	957
债务还本付息总额（占出口的百分比）	6.9	7.8	6.1
净移民（千人）	*-18.2*	*-20.0*	*-16.0*
获得的侨汇（百万美元）	12.3	32.6	35.9
外国直接投资，净流入额（百万美元）	3	37	153
获得的净官方发展援助（百万美元）	72	131	163

多米尼克

拉丁美洲和加勒比地区		中高收入经济体	
人口（千人）	72	人口增长率（百分比）	0.5
陆地面积（平方千米）	750	每天生活费用不足1.90美元的人口（占人口的百分比）	..
GNI，图表集法（百万美元）	501.4	人均GNI，图表集法（美元）	6,930
PPP衡量的GNI（百万美元）	758.2	PPP衡量的人均GNI（美元）	10,480

	2000	2010	2014
人口			
最贫困的20%人口占国家消费/收入的份额（百分比）	..	..	..
出生时的预期寿命（岁）	*77*	..	..
总生育率（每个女性生育数）	*1.9*	..	..
孕产妇死亡率（每十万次分娩）	..	..	..
避孕普及率（占15—49岁已婚女性的百分比）	*50*	..	..
在熟练医护人员护理下的分娩（占总数的百分比）	100	*100*	*100*
5岁以下儿童死亡率（每千人）	15	19	21
生长迟缓（占5岁以下儿童的百分比）	..	..	..
儿童麻疹免疫接种率（占12—23个月年龄组的百分比）	99	99	94
小学毕业率，总数（占适龄年龄组的百分比）	119	83	107
小学和中学中女孩与男孩的比率	1.1	1.0	..
劳动力参与率（占15岁以上人口的百分比）	..	..	..
HIV感染率（占15—49岁人口的百分比）	..	..	..
环境			
森林（平方千米）	470	450	430
森林采伐（2000—2010年和2010—2015年，平均年度百分比）		0.6	0.6
淡水使用量（占内陆水资源的百分比）	*8.3*	*8.3*	10.0
获得改善的水资源的人口（占总人口的百分比）	95	*94*	..
获得改善的卫生设施的人口（占总人口的百分比）	81	*81*	..
人均能源使用量（千克石油当量）	..	*607*	..
人均二氧化碳排放量（吨）	1.5	1.9	..
人均用电量（千瓦时）	..	..	..
经济			
GDP（百万美元）	336	*494*	524
GDP增长率（年度百分比）	0.4	0.7	3.9
GDP隐含价格平减指数（年度增长百分比）	25.0	0.2	-0.4
农业增加值（占GDP的百分比）	13	14	16
工业增加值（占GDP的百分比）	18	14	15
服务业增加值（占GDP的百分比）	69	72	69
货物和服务出口（占GDP的百分比）	43	35	34
货物和服务进口（占GDP的百分比）	55	54	48
资本形成总额（占GDP的百分比）	20	18	15
中央政府收入（占GDP的百分比）	23.6	26.4	*26.7*
中央政府现金盈余/赤字（占GDP的百分比）	-5.2	-6.3	*-11.8*
政府与市场			
创办企业的时间（天）	..	13	12
总体统计能力水平（0—100）	..	46.7	52.2
军费支出（占GDP的百分比）	..	..	..
移动电话用户（每100人）	1.7	148.3	127.5
互联网用户（占总人口的百分比）	8.8	47.5	62.9
金融部门提供的国内信用（占GDP的百分比）	61.2	51.1	60.1
高科技出口（占制成品出口的百分比）	7	0	9
全球联系			
商品贸易（占GDP的百分比）	60	53	46
净易货贸易条件指数（2000年=100）	100	112	97
外债总额（百万美元）	183	255	291
债务还本付息总额（占出口的百分比）	7.4	8.6	10.5
净移民（千人）	..	..	..
获得的侨汇（百万美元）	16.3	22.9	23.6
外国直接投资，净流入额（百万美元）	17.6	24.3	41.1
获得的净官方发展援助（百万美元）	15.2	32.5	15.6

多米尼加共和国

拉丁美洲和加勒比地区 **中高收入经济体**

人口（百万）	10.4	人口增长率（百分比）	1.2
陆地面积（千平方千米）	49	每天生活费用不足1.90美元的人口（占人口的百分比）	*2.3*
GNI，图表集法（10亿美元）	62.9	人均GNI，图表集法（美元）	6,040
PPP衡量的GNI（10亿美元）	131.1	PPP衡量的人均GNI（美元）	12,600

	2000	2010	2014
人口			
最贫困的20%人口占国家消费/收入的份额（百分比）	3.7	4.7	*4.9*
出生时的预期寿命（岁）	71	73	74
总生育率（每个女性生育数）	2.9	2.6	2.5
孕产妇死亡率（每十万次分娩）	79	75	92
避孕普及率（占15—49岁已婚女性的百分比）	65	*73*	70
在熟练医护人员护理下的分娩（占总数的百分比）	98	*98*	98
5岁以下儿童死亡率（每千人）	41	34	31
生长迟缓（占5岁以下儿童的百分比）	8.0	*10.1*	*7.1*
儿童麻疹免疫接种率（占12—23个月年龄组的百分比）	85	85	88
小学毕业率，总数（占适龄年龄组的百分比）	78	91	91
小学和中学中女孩与男孩的比率	1.0	1.0	1.0
劳动力参与率（占15岁以上人口的百分比）	63	65	65
HIV感染率（占15—49岁人口的百分比）	2.0	1.2	1.0
环境			
森林（千平方千米）	15	18	20
森林采伐（2000—2010年和2010—2015年，平均年度百分比）		-2.0	-1.8
淡水使用量（占内陆水资源的百分比）	*20.7*	*23.3*	30.5
获得改善的水资源的人口（占总人口的百分比）	87	86	85
获得改善的卫生设施的人口（占总人口的百分比）	78	82	84
人均能源使用量（千克石油当量）	823	740	*731*
人均二氧化碳排放量（吨）	2.3	2.2	..
人均用电量（千瓦时）	731	1,366	*1,517*
经济			
GDP（10亿美元）	24.0	*53.9*	64.1
GDP增长率（年度百分比）	5.7	8.3	7.3
GDP隐含价格平减指数（年度增长百分比）	6.9	5.6	1.4
农业增加值（占GDP的百分比）	7	7	6
工业增加值（占GDP的百分比）	33	28	27
服务业增加值（占GDP的百分比）	59	65	67
货物和服务出口（占GDP的百分比）	37	22	26
货物和服务进口（占GDP的百分比）	46	33	31
资本形成总额（占GDP的百分比）	23	27	22
中央政府收入（占GDP的百分比）	14.0	13.4	*15.3*
中央政府现金盈余/赤字（占GDP的百分比）	0.8	-2.9	*-3.2*
政府与市场			
创办企业的时间（天）	*79*	15	15
总体统计能力水平（0—100）	..	67.8	78.9
军费支出（占GDP的百分比）	1.0	0.7	0.6
移动电话用户（每100人）	8.1	88.8	78.9
互联网用户（占总人口的百分比）	3.7	31.4	49.6
金融部门提供的国内信用（占GDP的百分比）	31.9	41.7	50.4
高科技出口（占制成品出口的百分比）	*1*	2	4
全球联系			
商品贸易（占GDP的百分比）	63	41	42
净易货贸易条件指数（2000年=100）	100	71	67
外债总额（10亿美元）	4.7	13.5	26.7
债务还本付息总额（占出口的百分比）	5.7	10.5	18.5
净移民（千人）	*-153*	*-154*	*-153*
获得的侨汇（10亿美元）	1.8	3.9	4.8
外国直接投资，净流入额（10亿美元）	1.0	1.4	2.4
获得的净官方发展援助（百万美元）	56	175	167

厄瓜多尔

拉丁美洲和加勒比地区		中高收入经济体	
人口（百万）	15.9	人口增长率（百分比）	1.5
陆地面积（千平方千米）	256	每天生活费用不足1.90美元的人口（占人口的百分比）	*4.4*
GNI，图表集法（10亿美元）	96.8	人均GNI，图表集法（美元）	6,090
PPP衡量的GNI（10亿美元）	178.0	PPP衡量的人均GNI（美元）	11,190

	2000	2010	2014
人口			
最贫困的20%人口占国家消费/收入的份额（百分比）	3.1	4.1	*4.6*
出生时的预期寿命（岁）	73	75	76
总生育率（每个女性生育数）	3.0	2.7	2.5
孕产妇死亡率（每十万次分娩）	103	75	64
避孕普及率（占15—49岁已婚女性的百分比）	*66*	..	*80*
在熟练医护人员护理下的分娩（占总数的百分比）	*99*	*91*	94
5岁以下儿童死亡率（每千人）	34	25	22
生长迟缓（占5岁以下儿童的百分比）	*32.5*	..	*25.2*
儿童麻疹免疫接种率（占12—23个月年龄组的百分比）	99	95	85
小学毕业率，总数（占适龄年龄组的百分比）	97	101	113
小学和中学中女孩与男孩的比率	1.0	1.0	1.0
劳动力参与率（占15岁以上人口的百分比）	67	68	69
HIV感染率（占15—49岁人口的百分比）	0.4	0.3	0.3
环境			
森林（千平方千米）	137	129	125
森林采伐（2000—2010年和2010--2015年，平均年度百分比）		0.6	0.6
淡水使用量（占内陆水资源的百分比）	*2.1*	*2.2*	2.2
获得改善的水资源的人口（占总人口的百分比）	80	85	87
获得改善的卫生设施的人口（占总人口的百分比）	70	81	85
人均能源使用量（千克石油当量）	698	919	*980*
人均二氧化碳排放量（吨）	1.7	2.3	..
人均用电量（千瓦时）	638	1,144	*1,333*
经济			
GDP（10亿美元）	18.3	*69.6*	100.9
GDP增长率（年度百分比）	1.1	3.5	3.7
GDP隐含价格平减指数（年度增长百分比）	-7.7	7.5	2.7
农业增加值（占GDP的百分比）	16	10	9
工业增加值（占GDP的百分比）	36	36	39
服务业增加值（占GDP的百分比）	48	53	52
货物和服务出口（占GDP的百分比）	32	28	29
货物和服务进口（占GDP的百分比）	27	32	30
资本形成总额（占GDP的百分比）	21	28	29
中央政府收入（占GDP的百分比）	..	..	..
中央政府现金盈余/赤字（占GDP的百分比）	..	..	..
政府与市场			
创办企业的时间（天）	*92*	56	51
总体统计能力水平（0—100）	..	82.2	72.2
军费支出（占GDP的百分比）	1.5	3.0	2.7
移动电话用户（每100人）	3.8	98.5	103.9
互联网用户（占总人口的百分比）	1.5	29.0	43.0
金融部门提供的国内信用（占GDP的百分比）	30.6	24.0	31.7
高科技出口（占制成品出口的百分比）	6	8	5
全球联系			
商品贸易（占GDP的百分比）	47	55	53
净易货贸易条件指数（2000年=100）	100	158	182
外债总额（10亿美元）	13.3	15.0	26.3
债务还本付息总额（占出口的百分比）	30.5	9.1	13.8
净移民（千人）	*-120*	*-45*	*-38*
获得的侨汇（10亿美元）	1.3	2.6	2.5
外国直接投资，净流入额（百万美元）	-23	165	773
获得的净官方发展援助（百万美元）	146	147	160

中东和北非			中低收入经济体
人口（百万）	89.6	人口增长率（百分比）	2.2
陆地面积（千平方千米）	1,001	每天生活费用不足 1.90 美元的人口（占人口的百分比）	..
GNI，图表集法（10 亿美元）	287.7	人均 GNI，图表集法（美元）	3,210
PPP 衡量的 GNI（10 亿美元）	920.7	PPP 衡量的人均 GNI（美元）	10,280

	2000	2010	2014
人口			
最贫困的 20% 人口占国家消费/收入的份额（百分比）	..	*9.3*	..
出生时的预期寿命（岁）	69	70	71
总生育率（每个女性生育数）	3.2	3.2	3.3
孕产妇死亡率（每十万次分娩）	63	40	33
避孕普及率（占 15—49 岁已婚女性的百分比）	56	*60*	59
在熟练医护人员护理下的分娩（占总数的百分比）	61	*79*	92
5 岁以下儿童死亡率（每千人）	47	29	24
生长迟缓（占 5 岁以下儿童的百分比）	24.6	*30.7*	22.3
儿童麻疹免疫接种率（占 12—23 个月年龄组的百分比）	98	96	93
小学毕业率，总数（占适龄年龄组的百分比）	90	104	*104*
小学和中学中女孩与男孩的比率	0.9	1.0	*1.0*
劳动力参与率（占 15 岁以上人口的百分比）	46	49	49
HIV 感染率（占 15—49 岁人口的百分比）	0.1	0.1	0.1
环境			
森林（平方千米）	590	700	730
森林采伐（2000—2010 年和 2010—2015 年，平均年度百分比）		-1.7	-0.8
淡水使用量（占内陆水资源的百分比）	*3,794.4*	..	3,794.4
获得改善的水资源的人口（占总人口的百分比）	96	98	99
获得改善的卫生设施的人口（占总人口的百分比）	84	95	95
人均能源使用量（千克石油当量）	594	884	*885*
人均二氧化碳排放量（吨）	2.1	2.5	..
人均用电量（千瓦时）	984	1,590	*1,697*
经济			
GDP（10 亿美元）	100	*219*	301
GDP 增长率（年度百分比）	5.4	5.1	2.2
GDP 隐含价格平减指数（年度增长百分比）	4.9	10.1	11.5
农业增加值（占 GDP 的百分比）	17	14	11
工业增加值（占 GDP 的百分比）	33	38	39
服务业增加值（占 GDP 的百分比）	50	48	50
货物和服务出口（占 GDP 的百分比）	16	21	14
货物和服务进口（占 GDP 的百分比）	23	27	23
资本形成总额（占 GDP 的百分比）	20	20	14
中央政府收入（占 GDP 的百分比）	*24.3*	24.8	*20.5*
中央政府现金盈余/赤字（占 GDP 的百分比）	*-6.7*	-7.7	*-10.1*
政府与市场			
创办企业的时间（天）	*38*	8	8
总体统计能力水平（0—100）	..	85.6	91.1
军费支出（占 GDP 的百分比）	3.2	2.1	1.7
移动电话用户（每 100 人）	2.1	90.5	114.3
互联网用户（占总人口的百分比）	0.6	21.6	31.7
金融部门提供的国内信用（占 GDP 的百分比）	89.0	69.4	88.2
高科技出口（占制成品出口的百分比）	0	1	1
全球联系			
商品贸易（占 GDP 的百分比）	20	36	31
净易货贸易条件指数（2000 年 = 100）	100	140	150
外债总额（10 亿美元）	29.2	36.5	39.6
债务还本付息总额（占出口的百分比）	9.8	6.1	12.7
净移民（千人）	*-68*	*-279*	*-216*
获得的侨汇（10 亿美元）	2.9	12.5	19.6
外国直接投资，净流入额（10 亿美元）	1.2	6.4	4.8
获得的净官方发展援助（10 亿美元）	1.4	0.6	3.5

萨尔瓦多

拉丁美洲和加勒比地区 **中低收入经济体**

人口（百万）	6.1	人口增长率（百分比）	0.3
陆地面积（千平方千米）	21	每天生活费用不足1.90美元的人口（占人口的百分比）	*3.3*
GNI，图表集法（10亿美元）	23.9	人均GNI，图表集法（美元）	3,920
PPP衡量的GNI（10亿美元）	48.9	PPP衡量的人均GNI（美元）	8,000

	2000	2010	2014
人口			
最贫困的20%人口占国家消费/收入的份额（百分比）	3.3	4.7	5.5
出生时的预期寿命（岁）	69	72	73
总生育率（每个女性生育数）	2.9	2.1	1.9
孕产妇死亡率（每十万次分娩）	84	59	54
避孕普及率（占15—49岁已婚女性的百分比）	*67*	*73*	72
在熟练医护人员护理下的分娩（占总数的百分比）	*92*	*96*	98
5岁以下儿童死亡率（每千人）	32	20	17
生长迟缓（占5岁以下儿童的百分比）	*24.6*	*20.6*	..
儿童麻疹免疫接种率（占12—23个月年龄组的百分比）	97	92	94
小学毕业率，总数（占适龄年龄组的百分比）	91	105	*107*
小学和中学中女孩与男孩的比率	0.9	1.0	*1.0*
劳动力参与率（占15岁以上人口的百分比）	61	62	62
HIV感染率（占15—49岁人口的百分比）	0.5	0.6	0.5
环境			
森林（千平方千米）	3.3	2.9	2.7
森林采伐（2000—2010年和2010—2015年，平均年度百分比）		1.4	1.6
淡水使用量（占内陆水资源的百分比）	*8.8*	*13.6*	13.6
获得改善的水资源的人口（占总人口的百分比）	82	90	94
获得改善的卫生设施的人口（占总人口的百分比）	62	71	75
人均能源使用量（千克石油当量）	683	698	*693*
人均二氧化碳排放量（吨）	1.0	1.0	..
人均用电量（千瓦时）	623	878	*915*
经济			
GDP（10亿美元）	13.1	*21.4*	25.2
GDP增长率（年度百分比）	2.2	1.4	2.0
GDP隐含价格平减指数（年度增长百分比）	3.1	2.3	1.4
农业增加值（占GDP的百分比）	10	13	11
工业增加值（占GDP的百分比）	32	27	27
服务业增加值（占GDP的百分比）	58	61	62
货物和服务出口（占GDP的百分比）	27	26	26
货物和服务进口（占GDP的百分比）	42	43	44
资本形成总额（占GDP的百分比）	17	13	14
中央政府收入（占GDP的百分比）	139.5	15.0	*16.7*
中央政府现金盈余/赤字（占GDP的百分比）	19.8	-2.7	*-1.4*
政府与市场			
创办企业的时间（天）	*115*	17	17
总体统计能力水平（0—100）	..	91.1	91.1
军费支出（占GDP的百分比）	1.3	1.1	1.0
移动电话用户（每100人）	12.5	123.8	144.0
互联网用户（占总人口的百分比）	1.2	15.9	29.7
金融部门提供的国内信用（占GDP的百分比）	52.8	65.3	73.4
高科技出口（占制成品出口的百分比）	3	6	5
全球联系			
商品贸易（占GDP的百分比）	60	60	63
净易货贸易条件指数（2000年=100）	100	80	81
外债总额（10亿美元）	4.5	11.1	14.5
债务还本付息总额（占出口的百分比）	9.9	21.5	19.0
净移民（千人）	*-313*	*-286*	*-240*
获得的侨汇（10亿美元）	1.8	3.5	4.2
外国直接投资，净流入额（百万美元）	173	-113	475
获得的净官方发展援助（百万美元）	180	280	98

赤道几内亚

撒哈拉以南非洲地区			高收入经济体
人口（千人）	821	人口增长率（百分比）	2.9
陆地面积（千平方千米）	28	每天生活费用不足1.90美元的人口（占人口的百分比）	..
GNI，图表集法（10亿美元）	8.4	人均GNI，图表集法（美元）	10,210
PPP衡量的GNI（10亿美元）	14.5	PPP衡量的人均GNI（美元）	17,660

	2000	2010	2014
人口			
最贫困的20%人口占国家消费/收入的份额（百分比）	..	..	..
出生时的预期寿命（岁）	52	56	58
总生育率（每个女性生育数）	5.8	5.2	4.8
孕产妇死亡率（每十万次分娩）	702	379	342
避孕普及率（占15—49岁已婚女性的百分比）	10	*13*	..
在熟练医护人员护理下的分娩（占总数的百分比）	65	*68*	..
5岁以下儿童死亡率（每千人）	152	111	94
生长迟缓（占5岁以下儿童的百分比）	42.6	26.2	..
儿童麻疹免疫接种率（占12—23个月年龄组的百分比）	51	51	44
小学毕业率，总数（占适龄年龄组的百分比）	47	50	*51*
小学和中学中女孩与男孩的比率	0.7	..	..
劳动力参与率（占15岁以上人口的百分比）	87	87	87
HIV感染率（占15—49岁人口的百分比）	1.5	6.1	6.2
环境			
森林（千平方千米）	17	16	16
森林采伐（2000—2010年和2010—2015年，平均年度百分比）		0.7	0.7
淡水使用量（占内陆水资源的百分比）	*0.1*	..	0.1
获得改善的水资源的人口（占总人口的百分比）	47	48	48
获得改善的卫生设施的人口（占总人口的百分比）	80	76	75
人均能源使用量（千克石油当量）	..	*2,642*	..
人均二氧化碳排放量（吨）	0.9	6.4	..
人均用电量（千瓦时）	..	..	..
经济			
GDP（10亿美元）	1.0	*12.7*	15.5
GDP增长率（年度百分比）	18.2	-3.8	-0.3
GDP隐含价格平减指数（年度增长百分比）	64.7	35.6	-9.0
农业增加值（占GDP的百分比）	..	..	..
工业增加值（占GDP的百分比）	..	..	..
服务业增加值（占GDP的百分比）	..	..	..
货物和服务出口（占GDP的百分比）	122	95	96
货物和服务进口（占GDP的百分比）	212	81	67
资本形成总额（占GDP的百分比）	131	64	48
中央政府收入（占GDP的百分比）	..	*49.1*	..
中央政府现金盈余/赤字（占GDP的百分比）	..	*-9.5*	..
政府与市场			
创办企业的时间（天）	..	155	135
总体统计能力水平（0—100）	..	32.2	42.2
军费支出（占GDP的百分比）	..	*3.6*	1.1
移动电话用户（每100人）	1.0	57.4	66.4
互联网用户（占总人口的百分比）	0.1	6.0	18.9
金融部门提供的国内信用（占GDP的百分比）	4.7	1.4	4.7
高科技出口（占制成品出口的百分比）	..	..	..
全球联系			
商品贸易（占GDP的百分比）	148	120	123
净易货贸易条件指数（2000年=100）	100	206	219
外债总额（百万美元）	..	..	..
债务还本付息总额（占出口的百分比）	..	..	..
净移民（千人）	*25.0*	*20.0*	*20.0*
获得的侨汇（百万美元）	..	..	..
外国直接投资，净流入额（10亿美元）	0.2	2.7	1.9
获得的净官方发展援助（百万美元）	21.3	84.7	0.6

厄立特里亚

撒哈拉以南非洲地区 **低收入经济体**

人口（百万）	5.1	人口增长率（百分比）	2.2
陆地面积（千平方千米）	118	每天生活费用不足1.90美元的人口（占人口的百分比）	..
GNI，图表集法（10亿美元）	*2.3*	人均GNI，图表集法（美元）	*480*
PPP衡量的GNI（10亿美元）	*6.7*	PPP衡量的人均GNI（美元）	*1,400*

	2000	2010	2014
人口			
最贫困的20%人口占国家消费/收入的份额（百分比）	..	..	..
出生时的预期寿命（岁）	56	61	64
总生育率（每个女性生育数）	5.3	4.6	4.3
孕产妇死亡率（每十万次分娩）	733	579	501
避孕普及率（占15—49岁已婚女性的百分比）	*8*	8	..
在熟练医护人员护理下的分娩（占总数的百分比）	*28*	34	..
5岁以下儿童死亡率（每千人）	89	56	47
生长迟缓（占5岁以下儿童的百分比）	*43.7*	50.3	..
儿童麻疹免疫接种率（占12—23个月年龄组的百分比）	76	99	96
小学毕业率，总数（占适龄年龄组的百分比）	33	44	*37*
小学和中学中女孩与男孩的比率	0.8	0.8	*0.8*
劳动力参与率（占15岁以上人口的百分比）	83	85	85
HIV感染率（占15—49岁人口的百分比）	1.8	0.9	0.7
环境			
森林（千平方千米）	16	15	15
森林采伐（2000—2010年和2010—2015年，平均年度百分比）		0.3	0.3
淡水使用量（占内陆水资源的百分比）	*14.8*	*20.8*	20.8
获得改善的水资源的人口（占总人口的百分比）	51	56	58
获得改善的卫生设施的人口（占总人口的百分比）	11	15	16
人均能源使用量（千克石油当量）	200	158	*164*
人均二氧化碳排放量（吨）	0.2	0.1	..
人均用电量（千瓦时）	49	58	*62*
经济			
GDP（10亿美元）	0.7	*2.1*	..
GDP增长率（年度百分比）	-3.1	2.2	..
GDP隐含价格平减指数（年度增长百分比）	25.0	11.6	..
农业增加值（占GDP的百分比）	13	*15*	..
工业增加值（占GDP的百分比）	20	*22*	..
服务业增加值（占GDP的百分比）	66	*63*	..
货物和服务出口（占GDP的百分比）	10	5	..
货物和服务进口（占GDP的百分比）	58	23	..
资本形成总额（占GDP的百分比）	22	9	..
中央政府收入（占GDP的百分比）	..	..	..
中央政府现金盈余/赤字（占GDP的百分比）	..	..	..
政府与市场			
创办企业的时间（天）	..	84	84
总体统计能力水平（0—100）	..	32.2	27.8
军费支出（占GDP的百分比）	32.7	..	..
移动电话用户（每100人）	0.0	3.2	6.4
互联网用户（占总人口的百分比）	0.1	0.6	1.0
金融部门提供的国内信用（占GDP的百分比）	150.5	114.4	..
高科技出口（占制成品出口的百分比）	0	..	..
全球联系			
商品贸易（占GDP的百分比）	72	32	..
净易货贸易条件指数（2000年=100）	100	85	84
外债总额（百万美元）	330	1,042	908
债务还本付息总额（占出口的百分比）	4.3	..	..
净移民（千人）	*110*	*-160*	*-160*
获得的侨汇（百万美元）	3.3	..	..
外国直接投资，净流入额（百万美元）	27.9	91.0	46.5
获得的净官方发展援助（百万美元）	177	161	83

爱沙尼亚

欧洲和中亚 | **高收入经济体**

人口（百万）	1.3	人口增长率（百分比）	-0.3
陆地面积（千平方千米）	45	每天生活费用不足1.90美元的人口（占人口的百分比）	<2
GNI，图表集法（10亿美元）	25.0	人均GNI，图表集法（美元）	19,010
PPP衡量的GNI（10亿美元）	36.1	PPP衡量的人均GNI（美元）	27,490

	2000	2010	2014
人口			
最贫困的20%人口占国家消费/收入的份额（百分比）	6.9	7.1	*7.2*
出生时的预期寿命（岁）	70	75	77
总生育率（每个女性生育数）	1.4	1.7	1.5
孕产妇死亡率（每十万次分娩）	26	8	9
避孕普及率（占15—49岁已婚女性的百分比）	..	..	..
在熟练医护人员护理下的分娩（占总数的百分比）	100	*100*	..
5岁以下儿童死亡率（每千人）	11	5	3
生长迟缓（占5岁以下儿童的百分比）	..	..	..
儿童麻疹免疫接种率（占12—23个月年龄组的百分比）	93	95	93
小学毕业率，总数（占适龄年龄组的百分比）	96	101	*107*
小学和中学中女孩与男孩的比率	1.0	1.0	*1.0*
劳动力参与率（占15岁以上人口的百分比）	58	61	62
HIV感染率（占15—49岁人口的百分比）	..	..	..
环境			
森林（千平方千米）	22	22	22
森林采伐（2000—2010年和2010—2015年，平均年度百分比）		0.0	0.0
淡水使用量（占内陆水资源的百分比）	*11.1*	*14.4*	12.8
获得改善的水资源的人口（占总人口的百分比）	99	100	100
获得改善的卫生设施的人口（占总人口的百分比）	97	97	97
人均能源使用量（千克石油当量）	3,375	4,223	4,600
人均二氧化碳排放量（吨）	10.9	13.8	..
人均用电量（千瓦时）	4,540	6,506	*6,665*
经济			
GDP（10亿美元）	5.7	*19.5*	26.5
GDP增长率（年度百分比）	10.6	2.5	2.9
GDP隐含价格平减指数（年度增长百分比）	3.8	1.5	2.0
农业增加值（占GDP的百分比）	5	3	3
工业增加值（占GDP的百分比）	28	28	28
服务业增加值（占GDP的百分比）	67	69	68
货物和服务出口（占GDP的百分比）	62	75	84
货物和服务进口（占GDP的百分比）	65	69	80
资本形成总额（占GDP的百分比）	29	21	28
中央政府收入（占GDP的百分比）	2.0	1.9	*1.8*
中央政府现金盈余/赤字（占GDP的百分比）	-0.1	0.0	*0.0*
政府与市场			
创办企业的时间（天）	*72*	7	4
总体统计能力水平（0—100）	..	..	..
军费支出（占GDP的百分比）	1.4	1.7	1.9
移动电话用户（每100人）	40.8	127.3	160.7
互联网用户（占总人口的百分比）	28.6	74.1	84.2
金融部门提供的国内信用（占GDP的百分比）	34.5	6.2	4.5
高科技出口（占制成品出口的百分比）	30	9	11
全球联系			
商品贸易（占GDP的百分比）	156	122	130
净易货贸易条件指数（2000年=100）	100	98	94
外债总额（百万美元）	..	..	..
债务还本付息总额（占出口的百分比）	..	..	..
净移民（千人）	*-18.4*	*-15.2*	*-11.9*
获得的侨汇（百万美元）	4	357	544
外国直接投资，净流入额（10亿美元）	0.4	2.6	1.6
获得的净官方发展援助（百万美元）	..	..	..

埃塞俄比亚

撒哈拉以南非洲地区 | 低收入经济体

人口（百万）	97.0	人口增长率（百分比）	2.5
陆地面积（千平方千米）	1,104	每天生活费用不足1.90美元的人口（占人口的百分比）	*33.5*
GNI，图表集法（10亿美元）	53.6	人均GNI，图表集法（美元）	550
PPP衡量的GNI（10亿美元）	145.0	PPP衡量的人均GNI（美元）	1,500

	2000	2010	2014
人口			
最贫困的20%人口占国家消费/收入的份额（百分比）	*9.1*	8.0	..
出生时的预期寿命（岁）	52	61	64
总生育率（每个女性生育数）	6.5	4.9	4.4
孕产妇死亡率（每十万次分娩）	897	523	353
避孕普及率（占15—49岁已婚女性的百分比）	8	*29*	42
在熟练医护人员护理下的分娩（占总数的百分比）	6	*10*	16
5岁以下儿童死亡率（每千人）	145	76	59
生长迟缓（占5岁以下儿童的百分比）	57.4	*44.2*	40.4
儿童麻疹免疫接种率（占12—23个月年龄组的百分比）	36	64	70
小学毕业率，总数（占适龄年龄组的百分比）	22	58	54
小学和中学中女孩与男孩的比率	0.7	0.9	*0.9*
劳动力参与率（占15岁以上人口的百分比）	82	84	84
HIV感染率（占15—49岁人口的百分比）	3.2	1.4	1.2
环境			
森林（千平方千米）	137	123	125
森林采伐（2000—2010年和2010—2015年，平均年度百分比）		1.1	-0.3
淡水使用量（占内陆水资源的百分比）	*4.6*	..	4.6
获得改善的水资源的人口（占总人口的百分比）	29	48	57
获得改善的卫生设施的人口（占总人口的百分比）	9	22	28
人均能源使用量（千克石油当量）	435	470	*507*
人均二氧化碳排放量（吨）	0.09	0.08	..
人均用电量（千瓦时）	23	48	*65*
经济			
GDP（10亿美元）	8.2	*29.9*	55.6
GDP增长率（年度百分比）	6.1	12.6	10.3
GDP隐含价格平减指数（年度增长百分比）	9.5	1.4	11.0
农业增加值（占GDP的百分比）	48	45	42
工业增加值（占GDP的百分比）	12	10	15
服务业增加值（占GDP的百分比）	40	45	43
货物和服务出口（占GDP的百分比）	..	*17*	12
货物和服务进口（占GDP的百分比）	..	*32*	29
资本形成总额（占GDP的百分比）	0	0	38
中央政府收入（占GDP的百分比）	*11.8*	10.8	..
中央政府现金盈余/赤字（占GDP的百分比）	*-4.2*	-2.7	..
政府与市场			
创办企业的时间（天）	*47*	20	19
总体统计能力水平（0—100）	..	80.0	68.9
军费支出（占GDP的百分比）	7.6	1.1	0.7
移动电话用户（每100人）	0.0	7.9	31.6
互联网用户（占总人口的百分比）	0.0	0.8	2.9
金融部门提供的国内信用（占GDP的百分比）	48.6	*36.9*	..
高科技出口（占制成品出口的百分比）	0	3	8
全球联系			
商品贸易（占GDP的百分比）	21	37	42
净易货贸易条件指数（2000年=100）	100	129	137
外债总额（10亿美元）	5.5	7.3	16.6
债务还本付息总额（占出口的百分比）	13.7	3.9	*7.2*
净移民（千人）	*-83.2*	*-50.1*	*-60.0*
获得的侨汇（百万美元）	53	345	646
外国直接投资，净流入额（百万美元）	135	288	1,200
获得的净官方发展援助（10亿美元）	0.7	3.5	3.6

法罗群岛

欧洲和中亚			高收入经济体
人口（千人）	48	人口增长率（百分比）	-0.1
陆地面积（千平方千米）	1.4	每天生活费用不足1.90美元的人口（占人口的百分比）	..
GNI，图表集法（百万美元）	..	人均GNI，图表集法（美元）	..
PPP衡量的GNI（百万美元）	..	PPP衡量的人均GNI（美元）	..

	2000	2010	2014
人口			
最贫困的20%人口占国家消费/收入的份额（百分比）	..	..	..
出生时的预期寿命（岁）	78	81	82
总生育率（每个女性生育数）	2.6	2.5	2.6
孕产妇死亡率（每十万次分娩）	..	..	..
避孕普及率（占15—49岁已婚女性的百分比）	..	..	..
在熟练医护人员护理下的分娩（占总数的百分比）	..	..	..
5岁以下儿童死亡率（每千人）	..	..	..
生长迟缓（占5岁以下儿童的百分比）	..	..	..
儿童麻疹免疫接种率（占12—23个月年龄组的百分比）	..	..	..
小学毕业率，总数（占适龄年龄组的百分比）	..	..	..
小学和中学中女孩与男孩的比率	..	..	..
劳动力参与率（占15岁以上人口的百分比）	..	..	..
HIV感染率（占15—49岁人口的百分比）	..	..	..
环境			
森林（平方千米）	0.0	0.0	0.0
森林采伐（2000—2010年和2010—2015年，平均年度百分比）		0.0	0.0
淡水使用量（占内陆水资源的百分比）	..	..	..
获得改善的水资源的人口（占总人口的百分比）	..	..	..
获得改善的卫生设施的人口（占总人口的百分比）	..	..	..
人均能源使用量（千克石油当量）	..	..	..
人均二氧化碳排放量（吨）	14.8	13.0	..
人均用电量（千瓦时）	..	..	..
经济			
GDP（10亿美元）	1.1	*2.3*	*2.6*
GDP增长率（年度百分比）	..	..	..
GDP隐含价格平减指数（年度增长百分比）	..	..	..
农业增加值（占GDP的百分比）	..	..	..
工业增加值（占GDP的百分比）	..	..	..
服务业增加值（占GDP的百分比）	51	58	*59*
货物和服务出口（占GDP的百分比）	50	45	*51*
货物和服务进口（占GDP的百分比）	58	48	*57*
资本形成总额（占GDP的百分比）	30	20	*25*
中央政府收入（占GDP的百分比）	..	..	..
中央政府现金盈余/赤字（占GDP的百分比）	..	..	..
政府与市场			
创办企业的时间（天）	..	..	..
总体统计能力水平（0—100）	..	..	..
军费支出（占GDP的百分比）	..	..	..
移动电话用户（每100人）	36.5	119.9	124.1
互联网用户（占总人口的百分比）	32.9	75.2	94.7
金融部门提供的国内信用（占GDP的百分比）	..	..	..
高科技出口（占制成品出口的百分比）	0	*1*	..
全球联系			
商品贸易（占GDP的百分比）	95	70	*84*
净易货贸易条件指数（2000年=100）	100	101	98
外债总额（百万美元）	..	..	..
债务还本付息总额（占出口的百分比）	..	..	..
净移民（千人）	..	..	..
获得的侨汇（百万美元）	43	146	161
外国直接投资，净流入额（百万美元）	..	..	..
获得的净官方发展援助（百万美元）	..	..	..

斐济

东亚和太平洋地区		中高收入经济体	
人口（千人）	886	人口增长率（百分比）	0.7
陆地面积（千平方千米）	18	每天生活费用不足1.90美元的人口（占人口的百分比）	*3.6*
GNI，图表集法（10亿美元）	4.3	人均GNI，图表集法（美元）	4,870
PPP衡量的GNI（10亿美元）	7.5	PPP衡量的人均GNI（美元）	8,410

	2000	2010	2014
人口			
最贫困的20%人口占国家消费/收入的份额（百分比）	*6.3*	*6.1*	..
出生时的预期寿命（岁）	68	69	70
总生育率（每个女性生育数）	3.1	2.7	2.6
孕产妇死亡率（每十万次分娩）	42	34	30
避孕普及率（占15—49岁已婚女性的百分比）	44	32	*44*
在熟练医护人员护理下的分娩（占总数的百分比）	99	100	*100*
5岁以下儿童死亡率（每千人）	25	24	22
生长迟缓（占5岁以下儿童的百分比）	..	..	..
儿童麻疹免疫接种率（占12—23个月年龄组的百分比）	81	94	94
小学毕业率，总数（占适龄年龄组的百分比）	95	*104*	*103*
小学和中学中女孩与男孩的比率	1.0	*1.0*	*1.1*
劳动力参与率（占15岁以上人口的百分比）	57	55	55
HIV感染率（占15—49岁人口的百分比）	0.1	0.1	0.1
环境			
森林（千平方千米）	10	10	10
森林采伐（2000—2010年和2010—2015年，平均年度百分比）		-0.1	-0.5
淡水使用量（占内陆水资源的百分比）	*0.3*	..	0.3
获得改善的水资源的人口（占总人口的百分比）	91	95	96
获得改善的卫生设施的人口（占总人口的百分比）	75	90	91
人均能源使用量（千克石油当量）	..	*628*	..
人均二氧化碳排放量（吨）	1.1	1.5	..
人均用电量（千瓦时）	..	..	..
经济			
GDP（10亿美元）	1.7	*3.1*	4.5
GDP增长率（年度百分比）	-1.7	3.0	6.9
GDP隐含价格平减指数（年度增长百分比）	-4.7	4.2	3.5
农业增加值（占GDP的百分比）	17	11	11
工业增加值（占GDP的百分比）	22	20	19
服务业增加值（占GDP的百分比）	61	69	70
货物和服务出口（占GDP的百分比）	65	58	55
货物和服务进口（占GDP的百分比）	70	64	63
资本形成总额（占GDP的百分比）	17	*25*	..
中央政府收入（占GDP的百分比）	..	..	..
中央政府现金盈余/赤字（占GDP的百分比）	..	..	..
政府与市场			
创办企业的时间（天）	*31*	44	58
总体统计能力水平（0—100）	..	53.3	61.1
军费支出（占GDP的百分比）	1.9	1.6	1.1
移动电话用户（每100人）	6.8	81.1	98.8
互联网用户（占总人口的百分比）	1.5	20.0	41.8
金融部门提供的国内信用（占GDP的百分比）	37.9	132.3	113.1
高科技出口（占制成品出口的百分比）	0	3	2
全球联系			
商品贸易（占GDP的百分比）	84	84	102
净易货贸易条件指数（2000年=100）	100	107	107
外债总额（百万美元）	182	553	864
债务还本付息总额（占出口的百分比）	2.4	1.2	*1.9*
净移民（千人）	*-61.8*	*-28.8*	*-28.7*
获得的侨汇（百万美元）	44	174	209
外国直接投资，净流入额（百万美元）	1	357	279
获得的净官方发展援助（百万美元）	29.1	76.5	92.0

芬兰

欧洲和中亚 高收入经济体

人口（百万）	5.5	人口增长率（百分比）	0.4
陆地面积（千平方千米）	338	每天生活费用不足1.90美元的人口（占人口的百分比）	..
GNI，图表集法（10亿美元）	264.6	人均GNI，图表集法（美元）	48,440
PPP衡量的GNI（10亿美元）	221.9	PPP衡量的人均GNI（美元）	40,630

	2000	2010	2014
人口			
最贫困的20%人口占国家消费/收入的份额（百分比）	..	9.2	*9.4*
出生时的预期寿命（岁）	77	80	81
总生育率（每个女性生育数）	1.7	1.9	1.8
孕产妇死亡率（每十万次分娩）	5	3	3
避孕普及率（占15—49岁已婚女性的百分比）	..	..	..
在熟练医护人员护理下的分娩（占总数的百分比）	*100*	..	..
5岁以下儿童死亡率（每千人）	4	3	2
生长迟缓（占5岁以下儿童的百分比）	..	..	..
儿童麻疹免疫接种率（占12—23个月年龄组的百分比）	96	98	97
小学毕业率，总数（占适龄年龄组的百分比）	96	98	*99*
小学和中学中女孩与男孩的比率	1.0	1.0	*1.1*
劳动力参与率（占15岁以上人口的百分比）	62	60	59
HIV感染率（占15—49岁人口的百分比）	..	..	..
环境			
森林（千平方千米）	224	222	222
森林采伐（2000—2010年和2010—2015年，平均年度百分比）		0.1	0.0
淡水使用量（占内陆水资源的百分比）	*2.2*	*6.1*	6.1
获得改善的水资源的人口（占总人口的百分比）	100	100	100
获得改善的卫生设施的人口（占总人口的百分比）	97	98	98
人均能源使用量（千克石油当量）	6,237	6,820	6,267
人均二氧化碳排放量（吨）	10.1	11.5	..
人均用电量（千瓦时）	15,304	16,483	*15,510*
经济			
GDP（10亿美元）	126	*248*	272
GDP增长率（年度百分比）	5.6	3.0	-0.4
GDP隐含价格平减指数（年度增长百分比）	1.6	0.4	1.6
农业增加值（占GDP的百分比）	3	3	3
工业增加值（占GDP的百分比）	36	30	27
服务业增加值（占GDP的百分比）	60	67	71
货物和服务出口（占GDP的百分比）	42	39	38
货物和服务进口（占GDP的百分比）	33	37	39
资本形成总额（占GDP的百分比）	24	22	21
中央政府收入（占GDP的百分比）	41.8	23.3	*25.2*
中央政府现金盈余/赤字（占GDP的百分比）	5.5	-4.4	*-2.6*
政府与市场			
创办企业的时间（天）	*31*	14	14
总体统计能力水平（0—100）	..	..	..
军费支出（占GDP的百分比）	1.2	1.4	1.3
移动电话用户（每100人）	72.0	156.3	139.7
互联网用户（占总人口的百分比）	37.2	86.9	92.4
金融部门提供的国内信用（占GDP的百分比）	*58.7*	152.2	164.7
高科技出口（占制成品出口的百分比）	27	11	8
全球联系			
商品贸易（占GDP的百分比）	64	56	55
净易货贸易条件指数（2000年=100）	100	91	89
外债总额（百万美元）	..	..	..
债务还本付息总额（占出口的百分比）	..	..	..
净移民（千人）	*32*	*71*	*107*
获得的侨汇（百万美元）	473	848	974
外国直接投资，净流入额（10亿美元）	9.1	12.2	14.8
获得的净官方发展援助（百万美元）	..	..	..

法 国

欧洲和中亚			高收入经济体
人口（百万）	66.2	人口增长率（百分比）	0.4
陆地面积（千平方千米）	549	每天生活费用不足1.90美元的人口（占人口的百分比）	..
GNI，图表集法（10亿美元）	2,844.3	人均GNI，图表集法（美元）	42,950
PPP衡量的GNI（10亿美元）	2,655.5	PPP衡量的人均GNI（美元）	40,100

	2000	2010	2014
人口			
最贫困的20%人口占国家消费/收入的份额（百分比）	..	7.6	*7.8*
出生时的预期寿命（岁）	79	82	82
总生育率（每个女性生育数）	1.9	2.0	2.0
孕产妇死亡率（每十万次分娩）	12	9	8
避孕普及率（占15—49岁已婚女性的百分比）	82	*76*	..
在熟练医护人员护理下的分娩（占总数的百分比）	..	..	..
5岁以下儿童死亡率（每千人）	5	4	4
生长迟缓（占5岁以下儿童的百分比）	..	..	..
儿童麻疹免疫接种率（占12—23个月年龄组的百分比）	84	89	90
小学毕业率，总数（占适龄年龄组的百分比）	97	..	..
小学和中学中女孩与男孩的比率	1.0	1.0	*1.0*
劳动力参与率（占15岁以上人口的百分比）	55	56	56
HIV感染率（占15—49岁人口的百分比）	..	..	..
环境			
森林（千平方千米）	153	164	170
森林采伐（2000—2010年和2010—2015年，平均年度百分比）		-0.7	-0.7
淡水使用量（占内陆水资源的百分比）	*16.2*	*15.8*	16.6
获得改善的水资源的人口（占总人口的百分比）	100	100	100
获得改善的卫生设施的人口（占总人口的百分比）	99	99	99
人均能源使用量（千克石油当量）	4,136	4,024	3,656
人均二氧化碳排放量（吨）	6.0	5.5	..
人均用电量（千瓦时）	7,225	7,737	*7,379*
经济			
GDP（10亿美元）	1,368	*2,647*	2,829
GDP增长率（年度百分比）	3.9	2.0	0.2
GDP隐含价格平减指数（年度增长百分比）	1.5	1.1	0.6
农业增加值（占GDP的百分比）	2	2	2
工业增加值（占GDP的百分比）	23	20	19
服务业增加值（占GDP的百分比）	74	79	79
货物和服务出口（占GDP的百分比）	28	26	29
货物和服务进口（占GDP的百分比）	27	28	31
资本形成总额（占GDP的百分比）	22	22	22
中央政府收入（占GDP的百分比）	42.9	19.7	*19.8*
中央政府现金盈余/赤字（占GDP的百分比）	-3.0	-5.5	*-3.2*
政府与市场			
创办企业的时间（天）	*41*	7	4
总体统计能力水平（0—100）	..	..	..
军费支出（占GDP的百分比）	2.5	2.3	2.2
移动电话用户（每100人）	49.1	91.4	101.2
互联网用户（占总人口的百分比）	14.3	77.3	83.8
金融部门提供的国内信用（占GDP的百分比）	*102.4*	143.6	148.0
高科技出口（占制成品出口的百分比）	25	25	26
全球联系			
商品贸易（占GDP的百分比）	49	43	45
净易货贸易条件指数（2000年=100）	100	93	89
外债总额（百万美元）	..	..	..
债务还本付息总额（占出口的百分比）	..	..	..
净移民（千人）	*739*	*481*	*332*
获得的侨汇（10亿美元）	8.6	19.9	25.2
外国直接投资，净流入额（10亿美元）	42.4	38.9	8.0
获得的净官方发展援助（百万美元）	..	..	..

法属波利尼西亚

东亚和太平洋地区 高收入经济体

人口（千人）	280	人口增长率（百分比）	1.1
陆地面积（千平方千米）	4.0	每天生活费用不足1.90美元的人口（占人口的百分比）	..
GNI，图表集法（10亿美元）	..	人均GNI，图表集法（美元）	..
PPP衡量的GNI（百万美元）	..	PPP衡量的人均GNI（美元）	..

	2000	2010	2014
人口			
最贫困的20%人口占国家消费/收入的份额（百分比）	..	..	..
出生时的预期寿命（岁）	72	76	77
总生育率（每个女性生育数）	2.5	2.1	2.0
孕产妇死亡率（每十万次分娩）	..	..	..
避孕普及率（占15—49岁已婚女性的百分比）	..	..	..
在熟练医护人员护理下的分娩（占总数的百分比）	99	..	..
5岁以下儿童死亡率（每千人）	..	..	..
生长迟缓（占5岁以下儿童的百分比）	..	..	..
儿童麻疹免疫接种率（占12—23个月年龄组的百分比）	..	..	..
小学毕业率，总数（占适龄年龄组的百分比）	..	..	..
小学和中学中女孩与男孩的比率	..	..	..
劳动力参与率（占15岁以上人口的百分比）	59	56	56
HIV感染率（占15—49岁人口的百分比）	..	..	..
环境			
森林（千平方千米）	1.1	1.6	1.6
森林采伐（2000—2010年和2010—2015年，平均年度百分比）		-4.0	0.0
淡水使用量（占内陆水资源的百分比）	..	..	..
获得改善的水资源的人口（占总人口的百分比）	100	100	100
获得改善的卫生设施的人口（占总人口的百分比）	98	98	99
人均能源使用量（千克石油当量）	..	..	..
人均二氧化碳排放量（吨）	2.7	3.3	..
人均用电量（千瓦时）	..	..	..
经济			
GDP（10亿美元）	3.4	..	..
GDP增长率（年度百分比）	4.0	..	..
GDP隐含价格平减指数（年度增长百分比）	1.0	..	..
农业增加值（占GDP的百分比）	5	..	..
工业增加值（占GDP的百分比）	..	..	..
服务业增加值（占GDP的百分比）	..	..	..
货物和服务出口（占GDP的百分比）	5	..	..
货物和服务进口（占GDP的百分比）	24	..	..
资本形成总额（占GDP的百分比）	..	..	..
中央政府收入（占GDP的百分比）	..	..	..
中央政府现金盈余/赤字（占GDP的百分比）	..	..	..
政府与市场			
创办企业的时间（天）	..	..	..
总体统计能力水平（0—100）	..	..	..
军费支出（占GDP的百分比）	..	..	..
移动电话用户（每100人）	16.8	80.5	91.2
互联网用户（占总人口的百分比）	6.4	49.0	60.7
金融部门提供的国内信用（占GDP的百分比）	..	..	..
高科技出口（占制成品出口的百分比）	8	5	15
全球联系			
商品贸易（占GDP的百分比）	35	..	..
净易货贸易条件指数（2000年=100）	100	80	81
外债总额（百万美元）	..	..	..
债务还本付息总额（占出口的百分比）	..	..	..
净移民（千人）	*0.1*	*-3.5*	*-0.5*
获得的侨汇（百万美元）	*408*	694	669
外国直接投资，净流入额（百万美元）	*11*	64	129
获得的净官方发展援助（百万美元）	*352*	..	..

加蓬

撒哈拉以南非洲地区		中高收入经济体	
人口（百万）	1.7	人口增长率（百分比）	2.2
陆地面积（千平方千米）	268	每天生活费用不足1.90美元的人口（占人口的百分比）	*8.0*
GNI，图表集法（10亿美元）	16.4	人均GNI，图表集法（美元）	9,720
PPP衡量的GNI（10亿美元）	29.0	PPP衡量的人均GNI（美元）	17,200

	2000	2010	2014
人口			
最贫困的20%人口占国家消费/收入的份额（百分比）	..	..	..
出生时的预期寿命（岁）	59	62	64
总生育率（每个女性生育数）	4.5	4.1	3.9
孕产妇死亡率（每十万次分娩）	405	322	291
避孕普及率（占15—49岁已婚女性的百分比）	33	..	*31*
在熟练医护人员护理下的分娩（占总数的百分比）	86	..	*89*
5岁以下儿童死亡率（每千人）	85	63	51
生长迟缓（占5岁以下儿童的百分比）	26.3	..	*17.5*
儿童麻疹免疫接种率（占12—23个月年龄组的百分比）	55	62	61
小学毕业率，总数（占适龄年龄组的百分比）	*74*	..	..
小学和中学中女孩与男孩的比率	*1.0*	..	..
劳动力参与率（占15岁以上人口的百分比）	60	60	61
HIV感染率（占15—49岁人口的百分比）	5.5	4.7	3.9
环境			
森林（千平方千米）	220	220	230
森林采伐（2000—2010年和2010—2015年，平均年度百分比）		0.0	-0.9
淡水使用量（占内陆水资源的百分比）	*0.1*	*0.1*	0.1
获得改善的水资源的人口（占总人口的百分比）	84	91	93
获得改善的卫生设施的人口（占总人口的百分比）	39	41	42
人均能源使用量（千克石油当量）	1,194	1,371	*1,435*
人均二氧化碳排放量（吨）	0.9	1.5	..
人均用电量（千瓦时）	878	1,023	*1,168*
经济			
GDP（10亿美元）	5.1	*14.4*	18.2
GDP增长率（年度百分比）	-1.9	9.1	4.3
GDP隐含价格平减指数（年度增长百分比）	28.1	13.6	-0.9
农业增加值（占GDP的百分比）	*7*	4	4
工业增加值（占GDP的百分比）	*52*	60	57
服务业增加值（占GDP的百分比）	*38*	35	39
货物和服务出口（占GDP的百分比）	69	58	54
货物和服务进口（占GDP的百分比）	33	31	30
资本形成总额（占GDP的百分比）	22	30	27
中央政府收入（占GDP的百分比）	..	..	..
中央政府现金盈余/赤字（占GDP的百分比）	..	..	..
政府与市场			
创办企业的时间（天）	..	57	50
总体统计能力水平（0—100）	..	40.0	40.0
军费支出（占GDP的百分比）	1.8	0.9	*1.4*
移动电话用户（每100人）	9.8	103.5	171.4
互联网用户（占总人口的百分比）	1.2	7.2	9.8
金融部门提供的国内信用（占GDP的百分比）	12.5	10.5	13.8
高科技出口（占制成品出口的百分比）	5	*3*	..
全球联系			
商品贸易（占GDP的百分比）	70	81	66
净易货贸易条件指数（2000年=100）	100	194	214
外债总额（10亿美元）	3.9	2.5	4.3
债务还本付息总额（占出口的百分比）	9.9	..	..
净移民（千人）	*9.6*	*9.6*	*5.0*
获得的侨汇（百万美元）	6.1	..	..
外国直接投资，净流入额（百万美元）	-43	499	973
获得的净官方发展援助（百万美元）	12	104	111

撒哈拉以南非洲地区 　　**低收入经济体**

人口（百万）	1.9	人口增长率（百分比）	3.2
陆地面积（千平方千米）	11	每天生活费用不足1.90美元的人口（占人口的百分比）	*45.3*
GNI，图表集法（百万美元）	878.2	人均GNI，图表集法（美元）	460
PPP衡量的GNI（百万美元）	3,037.5	PPP衡量的人均GNI（美元）	1,580

	2000	2010	2014
人口			
最贫困的20%人口占国家消费/收入的份额（百分比）	*4.8*	..	..
出生时的预期寿命（岁）	56	59	60
总生育率（每个女性生育数）	5.9	5.8	5.7
孕产妇死亡率（每十万次分娩）	887	753	706
避孕普及率（占15—49岁已婚女性的百分比）	10	13	*9*
在熟练医护人员护理下的分娩（占总数的百分比）	55	57	*57*
5岁以下儿童死亡率（每千人）	119	81	69
生长迟缓（占5岁以下儿童的百分比）	24.1	23.4	*25.0*
儿童麻疹免疫接种率（占12—23个月年龄组的百分比）	89	92	96
小学毕业率，总数（占适龄年龄组的百分比）	72	73	67
小学和中学中女孩与男孩的比率	..	1.0	..
劳动力参与率（占15岁以上人口的百分比）	77	78	77
HIV感染率（占15—49岁人口的百分比）	1.5	2.0	1.8
环境			
森林（千平方千米）	4.6	4.8	4.9
森林采伐（2000—2010年和2010—2015年，平均年度百分比）		-0.4	-0.3
淡水使用量（占内陆水资源的百分比）	*3.0*	..	3.0
获得改善的水资源的人口（占总人口的百分比）	83	89	90
获得改善的卫生设施的人口（占总人口的百分比）	60	59	59
人均能源使用量（千克石油当量）	..	*87*	..
人均二氧化碳排放量（吨）	0.2	0.3	..
人均用电量（千瓦时）	..	..	..
经济			
GDP（百万美元）	783	*952*	851
GDP增长率（年度百分比）	5.5	6.5	0.9
GDP隐含价格平减指数（年度增长百分比）	2.2	4.4	8.3
农业增加值（占GDP的百分比）	..	32	21
工业增加值（占GDP的百分比）	..	14	16
服务业增加值（占GDP的百分比）	..	55	63
货物和服务出口（占GDP的百分比）	26	24	*29*
货物和服务进口（占GDP的百分比）	31	43	*41*
资本形成总额（占GDP的百分比）	5	18	21
中央政府收入（占GDP的百分比）	..	..	..
中央政府现金盈余/赤字（占GDP的百分比）	..	..	..
政府与市场			
创办企业的时间（天）	..	27	25
总体统计能力水平（0—100）	..	67.8	65.6
军费支出（占GDP的百分比）	0.4	*0.8*	1.7
移动电话用户（每100人）	0.5	88.0	119.6
互联网用户（占总人口的百分比）	0.9	9.2	15.6
金融部门提供的国内信用（占GDP的百分比）	7.4	38.9	53.7
高科技出口（占制成品出口的百分比）	0	1	0
全球联系			
商品贸易（占GDP的百分比）	26	37	56
净易货贸易条件指数（2000年=100）	100	101	103
外债总额（百万美元）	490	512	500
债务还本付息总额（占出口的百分比）	*14.8*	8.1	*7.1*
净移民（千人）	*-13.7*	*-13.7*	*-13.5*
获得的侨汇（百万美元）	*56*	116	191
外国直接投资，净流入额（百万美元）	*18.3*	37.4	28.4
获得的净官方发展援助（百万美元）	50	120	100

格鲁吉亚

欧洲和中亚		中低收入经济体	
人口（百万）	3.7	人口增长率（百分比）	-1.3
陆地面积（千平方千米）	70	每天生活费用不足1.90美元的人口（占人口的百分比）	*11.5*
GNI，图表集法（10亿美元）	16.7	人均GNI，图表集法（美元）	4,490
PPP衡量的GNI（10亿美元）	33.8	PPP衡量的人均GNI（美元）	9,080

	2000	2010	2014
人口			
最贫困的20%人口占国家消费/收入的份额（百分比）	5.4	5.0	5.6
出生时的预期寿命（岁）	72	74	75
总生育率（每个女性生育数）	1.6	1.8	1.8
孕产妇死亡率（每十万次分娩）	37	40	36
避孕普及率（占15—49岁已婚女性的百分比）	41	53	..
在熟练医护人员护理下的分娩（占总数的百分比）	96	*100*	*100*
5岁以下儿童死亡率（每千人）	36	17	12
生长迟缓（占5岁以下儿童的百分比）	*16.1*	*11.3*	..
儿童麻疹免疫接种率（占12—23个月年龄组的百分比）	73	94	92
小学毕业率，总数（占适龄年龄组的百分比）	98	111	116
小学和中学中女孩与男孩的比率	1.0	*1.0*	1.0
劳动力参与率（占15岁以上人口的百分比）	64	64	65
HIV感染率（占15—49岁人口的百分比）	0.1	0.2	0.3
环境			
森林（千平方千米）	28	28	28
森林采伐（2000—2010年和2010—2015年，平均年度百分比）		-0.2	0.0
淡水使用量（占内陆水资源的百分比）	..	*3.1*	3.1
获得改善的水资源的人口（占总人口的百分比）	89	97	100
获得改善的卫生设施的人口（占总人口的百分比）	96	89	86
人均能源使用量（千克石油当量）	649	795	*1,032*
人均二氧化碳排放量（吨）	1.0	1.7	..
人均用电量（千瓦时）	1,453	1,977	*2,460*
经济			
GDP（10亿美元）	3.1	*11.6*	16.5
GDP增长率（年度百分比）	1.8	6.3	4.8
GDP隐含价格平减指数（年度增长百分比）	4.7	8.5	3.8
农业增加值（占GDP的百分比）	22	8	9
工业增加值（占GDP的百分比）	22	22	24
服务业增加值（占GDP的百分比）	56	69	66
货物和服务出口（占GDP的百分比）	23	35	43
货物和服务进口（占GDP的百分比）	40	53	60
资本形成总额（占GDP的百分比）	27	22	30
中央政府收入（占GDP的百分比）	10.4	23.9	*25.7*
中央政府现金盈余/赤字（占GDP的百分比）	-1.6	-4.4	*-0.5*
政府与市场			
创办企业的时间（天）	*25*	3	2
总体统计能力水平（0—100）	..	95.6	88.9
军费支出（占GDP的百分比）	0.6	3.9	2.3
移动电话用户（每100人）	4.1	90.6	124.9
互联网用户（占总人口的百分比）	0.5	26.9	48.9
金融部门提供的国内信用（占GDP的百分比）	21.5	33.2	48.5
高科技出口（占制成品出口的百分比）	11	2	3
全球联系			
商品贸易（占GDP的百分比）	34	60	69
净易货贸易条件指数（2000年=100）	100	137	131
外债总额（10亿美元）	1.8	9.7	13.9
债务还本付息总额（占出口的百分比）	12.5	17.5	23.2
净移民（千人）	*-309*	*-290*	*-296*
获得的侨汇（10亿美元）	0.3	1.2	2.0
外国直接投资，净流入额（百万美元）	131	866	1,647
获得的净官方发展援助（百万美元）	169	628	563

德 国

欧洲和中亚 **高收入经济体**

人口（百万）	81.0	人口增长率（百分比）	-1.4
陆地面积（千平方千米）	357	每天生活费用不足1.90美元的人口（占人口的百分比）	..
GNI，图表集法（10亿美元）	3,853.6	人均GNI，图表集法（美元）	47,590
PPP衡量的GNI（10亿美元）	3,843.2	PPP衡量的人均GNI（美元）	47,460

	2000	2010	2014
人口			
最贫困的20%人口占国家消费/收入的份额（百分比）	..	8.0	..
出生时的预期寿命（岁）	78	80	81
总生育率（每个女性生育数）	1.4	1.4	1.4
孕产妇死亡率（每十万次分娩）	8	7	6
避孕普及率（占15—49岁已婚女性的百分比）	..	..	..
在熟练医护人员护理下的分娩（占总数的百分比）	..	*100*	..
5岁以下儿童死亡率（每千人）	5	4	4
生长迟缓（占5岁以下儿童的百分比）	..	..	..
儿童麻疹免疫接种率（占12—23个月年龄组的百分比）	92	97	97
小学毕业率，总数（占适龄年龄组的百分比）	106	103	*101*
小学和中学中女孩与男孩的比率	1.0	1.0	*1.0*
劳动力参与率（占15岁以上人口的百分比）	58	59	60
HIV感染率（占15—49岁人口的百分比）	..	..	..
环境			
森林（千平方千米）	114	114	114
森林采伐（2000—2010年和2010—2015年，平均年度百分比）		0.0	0.0
淡水使用量（占内陆水资源的百分比）	*36.6*	*30.2*	30.9
获得改善的水资源的人口（占总人口的百分比）	100	100	100
获得改善的卫生设施的人口（占总人口的百分比）	99	99	99
人均能源使用量（千克石油当量）	4,094	3,997	3,750
人均二氧化碳排放量（吨）	10.1	9.2	..
人均用电量（千瓦时）	6,635	7,264	*7,019*
经济			
GDP（10亿美元）	1,950	*3,417*	3,868
GDP增长率（年度百分比）	3.0	4.1	1.6
GDP隐含价格平减指数（年度增长百分比）	-0.4	0.8	1.7
农业增加值（占GDP的百分比）	1	1	1
工业增加值（占GDP的百分比）	31	30	30
服务业增加值（占GDP的百分比）	68	69	69
货物和服务出口（占GDP的百分比）	31	42	46
货物和服务进口（占GDP的百分比）	31	37	39
资本形成总额（占GDP的百分比）	24	20	19
中央政府收入（占GDP的百分比）	29.8	12.6	*12.9*
中央政府现金盈余/赤字（占GDP的百分比）	0.6	-3.2	*-0.2*
政府与市场			
创办企业的时间（天）	*45*	15	11
总体统计能力水平（0—100）	..	..	..
军费支出（占GDP的百分比）	1.4	1.4	1.2
移动电话用户（每100人）	57.7	106.5	120.4
互联网用户（占总人口的百分比）	30.2	82.0	86.2
金融部门提供的国内信用（占GDP的百分比）	*139.6*	164.8	140.6
高科技出口（占制成品出口的百分比）	19	15	16
全球联系			
商品贸易（占GDP的百分比）	54	68	70
净易货贸易条件指数（2000年=100）	100	96	97
外债总额（百万美元）	..	..	..
债务还本付息总额（占出口的百分比）	..	..	..
净移民（千人）	*1*	*32*	*1,250*
获得的侨汇（10亿美元）	3.6	12.8	17.6
外国直接投资，净流入额（10亿美元）	210	86	8
获得的净官方发展援助（百万美元）	..	..	..

加纳

撒哈拉以南非洲地区		中低收入经济体	
人口（百万）	26.8	人口增长率（百分比）	2.4
陆地面积（千平方千米）	239	每天生活费用不足1.90美元的人口（占人口的百分比）	*25.2*
GNI，图表集法（10亿美元）	42.7	人均GNI，图表集法（美元）	1,590
PPP衡量的GNI（10亿美元）	104.5	PPP衡量的人均GNI（美元）	3,900

	2000	2010	2014
人口			
最贫困的20%人口占国家消费/收入的份额（百分比）	*5.8*	..	..
出生时的预期寿命（岁）	57	61	61
总生育率（每个女性生育数）	4.7	4.3	4.2
孕产妇死亡率（每十万次分娩）	467	325	319
避孕普及率（占15—49岁已婚女性的百分比）	*22*	*34*	27
在熟练医护人员护理下的分娩（占总数的百分比）	*47*	*68*	71
5岁以下儿童死亡率（每千人）	101	75	62
生长迟缓（占5岁以下儿童的百分比）	*31.3*	*22.7*	18.8
儿童麻疹免疫接种率（占12—23个月年龄组的百分比）	90	93	92
小学毕业率，总数（占适龄年龄组的百分比）	72	*93*	97
小学和中学中女孩与男孩的比率	0.9	*1.0*	1.0
劳动力参与率（占15岁以上人口的百分比）	75	69	70
HIV感染率（占15—49岁人口的百分比）	2.3	1.7	1.5
环境			
森林（千平方千米）	89	92	93
森林采伐（2000—2010年和2010—2015年，平均年度百分比）		-0.3	-0.3
淡水使用量（占内陆水资源的百分比）	*3.2*	..	3.2
获得改善的水资源的人口（占总人口的百分比）	71	83	89
获得改善的卫生设施的人口（占总人口的百分比）	10	14	15
人均能源使用量（千克石油当量）	334	305	*344*
人均二氧化碳排放量（吨）	0.3	0.4	..
人均用电量（千瓦时）	334	283	*382*
经济			
GDP（10亿美元）	5.0	*32.2*	38.6
GDP增长率（年度百分比）	3.7	7.9	4.0
GDP隐含价格平减指数（年度增长百分比）	27.2	16.6	16.7
农业增加值（占GDP的百分比）	39	31	22
工业增加值（占GDP的百分比）	28	20	28
服务业增加值（占GDP的百分比）	32	49	50
货物和服务出口（占GDP的百分比）	49	29	40
货物和服务进口（占GDP的百分比）	67	46	49
资本形成总额（占GDP的百分比）	24	26	27
中央政府收入（占GDP的百分比）	*18.1*	16.7	..
中央政府现金盈余/赤字（占GDP的百分比）	*-6.5*	-7.2	..
政府与市场			
创办企业的时间（天）	*21*	11	14
总体统计能力水平（0—100）	..	65.6	65.6
军费支出（占GDP的百分比）	1.0	0.4	0.5
移动电话用户（每100人）	0.7	71.9	114.8
互联网用户（占总人口的百分比）	0.2	7.8	18.9
金融部门提供的国内信用（占GDP的百分比）	39.3	28.4	38.2
高科技出口（占制成品出口的百分比）	2	2	5
全球联系			
商品贸易（占GDP的百分比）	93	59	72
净易货贸易条件指数（2000年=100）	100	184	179
外债总额（10亿美元）	6.3	9.3	17.6
债务还本付息总额（占出口的百分比）	16.0	3.8	5.1
净移民（千人）	*166*	*189*	*-50*
获得的侨汇（百万美元）	32	136	2,008
外国直接投资，净流入额（10亿美元）	0.2	2.5	3.4
获得的净官方发展援助（10亿美元）	0.6	1.7	1.1

希腊

欧洲和中亚 高收入经济体

人口（百万）	10.9	人口增长率（百分比）	-0.9
陆地面积（千平方千米）	132	每天生活费用不足1.90美元的人口（占人口的百分比）	..
GNI，图表集法（10亿美元）	*250.1*	人均GNI，图表集法（美元）	*22,810*
PPP衡量的GNI（10亿美元）	*296.6*	PPP衡量的人均GNI（美元）	*27,050*

	2000	2010	2014
人口			
最贫困的20%人口占国家消费/收入的份额（百分比）	..	6.5	5.6
出生时的预期寿命（岁）	78	80	81
总生育率（每个女性生育数）	1.3	1.5	1.3
孕产妇死亡率（每十万次分娩）	4	3	3
避孕普及率（占15—49岁已婚女性的百分比）	*76*	..	..
在熟练医护人员护理下的分娩（占总数的百分比）	..	..	..
5岁以下儿童死亡率（每千人）	8	5	5
生长迟缓（占5岁以下儿童的百分比）	..	..	..
儿童麻疹免疫接种率（占12—23个月年龄组的百分比）	89	99	97
小学毕业率，总数（占适龄年龄组的百分比）	..	98	*97*
小学和中学中女孩与男孩的比率	1.0	1.0	*1.0*
劳动力参与率（占15岁以上人口的百分比）	53	54	53
HIV感染率（占15—49岁人口的百分比）	..	..	..
环境			
森林（千平方千米）	36	39	41
森林采伐（2000—2010年和2010—2015年，平均年度百分比）		-0.8	-0.8
淡水使用量（占内陆水资源的百分比）	*16.0*	*16.4*	16.4
获得改善的水资源的人口（占总人口的百分比）	99	100	100
获得改善的卫生设施的人口（占总人口的百分比）	96	99	99
人均能源使用量（千克石油当量）	2,507	2,483	2,066
人均二氧化碳排放量（吨）	8.5	7.8	..
人均用电量（千瓦时）	4,586	5,333	*5,029*
经济			
GDP（10亿美元）	130	*299*	236
GDP增长率（年度百分比）	4.2	-5.5	0.7
GDP隐含价格平减指数（年度增长百分比）	1.6	0.7	-2.2
农业增加值（占GDP的百分比）	6	3	4
工业增加值（占GDP的百分比）	21	16	16
服务业增加值（占GDP的百分比）	73	81	80
货物和服务出口（占GDP的百分比）	24	22	33
货物和服务进口（占GDP的百分比）	35	31	35
资本形成总额（占GDP的百分比）	26	17	12
中央政府收入（占GDP的百分比）	40.0	28.6	*33.6*
中央政府现金盈余/赤字（占GDP的百分比）	-5.1	-10.6	*-14.6*
政府与市场			
创办企业的时间（天）	*38*	19	13
总体统计能力水平（0—100）	..	..	..
军费支出（占GDP的百分比）	3.5	2.7	2.3
移动电话用户（每100人）	54.0	110.6	110.3
互联网用户（占总人口的百分比）	9.1	44.4	63.2
金融部门提供的国内信用（占GDP的百分比）	86.8	147.6	138.6
高科技出口（占制成品出口的百分比）	14	10	10
全球联系			
商品贸易（占GDP的百分比）	35	32	42
净易货贸易条件指数（2000年=100）	100	89	87
外债总额（百万美元）	..	..	..
债务还本付息总额（占出口的百分比）	..	..	..
净移民（千人）	*114*	*80*	*-136*
获得的侨汇（10亿美元）	2.2	1.5	0.7
外国直接投资，净流入额（10亿美元）	1.1	0.5	1.7
获得的净官方发展援助（百万美元）	..	..	..

格陵兰

欧洲和中亚			高收入经济体
人口（千人）	56	人口增长率（百分比）	-0.3
陆地面积（千平方千米）	410[d]	每天生活费用不足1.90美元的人口（占人口的百分比）	..
GNI，图表集法（10亿美元）	..	人均GNI，图表集法（美元）	..
PPP衡量的GNI（百万美元）	..	PPP衡量的人均GNI（美元）	..

	2000	2010	2014
人口			
最贫困的20%人口占国家消费/收入的份额（百分比）	..	..	..
出生时的预期寿命（岁）	67	71	*71*
总生育率（每个女性生育数）	2.3	2.2	2.0
孕产妇死亡率（每十万次分娩）	..	..	..
避孕普及率（占15—49岁已婚女性的百分比）	..	..	..
在熟练医护人员护理下的分娩（占总数的百分比）	..	..	..
5岁以下儿童死亡率（每千人）	..	..	..
生长迟缓（占5岁以下儿童的百分比）	..	..	..
儿童麻疹免疫接种率（占12—23个月年龄组的百分比）	..	..	..
小学毕业率，总数（占适龄年龄组的百分比）	..	..	..
小学和中学中女孩与男孩的比率	..	..	..
劳动力参与率（占15岁以上人口的百分比）	..	..	..
HIV感染率（占15—49岁人口的百分比）	..	..	..
环境			
森林（平方千米）	0.0	0.0	0.0
森林采伐（2000—2010年和2010—2015年，平均年度百分比）		0.0	0.0
淡水使用量（占内陆水资源的百分比）	..	..	..
获得改善的水资源的人口（占总人口的百分比）	100	100	100
获得改善的卫生设施的人口（占总人口的百分比）	100	100	100
人均能源使用量（千克石油当量）	..	..	..
人均二氧化碳排放量（吨）	9.5	11.7	..
人均用电量（千瓦时）	..	..	..
经济			
GDP（百万美元）	1,068	*1,268*	..
GDP增长率（年度百分比）	7.1	*-5.4*	..
GDP隐含价格平减指数（年度增长百分比）	2.1	*-19.0*	..
农业增加值（占GDP的百分比）	..	..	..
工业增加值（占GDP的百分比）	..	..	..
服务业增加值（占GDP的百分比）	..	..	..
货物和服务出口（占GDP的百分比）	..	..	..
货物和服务进口（占GDP的百分比）	..	..	..
资本形成总额（占GDP的百分比）	..	..	..
中央政府收入（占GDP的百分比）	..	..	..
中央政府现金盈余/赤字（占GDP的百分比）	..	..	..
政府与市场			
创办企业的时间（天）	..	..	..
总体统计能力水平（0—100）	..	..	..
军费支出（占GDP的百分比）	..	..	..
移动电话用户（每100人）	26.9	101.4	106.4
互联网用户（占总人口的百分比）	31.7	63.0	66.7
金融部门提供的国内信用（占GDP的百分比）	..	..	..
高科技出口（占制成品出口的百分比）	37	46	4
全球联系			
商品贸易（占GDP的百分比）	60	*87*	..
净易货贸易条件指数（2000年=100）	100	72	80
外债总额（百万美元）	..	..	..
债务还本付息总额（占出口的百分比）	..	..	..
净移民（千人）	..	..	..
获得的侨汇（百万美元）	..	..	..
外国直接投资，净流入额（百万美元）	..	..	..
获得的净官方发展援助（百万美元）	..	..	..

格林纳达

拉丁美洲和加勒比地区　　中高收入经济体

人口（千人）	106	人口增长率（百分比）	0.4
陆地面积（平方千米）	340	每天生活费用不足1.90美元的人口（占人口的百分比）	..
GNI，图表集法（百万美元）	840.9	人均GNI，图表集法（美元）	7,910
PPP衡量的GNI（百万美元）	1,246.8	PPP衡量的人均GNI（美元）	11,720

	2000	2010	2014
人口			
最贫困的20%人口占国家消费/收入的份额（百分比）	..	..	..
出生时的预期寿命（岁）	70	73	73
总生育率（每个女性生育数）	2.6	2.2	2.1
孕产妇死亡率（每十万次分娩）	29	27	27
避孕普及率（占15—49岁已婚女性的百分比）	*54*	*54*	..
在熟练医护人员护理下的分娩（占总数的百分比）	100	*99*	*99*
5岁以下儿童死亡率（每千人）	16	13	12
生长迟缓（占5岁以下儿童的百分比）	..	..	..
儿童麻疹免疫接种率（占12—23个月年龄组的百分比）	92	95	94
小学毕业率，总数（占适龄年龄组的百分比）	*93*	111	*95*
小学和中学女孩与男孩的比率	*1.0*	1.0	*1.0*
劳动力参与率（占15岁以上人口的百分比）	..	..	..
HIV感染率（占15—49岁人口的百分比）	..	..	..
环境			
森林（平方千米）	170	170	170
森林采伐（2000—2010年和2010—2015年，平均年度百分比）		0.0	0.0
淡水使用量（占内陆水资源的百分比）	..	*5.0*	7.1
获得改善的水资源的人口（占总人口的百分比）	97	97	97
获得改善的卫生设施的人口（占总人口的百分比）	98	98	98
人均能源使用量（千克石油当量）	..	*782*	..
人均二氧化碳排放量（吨）	1.9	2.5	..
人均用电量（千瓦时）	..	..	..
经济			
GDP（百万美元）	520	*771*	912
GDP增长率（年度百分比）	1.9	-0.5	5.7
GDP隐含价格平减指数（年度增长百分比）	34.5	0.5	2.4
农业增加值（占GDP的百分比）	6	5	7
工业增加值（占GDP的百分比）	21	17	14
服务业增加值（占GDP的百分比）	73	78	79
货物和服务出口（占GDP的百分比）	45	24	26
货物和服务进口（占GDP的百分比）	60	49	44
资本形成总额（占GDP的百分比）	38	22	17
中央政府收入（占GDP的百分比）	21.6	19.9	*19.7*
中央政府现金盈余/赤字（占GDP的百分比）	-2.1	-2.4	-5.5
政府与市场			
创办企业的时间（天）	..	14	15
总体统计能力水平（0—100）	..	43.3	51.1
军费支出（占GDP的百分比）	..	..	..
移动电话用户（每100人）	4.2	116.5	110.2
互联网用户（占总人口的百分比）	4.1	27.0	37.4
金融部门提供的国内信用（占GDP的百分比）	72.4	92.8	68.4
高科技出口（占制成品出口的百分比）	30	*11*	..
全球联系			
商品贸易（占GDP的百分比）	55	44	41
净易货贸易条件指数（2000年=100）	100	90	87
外债总额（百万美元）	203	607	651
债务还本付息总额（占出口的百分比）	6.0	14.4	10.4
净移民（千人）	*-4.1*	*-4.3*	*-4.3*
获得的侨汇（百万美元）	46.4	28.5	30.8
外国直接投资，净流入额（百万美元）	37.4	60.4	40.4
获得的净官方发展援助（百万美元）	16.5	33.8	39.3

关岛

东亚和太平洋地区			高收入经济体
人口（千人）	168	人口增长率（百分比）	1.5
陆地面积（平方千米）	540	每天生活费用不足1.90美元的人口（占人口的百分比）	..
GNI，图表集法（百万美元）	..	人均GNI，图表集法（美元）	..
PPP衡量的GNI（百万美元）	..	PPP衡量的人均GNI（美元）	..

	2000	2010	2014
人口			
最贫困的20%人口占国家消费/收入的份额（百分比）	..	..	..
出生时的预期寿命（岁）	75	78	79
总生育率（每个女性生育数）	2.8	2.5	2.4
孕产妇死亡率（每十万次分娩）	..	..	..
避孕普及率（占15—49岁已婚女性的百分比）	67	..	..
在熟练医护人员护理下的分娩（占总数的百分比）	99	..	..
5岁以下儿童死亡率（每千人）	..	..	..
生长迟缓（占5岁以下儿童的百分比）	..	..	..
儿童麻疹免疫接种率（占12—23个月年龄组的百分比）	..	..	..
小学毕业率，总数（占适龄年龄组的百分比）	..	..	..
小学和中学中女孩与男孩的比率	..	..	..
劳动力参与率（占15岁以上人口的百分比）	65	63	63
HIV感染率（占15—49岁人口的百分比）	..	..	..
环境			
森林（平方千米）	250	250	250
森林采伐（2000—2010年和2010—2015年，平均年度百分比）		0.0	0.0
淡水使用量（占内陆水资源的百分比）	..	..	..
获得改善的水资源的人口（占总人口的百分比）	100	100	100
获得改善的卫生设施的人口（占总人口的百分比）	89	90	90
人均能源使用量（千克石油当量）	..	..	..
人均二氧化碳排放量（吨）	..	..	..
人均用电量（千瓦时）	..	..	..
经济			
GDP（百万美元）	..	..	..
GDP增长率（年度百分比）	..	..	..
GDP隐含价格平减指数（年度增长百分比）	..	..	..
农业增加值（占GDP的百分比）	..	..	..
工业增加值（占GDP的百分比）	..	..	..
服务业增加值（占GDP的百分比）	..	..	..
货物和服务出口（占GDP的百分比）	..	..	..
货物和服务进口（占GDP的百分比）	..	..	..
资本形成总额（占GDP的百分比）	..	..	..
中央政府收入（占GDP的百分比）	..	..	..
中央政府现金盈余/赤字（占GDP的百分比）	..	..	..
政府与市场			
创办企业的时间（天）	..	..	..
总体统计能力水平（0—100）	..	..	..
军费支出（占GDP的百分比）	..	..	..
移动电话用户（每100人）	17.5	..	..
互联网用户（占总人口的百分比）	16.1	54.0	69.3
金融部门提供的国内信用（占GDP的百分比）	..	..	..
高科技出口（占制成品出口的百分比）	..	..	..
全球联系			
商品贸易（占GDP的百分比）	..	..	..
净易货贸易条件指数（2000年=100）	100	105	101
外债总额（百万美元）	..	..	..
债务还本付息总额（占出口的百分比）	..	..	..
净移民（千人）	*-9.6*	*-9.8*	*0.0*
获得的侨汇（百万美元）	..	..	..
外国直接投资，净流入额（百万美元）	..	..	..
获得的净官方发展援助（百万美元）	..	..	..

危地马拉

拉丁美洲和加勒比地区 **中低收入经济体**

人口（百万）	16.0	人口增长率（百分比）	2.0
陆地面积（千平方千米）	109	每天生活费用不足1.90美元的人口（占人口的百分比）	*11.5*
GNI，图表集法（10亿美元）	55.0	人均GNI，图表集法（美元）	3,430
PPP衡量的GNI（10亿美元）	116.1	PPP衡量的人均GNI（美元）	7,250

	2000	2010	2014
人口			
最贫困的20%人口占国家消费/收入的份额（百分比）	3.4	*3.9*	..
出生时的预期寿命（岁）	68	71	72
总生育率（每个女性生育数）	4.4	3.4	3.2
孕产妇死亡率（每十万次分娩）	178	109	88
避孕普及率（占15—49岁已婚女性的百分比）	*38*	*54*	..
在熟练医护人员护理下的分娩（占总数的百分比）	*41*	52	*63*
5岁以下儿童死亡率（每千人）	51	35	29
生长迟缓（占5岁以下儿童的百分比）	50.0	*48.0*	..
儿童麻疹免疫接种率（占12—23个月年龄组的百分比）	86	93	67
小学毕业率，总数（占适龄年龄组的百分比）	56	84	87
小学和中学中女孩与男孩的比率	0.9	1.0	1.0
劳动力参与率（占15岁以上人口的百分比）	63	67	68
HIV感染率（占15—49岁人口的百分比）	0.4	0.6	0.5
环境			
森林（千平方千米）	42	37	35
森林采伐（2000—2010年和2010—2015年，平均年度百分比）		1.2	1.0
淡水使用量（占内陆水资源的百分比）	..	*3.0*	3.0
获得改善的水资源的人口（占总人口的百分比）	84	91	93
获得改善的卫生设施的人口（占总人口的百分比）	55	62	64
人均能源使用量（千克石油当量）	602	692	*768*
人均二氧化碳排放量（吨）	0.8	0.8	..
人均用电量（千瓦时）	329	538	*555*
经济			
GDP（10亿美元）	19.3	*41.3*	58.8
GDP增长率（年度百分比）	3.6	2.9	4.2
GDP隐含价格平减指数（年度增长百分比）	6.8	5.1	3.1
农业增加值（占GDP的百分比）	*15*	12	12
工业增加值（占GDP的百分比）	*29*	29	29
服务业增加值（占GDP的百分比）	*56*	59	60
货物和服务出口（占GDP的百分比）	20	26	23
货物和服务进口（占GDP的百分比）	29	36	33
资本形成总额（占GDP的百分比）	18	14	14
中央政府收入（占GDP的百分比）	10.2	11.1	*11.5*
中央政府现金盈余/赤字（占GDP的百分比）	-1.8	-3.3	*-2.3*
政府与市场			
创办企业的时间（天）	*39*	37	19
总体统计能力水平（0—100）	..	85.6	72.2
军费支出（占GDP的百分比）	0.8	0.4	0.4
移动电话用户（每100人）	7.6	126.0	106.6
互联网用户（占总人口的百分比）	0.7	10.5	23.4
金融部门提供的国内信用（占GDP的百分比）	25.9	36.5	41.7
高科技出口（占制成品出口的百分比）	8	6	5
全球联系			
商品贸易（占GDP的百分比）	39	54	49
净易货贸易条件指数（2000年=100）	100	108	100
外债总额（10亿美元）	3.9	15.0	18.8
债务还本付息总额（占出口的百分比）	9.7	14.4	14.3
净移民（千人）	*-200*	*-132*	*-120*
获得的侨汇（10亿美元）	0.6	4.2	5.8
外国直接投资，净流入额（百万美元）	230	846	1,205
获得的净官方发展援助（百万美元）	263	389	277

几内亚

撒哈拉以南非洲地区 **低收入经济体**

人口（百万）	12.3	人口增长率（百分比）	2.7
陆地面积（千平方千米）	246	每天生活费用不足1.90美元的人口（占人口的百分比）	*35.3*
GNI，图表集法（10亿美元）	5.8	人均GNI，图表集法（美元）	470
PPP衡量的GNI（10亿美元）	13.9	PPP衡量的人均GNI（美元）	1,130

	2000	2010	2014
人口			
最贫困的20%人口占国家消费/收入的份额（百分比）	*5.8*	*6.3*	*7.6*
出生时的预期寿命（岁）	51	56	59
总生育率（每个女性生育数）	6.1	5.3	5.0
孕产妇死亡率（每十万次分娩）	976	720	679
避孕普及率（占15—49岁已婚女性的百分比）	*6*	..	*6*
在熟练医护人员护理下的分娩（占总数的百分比）	*35*	*46*	*45*
5岁以下儿童死亡率（每千人）	170	112	94
生长迟缓（占5岁以下儿童的百分比）	46.9	*40.0*	*35.8*
儿童麻疹免疫接种率（占12—23个月年龄组的百分比）	42	58	52
小学毕业率，总数（占适龄年龄组的百分比）	31	58	50
小学和中学中女孩与男孩的比率	*0.6*	*0.8*	0.8
劳动力参与率（占15岁以上人口的百分比）	71	72	72
HIV感染率（占15—49岁人口的百分比）	1.9	1.6	1.6
环境			
森林（千平方千米）	69	65	64
森林采伐（2000—2010年和2010—2015年，平均年度百分比）		0.5	0.6
淡水使用量（占内陆水资源的百分比）	*0.2*	..	0.2
获得改善的水资源的人口（占总人口的百分比）	63	73	77
获得改善的卫生设施的人口（占总人口的百分比）	13	18	20
人均能源使用量（千克石油当量）	..	..	..
人均二氧化碳排放量（吨）	0.1	0.2	..
人均用电量（千瓦时）	..	..	..
经济			
GDP（10亿美元）	3.0	*4.7*	6.6
GDP增长率（年度百分比）	2.5	1.9	0.4
GDP隐含价格平减指数（年度增长百分比）	6.3	20.2	7.5
农业增加值（占GDP的百分比）	22	22	20
工业增加值（占GDP的百分比）	33	45	38
服务业增加值（占GDP的百分比）	44	33	42
货物和服务出口（占GDP的百分比）	25	28	28
货物和服务进口（占GDP的百分比）	29	37	53
资本形成总额（占GDP的百分比）	20	11	14
中央政府收入（占GDP的百分比）	*12.0*	..	..
中央政府现金盈余/赤字（占GDP的百分比）	*-2.4*	..	..
政府与市场			
创办企业的时间（天）	*48*	40	8
总体统计能力水平（0—100）	..	57.8	53.3
军费支出（占GDP的百分比）	1.5	..	3.8
移动电话用户（每100人）	0.5	36.8	72.1
互联网用户（占总人口的百分比）	0.1	1.0	1.7
金融部门提供的国内信用（占GDP的百分比）	8.9	37.3	..
高科技出口（占制成品出口的百分比）	0	*0*	5
全球联系			
商品贸易（占GDP的百分比）	43	61	52
净易货贸易条件指数（2000年=100）	100	108	96
外债总额（10亿美元）	3.1	3.4	1.4
债务还本付息总额（占出口的百分比）	20.7	6.3	*4.2*
净移民（千人）	*-368*	*-56*	*-10*
获得的侨汇（百万美元）	1.2	46.3	94.8
外国直接投资，净流入额（百万美元）	10	101	566
获得的净官方发展援助（百万美元）	153	218	561

几内亚比绍

撒哈拉以南非洲地区 **低收入经济体**

人口（百万）	1.8	人口增长率（百分比）	2.4
陆地面积（千平方千米）	36	每天生活费用不足1.90美元的人口（占人口的百分比）	*67.1*
GNI，图表集法（百万美元）	994.5	人均GNI，图表集法（美元）	550
PPP衡量的GNI（百万美元）	2,492.6	PPP衡量的人均GNI（美元）	1,380

	2000	2010	2014
人口			
最贫困的20%人口占国家消费/收入的份额（百分比）	*7.3*	4.5	..
出生时的预期寿命（岁）	51	54	55
总生育率（每个女性生育数）	5.8	5.1	4.8
孕产妇死亡率（每十万次分娩）	800	570	549
避孕普及率（占15—49岁已婚女性的百分比）	8	14	16
在熟练医护人员护理下的分娩（占总数的百分比）	35	43	45
5岁以下儿童死亡率（每千人）	178	116	93
生长迟缓（占5岁以下儿童的百分比）	36.1	32.2	27.6
儿童麻疹免疫接种率（占12—23个月年龄组的百分比）	71	69	69
小学毕业率，总数（占适龄年龄组的百分比）	27	62	..
小学和中学中女孩与男孩的比率	0.6	..	..
劳动力参与率（占15岁以上人口的百分比）	71	73	73
HIV感染率（占15—49岁人口的百分比）	2.2	3.9	3.7
环境			
森林（千平方千米）	21	20	20
森林采伐（2000—2010年和2010—2015年，平均年度百分比）		0.5	0.5
淡水使用量（占内陆水资源的百分比）	*1.1*	..	1.1
获得改善的水资源的人口（占总人口的百分比）	52	70	79
获得改善的卫生设施的人口（占总人口的百分比）	12	19	21
人均能源使用量（千克石油当量）	..	*62*	..
人均二氧化碳排放量（吨）	0.1	0.1	..
人均用电量（千瓦时）	..	..	..
经济			
GDP（百万美元）	370	*847*	1,022
GDP增长率（年度百分比）	5.4	4.4	2.5
GDP隐含价格平减指数（年度增长百分比）	80.9	3.1	5.4
农业增加值（占GDP的百分比）	43	47	44
工业增加值（占GDP的百分比）	14	13	14
服务业增加值（占GDP的百分比）	43	40	43
货物和服务出口（占GDP的百分比）	22	20	16
货物和服务进口（占GDP的百分比）	33	35	23
资本形成总额（占GDP的百分比）	4	7	7
中央政府收入（占GDP的百分比）	..	..	..
中央政府现金盈余/赤字（占GDP的百分比）	..	..	..
政府与市场			
创办企业的时间（天）	..	216	9
总体统计能力水平（0—100）	..	45.6	44.4
军费支出（占GDP的百分比）	2.6	2.0	*1.7*
移动电话用户（每100人）	0.0	42.7	63.5
互联网用户（占总人口的百分比）	0.2	2.5	3.3
金融部门提供的国内信用（占GDP的百分比）	10.6	7.6	17.1
高科技出口（占制成品出口的百分比）	..	..	..
全球联系			
商品贸易（占GDP的百分比）	33	38	38
净易货贸易条件指数（2000年=100）	100	85	81
外债总额（百万美元）	948	1,104	271
债务还本付息总额（占出口的百分比）	*7.1*	9.5	*0.8*
净移民（千人）	*-30.0*	*-25.0*	*-10.0*
获得的侨汇（百万美元）	8.0	45.9	46.8
外国直接投资，净流入额（百万美元）	0.7	26.2	21.5
获得的净官方发展援助（百万美元）	81	125	109

圭亚那

拉丁美洲和加勒比地区 **中低收入经济体**

人口（千人）	764	人口增长率（百分比）	0.4
陆地面积（千平方千米）	215	每天生活费用不足1.90美元的人口（占人口的百分比）	*14.0*
GNI，图表集法（10亿美元）	*3.0*	人均GNI，图表集法（美元）	*3,940*
PPP衡量的GNI（10亿美元）	*5.3*	PPP衡量的人均GNI（美元）	*6,940*

	2000	2010	2014
人口			
最贫困的20%人口占国家消费/收入的份额（百分比）	*4.5*	..	..
出生时的预期寿命（岁）	65	66	66
总生育率（每个女性生育数）	3.0	2.7	2.6
孕产妇死亡率（每十万次分娩）	210	241	229
避孕普及率（占15—49岁已婚女性的百分比）	37	*43*	34
在熟练医护人员护理下的分娩（占总数的百分比）	86	*92*	92
5岁以下儿童死亡率（每千人）	47	42	39
生长迟缓（占5岁以下儿童的百分比）	13.8	*19.5*	12.0
儿童麻疹免疫接种率（占12—23个月年龄组的百分比）	86	95	99
小学毕业率，总数（占适龄年龄组的百分比）	107	83	*84*
小学和中学中女孩与男孩的比率	*1.0*	1.0	*1.0*
劳动力参与率（占15岁以上人口的百分比）	60	61	61
HIV感染率（占15—49岁人口的百分比）	0.6	1.5	1.8
环境			
森林（千平方千米）	166	166	165
森林采伐（2000—2010年和2010—2015年，平均年度百分比）		0.0	0.1
淡水使用量（占内陆水资源的百分比）	*0.7*	..	0.6
获得改善的水资源的人口（占总人口的百分比）	86	94	98
获得改善的卫生设施的人口（占总人口的百分比）	79	83	84
人均能源使用量（千克石油当量）	..	*671*	..
人均二氧化碳排放量（吨）	2.2	2.3	..
人均用电量（千瓦时）	..	..	..
经济			
GDP（10亿美元）	0.7	*2.3*	3.1
GDP增长率（年度百分比）	-1.4	4.4	*5.2*
GDP隐含价格平减指数（年度增长百分比）	6.6	6.7	*-0.1*
农业增加值（占GDP的百分比）	31	18	18
工业增加值（占GDP的百分比）	29	36	35
服务业增加值（占GDP的百分比）	40	46	46
货物和服务出口（占GDP的百分比）	96	52	51
货物和服务进口（占GDP的百分比）	111	80	81
资本形成总额（占GDP的百分比）	24	17	19
中央政府收入（占GDP的百分比）	..	..	..
中央政府现金盈余/赤字（占GDP的百分比）	..	..	..
政府与市场			
创办企业的时间（天）	..	23	18
总体统计能力水平（0—100）	..	53.3	56.7
军费支出（占GDP的百分比）	1.8	1.4	1.2
移动电话用户（每100人）	5.4	71.3	70.5
互联网用户（占总人口的百分比）	6.6	29.9	37.4
金融部门提供的国内信用（占GDP的百分比）	100.5	49.0	60.4
高科技出口（占制成品出口的百分比）	2	0	0
全球联系			
商品贸易（占GDP的百分比）	150	101	95
净易货贸易条件指数（2000年=100）	100	127	107
外债总额（10亿美元）	1.4	1.5	2.4
债务还本付息总额（占出口的百分比）	10.2	2.6	4.7
净移民（千人）	*-58.7*	*-34.1*	*-27.3*
获得的侨汇（百万美元）	27	368	330
外国直接投资，净流入额（百万美元）	67	198	238
获得的净官方发展援助（百万美元）	116	167	159

海 地

拉丁美洲和加勒比地区		低收入经济体	
人口（百万）	10.6	人口增长率（百分比）	1.3
陆地面积（千平方千米）	28	每天生活费用不足1.90美元的人口（占人口的百分比）	53.9
GNI，图表集法（10亿美元）	8.7	人均GNI，图表集法（美元）	820
PPP衡量的GNI（10亿美元）	18.3	PPP衡量的人均GNI（美元）	1,730

	2000	2010	2014
人口			
最贫困的20%人口占国家消费/收入的份额（百分比）	*2.3*	..	*2.0*
出生时的预期寿命（岁）	58	61	63
总生育率（每个女性生育数）	4.3	3.3	3.0
孕产妇死亡率（每十万次分娩）	505	389	359
避孕普及率（占15—49岁已婚女性的百分比）	28	*32*	*35*
在熟练医护人员护理下的分娩（占总数的百分比）	24	*26*	*37*
5岁以下儿童死亡率（每千人）	105	209	69
生长迟缓（占5岁以下儿童的百分比）	28.3	*29.7*	*21.9*
儿童麻疹免疫接种率（占12—23个月年龄组的百分比）	55	64	53
小学毕业率，总数（占适龄年龄组的百分比）	..	..	108
小学和中学中女孩与男孩的比率	..	..	..
劳动力参与率（占15岁以上人口的百分比）	63	65	66
HIV感染率（占15—49岁人口的百分比）	3.2	2.1	1.9
环境			
森林（平方千米）	1,090	1,010	970
森林采伐（2000—2010年和2010—2015年，平均年度百分比）		0.8	0.8
淡水使用量（占内陆水资源的百分比）	..	..	11.1
获得改善的水资源的人口（占总人口的百分比）	61	59	58
获得改善的卫生设施的人口（占总人口的百分比）	21	26	28
人均能源使用量（千克石油当量）	235	380	*393*
人均二氧化碳排放量（吨）	0.2	0.2	..
人均用电量（千瓦时）	35	24	*49*
经济			
GDP（10亿美元）	4.0	6.6	8.7
GDP增长率（年度百分比）	0.9	-5.5	2.7
GDP隐含价格平减指数（年度增长百分比）	11.1	5.5	3.8
农业增加值（占GDP的百分比）	..	..	..
工业增加值（占GDP的百分比）	..	..	..
服务业增加值（占GDP的百分比）	..	..	..
货物和服务出口（占GDP的百分比）	13	15	19
货物和服务进口（占GDP的百分比）	33	65	53
资本形成总额（占GDP的百分比）	27	25	31
中央政府收入（占GDP的百分比）	..	..	..
中央政府现金盈余/赤字（占GDP的百分比）	..	..	..
政府与市场			
创办企业的时间（天）	*260*	134	97
总体统计能力水平（0—100）	..	42.2	47.8
军费支出（占GDP的百分比）	..	..	..
移动电话用户（每100人）	0.6	40.4	64.7
互联网用户（占总人口的百分比）	0.2	8.4	11.4
金融部门提供的国内信用（占GDP的百分比）	34.3	21.3	29.2
高科技出口（占制成品出口的百分比）	..	..	..
全球联系			
商品贸易（占GDP的百分比）	34	56	52
净易货贸易条件指数（2000年=100）	100	88	88
外债总额（10亿美元）	1.2	1.0	1.9
债务还本付息总额（占出口的百分比）	9.2	12.5	1.4
净移民（千人）	*-140*	*-138*	*-150*
获得的侨汇（10亿美元）	0.6	1.5	2.0
外国直接投资，净流入额（百万美元）	13	178	99
获得的净官方发展援助（10亿美元）	0.2	3.0	1.1

洪都拉斯

拉丁美洲和加勒比地区		中低收入经济体	
人口（百万）	8.0	人口增长率（百分比）	1.4
陆地面积（千平方千米）	112	每天生活费用不足1.90美元的人口（占人口的百分比）	*18.9*
GNI，图表集法（10亿美元）	18.1	人均GNI，图表集法（美元）	2,270
PPP衡量的GNI（10亿美元）	36.4	PPP衡量的人均GNI（美元）	4,570

	2000	2010	2014
人口			
最贫困的20%人口占国家消费/收入的份额（百分比）	*2.7*	3.2	*3.1*
出生时的预期寿命（岁）	70	72	73
总生育率（每个女性生育数）	4.0	2.7	2.4
孕产妇死亡率（每十万次分娩）	133	155	129
避孕普及率（占15—49岁已婚女性的百分比）	*62*	*65*	*73*
在熟练医护人员护理下的分娩（占总数的百分比）	*56*	*67*	*83*
5岁以下儿童死亡率（每千人）	37	24	20
生长迟缓（占5岁以下儿童的百分比）	*34.5*	*29.9*	*22.7*
儿童麻疹免疫接种率（占12—23个月年龄组的百分比）	98	98	88
小学毕业率，总数（占适龄年龄组的百分比）	*81*	97	91
小学和中学中女孩与男孩的比率	..	1.1	1.0
劳动力参与率（占15岁以上人口的百分比）	66	62	63
HIV感染率（占15—49岁人口的百分比）	1.2	0.5	0.4
环境			
森林（千平方千米）	64	52	46
森林采伐（2000—2010年和2010—2015年，平均年度百分比）		2.1	2.4
淡水使用量（占内陆水资源的百分比）	..	*1.8*	1.8
获得改善的水资源的人口（占总人口的百分比）	81	88	91
获得改善的卫生设施的人口（占总人口的百分比）	63	77	83
人均能源使用量（千克石油当量）	479	608	*662*
人均二氧化碳排放量（吨）	0.8	1.1	..
人均用电量（千瓦时）	514	685	*721*
经济			
GDP（10亿美元）	7.1	*15.8*	19.4
GDP增长率（年度百分比）	5.7	3.7	3.1
GDP隐含价格平减指数（年度增长百分比）	30.8	4.7	5.5
农业增加值（占GDP的百分比）	16	12	14
工业增加值（占GDP的百分比）	32	28	26
服务业增加值（占GDP的百分比）	52	60	60
货物和服务出口（占GDP的百分比）	54	46	47
货物和服务进口（占GDP的百分比）	66	64	66
资本形成总额（占GDP的百分比）	28	22	22
中央政府收入（占GDP的百分比）	*20.0*	19.1	*19.9*
中央政府现金盈余/赤字（占GDP的百分比）	*-3.0*	-3.2	*-6.1*
政府与市场			
创办企业的时间（天）	*61*	14	14
总体统计能力水平（0—100）	..	75.6	76.7
军费支出（占GDP的百分比）	0.7	1.1	1.3
移动电话用户（每100人）	2.5	124.7	93.5
互联网用户（占总人口的百分比）	1.2	11.1	19.1
金融部门提供的国内信用（占GDP的百分比）	23.5	53.9	60.3
高科技出口（占制成品出口的百分比）	0	3	2
全球联系			
商品贸易（占GDP的百分比）	103	96	99
净易货贸易条件指数（2000年=100）	100	67	51
外债总额（10亿美元）	5.5	4.0	7.3
债务还本付息总额（占出口的百分比）	9.9	10.3	10.6
净移民（千人）	*-150*	*-100*	*-80*
获得的侨汇（10亿美元）	0.5	2.6	3.4
外国直接投资，净流入额（百万美元）	382	485	1,294
获得的净官方发展援助（百万美元）	448	633	604

中国香港

东亚和太平洋地区		高收入经济体	
人口（百万）	7.2	人口增长率（百分比）	0.8
陆地面积（千平方千米）	1.1	每天生活费用不足1.90美元的人口（占人口的百分比）	..
GNI，图表集法（10亿美元）	292.0	人均GNI，图表集法（美元）	40,320
PPP衡量的GNI（10亿美元）	409.7	PPP衡量的人均GNI（美元）	56,570

	2000	2010	2014
人口			
最贫困的20%人口占国家消费/收入的份额（百分比）	..	..	..
出生时的预期寿命（岁）	81	83	84
总生育率（每个女性生育数）	1.0	1.1	1.2
孕产妇死亡率（每十万次分娩）	..	..	..
避孕普及率（占15—49岁已婚女性的百分比）	*86*	*80*	..
在熟练医护人员护理下的分娩（占总数的百分比）	..	..	..
5岁以下儿童死亡率（每千人）	..	..	..
生长迟缓（占5岁以下儿童的百分比）	..	..	..
儿童麻疹免疫接种率（占12—23个月年龄组的百分比）	..	..	..
小学毕业率，总数（占适龄年龄组的百分比）	..	..	99
小学和中学中女孩与男孩的比率	..	..	1.0
劳动力参与率（占15岁以上人口的百分比）	61	60	59
HIV感染率（占15—49岁人口的百分比）	..	..	..
环境			
森林（平方千米）	..	..	..
森林采伐（2000—2010年和2010—2015年，平均年度百分比）		..	..
淡水使用量（占内陆水资源的百分比）	..	..	..
获得改善的水资源的人口（占总人口的百分比）	..	..	..
获得改善的卫生设施的人口（占总人口的百分比）	..	..	..
人均能源使用量（千克石油当量）	2,033	1,947	*1,938*
人均二氧化碳排放量（吨）	6.1	5.2	..
人均用电量（千瓦时）	5,447	5,973	*5,934*
经济			
GDP（10亿美元）	172	229	291
GDP增长率（年度百分比）	7.7	6.8	2.5
GDP隐含价格平减指数（年度增长百分比）	-3.4	0.3	2.9
农业增加值（占GDP的百分比）	0	0	0
工业增加值（占GDP的百分比）	12	7	7
服务业增加值（占GDP的百分比）	88	93	93
货物和服务出口（占GDP的百分比）	142	219	220
货物和服务进口（占GDP的百分比）	137	214	220
资本形成总额（占GDP的百分比）	28	24	24
中央政府收入（占GDP的百分比）	*14.7*	*20.2*	..
中央政府现金盈余/赤字（占GDP的百分比）	*-7.0*	*0.5*	..
政府与市场			
创办企业的时间（天）	*11*	6	2
总体统计能力水平（0—100）	..	..	..
军费支出（占GDP的百分比）	..	..	..
移动电话用户（每100人）	79.7	195.7	233.6
互联网用户（占总人口的百分比）	27.8	72.0	74.6
金融部门提供的国内信用（占GDP的百分比）	134.0	195.4	236.5
高科技出口（占制成品出口的百分比）	23	16	43
全球联系			
商品贸易（占GDP的百分比）	243	368	387
净易货贸易条件指数（2000年=100）	100	60	65
外债总额（百万美元）	..	..	..
债务还本付息总额（占出口的百分比）	..	..	..
净移民（千人）	*-41*	*45*	*150*
获得的侨汇（百万美元）	136	340	372
外国直接投资，净流入额（10亿美元）	62	83	116
获得的净官方发展援助（百万美元）	..	..	..

匈牙利

欧洲和中亚			高收入经济体
人口（百万）	9.9	人口增长率（百分比）	-0.3
陆地面积（千平方千米）	93	每天生活费用不足1.90美元的人口（占人口的百分比）	<2
GNI，图表集法（10亿美元）	131.6	人均GNI，图表集法（美元）	13,340
PPP衡量的GNI（10亿美元）	236.3	PPP衡量的人均GNI（美元）	23,960

	2000	2010	2014
人口			
最贫困的20%人口占国家消费/收入的份额（百分比）	9.6	8.3	*7.8*
出生时的预期寿命（岁）	71	74	76
总生育率（每个女性生育数）	1.3	1.3	1.4
孕产妇死亡率（每十万次分娩）	15	15	17
避孕普及率（占15—49岁已婚女性的百分比）	..	..	..
在熟练医护人员护理下的分娩（占总数的百分比）	100	99	..
5岁以下儿童死亡率（每千人）	11	7	6
生长迟缓（占5岁以下儿童的百分比）	..	..	..
儿童麻疹免疫接种率（占12—23个月年龄组的百分比）	99	99	99
小学毕业率，总数（占适龄年龄组的百分比）	96	99	*99*
小学和中学中女孩与男孩的比率	1.0	1.0	*1.0*
劳动力参与率（占15岁以上人口的百分比）	49	51	52
HIV感染率（占15—49岁人口的百分比）	..	..	..
环境			
森林（千平方千米）	19	20	21
森林采伐（2000—2010年和2010—2015年，平均年度百分比）		-0.7	-0.2
淡水使用量（占内陆水资源的百分比）	*96.7*	*88.0*	84.2
获得改善的水资源的人口（占总人口的百分比）	98	100	100
获得改善的卫生设施的人口（占总人口的百分比）	98	98	98
人均能源使用量（千克石油当量）	2,448	2,568	2,293
人均二氧化碳排放量（吨）	5.5	5.1	..
人均用电量（千瓦时）	3,309	3,876	*3,890*
经济			
GDP（10亿美元）	47.2	*130.1*	138.3
GDP增长率（年度百分比）	4.2	0.7	3.7
GDP隐含价格平减指数（年度增长百分比）	9.8	2.3	3.2
农业增加值（占GDP的百分比）	6	4	4
工业增加值（占GDP的百分比）	32	30	31
服务业增加值（占GDP的百分比）	62	66	64
货物和服务出口（占GDP的百分比）	67	82	89
货物和服务进口（占GDP的百分比）	70	77	82
资本形成总额（占GDP的百分比）	28	21	22
中央政府收入（占GDP的百分比）	38.1	28.6	*29.9*
中央政府现金盈余/赤字（占GDP的百分比）	-4.9	-3.9	*-5.4*
政府与市场			
创办企业的时间（天）	*52*	4	5
总体统计能力水平（0—100）	..	86.7	85.6
军费支出（占GDP的百分比）	1.7	1.0	0.8
移动电话用户（每100人）	30.1	119.9	118.1
互联网用户（占总人口的百分比）	7.0	65.0	76.1
金融部门提供的国内信用（占GDP的百分比）	54.4	80.8	61.1
高科技出口（占制成品出口的百分比）	27	24	14
全球联系			
商品贸易（占GDP的百分比）	128	141	156
净易货贸易条件指数（2000年=100）	100	97	100
外债总额（百万美元）	..	..	..
债务还本付息总额（占出口的百分比）	..	82.6	*95.5*
净移民（千人）	*66.2*	*95.8*	*30.0*
获得的侨汇（10亿美元）	0.3	2.1	4.7
外国直接投资，净流入额（10亿美元）	2.8	-20.9	12.4
获得的净官方发展援助（百万美元）	..	..	..

冰岛

欧洲和中亚		高收入经济体	
人口（千人）	327	人口增长率（百分比）	1.1
陆地面积（千平方千米）	103	每天生活费用不足1.90美元的人口（占人口的百分比）	..
GNI，图表集法（10亿美元）	*15.0*	人均GNI，图表集法（美元）	*46,350*
PPP衡量的GNI（10亿美元）	*13.5*	PPP衡量的人均GNI（美元）	*41,800*

	2000	**2010**	**2014**
人口			
最贫困的20%人口占国家消费/收入的份额（百分比）	..	9.4	9.2
出生时的预期寿命（岁）	80	82	82
总生育率（每个女性生育数）	2.1	2.2	1.9
孕产妇死亡率（每十万次分娩）	5	4	3
避孕普及率（占15—49岁已婚女性的百分比）	..	..	..
在熟练医护人员护理下的分娩（占总数的百分比）	..	..	..
5岁以下儿童死亡率（每千人）	4	2	2
生长迟缓（占5岁以下儿童的百分比）	..	..	..
儿童麻疹免疫接种率（占12—23个月年龄组的百分比）	91	93	90
小学毕业率，总数（占适龄年龄组的百分比）	98	98	*97*
小学和中学中女孩与男孩的比率	1.0	1.0	*1.0*
劳动力参与率（占15岁以上人口的百分比）	77	75	74
HIV感染率（占15—49岁人口的百分比）	..	..	..
环境			
森林（平方千米）	290	430	490
森林采伐（2000—2010年和2010—2015年，平均年度百分比）		-4.0	-2.9
淡水使用量（占内陆水资源的百分比）	*0.1*	*0.1*	0.1
获得改善的水资源的人口（占总人口的百分比）	100	100	100
获得改善的卫生设施的人口（占总人口的百分比）	99	99	99
人均能源使用量（千克石油当量）	11,092	17,023	17,584
人均二氧化碳排放量（吨）	7.7	6.2	..
人均用电量（千瓦时）	26,202	51,440	*54,799*
经济			
GDP（10亿美元）	8.9	*13.2*	17.0
GDP增长率（年度百分比）	4.7	-3.6	1.8
GDP隐含价格平减指数（年度增长百分比）	3.7	5.6	4.0
农业增加值（占GDP的百分比）	8	8	*7*
工业增加值（占GDP的百分比）	27	25	*24*
服务业增加值（占GDP的百分比）	65	68	*69*
货物和服务出口（占GDP的百分比）	32	54	54
货物和服务进口（占GDP的百分比）	39	44	47
资本形成总额（占GDP的百分比）	25	14	17
中央政府收入（占GDP的百分比）	32.5	28.9	*31.1*
中央政府现金盈余/赤字（占GDP的百分比）	1.2	-8.9	*-1.6*
政府与市场			
创办企业的时间（天）	..	5	4
总体统计能力水平（0—100）	..	..	..
军费支出（占GDP的百分比）	..	0.2	*0.1*
移动电话用户（每100人）	76.4	107.2	111.1
互联网用户（占总人口的百分比）	44.5	93.4	98.2
金融部门提供的国内信用（占GDP的百分比）	95.7	252.5	116.1
高科技出口（占制成品出口的百分比）	13	21	17
全球联系			
商品贸易（占GDP的百分比）	50	64	61
净易货贸易条件指数（2000年=100）	100	92	86
外债总额（百万美元）	..	..	..
债务还本付息总额（占出口的百分比）	..	..	..
净移民（千人）	*3.9*	*8.0*	*-0.4*
获得的侨汇（百万美元）	88	135	206
外国直接投资，净流入额（百万美元）	155	-93	746
获得的净官方发展援助（百万美元）	..	..	..

印度

南亚			中低收入经济体
人口（百万）	1,295.3	人口增长率（百分比）	1.2
陆地面积（千平方千米）	3,287	每天生活费用不足1.90美元的人口（占人口的百分比）	*21.3*
GNI，图表集法（10亿美元）	2,028.0	人均GNI，图表集法（美元）	1,570
PPP衡量的GNI（10亿美元）	7,292.8	PPP衡量的人均GNI（美元）	5,630

	2000	2010	2014
人口			
最贫困的20%人口占国家消费/收入的份额（百分比）	..	*8.2*	..
出生时的预期寿命（岁）	63	67	68
总生育率（每个女性生育数）	3.3	2.6	2.4
孕产妇死亡率（每十万次分娩）	374	215	174
避孕普及率（占15—49岁已婚女性的百分比）	47	*55*	..
在熟练医护人员护理下的分娩（占总数的百分比）	43	*52*	..
5岁以下儿童死亡率（每千人）	91	60	48
生长迟缓（占5岁以下儿童的百分比）	*51.0*	*47.9*	..
儿童麻疹免疫接种率（占12—23个月年龄组的百分比）	56	82	83
小学毕业率，总数（占适龄年龄组的百分比）	72	*93*	*96*
小学和中学中女孩与男孩的比率	0.8	1.0	*1.1*
劳动力参与率（占15岁以上人口的百分比）	59	55	54
HIV感染率（占15—49岁人口的百分比）	..	..	..
环境			
森林（千平方千米）	654	698	707
森林采伐（2000—2010年和2010—2015年，平均年度百分比）		-0.7	-0.3
淡水使用量（占内陆水资源的百分比）	*42.2*	..	52.6
获得改善的水资源的人口（占总人口的百分比）	81	90	94
获得改善的卫生设施的人口（占总人口的百分比）	26	36	40
人均能源使用量（千克石油当量）	419	563	*606*
人均二氧化碳排放量（吨）	1.1	1.6	..
人均用电量（千瓦时）	395	644	*765*
经济			
GDP（10亿美元）	477	*1,708*	2,049
GDP增长率（年度百分比）	3.8	10.3	7.3
GDP隐含价格平减指数（年度增长百分比）	3.6	9.0	3.0
农业增加值（占GDP的百分比）	23	18	18
工业增加值（占GDP的百分比）	26	27	30
服务业增加值（占GDP的百分比）	51	55	52
货物和服务出口（占GDP的百分比）	13	22	23
货物和服务进口（占GDP的百分比）	14	26	26
资本形成总额（占GDP的百分比）	24	37	32
中央政府收入（占GDP的百分比）	11.5	12.9	*12.5*
中央政府现金盈余/赤字（占GDP的百分比）	-3.7	-3.4	*-3.8*
政府与市场			
创办企业的时间（天）	..	..	29
总体统计能力水平（0—100）	..	81.1	77.8
军费支出（占GDP的百分比）	2.9	2.7	2.4
移动电话用户（每100人）	0.3	62.4	74.5
互联网用户（占总人口的百分比）	0.5	7.5	18.0
金融部门提供的国内信用（占GDP的百分比）	51.2	71.9	75.5
高科技出口（占制成品出口的百分比）	6	7	9
全球联系			
商品贸易（占GDP的百分比）	20	34	38
净易货贸易条件指数（2000年=100）	100	133	135
外债总额（10亿美元）	101	292	463
债务还本付息总额（占出口的百分比）	17.1	6.8	18.6
净移民（千人）	*-2,206*	*-2,829*	*-2,598*
获得的侨汇（10亿美元）	12.9	53.5	70.4
外国直接投资，净流入额（10亿美元）	3.6	27.4	33.9
获得的净官方发展援助（10亿美元）	1.4	2.8	3.0

印度尼西亚

东亚和太平洋地区		中低收入经济体	
人口（百万）	254.5	人口增长率（百分比）	1.3
陆地面积（千平方千米）	1,911	每天生活费用不足1.90美元的人口（占人口的百分比）	*15.9*
GNI，图表集法（10亿美元）	923.7	人均GNI，图表集法（美元）	3,630
PPP衡量的GNI（10亿美元）	2,592.3	PPP衡量的人均GNI（美元）	10,190

	2000	2010	2014
人口			
最贫困的20%人口占国家消费/收入的份额（百分比）	*9.6*	*7.6*	..
出生时的预期寿命（岁）	66	68	69
总生育率（每个女性生育数）	2.5	2.5	2.5
孕产妇死亡率（每十万次分娩）	265	165	126
避孕普及率（占15—49岁已婚女性的百分比）	55	61	*62*
在熟练医护人员护理下的分娩（占总数的百分比）	67	82	*83*
5岁以下儿童死亡率（每千人）	52	33	27
生长迟缓（占5岁以下儿童的百分比）	42.4	39.2	*36.4*
儿童麻疹免疫接种率（占12—23个月年龄组的百分比）	76	78	77
小学毕业率，总数（占适龄年龄组的百分比）	*94*	100	*101*
小学和中学中女孩与男孩的比率	1.0	1.0	*1.0*
劳动力参与率（占15岁以上人口的百分比）	67	68	68
HIV感染率（占15—49岁人口的百分比）	0.1	0.4	0.5
环境			
森林（千平方千米）	994	944	910
森林采伐（2000—2010年和2010—2015年，平均年度百分比）		0.5	0.7
淡水使用量（占内陆水资源的百分比）	5.6	..	5.6
获得改善的水资源的人口（占总人口的百分比）	78	85	87
获得改善的卫生设施的人口（占总人口的百分比）	47	57	61
人均能源使用量（千克石油当量）	736	867	*850*
人均二氧化碳排放量（吨）	1.2	1.8	..
人均用电量（千瓦时）	390	637	*788*
经济			
GDP（10亿美元）	165	*755*	889
GDP增长率（年度百分比）	4.9	6.2	5.0
GDP隐含价格平减指数（年度增长百分比）	20.4	15.3	5.4
农业增加值（占GDP的百分比）	16	14	13
工业增加值（占GDP的百分比）	46	43	42
服务业增加值（占GDP的百分比）	38	41	42
货物和服务出口（占GDP的百分比）	41	24	24
货物和服务进口（占GDP的百分比）	30	22	24
资本形成总额（占GDP的百分比）	22	33	35
中央政府收入（占GDP的百分比）	*18.7*	14.5	*15.5*
中央政府现金盈余/赤字（占GDP的百分比）	*-2.5*	-0.7	*-1.8*
政府与市场			
创办企业的时间（天）	..	..	48
总体统计能力水平（0—100）	..	86.7	84.4
军费支出（占GDP的百分比）	0.7	0.6	0.8
移动电话用户（每100人）	1.8	87.8	128.8
互联网用户（占总人口的百分比）	0.9	10.9	17.1
金融部门提供的国内信用（占GDP的百分比）	60.7	34.2	43.5
高科技出口（占制成品出口的百分比）	16	10	7
全球联系			
商品贸易（占GDP的百分比）	66	39	40
净易货贸易条件指数（2000年=100）	100	128	121
外债总额（10亿美元）	144	198	293
债务还本付息总额（占出口的百分比）	22.8	17.4	23.1
净移民（千人）	*-851*	*-1,117*	*-700*
获得的侨汇（10亿美元）	1.2	6.9	8.6
外国直接投资，净流入额（10亿美元）	-4.6	15.3	26.3
获得的净官方发展援助（10亿美元）	1.7	1.4	-0.4

伊朗

中东和北非			中高收入经济体
人口（百万）	78.1	人口增长率（百分比）	1.3
陆地面积（千平方千米）	1,745	每天生活费用不足1.90美元的人口（占人口的百分比）	<2
GNI，图表集法（10亿美元）	*549.0*	人均GNI，图表集法（美元）	*7,120*
PPP衡量的GNI（10亿美元）	*1,280.2*	PPP衡量的人均GNI（美元）	*16,590*

	2000	2010	2014
人口			
最贫困的20%人口占国家消费/收入的份额（百分比）	*5.2*	*5.3*	*6.8*
出生时的预期寿命（岁）	70	74	75
总生育率（每个女性生育数）	2.2	1.8	1.7
孕产妇死亡率（每十万次分娩）	51	27	25
避孕普及率（占15—49岁已婚女性的百分比）	74	77	..
在熟练医护人员护理下的分娩（占总数的百分比）	90	96	..
5岁以下儿童死亡率（每千人）	35	19	16
生长迟缓（占5岁以下儿童的百分比）	*20.4*	..	..
儿童麻疹免疫接种率（占12—23个月年龄组的百分比）	99	99	99
小学毕业率，总数（占适龄年龄组的百分比）	92	105	102
小学和中学中女孩与男孩的比率	0.9	1.0	1.0
劳动力参与率（占15岁以上人口的百分比）	44	44	45
HIV感染率（占15—49岁人口的百分比）	0.1	0.1	0.1
环境			
森林（千平方千米）	93	107	107
森林采伐（2000—2010年和2010—2015年，平均年度百分比）		-1.4	0.0
淡水使用量（占内陆水资源的百分比）	*69.8*	*72.6*	72.6
获得改善的水资源的人口（占总人口的百分比）	94	96	96
获得改善的卫生设施的人口（占总人口的百分比）	79	89	90
人均能源使用量（千克石油当量）	1,868	2,794	*2,960*
人均二氧化碳排放量（吨）	5.7	7.7	..
人均用电量（千瓦时）	1,541	2,642	*2,899*
经济			
GDP（10亿美元）	110	*468*	425
GDP增长率（年度百分比）	5.8	6.6	4.3
GDP隐含价格平减指数（年度增长百分比）	24.9	14.4	12.2
农业增加值（占GDP的百分比）	9	7	9
工业增加值（占GDP的百分比）	41	41	38
服务业增加值（占GDP的百分比）	50	52	52
货物和服务出口（占GDP的百分比）	21	25	24
货物和服务进口（占GDP的百分比）	20	20	19
资本形成总额（占GDP的百分比）	35	37	33
中央政府收入（占GDP的百分比）	21.6	*26.5*	..
中央政府现金盈余/赤字（占GDP的百分比）	1.7	*0.5*	..
政府与市场			
创办企业的时间（天）	*31*	13	15
总体统计能力水平（0—100）	..	71.1	73.3
军费支出（占GDP的百分比）	2.3	2.9	*2.2*
移动电话用户（每100人）	1.5	72.6	87.8
互联网用户（占总人口的百分比）	0.9	15.9	39.4
金融部门提供的国内信用（占GDP的百分比）	*39.4*	..	..
高科技出口（占制成品出口的百分比）	1	4	..
全球联系			
商品贸易（占GDP的百分比）	39	36	33
净易货贸易条件指数（2000年=100）	100	157	183
外债总额（10亿美元）	8.0	20.0	5.5
债务还本付息总额（占出口的百分比）	9.7	..	..
净移民（千人）	*-70*	*-549*	*-300*
获得的侨汇（10亿美元）	0.5	1.2	..
外国直接投资，净流入额（10亿美元）	0.0	3.6	2.1
获得的净官方发展援助（百万美元）	130	121	81

伊拉克

中东和北非			中高收入经济体
人口（百万）	34.8	人口增长率（百分比）	3.0
陆地面积（千平方千米）	435	每天生活费用不足1.90美元的人口（占人口的百分比）	..
GNI，图表集法（10亿美元）	227.3	人均GNI，图表集法（美元）	6,530
PPP衡量的GNI（10亿美元）	525.6	PPP衡量的人均GNI（美元）	15,100

	2000	2010	2014
人口			
最贫困的20%人口占国家消费/收入的份额（百分比）	..	..	*8.8*
出生时的预期寿命（岁）	69	68	69
总生育率（每个女性生育数）	4.9	4.7	4.6
孕产妇死亡率（每十万次分娩）	63	51	50
避孕普及率（占15—49岁已婚女性的百分比）	44	*53*	..
在熟练医护人员护理下的分娩（占总数的百分比）	72	*91*	..
5岁以下儿童死亡率（每千人）	45	37	32
生长迟缓（占5岁以下儿童的百分比）	28.3	*22.6*	..
儿童麻疹免疫接种率（占12—23个月年龄组的百分比）	86	75	57
小学毕业率，总数（占适龄年龄组的百分比）	56	*67*	..
小学和中学中女孩与男孩的比率	0.8	*0.8*	..
劳动力参与率（占15岁以上人口的百分比）	41	42	42
HIV感染率（占15—49岁人口的百分比）	..	..	..
环境			
森林（千平方千米）	8.2	8.3	8.3
森林采伐（2000—2010年和2010—2015年，平均年度百分比）		-0.1	0.0
淡水使用量（占内陆水资源的百分比）	*187.5*	..	187.5
获得改善的水资源的人口（占总人口的百分比）	80	85	87
获得改善的卫生设施的人口（占总人口的百分比）	75	83	86
人均能源使用量（千克石油当量）	1,106	1,217	*1,481*
人均二氧化碳排放量（吨）	3.1	3.6	..
人均用电量（千瓦时）	1,237	1,191	*1,798*
经济			
GDP（10亿美元）	..	*139*	224
GDP增长率（年度百分比）	1.4	6.4	-2.1
GDP隐含价格平减指数（年度增长百分比）	43.7	16.6	-1.8
农业增加值（占GDP的百分比）	..	..	..
工业增加值（占GDP的百分比）	..	..	..
服务业增加值（占GDP的百分比）	..	..	..
货物和服务出口（占GDP的百分比）	76	39	42
货物和服务进口（占GDP的百分比）	50	34	22
资本形成总额（占GDP的百分比）	29	16	18
中央政府收入（占GDP的百分比）	..	..	..
中央政府现金盈余/赤字（占GDP的百分比）	..	..	..
政府与市场			
创办企业的时间（天）	..	32	29
总体统计能力水平（0—100）	..	41.1	52.2
军费支出（占GDP的百分比）	..	2.6	4.3
移动电话用户（每100人）	0.0	75.1	94.9
互联网用户（占总人口的百分比）	*0.1*	2.5	11.3
金融部门提供的国内信用（占GDP的百分比）	..	-1.2	0.4
高科技出口（占制成品出口的百分比）	..	*0*	..
全球联系			
商品贸易（占GDP的百分比）	..	70	64
净易货贸易条件指数（2000年=100）	100	189	209
外债总额（百万美元）	..	..	..
债务还本付息总额（占出口的百分比）	..	..	..
净移民（千人）	*-266*	*-457*	*549*
获得的侨汇（百万美元）	..	177	271
外国直接投资，净流入额（百万美元）	0.0	1.4	4.8
获得的净官方发展援助（10亿美元）	0.1	2.2	1.4

爱尔兰

欧洲和中亚			高收入经济体
人口（百万）	4.6	人口增长率（百分比）	0.4
陆地面积（千平方千米）	70	每天生活费用不足1.90美元的人口（占人口的百分比）	..
GNI，图表集法（10亿美元）	214.7	人均GNI，图表集法（美元）	46,520
PPP衡量的GNI（10亿美元）	197.7	PPP衡量的人均GNI（美元）	42,830

	2000	2010	2014
人口			
最贫困的20%人口占国家消费/收入的份额（百分比）	..	7.6	*7.7*
出生时的预期寿命（岁）	77	81	81
总生育率（每个女性生育数）	1.9	2.1	2.0
孕产妇死亡率（每十万次分娩）	9	7	8
避孕普及率（占15—49岁已婚女性的百分比）	*75*	..	..
在熟练医护人员护理下的分娩（占总数的百分比）	*100*	..	..
5岁以下儿童死亡率（每千人）	7	4	4
生长迟缓（占5岁以下儿童的百分比）	..	..	..
儿童麻疹免疫接种率（占12—23个月年龄组的百分比）	79	90	93
小学毕业率，总数（占适龄年龄组的百分比）	..	..	..
小学和中学中女孩与男孩的比率	1.0	1.0	*1.0*
劳动力参与率（占15岁以上人口的百分比）	59	61	60
HIV感染率（占15—49岁人口的百分比）	0.1	0.2	0.3
环境			
森林（千平方千米）	6.4	7.3	7.5
森林采伐（2000—2010年和2010—2015年，平均年度百分比）		-1.3	-0.8
淡水使用量（占内陆水资源的百分比）	..	*1.5*	1.5
获得改善的水资源的人口（占总人口的百分比）	96	97	98
获得改善的卫生设施的人口（占总人口的百分比）	89	90	91
人均能源使用量（千克石油当量）	3,627	3,162	2,768
人均二氧化碳排放量（吨）	10.8	8.8	..
人均用电量（千瓦时）	5,796	5,911	*5,702*
经济			
GDP（10亿美元）	100	*220*	251
GDP增长率（年度百分比）	10.2	0.4	5.2
GDP隐含价格平减指数（年度增长百分比）	6.1	-2.3	0.1
农业增加值（占GDP的百分比）	3	1	2
工业增加值（占GDP的百分比）	35	27	26
服务业增加值（占GDP的百分比）	62	72	73
货物和服务出口（占GDP的百分比）	95	103	114
货物和服务进口（占GDP的百分比）	81	87	95
资本形成总额（占GDP的百分比）	25	17	20
中央政府收入（占GDP的百分比）	33.0	31.1	*31.9*
中央政府现金盈余/赤字（占GDP的百分比）	4.3	-32.3	*-5.7*
政府与市场			
创办企业的时间（天）	*18*	13	6
总体统计能力水平（0—100）	..	..	..
军费支出（占GDP的百分比）	0.7	0.6	0.5
移动电话用户（每100人）	64.7	105.2	105.1
互联网用户（占总人口的百分比）	17.9	69.9	79.7
金融部门提供的国内信用（占GDP的百分比）	*104.9*	238.2	165.7
高科技出口（占制成品出口的百分比）	48	21	21
全球联系			
商品贸易（占GDP的百分比）	129	80	75
净易货贸易条件指数（2000年=100）	100	98	89
外债总额（百万美元）	..	..	..
债务还本付息总额（占出口的百分比）	..	..	..
净移民（千人）	*200*	*198*	*-140*
获得的侨汇（百万美元）	252	658	719
外国直接投资，净流入额（10亿美元）	25.5	37.8	86.8
获得的净官方发展援助（百万美元）	..	..	..

马恩岛

欧洲和中亚			高收入经济体
人口（千人）	87	人口增长率（百分比）	0.8
陆地面积（平方千米）	570	每天生活费用不足1.90美元的人口（占人口的百分比）	..
GNI，图表集法（10亿美元）	..	人均GNI，图表集法（美元）	..
PPP衡量的GNI（百万美元）	..	PPP衡量的人均GNI（美元）	..

	2000	2010	2014
人口			
最贫困的20%人口占国家消费/收入的份额（百分比）	..	..	..
出生时的预期寿命（岁）	*78*	..	..
总生育率（每个女性生育数）	*1.7*	..	..
孕产妇死亡率（每十万次分娩）	..	..	..
避孕普及率（占15—49岁已婚女性的百分比）	..	..	..
在熟练医护人员护理下的分娩（占总数的百分比）	..	..	..
5岁以下儿童死亡率（每千人）	..	..	..
生长迟缓（占5岁以下儿童的百分比）	..	..	..
儿童麻疹免疫接种率（占12—23个月年龄组的百分比）	..	..	..
小学毕业率，总数（占适龄年龄组的百分比）	..	..	..
小学和中学中女孩与男孩的比率	..	..	..
劳动力参与率（占15岁以上人口的百分比）	..	..	..
HIV感染率（占15—49岁人口的百分比）	..	..	..
环境			
森林（平方千米）	30	30	30
森林采伐（2000—2010年和2010—2015年，平均年度百分比）		0.0	0.0
淡水使用量（占内陆水资源的百分比）	..	..	..
获得改善的水资源的人口（占总人口的百分比）	..	..	..
获得改善的卫生设施的人口（占总人口的百分比）	..	..	..
人均能源使用量（千克石油当量）	..	..	..
人均二氧化碳排放量（吨）	..	..	..
人均用电量（千瓦时）	..	..	..
经济			
GDP（百万美元）	1,564	*4,062*	..
GDP增长率（年度百分比）	5.3	*7.5*	..
GDP隐含价格平减指数（年度增长百分比）	3.3	*3.9*	..
农业增加值（占GDP的百分比）	..	..	..
工业增加值（占GDP的百分比）	..	..	..
服务业增加值（占GDP的百分比）	..	..	..
货物和服务出口（占GDP的百分比）	..	..	..
货物和服务进口（占GDP的百分比）	..	..	..
资本形成总额（占GDP的百分比）	..	..	..
中央政府收入（占GDP的百分比）	..	..	..
中央政府现金盈余/赤字（占GDP的百分比）	..	..	..
政府与市场			
创办企业的时间（天）	..	..	..
总体统计能力水平（0—100）	..	..	..
军费支出（占GDP的百分比）	..	..	..
移动电话用户（每100人）	..	..	..
互联网用户（占总人口的百分比）	..	..	..
金融部门提供的国内信用（占GDP的百分比）	..	..	..
高科技出口（占制成品出口的百分比）	..	..	..
全球联系			
商品贸易（占GDP的百分比）	..	..	..
净易货贸易条件指数（2000年=100）	..	..	..
外债总额（百万美元）	..	..	..
债务还本付息总额（占出口的百分比）	..	..	..
净移民（千人）	..	..	..
获得的侨汇（百万美元）	..	..	..
外国直接投资，净流入额（百万美元）	..	..	..
获得的净官方发展援助（百万美元）	..	..	..

以色列

中东和北非			高收入经济体
人口（百万）	8.2	人口增长率（百分比）	1.9
陆地面积（千平方千米）	22	每天生活费用不足1.90美元的人口（占人口的百分比）	..
GNI，图表集法（10亿美元）	290.2	人均GNI，图表集法（美元）	35,320
PPP衡量的GNI（10亿美元）	273.6	PPP衡量的人均GNI（美元）	33,300

	2000	2010	2014
人口			
最贫困的20%人口占国家消费/收入的份额（百分比）	5.7	4.6	..
出生时的预期寿命（岁）	79	82	82
总生育率（每个女性生育数）	3.0	3.0	3.1
孕产妇死亡率（每十万次分娩）	8	6	5
避孕普及率（占15—49岁已婚女性的百分比）	..	..	..
在熟练医护人员护理下的分娩（占总数的百分比）	..	..	..
5岁以下儿童死亡率（每千人）	7	5	4
生长迟缓（占5岁以下儿童的百分比）	..	..	..
儿童麻疹免疫接种率（占12—23个月年龄组的百分比）	95	96	96
小学毕业率，总数（占适龄年龄组的百分比）	*104*	102	*102*
小学和中学中女孩与男孩的比率	1.0	1.0	*1.0*
劳动力参与率（占15岁以上人口的百分比）	54	57	63
HIV感染率（占15—49岁人口的百分比）	..	..	..
环境			
森林（千平方千米）	1.5	1.5	1.7
森林采伐（2000—2010年和2010—2015年，平均年度百分比）		-0.1	-1.4
淡水使用量（占内陆水资源的百分比）	*244.1*	*260.5*	260.5
获得改善的水资源的人口（占总人口的百分比）	100	100	100
获得改善的卫生设施的人口（占总人口的百分比）	100	100	100
人均能源使用量（千克石油当量）	2,899	3,042	2,850
人均二氧化碳排放量（吨）	9.6	9.0	..
人均用电量（千瓦时）	6,323	6,953	*6,559*
经济			
GDP（10亿美元）	132	*234*	306
GDP增长率（年度百分比）	8.9	5.5	2.6
GDP隐含价格平减指数（年度增长百分比）	2.1	1.5	1.0
农业增加值（占GDP的百分比）	..	..	..
工业增加值（占GDP的百分比）	..	..	..
服务业增加值（占GDP的百分比）	..	..	..
货物和服务出口（占GDP的百分比）	36	35	32
货物和服务进口（占GDP的百分比）	36	33	31
资本形成总额（占GDP的百分比）	23	18	20
中央政府收入（占GDP的百分比）	38.2	28.6	*28.8*
中央政府现金盈余/赤字（占GDP的百分比）	-3.7	-4.9	*-4.6*
政府与市场			
创办企业的时间（天）	*19*	19	13
总体统计能力水平（0—100）	..	..	..
军费支出（占GDP的百分比）	7.1	6.2	5.2
移动电话用户（每100人）	73.2	122.8	121.5
互联网用户（占总人口的百分比）	20.9	67.5	71.5
金融部门提供的国内信用（占GDP的百分比）	72.2	87.6	85.1
高科技出口（占制成品出口的百分比）	19	15	16
全球联系			
商品贸易（占GDP的百分比）	52	51	47
净易货贸易条件指数（2000年=100）	100	98	101
外债总额（百万美元）	..	..	..
债务还本付息总额（占出口的百分比）	..	..	..
净移民（千人）	*103*	*274*	*19*
获得的侨汇（百万美元）	400	572	859
外国直接投资，净流入额（10亿美元）	8.0	5.5	6.7
获得的净官方发展援助（百万美元）	..	..	..

意大利

欧洲和中亚 **高收入经济体**

人口（百万）	60.8	人口增长率（百分比）	0.9
陆地面积（千平方千米）	301	每天生活费用不足1.90美元的人口（占人口的百分比）	..
GNI，图表集法（10亿美元）	2,102.2	人均GNI，图表集法（美元）	34,580
PPP衡量的GNI（10亿美元）	2,155.2	PPP衡量的人均GNI（美元）	35,450

	2000	2010	2014
人口			
最贫困的20%人口占国家消费/收入的份额（百分比）	..	6.4	*6.2*
出生时的预期寿命（岁）	80	82	83
总生育率（每个女性生育数）	1.3	1.5	1.4
孕产妇死亡率（每十万次分娩）	5	4	4
避孕普及率（占15—49岁已婚女性的百分比）	..	..	..
在熟练医护人员护理下的分娩（占总数的百分比）	99	..	..
5岁以下儿童死亡率（每千人）	6	4	4
生长迟缓（占5岁以下儿童的百分比）	..	..	..
儿童麻疹免疫接种率（占12—23个月年龄组的百分比）	74	91	86
小学毕业率，总数（占适龄年龄组的百分比）	101	103	*100*
小学和中学中女孩与男孩的比率	1.0	1.0	*1.0*
劳动力参与率（占15岁以上人口的百分比）	48	48	49
HIV感染率（占15—49岁人口的百分比）	..	..	..
环境			
森林（千平方千米）	84	90	93
森林采伐（2000—2010年和2010—2015年，平均年度百分比）		-0.8	-0.6
淡水使用量（占内陆水资源的百分比）	*24.9*	..	29.5
获得改善的水资源的人口（占总人口的百分比）	100	100	100
获得改善的卫生设施的人口（占总人口的百分比）	100	100	100
人均能源使用量（千克石油当量）	3,012	2,868	2,405
人均二氧化碳排放量（吨）	7.9	6.8	..
人均用电量（千瓦时）	5,300	5,494	*5,159*
经济			
GDP（10亿美元）	1,142	*2,127*	2,141
GDP增长率（年度百分比）	3.7	1.7	-0.4
GDP隐含价格平减指数（年度增长百分比）	2.0	0.3	0.9
农业增加值（占GDP的百分比）	3	2	2
工业增加值（占GDP的百分比）	27	24	23
服务业增加值（占GDP的百分比）	70	74	74
货物和服务出口（占GDP的百分比）	26	25	30
货物和服务进口（占GDP的百分比）	25	27	27
资本形成总额（占GDP的百分比）	21	21	16
中央政府收入（占GDP的百分比）	36.0	24.4	*25.9*
中央政府现金盈余/赤字（占GDP的百分比）	-2.4	-4.1	*-3.0*
政府与市场			
创办企业的时间（天）	*23*	6	6
总体统计能力水平（0—100）	..	..	..
军费支出（占GDP的百分比）	2.0	1.7	1.4
移动电话用户（每100人）	74.1	154.8	154.3
互联网用户（占总人口的百分比）	23.1	53.7	62.0
金融部门提供的国内信用（占GDP的百分比）	*93.9*	160.3	173.0
高科技出口（占制成品出口的百分比）	9	7	7
全球联系			
商品贸易（占GDP的百分比）	42	44	47
净易货贸易条件指数（2000年=100）	100	98	100
外债总额（百万美元）	..	..	..
债务还本付息总额（占出口的百分比）	..	..	..
净移民（千人）	*1,624*	*1,006*	*528*
获得的侨汇（10亿美元）	1.9	8.0	10.0
外国直接投资，净流入额（10亿美元）	13.2	9.9	13.7
获得的净官方发展援助（百万美元）	..	..	..

牙买加

拉丁美洲和加勒比地区		中高收入经济体	
人口（百万）	2.7	人口增长率（百分比）	0.2
陆地面积（千平方千米）	11	每天生活费用不足1.90美元的人口（占人口的百分比）	<2
GNI，图表集法（10亿美元）	14.0	人均GNI，图表集法（美元）	5,150
PPP衡量的GNI（10亿美元）	23.5	PPP衡量的人均GNI（美元）	8,640

	2000	2010	2014
人口			
最贫困的20%人口占国家消费/收入的份额（百分比）	5.5	..	..
出生时的预期寿命（岁）	72	75	76
总生育率（每个女性生育数）	2.6	2.2	2.0
孕产妇死亡率（每十万次分娩）	89	93	89
避孕普及率（占15—49岁已婚女性的百分比）	69	*72*	..
在熟练医护人员护理下的分娩（占总数的百分比）	96	*99*	..
5岁以下儿童死亡率（每千人）	22	18	16
生长迟缓（占5岁以下儿童的百分比）	6.6	4.8	5.7
儿童麻疹免疫接种率（占12—23个月年龄组的百分比）	88	89	92
小学毕业率，总数（占适龄年龄组的百分比）	87	..	..
小学和中学中女孩与男孩的比率	1.0	..	..
劳动力参与率（占15岁以上人口的百分比）	68	63	63
HIV感染率（占15—49岁人口的百分比）	2.4	1.8	1.6
环境			
森林（千平方千米）	3.4	3.4	3.4
森林采伐（2000—2010年和2010—2015年，平均年度百分比）		0.1	0.1
淡水使用量（占内陆水资源的百分比）	..	*7.5*	7.5
获得改善的水资源的人口（占总人口的百分比）	94	94	94
获得改善的卫生设施的人口（占总人口的百分比）	81	82	82
人均能源使用量（千克石油当量）	1,481	1,001	*1,084*
人均二氧化碳排放量（吨）	4.0	2.7	..
人均用电量（千瓦时）	2,334	1,270	*1,126*
经济			
GDP（10亿美元）	8.9	*13.2*	13.9
GDP增长率（年度百分比）	0.9	-1.5	0.7
GDP隐含价格平减指数（年度增长百分比）	10.6	9.8	7.3
农业增加值（占GDP的百分比）	7	6	7
工业增加值（占GDP的百分比）	26	21	21
服务业增加值（占GDP的百分比）	67	73	72
货物和服务出口（占GDP的百分比）	*33*	31	31
货物和服务进口（占GDP的百分比）	*49*	50	53
资本形成总额（占GDP的百分比）	*27*	20	22
中央政府收入（占GDP的百分比）	29.6	30.1	*31.1*
中央政府现金盈余/赤字（占GDP的百分比）	-2.1	-5.9	*0.8*
政府与市场			
创办企业的时间（天）	*31*	8	3
总体统计能力水平（0—100）	..	74.4	77.8
军费支出（占GDP的百分比）	0.5	0.9	0.9
移动电话用户（每100人）	14.2	116.1	107.4
互联网用户（占总人口的百分比）	3.1	27.7	40.5
金融部门提供的国内信用（占GDP的百分比）	46.5	51.2	52.4
高科技出口（占制成品出口的百分比）	0	1	1
全球联系			
商品贸易（占GDP的百分比）	52	50	52
净易货贸易条件指数（2000年=100）	100	95	85
外债总额（10亿美元）	4.7	14.1	14.0
债务还本付息总额（占出口的百分比）	18.5	27.9	32.7
净移民（千人）	*-92.0*	*-95.0*	*-97.0*
获得的侨汇（10亿美元）	0.9	2.0	2.3
外国直接投资，净流入额（百万美元）	468	186	595
获得的净官方发展援助（百万美元）	9	141	92

日本

东亚和太平洋地区			高收入经济体
人口（百万）	127.1	人口增长率（百分比）	-0.2
陆地面积（千平方千米）	378	每天生活费用不足1.90美元的人口（占人口的百分比）	..
GNI，图表集法（10亿美元）	5,339.1	人均GNI，图表集法（美元）	42,000
PPP衡量的GNI（10亿美元）	4,846.7	PPP衡量的人均GNI（美元）	38,120

	2000	2010	2014
人口			
最贫困的20%人口占国家消费/收入的份额（百分比）	..	*7.4*	..
出生时的预期寿命（岁）	81	83	84
总生育率（每个女性生育数）	1.4	1.4	1.4
孕产妇死亡率（每十万次分娩）	10	6	5
避孕普及率（占15—49岁已婚女性的百分比）	56	..	..
在熟练医护人员护理下的分娩（占总数的百分比）	..	..	..
5岁以下儿童死亡率（每千人）	5	3	3
生长迟缓（占5岁以下儿童的百分比）	..	7.1	..
儿童麻疹免疫接种率（占12—23个月年龄组的百分比）	96	94	98
小学毕业率，总数（占适龄年龄组的百分比）	102	101	*102*
小学和中学中女孩与男孩的比率	1.0	1.0	*1.0*
劳动力参与率（占15岁以上人口的百分比）	62	60	59
HIV感染率（占15—49岁人口的百分比）	..	..	..
环境			
森林（千平方千米）	249	250	250
森林采伐（2000—2010年和2010—2015年，平均年度百分比）		0.0	0.0
淡水使用量（占内陆水资源的百分比）	*19.7*	*19.3*	18.9
获得改善的水资源的人口（占总人口的百分比）	100	100	100
获得改善的卫生设施的人口（占总人口的百分比）	100	100	100
人均能源使用量（千克石油当量）	4,093	3,896	3,470
人均二氧化碳排放量（吨）	9.6	9.1	..
人均用电量（千瓦时）	7,975	8,337	*7,836*
经济			
GDP（10亿美元）	4,731	5,495	4,601
GDP增长率（年度百分比）	2.3	4.7	-0.1
GDP隐含价格平减指数（年度增长百分比）	-1.2	-2.2	1.6
农业增加值（占GDP的百分比）	2	1	*1*
工业增加值（占GDP的百分比）	31	28	*26*
服务业增加值（占GDP的百分比）	67	71	*73*
货物和服务出口（占GDP的百分比）	11	15	18
货物和服务进口（占GDP的百分比）	9	14	21
资本形成总额（占GDP的百分比）	25	20	22
中央政府收入（占GDP的百分比）	..	11.4	*12.3*
中央政府现金盈余/赤字（占GDP的百分比）	..	-6.7	*-7.2*
政府与市场			
创办企业的时间（天）	..	..	10
总体统计能力水平（0—100）	..	..	..
军费支出（占GDP的百分比）	1.0	1.0	1.0
移动电话用户（每100人）	53.1	96.8	120.2
互联网用户（占总人口的百分比）	30.0	78.2	90.6
金融部门提供的国内信用（占GDP的百分比）	304.7	328.5	373.8
高科技出口（占制成品出口的百分比）	29	18	17
全球联系			
商品贸易（占GDP的百分比）	18	27	33
净易货贸易条件指数（2000年=100）	100	68	58
外债总额（百万美元）	..	..	..
债务还本付息总额（占出口的百分比）	..	..	..
净移民（千人）	*622*	*445*	*350*
获得的侨汇（10亿美元）	1.4	1.7	3.7
外国直接投资，净流入额（10亿美元）	8.2	7.4	9.1
获得的净官方发展援助（百万美元）	..	..	..

约旦

中东和北非			中高收入经济体
人口（百万）	6.6	人口增长率（百分比）	2.3
陆地面积（千平方千米）	89	每天生活费用不足1.90美元的人口（占人口的百分比）	<2
GNI，图表集法（10亿美元）	34.1	人均GNI，图表集法（美元）	5,160
PPP衡量的GNI（10亿美元）	78.7	PPP衡量的人均GNI（美元）	11,910

	2000	2010	2014
人口			
最贫困的20%人口占国家消费/收入的份额（百分比）	*7.2*	8.2	..
出生时的预期寿命（岁）	72	73	74
总生育率（每个女性生育数）	4.1	3.6	3.4
孕产妇死亡率（每十万次分娩）	77	59	58
避孕普及率（占15—49岁已婚女性的百分比）	*56*	*59*	*61*
在熟练医护人员护理下的分娩（占总数的百分比）	*100*	*99*	*100*
5岁以下儿童死亡率（每千人）	28	21	18
生长迟缓（占5岁以下儿童的百分比）	*12.0*	*8.3*	*7.8*
儿童麻疹免疫接种率（占12—23个月年龄组的百分比）	94	98	98
小学毕业率，总数（占适龄年龄组的百分比）	101	*86*	..
小学和中学中女孩与男孩的比率	1.0	1.0	*1.0*
劳动力参与率（占15岁以上人口的百分比）	42	42	42
HIV感染率（占15—49岁人口的百分比）	..	..	..
环境			
森林（平方千米）	980	980	980
森林采伐（2000—2010年和2010—2015年，平均年度百分比）		0.0	0.0
淡水使用量（占内陆水资源的百分比）	..	*138.0*	138.0
获得改善的水资源的人口（占总人口的百分比）	97	97	97
获得改善的卫生设施的人口（占总人口的百分比）	98	99	99
人均能源使用量（千克石油当量）	1,014	1,175	*1,196*
人均二氧化碳排放量（吨）	3.2	3.5	..
人均用电量（千瓦时）	1,377	2,216	*2,350*
经济			
GDP（10亿美元）	8.5	*26.4*	35.8
GDP增长率（年度百分比）	4.2	2.3	3.1
GDP隐含价格平减指数（年度增长百分比）	-0.4	8.4	3.4
农业增加值（占GDP的百分比）	2	3	4
工业增加值（占GDP的百分比）	26	31	30
服务业增加值（占GDP的百分比）	72	66	66
货物和服务出口（占GDP的百分比）	42	48	43
货物和服务进口（占GDP的百分比）	69	69	69
资本形成总额（占GDP的百分比）	22	24	28
中央政府收入（占GDP的百分比）	25.1	22.7	*21.5*
中央政府现金盈余/赤字（占GDP的百分比）	-2.0	-5.6	*-8.3*
政府与市场			
创办企业的时间（天）	*79*	12	12
总体统计能力水平（0—100）	..	76.7	74.4
军费支出（占GDP的百分比）	6.3	5.2	3.5
移动电话用户（每100人）	8.2	102.6	147.8
互联网用户（占总人口的百分比）	2.6	27.2	44.0
金融部门提供的国内信用（占GDP的百分比）	78.8	99.9	106.2
高科技出口（占制成品出口的百分比）	8	3	2
全球联系			
商品贸易（占GDP的百分比）	77	85	87
净易货贸易条件指数（2000年=100）	100	86	71
外债总额（10亿美元）	11.1	17.1	24.3
债务还本付息总额（占出口的百分比）	20.1	5.8	8.5
净移民（千人）	*-94*	*450*	*230*
获得的侨汇（10亿美元）	1.8	3.5	3.7
外国直接投资，净流入额（10亿美元）	0.9	1.7	1.8
获得的净官方发展援助（百万美元）	553	951	2,699

哈萨克斯坦

欧洲和中亚 **中高收入经济体**

人口（百万）	17.3	人口增长率（百分比）	1.5
陆地面积（千平方千米）	2,725	每天生活费用不足1.90美元的人口（占人口的百分比）	<2
GNI，图表集法（10亿美元）	204.8	人均GNI，图表集法（美元）	11,850
PPP衡量的GNI（10亿美元）	375.3	PPP衡量的人均GNI（美元）	21,710

	2000	2010	2014
人口			
最贫困的20%人口占国家消费/收入的份额（百分比）	6.9	9.5	*10.0*
出生时的预期寿命（岁）	66	68	72
总生育率（每个女性生育数）	1.8	2.6	2.7
孕产妇死亡率（每十万次分娩）	65	20	12
避孕普及率（占15—49岁已婚女性的百分比）	66	51	..
在熟练医护人员护理下的分娩（占总数的百分比）	98	100	..
5岁以下儿童死亡率（每千人）	44	22	14
生长迟缓（占5岁以下儿童的百分比）	*13.9*	13.1	..
儿童麻疹免疫接种率（占12—23个月年龄组的百分比）	99	99	99
小学毕业率，总数（占适龄年龄组的百分比）	93	106	114
小学和中学中女孩与男孩的比率	1.0	..	1.0
劳动力参与率（占15岁以上人口的百分比）	70	72	73
HIV感染率（占15—49岁人口的百分比）	0.1	0.1	0.2
环境			
森林（千平方千米）	34	33	33
森林采伐（2000—2010年和2010—2015年，平均年度百分比）		0.2	0.0
淡水使用量（占内陆水资源的百分比）	*30.6*	*32.2*	32.9
获得改善的水资源的人口（占总人口的百分比）	94	93	93
获得改善的卫生设施的人口（占总人口的百分比）	97	97	98
人均能源使用量（千克石油当量）	2,397	4,235	*4,787*
人均二氧化碳排放量（吨）	8.6	15.1	..
人均用电量（千瓦时）	3,170	4,728	*4,892*
经济			
GDP（10亿美元）	18	*148*	218
GDP增长率（年度百分比）	9.8	7.3	4.4
GDP隐含价格平减指数（年度增长百分比）	17.4	19.5	6.0
农业增加值（占GDP的百分比）	9	5	5
工业增加值（占GDP的百分比）	40	43	36
服务业增加值（占GDP的百分比）	51	52	59
货物和服务出口（占GDP的百分比）	57	44	39
货物和服务进口（占GDP的百分比）	49	30	26
资本形成总额（占GDP的百分比）	18	25	24
中央政府收入（占GDP的百分比）	11.3	..	..
中央政府现金盈余/赤字（占GDP的百分比）	0.1	..	..
政府与市场			
创办企业的时间（天）	*26*	19	5
总体统计能力水平（0—100）	..	95.6	90.0
军费支出（占GDP的百分比）	0.8	1.0	1.1
移动电话用户（每100人）	1.4	121.9	172.2
互联网用户（占总人口的百分比）	0.7	31.6	54.9
金融部门提供的国内信用（占GDP的百分比）	12.3	45.4	36.6
高科技出口（占制成品出口的百分比）	4	34	37
全球联系			
商品贸易（占GDP的百分比）	76	62	55
净易货贸易条件指数（2000年=100）	100	197	216
外债总额（10亿美元）	13	119	158
债务还本付息总额（占出口的百分比）	32.4	57.9	35.6
净移民（千人）	*45*	*-35*	*160*
获得的侨汇（百万美元）	122	226	229
外国直接投资，净流入额（10亿美元）	1.3	7.5	7.6
获得的净官方发展援助（百万美元）	189	226	88

肯尼亚

撒哈拉以南非洲地区		低收入经济体	
人口（百万）	44.9	人口增长率（百分比）	2.6
陆地面积（千平方千米）	580	每天生活费用不足1.90美元的人口（占人口的百分比）	*33.6*
GNI，图表集法（10亿美元）	58.1	人均GNI，图表集法（美元）	1,290
PPP衡量的GNI（10亿美元）	131.8	PPP衡量的人均GNI（美元）	2,940

	2000	2010	2014
人口			
最贫困的20%人口占国家消费/收入的份额（百分比）	..	..	..
出生时的预期寿命（岁）	51	59	62
总生育率（每个女性生育数）	5.0	4.6	4.3
孕产妇死亡率（每十万次分娩）	759	605	510
避孕普及率（占15—49岁已婚女性的百分比）	*39*	*46*	58
在熟练医护人员护理下的分娩（占总数的百分比）	*42*	*44*	62
5岁以下儿童死亡率（每千人）	108	62	49
生长迟缓（占5岁以下儿童的百分比）	41.0	*35.2*	26.0
儿童麻疹免疫接种率（占12—23个月年龄组的百分比）	78	86	79
小学毕业率，总数（占适龄年龄组的百分比）	..	..	104
小学和中学中女孩与男孩的比率	1.0	*1.0*	*1.0*
劳动力参与率（占15岁以上人口的百分比）	68	67	67
HIV感染率（占15—49岁人口的百分比）	9.9	5.6	5.3
环境			
森林（千平方千米）	36	42	44
森林采伐（2000—2010年和2010—2015年，平均年度百分比）		-1.7	-0.9
淡水使用量（占内陆水资源的百分比）	..	*11.2*	15.5
获得改善的水资源的人口（占总人口的百分比）	52	60	63
获得改善的卫生设施的人口（占总人口的百分比）	27	29	30
人均能源使用量（千克石油当量）	451	488	*492*
人均二氧化碳排放量（吨）	0.3	0.3	..
人均用电量（千瓦时）	107	154	*168*
经济			
GDP（10亿美元）	12.7	*40.0*	60.9
GDP增长率（年度百分比）	0.6	8.4	5.3
GDP隐含价格平减指数（年度增长百分比）	6.1	2.1	7.5
农业增加值（占GDP的百分比）	32	28	30
工业增加值（占GDP的百分比）	17	21	19
服务业增加值（占GDP的百分比）	51	51	50
货物和服务出口（占GDP的百分比）	22	21	16
货物和服务进口（占GDP的百分比）	32	34	34
资本形成总额（占GDP的百分比）	17	21	21
中央政府收入（占GDP的百分比）	19.7	16.4	*17.6*
中央政府现金盈余/赤字（占GDP的百分比）	2.0	-4.7	*-3.8*
政府与市场			
创办企业的时间（天）	*60*	31	26
总体统计能力水平（0—100）	..	62.2	54.4
军费支出（占GDP的百分比）	1.3	1.6	1.3
移动电话用户（每100人）	0.4	61.0	73.8
互联网用户（占总人口的百分比）	0.3	14.0	43.4
金融部门提供的国内信用（占GDP的百分比）	35.7	41.1	44.6
高科技出口（占制成品出口的百分比）	4	6	*4*
全球联系			
商品贸易（占GDP的百分比）	38	43	40
净易货贸易条件指数（2000年＝100）	100	95	88
外债总额（10亿美元）	6.2	8.8	16.2
债务还本付息总额（占出口的百分比）	21.0	4.4	11.0
净移民（千人）	*25*	*-189*	*-50*
获得的侨汇（百万美元）	538	686	1,441
外国直接投资，净流入额（百万美元）	111	178	944
获得的净官方发展援助（10亿美元）	0.5	1.6	2.7

基里巴斯

东亚和太平洋地区 **中低收入经济体**

人口（千人）	110	人口增长率（百分比）	1.8
陆地面积（平方千米）	810	每天生活费用不足1.90美元的人口（占人口的百分比）	*14.1*
GNI，图表集法（百万美元）	325.8	人均GNI，图表集法（美元）	2,950
PPP衡量的GNI（百万美元）	369.2	PPP衡量的人均GNI（美元）	3,340

	2000	2010	2014
人口			
最贫困的20%人口占国家消费/收入的份额（百分比）	..	..	..
出生时的预期寿命（岁）	64	65	66
总生育率（每个女性生育数）	4.1	3.8	3.7
孕产妇死亡率（每十万次分娩）	166	109	90
避孕普及率（占15—49岁已婚女性的百分比）	36	*22*	..
在熟练医护人员护理下的分娩（占总数的百分比）	*89*	*80*	..
5岁以下儿童死亡率（每千人）	71	63	56
生长迟缓（占5岁以下儿童的百分比）	..	..	..
儿童麻疹免疫接种率（占12—23个月年龄组的百分比）	80	89	91
小学毕业率，总数（占适龄年龄组的百分比）	99	*107*	112
小学和中学中女孩与男孩的比率	1.1	*1.1*	..
劳动力参与率（占15岁以上人口的百分比）	..	..	..
HIV感染率（占15—49岁人口的百分比）	..	..	..
环境			
森林（平方千米）	120	120	120
森林采伐（2000—2010年和2010—2015年，平均年度百分比）		0.0	0.0
淡水使用量（占内陆水资源的百分比）	..	..	..
获得改善的水资源的人口（占总人口的百分比）	59	65	67
获得改善的卫生设施的人口（占总人口的百分比）	34	39	40
人均能源使用量（千克石油当量）	..	*114*	..
人均二氧化碳排放量（吨）	0.4	0.6	..
人均用电量（千瓦时）	..	..	..
经济			
GDP（百万美元）	67.5	*150.4*	166.8
GDP增长率（年度百分比）	9.5	-0.5	3.7
GDP隐含价格平减指数（年度增长百分比）	-2.8	1.1	1.9
农业增加值（占GDP的百分比）	22	25	*26*
工业增加值（占GDP的百分比）	12	8	*8*
服务业增加值（占GDP的百分比）	66	67	*67*
货物和服务出口（占GDP的百分比）	13	11	11
货物和服务进口（占GDP的百分比）	93	87	111
资本形成总额（占GDP的百分比）	..	..	..
中央政府收入（占GDP的百分比）	..	..	..
中央政府现金盈余/赤字（占GDP的百分比）	..	..	..
政府与市场			
创办企业的时间（天）	*21*	31	31
总体统计能力水平（0—100）	..	36.7	34.4
军费支出（占GDP的百分比）	..	..	..
移动电话用户（每100人）	0.4	10.8	17.4
互联网用户（占总人口的百分比）	1.8	9.1	12.3
金融部门提供的国内信用（占GDP的百分比）	..	..	..
高科技出口（占制成品出口的百分比）	..	43	*1*
全球联系			
商品贸易（占GDP的百分比）	65	51	60
净易货贸易条件指数（2000年=100）	100	88	94
外债总额（百万美元）	..	..	..
债务还本付息总额（占出口的百分比）	..	..	..
净移民（千人）	*-2.0*	*-0.6*	*-2.1*
获得的侨汇（百万美元）	..	14.9	16.0
外国直接投资，净流入额（百万美元）	0.7	-6.6	8.3
获得的净官方发展援助（百万美元）	17.9	22.8	79.1

朝鲜

东亚和太平洋地区			低收入经济体
人口（百万）	25.0	人口增长率（百分比）	0.5
陆地面积（千平方千米）	121	每天生活费用不足1.90美元的人口（占人口的百分比）	..
GNI，图表集法（百万美元）	..	人均GNI，图表集法（美元）	..
PPP衡量的GNI（百万美元）	..	PPP衡量的人均GNI（美元）	..

	2000	2010	2014
人口			
最贫困的20%人口占国家消费/收入的份额（百分比）	..	..	..
出生时的预期寿命（岁）	65	69	70
总生育率（每个女性生育数）	2.0	2.0	2.0
孕产妇死亡率（每十万次分娩）	128	97	82
避孕普及率（占15—49岁已婚女性的百分比）	69	71	..
在熟练医护人员护理下的分娩（占总数的百分比）	97	*100*	..
5岁以下儿童死亡率（每千人）	60	31	25
生长迟缓（占5岁以下儿童的百分比）	51.0	*32.4*	*27.9*
儿童麻疹免疫接种率（占12—23个月年龄组的百分比）	78	99	99
小学毕业率，总数（占适龄年龄组的百分比）	..	*97*	..
小学和中学中女孩与男孩的比率	..	*1.0*	..
劳动力参与率（占15岁以上人口的百分比）	81	78	78
HIV感染率（占15—49岁人口的百分比）	..	..	..
环境			
森林（千平方千米）	69	57	50
森林采伐（2000—2010年和2010—2015年，平均年度百分比）		2.0	2.3
淡水使用量（占内陆水资源的百分比）	..	*12.9*	12.9
获得改善的水资源的人口（占总人口的百分比）	100	100	100
获得改善的卫生设施的人口（占总人口的百分比）	61	80	82
人均能源使用量（千克石油当量）	863	772	*581*
人均二氧化碳排放量（吨）	3.4	3.0	..
人均用电量（千瓦时）	715	744	*660*
经济			
GDP（百万美元）	..	..	..
GDP增长率（年度百分比）	..	..	..
GDP隐含价格平减指数（年度增长百分比）	..	..	..
农业增加值（占GDP的百分比）	..	..	..
工业增加值（占GDP的百分比）	..	..	..
服务业增加值（占GDP的百分比）	..	..	..
货物和服务出口（占GDP的百分比）	..	..	..
货物和服务进口（占GDP的百分比）	..	..	..
资本形成总额（占GDP的百分比）	..	..	..
中央政府收入（占GDP的百分比）	..	..	..
中央政府现金盈余/赤字（占GDP的百分比）	..	..	..
政府与市场			
创办企业的时间（天）	..	..	..
总体统计能力水平（0—100）	..	..	..
军费支出（占GDP的百分比）	..	..	..
移动电话用户（每100人）	0.0	1.8	11.2
互联网用户（占总人口的百分比）	0.0	0.0	0.0
金融部门提供的国内信用（占GDP的百分比）	..	..	..
高科技出口（占制成品出口的百分比）	..	..	..
全球联系			
商品贸易（占GDP的百分比）	..	..	..
净易货贸易条件指数（2000年＝100）	100	79	67
外债总额（百万美元）	..	..	..
债务还本付息总额（占出口的百分比）	..	..	..
净移民（千人）	*0.0*	*0.0*	*0.0*
获得的侨汇（百万美元）	..	..	..
外国直接投资，净流入额（百万美元）	3	38	134
获得的净官方发展援助（百万美元）	73	79	153

韩国

东亚和太平洋地区		高收入经济体	
人口（百万）	50.4	人口增长率（百分比）	0.4
陆地面积（千平方千米）	100	每天生活费用不足1.90美元的人口（占人口的百分比）	..
GNI，图表集法（10亿美元）	1,365.8	人均GNI，图表集法（美元）	27,090
PPP衡量的GNI（10亿美元）	1,697.0	PPP衡量的人均GNI（美元）	33,650

	2000	2010	2014
人口			
最贫困的20%人口占国家消费/收入的份额（百分比）	..	..	..
出生时的预期寿命（岁）	76	81	82
总生育率（每个女性生育数）	1.5	1.2	1.2
孕产妇死亡率（每十万次分娩）	16	15	11
避孕普及率（占15—49岁已婚女性的百分比）	79	*80*	..
在熟练医护人员护理下的分娩（占总数的百分比）	*100*	..	..
5岁以下儿童死亡率（每千人）	6	4	3
生长迟缓（占5岁以下儿童的百分比）	*2.5*	2.5	..
儿童麻疹免疫接种率（占12—23个月年龄组的百分比）	95	98	99
小学毕业率，总数（占适龄年龄组的百分比）	104	99	103
小学和中学中女孩与男孩的比率	1.0	1.0	1.0
劳动力参与率（占15岁以上人口的百分比）	61	60	61
HIV感染率（占15—49岁人口的百分比）	..	..	..
环境			
森林（千平方千米）	63	62	62
森林采伐（2000—2010年和2010—2015年，平均年度百分比）		0.1	0.1
淡水使用量（占内陆水资源的百分比）	*45.0*	*45.0*	45.0
获得改善的水资源的人口（占总人口的百分比）	93	98	*98*
获得改善的卫生设施的人口（占总人口的百分比）	100	100	100
人均能源使用量（千克石油当量）	4,003	5,060	5,262
人均二氧化碳排放量（吨）	9.5	11.5	..
人均用电量（千瓦时）	5,907	9,744	*10,428*
经济			
GDP（10亿美元）	562	*1,094*	1,410
GDP增长率（年度百分比）	8.8	6.5	3.3
GDP隐含价格平减指数（年度增长百分比）	1.0	3.2	0.6
农业增加值（占GDP的百分比）	4	2	2
工业增加值（占GDP的百分比）	38	38	38
服务业增加值（占GDP的百分比）	58	59	59
货物和服务出口（占GDP的百分比）	35	49	51
货物和服务进口（占GDP的百分比）	33	46	45
资本形成总额（占GDP的百分比）	33	32	29
中央政府收入（占GDP的百分比）	21.2	21.0	..
中央政府现金盈余/赤字（占GDP的百分比）	4.2	1.5	..
政府与市场			
创办企业的时间（天）	*17*	14	4
总体统计能力水平（0—100）	..	..	..
军费支出（占GDP的百分比）	2.5	2.5	2.6
移动电话用户（每100人）	58.3	104.8	115.7
互联网用户（占总人口的百分比）	44.7	83.7	84.3
金融部门提供的国内信用（占GDP的百分比）	70.9	151.0	162.4
高科技出口（占制成品出口的百分比）	35	29	27
全球联系			
商品贸易（占GDP的百分比）	59	81	78
净易货贸易条件指数（2000年=100）	100	57	53
外债总额（百万美元）	..	..	..
债务还本付息总额（占出口的百分比）	..	..	..
净移民（千人）	*229*	*405*	*300*
获得的侨汇（10亿美元）	4.9	5.8	6.5
外国直接投资，净流入额（10亿美元）	9.3	9.5	9.9
获得的净官方发展援助（百万美元）	*-55.1*	..	..

科索沃

欧洲和中亚 | 中低收入经济体

人口（百万）	1.8	人口增长率（百分比）	0.3
陆地面积（千平方千米）	11	每天生活费用不足1.90美元的人口（占人口的百分比）	<2
GNI，图表集法（10亿美元）	7.3	人均GNI，图表集法（美元）	3,990
PPP衡量的GNI（10亿美元）	17.0	PPP衡量的人均GNI（美元）	9,300

	2000	2010	2014
人口			
最贫困的20%人口占国家消费/收入的份额（百分比）	*9.0*	7.8	*9.4*
出生时的预期寿命（岁）	68	70	71
总生育率（每个女性生育数）	3.0	2.3	2.1
孕产妇死亡率（每十万次分娩）	..	..	..
避孕普及率（占15—49岁已婚女性的百分比）	..	..	..
在熟练医护人员护理下的分娩（占总数的百分比）	..	..	..
5岁以下儿童死亡率（每千人）	..	..	..
生长迟缓（占5岁以下儿童的百分比）	..	..	..
儿童麻疹免疫接种率（占12—23个月年龄组的百分比）	..	..	..
小学毕业率，总数（占适龄年龄组的百分比）	..	..	..
小学和中学中女孩与男孩的比率	..	..	..
劳动力参与率（占15岁以上人口的百分比）	..	..	..
HIV感染率（占15—49岁人口的百分比）	..	..	..
环境			
森林（平方千米）	..	..	..
森林采伐（2000—2010年和2010—2015年，平均年度百分比）		..	..
淡水使用量（占内陆水资源的百分比）	..	..	..
获得改善的水资源的人口（占总人口的百分比）	..	..	..
获得改善的卫生设施的人口（占总人口的百分比）	..	..	..
人均能源使用量（千克石油当量）	909	1,405	*1,297*
人均二氧化碳排放量（吨）	..	..	..
人均用电量（千瓦时）	1,557	2,650	*2,917*
经济			
GDP（百万美元）	1.8	*5.8*	7.4
GDP增长率（年度百分比）	*27.0*	3.3	1.2
GDP隐含价格平减指数（年度增长百分比）	*11.4*	4.7	3.2
农业增加值（占GDP的百分比）	..	16	14
工业增加值（占GDP的百分比）	..	28	27
服务业增加值（占GDP的百分比）	..	55	59
货物和服务出口（占GDP的百分比）	..	20	20
货物和服务进口（占GDP的百分比）	..	55	51
资本形成总额（占GDP的百分比）	..	33	26
中央政府收入（占GDP的百分比）	..	..	..
中央政府现金盈余/赤字（占GDP的百分比）	..	..	..
政府与市场			
创办企业的时间（天）	..	58	11
总体统计能力水平（0—100）	..	..	40.0
军费支出（占GDP的百分比）	..	..	..
移动电话用户（每100人）	..	..	..
互联网用户（占总人口的百分比）	..	..	..
金融部门提供的国内信用（占GDP的百分比）	*-1.6*	16.8	26.7
高科技出口（占制成品出口的百分比）	..	..	..
全球联系			
商品贸易（占GDP的百分比）	..	..	..
净易货贸易条件指数（2000年=100）	..	..	..
外债总额（10亿美元）	0.1	1.5	2.2
债务还本付息总额（占出口的百分比）	..	8.3	8.8
净移民（千人）	..	..	..
获得的侨汇（百万美元）	..	997	1,192
外国直接投资，净流入额（百万美元）	..	487	200
获得的净官方发展援助（百万美元）	..	528	580

科威特

中东和北非		高收入经济体	
人口（百万）	3.8	人口增长率（百分比）	4.3
陆地面积（千平方千米）	18	每天生活费用不足1.90美元的人口（占人口的百分比）	..
GNI，图表集法（10亿美元）	185.0	人均GNI，图表集法（美元）	49,300
PPP衡量的GNI（10亿美元）	299.7	PPP衡量的人均GNI（美元）	79,850

	2000	2010	2014
人口			
最贫困的20%人口占国家消费/收入的份额（百分比）	..	..	..
出生时的预期寿命（岁）	73	74	75
总生育率（每个女性生育数）	2.8	2.4	2.1
孕产妇死亡率（每十万次分娩）	7	5	4
避孕普及率（占15—49岁已婚女性的百分比）	*52*	..	..
在熟练医护人员护理下的分娩（占总数的百分比）	*100*	*100*	..
5岁以下儿童死亡率（每千人）	13	11	9
生长迟缓（占5岁以下儿童的百分比）	*4.0*	4.1	5.8
儿童麻疹免疫接种率（占12—23个月年龄组的百分比）	99	98	94
小学毕业率，总数（占适龄年龄组的百分比）	103	98	*103*
小学和中学中女孩与男孩的比率	1.0	1.0	*1.1*
劳动力参与率（占15岁以上人口的百分比）	68	68	69
HIV感染率（占15—49岁人口的百分比）	..	..	..
环境			
森林（平方千米）	50	60	60
森林采伐（2000—2010年和2010—2015年，平均年度百分比）		-2.6	0.0
淡水使用量（占内陆水资源的百分比）	..	..	..
获得改善的水资源的人口（占总人口的百分比）	99	99	99
获得改善的卫生设施的人口（占总人口的百分比）	100	100	100
人均能源使用量（千克石油当量）	9,746	10,526	*9,757*
人均二氧化碳排放量（吨）	27.8	29.7	..
人均用电量（千瓦时）	14,909	16,387	*14,911*
经济			
GDP（10亿美元）	37.7	*115.4*	163.6
GDP增长率（年度百分比）	4.7	-2.4	-1.6
GDP隐含价格平减指数（年度增长百分比）	20.5	11.2	-4.2
农业增加值（占GDP的百分比）	..	0	0
工业增加值（占GDP的百分比）	..	61	64
服务业增加值（占GDP的百分比）	..	39	35
货物和服务出口（占GDP的百分比）	56	67	68
货物和服务进口（占GDP的百分比）	30	30	31
资本形成总额（占GDP的百分比）	11	18	16
中央政府收入（占GDP的百分比）	*43.8*	..	..
中央政府现金盈余/赤字（占GDP的百分比）	-5.6	..	..
政府与市场			
创办企业的时间（天）	*35*	35	31
总体统计能力水平（0—100）	..	..	..
军费支出（占GDP的百分比）	7.2	3.8	*3.3*
移动电话用户（每100人）	25.0	133.0	218.4
互联网用户（占总人口的百分比）	6.7	61.4	78.7
金融部门提供的国内信用（占GDP的百分比）	70.4	75.3	60.7
高科技出口（占制成品出口的百分比）	0	*1*	0
全球联系			
商品贸易（占GDP的百分比）	71	80	83
净易货贸易条件指数（2000年=100）	100	182	212
外债总额（百万美元）	..	..	..
债务还本付息总额（占出口的百分比）	..	..	..
净移民（千人）	*139*	*522*	*518*
获得的侨汇（百万美元）	..	4.8	3.8
外国直接投资，净流入额（百万美元）	16	1,305	486
获得的净官方发展援助（百万美元）	..	..	..

吉尔吉斯共和国

欧洲和中亚			中低收入经济体
人口（百万）	5.8	人口增长率（百分比）	2.0
陆地面积（千平方千米）	200	每天生活费用不足1.90美元的人口（占人口的百分比）	*2.9*
GNI，图表集法（10亿美元）	7.3	人均GNI，图表集法（美元）	1,250
PPP衡量的GNI（10亿美元）	18.8	PPP衡量的人均GNI（美元）	3,220

	2000	2010	2014
人口			
最贫困的20%人口占国家消费/收入的份额（百分比）	8.6	8.8	*9.6*
出生时的预期寿命（岁）	69	69	70
总生育率（每个女性生育数）	2.4	3.1	3.2
孕产妇死亡率（每十万次分娩）	74	84	76
避孕普及率（占15—49岁已婚女性的百分比）	..	*48*	42
在熟练医护人员护理下的分娩（占总数的百分比）	99	98	98
5岁以下儿童死亡率（每千人）	49	30	21
生长迟缓（占5岁以下儿童的百分比）	..	*22.6*	12.9
儿童麻疹免疫接种率（占12—23个月年龄组的百分比）	98	99	96
小学毕业率，总数（占适龄年龄组的百分比）	93	95	105
小学和中学中女孩与男孩的比率	1.0	1.0	1.0
劳动力参与率（占15岁以上人口的百分比）	65	66	68
HIV感染率（占15—49岁人口的百分比）	0.1	0.2	0.3
环境			
森林（千平方千米）	8.6	6.8	6.4
森林采伐（2000—2010年和2010—2015年，平均年度百分比）		2.3	1.2
淡水使用量（占内陆水资源的百分比）	*20.6*	*16.4*	16.4
获得改善的水资源的人口（占总人口的百分比）	78	86	90
获得改善的卫生设施的人口（占总人口的百分比）	92	93	93
人均能源使用量（千克石油当量）	473	505	*690*
人均二氧化碳排放量（吨）	0.9	1.1	..
人均用电量（千瓦时）	1,696	1,372	*1,887*
经济			
GDP（10亿美元）	1.4	*4.8*	7.4
GDP增长率（年度百分比）	5.4	-0.5	3.6
GDP隐含价格平减指数（年度增长百分比）	27.2	10.0	7.9
农业增加值（占GDP的百分比）	37	19	17
工业增加值（占GDP的百分比）	31	29	27
服务业增加值（占GDP的百分比）	32	51	56
货物和服务出口（占GDP的百分比）	42	52	37
货物和服务进口（占GDP的百分比）	48	82	88
资本形成总额（占GDP的百分比）	20	27	35
中央政府收入（占GDP的百分比）	14.2	19.4	*23.2*
中央政府现金盈余/赤字（占GDP的百分比）	-2.9	-4.8	*-6.5*
政府与市场			
创办企业的时间（天）	*21*	14	10
总体统计能力水平（0—100）	..	88.9	82.2
军费支出（占GDP的百分比）	2.9	3.8	3.4
移动电话用户（每100人）	0.2	98.9	134.5
互联网用户（占总人口的百分比）	1.0	16.3	28.3
金融部门提供的国内信用（占GDP的百分比）	12.2	10.9	15.9
高科技出口（占制成品出口的百分比）	15	1	5
全球联系			
商品贸易（占GDP的百分比）	77	104	100
净易货贸易条件指数（2000年=100）	100	110	105
外债总额（10亿美元）	1.9	4.1	7.3
债务还本付息总额（占出口的百分比）	30.2	23.1	14.2
净移民（千人）	*-173*	*-77*	*-114*
获得的侨汇（10亿美元）	0.0	1.3	2.2
外国直接投资，净流入额（百万美元）	-2	438	211
获得的净官方发展援助（百万美元）	215	382	624

老挝

东亚和太平洋地区		中低收入经济体	
人口（百万）	6.7	人口增长率（百分比）	1.6
陆地面积（千平方千米）	237	每天生活费用不足1.90美元的人口（占人口的百分比）	*30.0*
GNI，图表集法（10亿美元）	11.1	人均GNI，图表集法（美元）	1,660
PPP衡量的GNI（10亿美元）	33.8	PPP衡量的人均GNI（美元）	5,060

	2000	2010	2014
人口			
最贫困的20%人口占国家消费/收入的份额（百分比）	*8.1*	*7.6*	*7.3*
出生时的预期寿命（岁）	59	64	66
总生育率（每个女性生育数）	4.3	3.3	3.0
孕产妇死亡率（每十万次分娩）	546	294	197
避孕普及率（占15—49岁已婚女性的百分比）	32	..	*50*
在熟练医护人员护理下的分娩（占总数的百分比）	19	37	*42*
5岁以下儿童死亡率（每千人）	118	80	67
生长迟缓（占5岁以下儿童的百分比）	48.2	*43.8*	..
儿童麻疹免疫接种率（占12—23个月年龄组的百分比）	42	64	87
小学毕业率，总数（占适龄年龄组的百分比）	68	85	100
小学和中学中女孩与男孩的比率	0.8	0.9	0.9
劳动力参与率（占15岁以上人口的百分比）	80	78	78
HIV感染率（占15—49岁人口的百分比）	0.1	0.3	0.3
环境			
森林（千平方千米）	165	178	188
森林采伐（2000—2010年和2010—2015年，平均年度百分比）		-0.8	-1.0
淡水使用量（占内陆水资源的百分比）	..	*1.8*	1.8
获得改善的水资源的人口（占总人口的百分比）	46	68	76
获得改善的卫生设施的人口（占总人口的百分比）	28	59	71
人均能源使用量（千克石油当量）	..	..	..
人均二氧化碳排放量（吨）	0.2	0.2	..
人均用电量（千瓦时）	..	..	..
经济			
GDP（10亿美元）	1.7	*7.2*	12.0
GDP增长率（年度百分比）	5.8	8.5	7.5
GDP隐含价格平减指数（年度增长百分比）	24.8	10.0	-0.3
农业增加值（占GDP的百分比）	45	33	28
工业增加值（占GDP的百分比）	17	32	31
服务业增加值（占GDP的百分比）	38	35	41
货物和服务出口（占GDP的百分比）	30	36	40
货物和服务进口（占GDP的百分比）	44	38	50
资本形成总额（占GDP的百分比）	14	24	30
中央政府收入（占GDP的百分比）	..	14.4	*16.6*
中央政府现金盈余/赤字（占GDP的百分比）	..	-0.8	*-0.8*
政府与市场			
创办企业的时间（天）	*108*	63	73
总体统计能力水平（0—100）	..	70.0	71.1
军费支出（占GDP的百分比）	0.8	0.2	*0.2*
移动电话用户（每100人）	0.2	62.6	67.0
互联网用户（占总人口的百分比）	0.1	7.0	14.3
金融部门提供的国内信用（占GDP的百分比）	9.0	26.5	..
高科技出口（占制成品出口的百分比）	..	..	..
全球联系			
商品贸易（占GDP的百分比）	50	53	50
净易货贸易条件指数（2000年=100）	100	121	106
外债总额（10亿美元）	2.5	6.5	10.7
债务还本付息总额（占出口的百分比）	8.0	13.0	*10.6*
净移民（千人）	*-175*	*-118*	*-118*
获得的侨汇（百万美元）	0.7	41.8	59.8
外国直接投资，净流入额（百万美元）	34	279	721
获得的净官方发展援助（百万美元）	281	414	472

拉脱维亚

欧洲和中亚			高收入经济体
人口（百万）	2.0	人口增长率（百分比）	-0.9
陆地面积（千平方千米）	64	每天生活费用不足1.90美元的人口（占人口的百分比）	<2
GNI，图表集法（10亿美元）	30.4	人均GNI，图表集法（美元）	15,250
PPP衡量的GNI（10亿美元）	46.6	PPP衡量的人均GNI（美元）	23,360

	2000	2010	2014
人口			
最贫困的20%人口占国家消费/收入的份额（百分比）	*7.1*	6.0	*6.3*
出生时的预期寿命（岁）	70	73	74
总生育率（每个女性生育数）	1.3	1.4	1.5
孕产妇死亡率（每十万次分娩）	30	19	18
避孕普及率（占15—49岁已婚女性的百分比）	..	..	..
在熟练医护人员护理下的分娩（占总数的百分比）	100	*100*	..
5岁以下儿童死亡率（每千人）	17	9	8
生长迟缓（占5岁以下儿童的百分比）	..	..	..
儿童麻疹免疫接种率（占12—23个月年龄组的百分比）	97	95	95
小学毕业率，总数（占适龄年龄组的百分比）	96	96	*111*
小学和中学中女孩与男孩的比率	1.0	1.0	*1.0*
劳动力参与率（占15岁以上人口的百分比）	56	59	61
HIV感染率（占15—49岁人口的百分比）	..	..	..
环境			
森林（千平方千米）	32	34	34
森林采伐（2000—2010年和2010—2015年，平均年度百分比）		-0.3	0.0
淡水使用量（占内陆水资源的百分比）	*2.5*	..	2.5
获得改善的水资源的人口（占总人口的百分比）	98	99	99
获得改善的卫生设施的人口（占总人口的百分比）	82	86	88
人均能源使用量（千克石油当量）	1,618	2,149	*2,159*
人均二氧化碳排放量（吨）	2.6	4.0	..
人均用电量（千瓦时）	2,082	3,230	*3,473*
经济			
GDP（10亿美元）	7.9	*23.7*	31.3
GDP增长率（年度百分比）	5.4	-3.8	2.4
GDP隐含价格平减指数（年度增长百分比）	3.6	-1.0	1.2
农业增加值（占GDP的百分比）	5	4	3
工业增加值（占GDP的百分比）	27	24	23
服务业增加值（占GDP的百分比）	68	72	73
货物和服务出口（占GDP的百分比）	37	54	60
货物和服务进口（占GDP的百分比）	45	55	62
资本形成总额（占GDP的百分比）	25	19	23
中央政府收入（占GDP的百分比）	25.7	25.3	*25.8*
中央政府现金盈余/赤字（占GDP的百分比）	-2.2	-6.9	*0.5*
政府与市场			
创办企业的时间（天）	*16*	16	6
总体统计能力水平（0—100）	..	..	..
军费支出（占GDP的百分比）	0.9	1.1	1.0
移动电话用户（每100人）	16.9	110.3	116.8
互联网用户（占总人口的百分比）	6.3	68.4	75.8
金融部门提供的国内信用（占GDP的百分比）	23.0	129.6	76.8
高科技出口（占制成品出口的百分比）	4	8	15
全球联系			
商品贸易（占GDP的百分比）	64	89	103
净易货贸易条件指数（2000年=100）	100	106	104
外债总额（百万美元）	..	..	..
债务还本付息总额（占出口的百分比）	..	..	..
净移民（千人）	*-82.7*	*-86.2*	*-73.4*
获得的侨汇（百万美元）	0.1	1.3	1.8
外国直接投资，净流入额（百万美元）	413	435	878
获得的净官方发展援助（百万美元）	..	..	..

黎巴嫩

中东和北非			中高收入经济体
人口（百万）	4.5	人口增长率（百分比）	1.2
陆地面积（千平方千米）	10	每天生活费用不足1.90美元的人口（占人口的百分比）	..
GNI，图表集法（10亿美元）	45.6	人均GNI，图表集法（美元）	10,030
PPP衡量的GNI（10亿美元）	80.0	PPP衡量的人均GNI（美元）	17,590

	2000	2010	2014
人口			
最贫困的20%人口占国家消费/收入的份额（百分比）	..	..	..
出生时的预期寿命（岁）	74	78	79
总生育率（每个女性生育数）	2.2	1.6	1.7
孕产妇死亡率（每十万次分娩）	42	19	15
避孕普及率（占15—49岁已婚女性的百分比）	63	*54*	..
在熟练医护人员护理下的分娩（占总数的百分比）	..	..	..
5岁以下儿童死亡率（每千人）	20	10	8
生长迟缓（占5岁以下儿童的百分比）	..	..	..
儿童麻疹免疫接种率（占12—23个月年龄组的百分比）	71	79	79
小学毕业率，总数（占适龄年龄组的百分比）	115	88	*78*
小学和中学中女孩与男孩的比率	1.0	1.0	*1.0*
劳动力参与率（占15岁以上人口的百分比）	44	47	48
HIV感染率（占15—49岁人口的百分比）	0.1	0.1	0.1
环境			
森林（千平方千米）	1.3	1.4	1.4
森林采伐（2000—2010年和2010—2015年，平均年度百分比）		-0.4	-0.1
淡水使用量（占内陆水资源的百分比）	*29.9*	*27.3*	27.3
获得改善的水资源的人口（占总人口的百分比）	86	98	99
获得改善的卫生设施的人口（占总人口的百分比）	83	81	81
人均能源使用量（千克石油当量）	1,517	1,471	*1,573*
人均二氧化碳排放量（吨）	4.7	4.6	..
人均用电量（千瓦时）	2,985	3,479	*3,758*
经济			
GDP（10亿美元）	17.3	*38.0*	45.7
GDP增长率（年度百分比）	1.3	8.0	2.0
GDP隐含价格平减指数（年度增长百分比）	-2.1	0.2	1.1
农业增加值（占GDP的百分比）	7	4	6
工业增加值（占GDP的百分比）	23	15	25
服务业增加值（占GDP的百分比）	70	81	70
货物和服务出口（占GDP的百分比）	14	36	40
货物和服务进口（占GDP的百分比）	36	62	70
资本形成总额（占GDP的百分比）	20	25	31
中央政府收入（占GDP的百分比）	16.0	20.3	*19.6*
中央政府现金盈余/赤字（占GDP的百分比）	-18.4	-7.6	*-10.6*
政府与市场			
创办企业的时间（天）	*53*	15	15
总体统计能力水平（0—100）	..	56.7	65.6
军费支出（占GDP的百分比）	5.4	4.2	4.6
移动电话用户（每100人）	23.0	66.0	88.3
互联网用户（占总人口的百分比）	8.0	43.7	74.7
金融部门提供的国内信用（占GDP的百分比）	175.1	168.7	194.9
高科技出口（占制成品出口的百分比）	2	13	2
全球联系			
商品贸易（占GDP的百分比）	40	62	56
净易货贸易条件指数（2000年=100）	100	102	100
外债总额（10亿美元）	10.2	24.6	30.6
债务还本付息总额（占出口的百分比）	*35.6*	18.7	16.4
净移民（千人）	*550*	*183*	*1,250*
获得的侨汇（10亿美元）	*2.5*	6.9	7.4
外国直接投资，净流入额（10亿美元）	*1.3*	4.3	3.0
获得的净官方发展援助（百万美元）	200	448	820

莱索托

撒哈拉以南非洲地区		中低收入经济体	
人口（百万）	2.1	人口增长率（百分比）	1.2
陆地面积（千平方千米）	30	每天生活费用不足1.90美元的人口（占人口的百分比）	*59.7*
GNI，图表集法（10亿美元）	2.8	人均GNI，图表集法（美元）	1,330
PPP衡量的GNI（10亿美元）	6.6	PPP衡量的人均GNI（美元）	3,150

	2000	2010	2014
人口			
最贫困的20%人口占国家消费/收入的份额（百分比）	*3.0*	2.8	..
出生时的预期寿命（岁）	47	47	50
总生育率（每个女性生育数）	4.1	3.3	3.2
孕产妇死亡率（每十万次分娩）	649	587	487
避孕普及率（占15—49岁已婚女性的百分比）	30	*47*	60
在熟练医护人员护理下的分娩（占总数的百分比）	60	*62*	78
5岁以下儿童死亡率（每千人）	117	101	90
生长迟缓（占5岁以下儿童的百分比）	53.0	*39.0*	33.2
儿童麻疹免疫接种率（占12—23个月年龄组的百分比）	74	88	92
小学毕业率，总数（占适龄年龄组的百分比）	64	73	76
小学和中学中女孩与男孩的比率	1.1	1.1	1.1
劳动力参与率（占15岁以上人口的百分比）	74	66	66
HIV感染率（占15—49岁人口的百分比）	22.5	23.3	23.4
环境			
森林（平方千米）	420	440	490
森林采伐（2000—2010年和2010—2015年，平均年度百分比）		-0.5	-2.2
淡水使用量（占内陆水资源的百分比）	*0.8*	..	0.8
获得改善的水资源的人口（占总人口的百分比）	79	81	82
获得改善的卫生设施的人口（占总人口的百分比）	24	29	30
人均能源使用量（千克石油当量）	..	*10*	..
人均二氧化碳排放量（吨）	..	1.1	..
人均用电量（千瓦时）	..	..	..
经济			
GDP（10亿美元）	0.8	*2.2*	2.2
GDP增长率（年度百分比）	5.1	7.9	3.6
GDP隐含价格平减指数（年度增长百分比）	4.0	2.4	6.7
农业增加值（占GDP的百分比）	12	8	8
工业增加值（占GDP的百分比）	31	32	32
服务业增加值（占GDP的百分比）	57	60	60
货物和服务出口（占GDP的百分比）	35	44	*40*
货物和服务进口（占GDP的百分比）	135	111	*101*
资本形成总额（占GDP的百分比）	41	29	*33*
中央政府收入（占GDP的百分比）	49.0	*65.0*	..
中央政府现金盈余/赤字（占GDP的百分比）	*-2.8*	5.6	..
政府与市场			
创办企业的时间（天）	*138*	39	29
总体统计能力水平（0—100）	..	65.6	65.6
军费支出（占GDP的百分比）	4.0	3.2	2.2
移动电话用户（每100人）	1.2	49.2	85.0
互联网用户（占总人口的百分比）	0.2	3.9	11.0
金融部门提供的国内信用（占GDP的百分比）	3.6	-6.2	0.7
高科技出口（占制成品出口的百分比）	0	1	*0*
全球联系			
商品贸易（占GDP的百分比）	133	145	144
净易货贸易条件指数（2000年=100）	100	77	75
外债总额（百万美元）	677	778	876
债务还本付息总额（占出口的百分比）	7.5	2.1	3.1
净移民（千人）	*-34.5*	*-24.4*	*-20.0*
获得的侨汇（百万美元）	478	610	380
外国直接投资，净流入额（百万美元）	32.4	30.4	46.5
获得的净官方发展援助（百万美元）	37	256	104

利比里亚

撒哈拉以南非洲地区		低收入经济体	
人口（百万）	4.4	人口增长率（百分比）	2.4
陆地面积（千平方千米）	111	每天生活费用不足1.90美元的人口（占人口的百分比）	*68.6*
GNI，图表集法（10亿美元）	1.6	人均GNI，图表集法（美元）	370
PPP衡量的GNI（10亿美元）	3.1	PPP衡量的人均GNI（美元）	700

	2000	2010	2014
人口			
最贫困的20%人口占国家消费/收入的份额（百分比）	..	6.5	..
出生时的预期寿命（岁）	52	59	61
总生育率（每个女性生育数）	5.9	5.0	4.7
孕产妇死亡率（每十万次分娩）	1,270	811	725
避孕普及率（占15—49岁已婚女性的百分比）	10	*11*	*20*
在熟练医护人员护理下的分娩（占总数的百分比）	51	*46*	*61*
5岁以下儿童死亡率（每千人）	182	89	70
生长迟缓（占5岁以下儿童的百分比）	45.3	*39.4*	*32.1*
儿童麻疹免疫接种率（占12—23个月年龄组的百分比）	63	65	58
小学毕业率，总数（占适龄年龄组的百分比）	..	*65*	59
小学和中学中女孩与男孩的比率	0.7	*0.9*	0.9
劳动力参与率（占15岁以上人口的百分比）	60	61	62
HIV感染率（占15—49岁人口的百分比）	2.3	1.5	1.2
环境			
森林（千平方千米）	46	43	42
森林采伐（2000—2010年和2010—2015年，平均年度百分比）		0.7	0.7
淡水使用量（占内陆水资源的百分比）	*0.1*	..	0.1
获得改善的水资源的人口（占总人口的百分比）	62	71	76
获得改善的卫生设施的人口（占总人口的百分比）	13	16	17
人均能源使用量（千克石油当量）	..	..	..
人均二氧化碳排放量（吨）	0.2	0.2	..
人均用电量（千瓦时）	..	..	..
经济			
GDP（百万美元）	529	*1,293*	2,013
GDP增长率（年度百分比）	28.6	6.1	0.7
GDP隐含价格平减指数（年度增长百分比）	-6.9	5.5	2.7
农业增加值（占GDP的百分比）	..	..	..
工业增加值（占GDP的百分比）	..	..	..
服务业增加值（占GDP的百分比）	..	..	..
货物和服务出口（占GDP的百分比）	31	44	25
货物和服务进口（占GDP的百分比）	39	146	95
资本形成总额（占GDP的百分比）	7	19	19
中央政府收入（占GDP的百分比）	..	..	..
中央政府现金盈余/赤字（占GDP的百分比）	..	..	..
政府与市场			
创办企业的时间（天）	..	20	5
总体统计能力水平（0—100）	..	33.3	51.1
军费支出（占GDP的百分比）	..	0.7	0.8
移动电话用户（每100人）	0.1	39.7	73.4
互联网用户（占总人口的百分比）	0.0	2.3	5.4
金融部门提供的国内信用（占GDP的百分比）	174.5	31.9	*37.8*
高科技出口（占制成品出口的百分比）	..	..	..
全球联系			
商品贸易（占GDP的百分比）	188	72	81
净易货贸易条件指数（2000年=100）	100	134	128
外债总额（百万美元）	2,836	419	633
债务还本付息总额（占出口的百分比）	..	1.4	1.9
净移民（千人）	*-50*	*176*	*-20*
获得的侨汇（百万美元）	..	31	495
外国直接投资，净流入额（百万美元）	21	452	363
获得的净官方发展援助（百万美元）	67	1,413	744

利比亚

中东和北非		中高收入经济体	
人口（百万）	6.3	人口增长率（百分比）	-0.1
陆地面积（千平方千米）	1,760	每天生活费用不足1.90美元的人口（占人口的百分比）	..
GNI，图表集法（10亿美元）	49.0	人均GNI，图表集法（美元）	7,820
PPP衡量的GNI（10亿美元）	100.1	PPP衡量的人均GNI（美元）	16,000

	2000	2010	2014
人口			
最贫困的20%人口占国家消费/收入的份额（百分比）	..	..	..
出生时的预期寿命（岁）	71	72	72
总生育率（每个女性生育数）	2.9	2.6	2.5
孕产妇死亡率（每十万次分娩）	17	9	9
避孕普及率（占15—49岁已婚女性的百分比）	..	*42*	..
在熟练医护人员护理下的分娩（占总数的百分比）	*99*	*100*	..
5岁以下儿童死亡率（每千人）	28	17	13
生长迟缓（占5岁以下儿童的百分比）	..	*21.0*	..
儿童麻疹免疫接种率（占12—23个月年龄组的百分比）	93	98	93
小学毕业率，总数（占适龄年龄组的百分比）	..	..	..
小学和中学中女孩与男孩的比率	*1.0*	..	..
劳动力参与率（占15岁以上人口的百分比）	52	53	53
HIV感染率（占15—49岁人口的百分比）	..	..	..
环境			
森林（千平方千米）	2.2	2.2	2.2
森林采伐（2000—2010年和2010—2015年，平均年度百分比）		0.0	0.0
淡水使用量（占内陆水资源的百分比）	*618.0*	..	618.0
获得改善的水资源的人口（占总人口的百分比）	71	..	..
获得改善的卫生设施的人口（占总人口的百分比）	97	97	97
人均能源使用量（千克石油当量）	2,979	3,281	*2,711*
人均二氧化碳排放量（吨）	8.8	10.5	..
人均用电量（千瓦时）	2,230	4,224	*3,923*
经济			
GDP（10亿美元）	38.3	*74.8*	41.1
GDP增长率（年度百分比）	3.7	5.0	-24.0
GDP隐含价格平减指数（年度增长百分比）	13.3	14.2	-17.3
农业增加值（占GDP的百分比）	*5*	*2*	..
工业增加值（占GDP的百分比）	*66*	*78*	..
服务业增加值（占GDP的百分比）	*29*	*20*	..
货物和服务出口（占GDP的百分比）	32	66	47
货物和服务进口（占GDP的百分比）	14	42	97
资本形成总额（占GDP的百分比）	12	*30*	..
中央政府收入（占GDP的百分比）	..	..	..
中央政府现金盈余/赤字（占GDP的百分比）	..	..	..
政府与市场			
创办企业的时间（天）	..	..	35
总体统计能力水平（0—100）	..	40.6	22.2
军费支出（占GDP的百分比）	2.8	*1.3*	8.0
移动电话用户（每100人）	0.8	180.4	161.1
互联网用户（占总人口的百分比）	0.2	14.0	17.8
金融部门提供的国内信用（占GDP的百分比）	50.7	-60.4	-42.0
高科技出口（占制成品出口的百分比）	..	..	..
全球联系			
商品贸易（占GDP的百分比）	45	89	97
净易货贸易条件指数（2000年=100）	100	184	222
外债总额（百万美元）	..	..	..
债务还本付息总额（占出口的百分比）	..	..	..
净移民（千人）	*-12*	*-82*	*-502*
获得的侨汇（百万美元）	9.0	..	..
外国直接投资，净流入额（百万美元）	141	1,784	50
获得的净官方发展援助（百万美元）	5	9	210

列支敦士登

欧洲和中亚 | **高收入经济体**

人口（千人）	37	人口增长率（百分比）	0.7
陆地面积（平方千米）	160	每天生活费用不足1.90美元的人口（占人口的百分比）	..
GNI，图表集法（10亿美元）	..	人均GNI，图表集法（美元）	..
PPP衡量的GNI（百万美元）	..	PPP衡量的人均GNI（美元）	..

	2000	2010	2014
人口			
最贫困的20%人口占国家消费/收入的份额（百分比）	..	..	..
出生时的预期寿命（岁）	77	82	82
总生育率（每个女性生育数）	1.6	1.4	1.5
孕产妇死亡率（每十万次分娩）	..	..	..
避孕普及率（占15—49岁已婚女性的百分比）	..	..	..
在熟练医护人员护理下的分娩（占总数的百分比）	..	..	..
5岁以下儿童死亡率（每千人）	..	..	..
生长迟缓（占5岁以下儿童的百分比）	..	..	..
儿童麻疹免疫接种率（占12—23个月年龄组的百分比）	..	..	..
小学毕业率，总数（占适龄年龄组的百分比）	*90*	111	*102*
小学和中学女孩与男孩的比率	*0.9*	0.9	*0.9*
劳动力参与率（占15岁以上人口的百分比）	..	..	..
HIV感染率（占15—49岁人口的百分比）	..	..	..
环境			
森林（平方千米）	70	70	70
森林采伐（2000—2010年和2010—2015年，平均年度百分比）		0.0	0.0
淡水使用量（占内陆水资源的百分比）	..	..	..
获得改善的水资源的人口（占总人口的百分比）	..	..	..
获得改善的卫生设施的人口（占总人口的百分比）	..	..	..
人均能源使用量（千克石油当量）	..	..	..
人均二氧化碳排放量（吨）	..	1.6	..
人均用电量（千瓦时）	..	..	..
经济			
GDP（10亿美元）	2.5	*5.1*	5.5
GDP增长率（年度百分比）	3.2	*-1.2*	..
GDP隐含价格平减指数（年度增长百分比）	1.6	*-9.9*	..
农业增加值（占GDP的百分比）	..	..	..
工业增加值（占GDP的百分比）	41	39	*38*
服务业增加值（占GDP的百分比）	..	..	..
货物和服务出口（占GDP的百分比）	..	..	..
货物和服务进口（占GDP的百分比）	..	..	..
资本形成总额（占GDP的百分比）	..	..	..
中央政府收入（占GDP的百分比）	..	..	..
中央政府现金盈余/赤字（占GDP的百分比）	..	..	..
政府与市场			
创办企业的时间（天）	..	..	..
总体统计能力水平（0—100）	..	..	..
军费支出（占GDP的百分比）	..	..	..
移动电话用户（每100人）	30.2	98.3	109.3
互联网用户（占总人口的百分比）	36.5	80.0	95.2
金融部门提供的国内信用（占GDP的百分比）	..	..	..
高科技出口（占制成品出口的百分比）	..	..	..
全球联系			
商品贸易（占GDP的百分比）	..	..	..
净易货贸易条件指数（2000年=100）	..	..	..
外债总额（百万美元）	..	..	..
债务还本付息总额（占出口的百分比）	..	..	..
净移民（千人）	..	..	..
获得的侨汇（百万美元）	..	..	..
外国直接投资，净流入额（百万美元）	..	..	..
获得的净官方发展援助（百万美元）	..	..	..

立陶宛

欧洲和中亚			高收入经济体
人口（百万）	2.9	人口增长率（百分比）	-0.9
陆地面积（千平方千米）	65	每天生活费用不足1.90美元的人口（占人口的百分比）	<2
GNI，图表集法（10亿美元）	45.2	人均GNI，图表集法（美元）	15,410
PPP衡量的GNI（10亿美元）	77.4	PPP衡量的人均GNI（美元）	26,390

	2000	2010	2014
人口			
最贫困的20%人口占国家消费/收入的份额（百分比）	7.9	6.4	*6.5*
出生时的预期寿命（岁）	72	73	74
总生育率（每个女性生育数）	1.4	1.5	1.6
孕产妇死亡率（每十万次分娩）	16	9	10
避孕普及率（占15—49岁已婚女性的百分比）	..	*63*	..
在熟练医护人员护理下的分娩（占总数的百分比）	100	*100*	..
5岁以下儿童死亡率（每千人）	12	7	5
生长迟缓（占5岁以下儿童的百分比）	..	..	..
儿童麻疹免疫接种率（占12—23个月年龄组的百分比）	97	96	93
小学毕业率，总数（占适龄年龄组的百分比）	101	103	*97*
小学和中学中女孩与男孩的比率	1.0	1.0	*1.0*
劳动力参与率（占15岁以上人口的百分比）	60	59	61
HIV感染率（占15—49岁人口的百分比）	..	..	..
环境			
森林（千平方千米）	20	22	22
森林采伐（2000—2010年和2010—2015年，平均年度百分比）		-0.7	-0.1
淡水使用量（占内陆水资源的百分比）	*18.1*	*15.4*	15.4
获得改善的水资源的人口（占总人口的百分比）	91	95	97
获得改善的卫生设施的人口（占总人口的百分比）	87	91	92
人均能源使用量（千克石油当量）	2,038	2,276	*2,357*
人均二氧化碳排放量（吨）	3.5	4.3	..
人均用电量（千瓦时）	2,517	3,471	*3,664*
经济			
GDP（10亿美元）	11.5	*37.1*	48.4
GDP增长率（年度百分比）	3.8	1.6	3.0
GDP隐含价格平减指数（年度增长百分比）	1.3	2.4	1.2
农业增加值（占GDP的百分比）	6	3	3
工业增加值（占GDP的百分比）	30	29	31
服务业增加值（占GDP的百分比）	64	68	66
货物和服务出口（占GDP的百分比）	39	65	81
货物和服务进口（占GDP的百分比）	45	67	79
资本形成总额（占GDP的百分比）	19	18	18
中央政府收入（占GDP的百分比）	25.6	17.5	*17.9*
中央政府现金盈余/赤字（占GDP的百分比）	-5.2	-4.4	*-1.3*
政府与市场			
创办企业的时间（天）	*26*	22	4
总体统计能力水平（0—100）	..	..	..
军费支出（占GDP的百分比）	4.2	3.0	2.7
移动电话用户（每100人）	15.0	159.4	147.0
互联网用户（占总人口的百分比）	6.4	62.1	72.1
金融部门提供的国内信用（占GDP的百分比）	15.0	18.5	13.2
高科技出口（占制成品出口的百分比）	4	11	10
全球联系			
商品贸易（占GDP的百分比）	80	119	140
净易货贸易条件指数（2000年=100）	100	94	94
外债总额（百万美元）	..	..	..
债务还本付息总额（占出口的百分比）	..	..	..
净移民（千人）	*-84*	*-142*	*-170*
获得的侨汇（百万美元）	0.0	1.7	2.1
外国直接投资，净流入额（百万美元）	379	865	351
获得的净官方发展援助（百万美元）	..	..	..

卢森堡

欧洲和中亚 **高收入经济体**

人口（千人）	556	人口增长率（百分比）	2.4
陆地面积（千平方千米）	2.6	每天生活费用不足1.90美元的人口（占人口的百分比）	..
GNI，图表集法（10亿美元）	42.3	人均GNI，图表集法（美元）	75,960
PPP衡量的GNI（10亿美元）	36.5	PPP衡量的人均GNI（美元）	65,570

	2000	2010	2014
人口			
最贫困的20%人口占国家消费/收入的份额（百分比）	..	7.9	*7.1*
出生时的预期寿命（岁）	78	81	82
总生育率（每个女性生育数）	1.8	1.6	1.6
孕产妇死亡率（每十万次分娩）	13	11	10
避孕普及率（占15—49岁已婚女性的百分比）	..	..	..
在熟练医护人员护理下的分娩（占总数的百分比）	*100*	..	..
5岁以下儿童死亡率（每千人）	5	2	2
生长迟缓（占5岁以下儿童的百分比）	..	..	..
儿童麻疹免疫接种率（占12—23个月年龄组的百分比）	93	96	99
小学毕业率，总数（占适龄年龄组的百分比）	..	84	*82*
小学和中学中女孩与男孩的比率	1.0	1.0	*1.0*
劳动力参与率（占15岁以上人口的百分比）	53	57	57
HIV感染率（占15—49岁人口的百分比）	..	..	..
环境			
森林（平方千米）	870	870	870
森林采伐（2000—2010年和2010—2015年，平均年度百分比）		0.0	0.0
淡水使用量（占内陆水资源的百分比）	*6.0*	..	4.5
获得改善的水资源的人口（占总人口的百分比）	100	100	100
获得改善的卫生设施的人口（占总人口的百分比）	98	98	98
人均能源使用量（千克石油当量）	7,677	8,329	6,812
人均二氧化碳排放量（吨）	18.9	21.6	..
人均用电量（千瓦时）	15,668	16,830	*14,193*
经济			
GDP（10亿美元）	21.4	*52.4*	64.9
GDP增长率（年度百分比）	8.4	5.7	4.1
GDP隐含价格平减指数（年度增长百分比）	2.0	3.1	1.0
农业增加值（占GDP的百分比）	1	0	0
工业增加值（占GDP的百分比）	18	13	12
服务业增加值（占GDP的百分比）	81	87	88
货物和服务出口（占GDP的百分比）	147	179	203
货物和服务进口（占GDP的百分比）	122	147	171
资本形成总额（占GDP的百分比）	22	19	19
中央政府收入（占GDP的百分比）	37.7	40.1	*40.3*
中央政府现金盈余/赤字（占GDP的百分比）	4.1	-0.8	*-0.6*
政府与市场			
创办企业的时间（天）	..	18	19
总体统计能力水平（0—100）	..	..	..
军费支出（占GDP的百分比）	0.6	0.6	0.5
移动电话用户（每100人）	69.5	143.1	149.5
互联网用户（占总人口的百分比）	22.9	90.6	94.7
金融部门提供的国内信用（占GDP的百分比）	*116.8*	224.8	194.5
高科技出口（占制成品出口的百分比）	17	8	6
全球联系			
商品贸易（占GDP的百分比）	92	86	71
净易货贸易条件指数（2000年=100）	100	80	74
外债总额（百万美元）	..	..	..
债务还本付息总额（占出口的百分比）	..	..	..
净移民（千人）	*14.5*	*42.3*	*48.7*
获得的侨汇（10亿美元）	0.6	1.7	1.8
外国直接投资，净流入额（10亿美元）	*4.1*	38.6	7.1
获得的净官方发展援助（百万美元）	..	..	..

中国澳门

东亚和太平洋地区		高收入经济体	
人口（千人）	578	人口增长率（百分比）	1.7
陆地面积（平方千米）	30	每天生活费用不足1.90美元的人口（占人口的百分比）	..
GNI，图表集法（10亿美元）	44.1	人均GNI，图表集法（美元）	76,270
PPP衡量的GNI（10亿美元）	69.4	PPP衡量的人均GNI（美元）	120,140

	2000	2010	2014
人口			
最贫困的20%人口占国家消费/收入的份额（百分比）	..	..	..
出生时的预期寿命（岁）	78	80	81
总生育率（每个女性生育数）	0.9	1.1	1.2
孕产妇死亡率（每十万次分娩）	..	..	..
避孕普及率（占15—49岁已婚女性的百分比）	..	..	..
在熟练医护人员护理下的分娩（占总数的百分比）	..	..	..
5岁以下儿童死亡率（每千人）	..	..	..
生长迟缓（占5岁以下儿童的百分比）	..	..	..
儿童麻疹免疫接种率（占12—23个月年龄组的百分比）	..	..	..
小学毕业率，总数（占适龄年龄组的百分比）	..	..	..
小学和中学中女孩与男孩的比率	..	..	..
劳动力参与率（占15岁以上人口的百分比）	65	71	72
HIV感染率（占15—49岁人口的百分比）	..	..	..
环境			
森林（平方千米）	..	..	..
森林采伐（2000—2010年和2010—2015年，平均年度百分比）		..	..
淡水使用量（占内陆水资源的百分比）	..	..	..
获得改善的水资源的人口（占总人口的百分比）	..	..	..
获得改善的卫生设施的人口（占总人口的百分比）	..	..	..
人均能源使用量（千克石油当量）	..	..	..
人均二氧化碳排放量（吨）	3.8	2.2	..
人均用电量（千瓦时）	..	..	..
经济			
GDP（10亿美元）	6.1	*28.4*	55.5
GDP增长率（年度百分比）	5.7	27.5	-0.4
GDP隐含价格平减指数（年度增长百分比）	-2.0	4.6	8.5
农业增加值（占GDP的百分比）	0	0	*0*
工业增加值（占GDP的百分比）	15	7	*6*
服务业增加值（占GDP的百分比）	85	93	*94*
货物和服务出口（占GDP的百分比）	100	106	99
货物和服务进口（占GDP的百分比）	65	50	45
资本形成总额（占GDP的百分比）	12	13	19
中央政府收入（占GDP的百分比）	19.9	36.4	*39.1*
中央政府现金盈余/赤字（占GDP的百分比）	1.6	19.3	*24.1*
政府与市场			
创办企业的时间（天）	..	..	..
总体统计能力水平（0—100）	..	..	..
军费支出（占GDP的百分比）	..	..	..
移动电话用户（每100人）	32.7	209.9	322.6
互联网用户（占总人口的百分比）	13.6	55.2	69.8
金融部门提供的国内信用（占GDP的百分比）	42.0	-21.2	-4.1
高科技出口（占制成品出口的百分比）	1	0	0
全球联系			
商品贸易（占GDP的百分比）	85	23	23
净易货贸易条件指数（2000年=100）	100	88	87
外债总额（百万美元）	..	..	..
债务还本付息总额（占出口的百分比）	..	..	..
净移民（千人）	*29.9*	*56.3*	*35.0*
获得的侨汇（百万美元）	*208*	47	50
外国直接投资，净流入额（10亿美元）	0.0	3.6	2.5
获得的净官方发展援助（百万美元）	*0.3*	..	..

前南马其顿

欧洲和中亚 **中高收入经济体**

人口（百万）	2.1	人口增长率（百分比）	0.1
陆地面积（千平方千米）	26	每天生活费用不足1.90美元的人口（占人口的百分比）	<2
GNI，图表集法（10亿美元）	10.7	人均GNI，图表集法（美元）	5,150
PPP衡量的GNI（10亿美元）	27.3	PPP衡量的人均GNI（美元）	13,170

	2000	2010	2014
人口			
最贫困的20%人口占国家消费/收入的份额（百分比）	6.6	*5.4*	..
出生时的预期寿命（岁）	73	75	75
总生育率（每个女性生育数）	1.7	1.5	1.5
孕产妇死亡率（每十万次分娩）	12	8	8
避孕普及率（占15—49岁已婚女性的百分比）	..	*40*	..
在熟练医护人员护理下的分娩（占总数的百分比）	98	*98*	..
5岁以下儿童死亡率（每千人）	16	10	6
生长迟缓（占5岁以下儿童的百分比）	*8.0*	*4.9*	..
儿童麻疹免疫接种率（占12—23个月年龄组的百分比）	97	98	93
小学毕业率，总数（占适龄年龄组的百分比）	100	*90*	..
小学和中学中女孩与男孩的比率	1.0	1.0	*1.0*
劳动力参与率（占15岁以上人口的百分比）	54	56	55
HIV感染率（占15—49岁人口的百分比）	..	..	..
环境			
森林（千平方千米）	9.6	10.0	10.0
森林采伐（2000—2010年和2010—2015年，平均年度百分比）		-0.4	0.0
淡水使用量（占内陆水资源的百分比）	*11.0*	*19.0*	19.0
获得改善的水资源的人口（占总人口的百分比）	99	99	99
获得改善的卫生设施的人口（占总人口的百分比）	90	91	91
人均能源使用量（千克石油当量）	1,326	1,396	*1,349*
人均二氧化碳排放量（吨）	6.0	4.2	..
人均用电量（千瓦时）	2,928	3,588	*3,557*
经济			
GDP（10亿美元）	3.8	*9.4*	11.3
GDP增长率（年度百分比）	4.5	3.4	3.8
GDP隐含价格平减指数（年度增长百分比）	13.8	2.0	1.4
农业增加值（占GDP的百分比）	12	12	10
工业增加值（占GDP的百分比）	25	24	25
服务业增加值（占GDP的百分比）	63	64	65
货物和服务出口（占GDP的百分比）	33	40	48
货物和服务进口（占GDP的百分比）	47	58	65
资本形成总额（占GDP的百分比）	22	24	31
中央政府收入（占GDP的百分比）	..	28.9	*27.9*
中央政府现金盈余/赤字（占GDP的百分比）	..	-2.5	*-3.9*
政府与市场			
创办企业的时间（天）	*48*	3	1
总体统计能力水平（0—100）	..	78.9	83.3
军费支出（占GDP的百分比）	1.9	1.4	1.2
移动电话用户（每100人）	5.6	102.4	105.5
互联网用户（占总人口的百分比）	2.5	51.9	68.1
金融部门提供的国内信用（占GDP的百分比）	13.7	47.1	54.6
高科技出口（占制成品出口的百分比）	1	3	3
全球联系			
商品贸易（占GDP的百分比）	91	94	108
净易货贸易条件指数（2000年=100）	100	92	91
外债总额（10亿美元）	1.5	5.2	7.2
债务还本付息总额（占出口的百分比）	8.3	16.4	17.5
净移民（千人）	*-15.3*	*-5.0*	*-5.0*
获得的侨汇（百万美元）	81	388	367
外国直接投资，净流入额（百万美元）	215	301	61
获得的净官方发展援助（百万美元）	250	193	211

马达加斯加

撒哈拉以南非洲地区		低收入经济体	
人口（百万）	23.6	人口增长率（百分比）	2.8
陆地面积（千平方千米）	587	每天生活费用不足1.90美元的人口（占人口的百分比）	*81.8*
GNI，图表集法（10亿美元）	10.4	人均GNI，图表集法（美元）	440
PPP衡量的GNI（10亿美元）	33.0	PPP衡量的人均GNI（美元）	1,400

	2000	2010	2014
人口			
最贫困的20%人口占国家消费/收入的份额（百分比）	*4.9*	6.5	..
出生时的预期寿命（岁）	58	63	65
总生育率（每个女性生育数）	5.5	4.7	4.4
孕产妇死亡率（每十万次分娩）	536	436	353
避孕普及率（占15—49岁已婚女性的百分比）	19	*40*	*40*
在熟练医护人员护理下的分娩（占总数的百分比）	46	*44*	*44*
5岁以下儿童死亡率（每千人）	109	60	50
生长迟缓（占5岁以下儿童的百分比）	..	*49.2*	..
儿童麻疹免疫接种率（占12—23个月年龄组的百分比）	57	66	64
小学毕业率，总数（占适龄年龄组的百分比）	36	71	69
小学和中学中女孩与男孩的比率	..	*1.0*	1.0
劳动力参与率（占15岁以上人口的百分比）	87	89	88
HIV感染率（占15—49岁人口的百分比）	0.5	0.4	0.3
环境			
森林（千平方千米）	130	126	125
森林采伐（2000—2010年和2010—2015年，平均年度百分比）		0.4	0.1
淡水使用量（占内陆水资源的百分比）	*4.9*	..	4.9
获得改善的水资源的人口（占总人口的百分比）	38	47	52
获得改善的卫生设施的人口（占总人口的百分比）	10	11	12
人均能源使用量（千克石油当量）	..	..	..
人均二氧化碳排放量（吨）	0.12	0.10	..
人均用电量（千瓦时）	..	..	..
经济			
GDP（10亿美元）	3.9	*8.7*	10.6
GDP增长率（年度百分比）	4.8	0.3	3.3
GDP隐含价格平减指数（年度增长百分比）	7.2	8.8	5.7
农业增加值（占GDP的百分比）	29	28	26
工业增加值（占GDP的百分比）	14	16	16
服务业增加值（占GDP的百分比）	57	56	58
货物和服务出口（占GDP的百分比）	31	25	32
货物和服务进口（占GDP的百分比）	38	43	43
资本形成总额（占GDP的百分比）	15	21	15
中央政府收入（占GDP的百分比）	11.7	11.2	..
中央政府现金盈余/赤字（占GDP的百分比）	-2.0	-0.9	..
政府与市场			
创办企业的时间（天）	67	12	13
总体统计能力水平（0—100）	..	67.8	58.9
军费支出（占GDP的百分比）	1.2	0.7	0.7
移动电话用户（每100人）	0.4	36.6	41.2
互联网用户（占总人口的百分比）	0.2	1.7	3.7
金融部门提供的国内信用（占GDP的百分比）	15.2	10.5	16.8
高科技出口（占制成品出口的百分比）	1	1	1
全球联系			
商品贸易（占GDP的百分比）	50	43	51
净易货贸易条件指数（2000年=100）	100	77	*84*
外债总额（10亿美元）	4.7	2.7	2.9
债务还本付息总额（占出口的百分比）	9.7	2.7	*2.5*
净移民（千人）	*-5.0*	*-5.0*	*-5.0*
获得的侨汇（百万美元）	11	547	432
外国直接投资，净流入额（百万美元）	83	810	351
获得的净官方发展援助（百万美元）	320	472	583

马拉维

撒哈拉以南非洲地区 **低收入经济体**

人口（百万）	16.7	人口增长率（百分比）	3.1
陆地面积（千平方千米）	118	每天生活费用不足1.90美元的人口（占人口的百分比）	*70.9*
GNI，图表集法（10亿美元）	4.2	人均GNI，图表集法（美元）	250
PPP衡量的GNI（10亿美元）	13.2	PPP衡量的人均GNI（美元）	790

	2000	2010	2014
人口			
最贫困的20%人口占国家消费/收入的份额（百分比）	..	5.5	..
出生时的预期寿命（岁）	44	57	63
总生育率（每个女性生育数）	6.3	5.5	5.1
孕产妇死亡率（每十万次分娩）	890	629	634
避孕普及率（占15—49岁已婚女性的百分比）	31	46	59
在熟练医护人员护理下的分娩（占总数的百分比）	56	71	87
5岁以下儿童死亡率（每千人）	174	91	64
生长迟缓（占5岁以下儿童的百分比）	54.6	47.8	42.4
儿童麻疹免疫接种率（占12—23个月年龄组的百分比）	73	93	85
小学毕业率，总数（占适龄年龄组的百分比）	62	68	79
小学和中学中女孩与男孩的比率	0.9	1.0	1.0
劳动力参与率（占15岁以上人口的百分比）	79	83	83
HIV感染率（占15—49岁人口的百分比）	16.6	11.7	10.0
环境			
森林（千平方千米）	36	32	31
森林采伐（2000—2010年和2010—2015年，平均年度百分比）		1.0	0.6
淡水使用量（占内陆水资源的百分比）	*8.2*	*8.4*	8.4
获得改善的水资源的人口（占总人口的百分比）	63	81	90
获得改善的卫生设施的人口（占总人口的百分比）	34	39	41
人均能源使用量（千克石油当量）	..	..	..
人均二氧化碳排放量（吨）	0.08	0.08	..
人均用电量（千瓦时）	..	..	..
经济			
GDP（10亿美元）	1.7	*5.4*	4.3
GDP增长率（年度百分比）	1.6	6.5	5.7
GDP隐含价格平减指数（年度增长百分比）	30.5	7.4	20.9
农业增加值（占GDP的百分比）	40	30	33
工业增加值（占GDP的百分比）	18	20	17
服务业增加值（占GDP的百分比）	43	51	50
货物和服务出口（占GDP的百分比）	26	29	46
货物和服务进口（占GDP的百分比）	35	45	56
资本形成总额（占GDP的百分比）	14	26	15
中央政府收入（占GDP的百分比）	..	..	..
中央政府现金盈余/赤字（占GDP的百分比）	..	..	..
政府与市场			
创办企业的时间（天）	*43*	36	38
总体统计能力水平（0—100）	..	78.9	75.6
军费支出（占GDP的百分比）	0.7	0.9	1.2
移动电话用户（每100人）	0.4	20.8	33.5
互联网用户（占总人口的百分比）	0.1	2.3	5.8
金融部门提供的国内信用（占GDP的百分比）	12.5	30.0	21.5
高科技出口（占制成品出口的百分比）	2	1	3
全球联系			
商品贸易（占GDP的百分比）	52	60	102
净易货贸易条件指数（2000年=100）	100	99	100
外债总额（10亿美元）	2.7	1.0	1.6
债务还本付息总额（占出口的百分比）	13.5	1.7	4.0
净移民（千人）	*-36.8*	*-36.8*	*-30.0*
获得的侨汇（百万美元）	0.7	21.8	38.5
外国直接投资，净流入额（百万美元）	26	97	716
获得的净官方发展援助（百万美元）	446	1,015	930

马来西亚

东亚和太平洋地区			中高收入经济体
人口（百万）	29.9	人口增长率（百分比）	1.5
陆地面积（千平方千米）	331	每天生活费用不足1.90美元的人口（占人口的百分比）	<2
GNI，图表集法（10亿美元）	332.5	人均GNI，图表集法（美元）	11,120
PPP衡量的GNI（10亿美元）	740.8	PPP衡量的人均GNI（美元）	24,770

	2000	2010	2014
人口			
最贫困的20%人口占国家消费/收入的份额（百分比）	..	*4.6*	..
出生时的预期寿命（岁）	73	74	75
总生育率（每个女性生育数）	2.8	2.0	1.9
孕产妇死亡率（每十万次分娩）	58	48	40
避孕普及率（占15—49岁已婚女性的百分比）	..	..	..
在熟练医护人员护理下的分娩（占总数的百分比）	97	99	*99*
5岁以下儿童死亡率（每千人）	10	8	7
生长迟缓（占5岁以下儿童的百分比）	*20.7*	*17.2*	..
儿童麻疹免疫接种率（占12—23个月年龄组的百分比）	96	95	94
小学毕业率，总数（占适龄年龄组的百分比）	*95*	100	*103*
小学和中学中女孩与男孩的比率	..	..	..
劳动力参与率（占15岁以上人口的百分比）	63	59	60
HIV感染率（占15—49岁人口的百分比）	0.8	0.6	0.5
环境			
森林（千平方千米）	216	221	222
森林采伐（2000—2010年和2010—2015年，平均年度百分比）		-0.2	-0.1
淡水使用量（占内陆水资源的百分比）	*1.6*	*1.9*	1.9
获得改善的水资源的人口（占总人口的百分比）	94	97	98
获得改善的卫生设施的人口（占总人口的百分比）	91	95	96
人均能源使用量（千克石油当量）	2,113	2,649	*3,020*
人均二氧化碳排放量（吨）	5.4	8.0	..
人均用电量（千瓦时）	2,720	4,159	*4,512*
经济			
GDP（10亿美元）	94	*255*	338
GDP增长率（年度百分比）	8.9	7.4	6.0
GDP隐含价格平减指数（年度增长百分比）	8.9	7.3	2.5
农业增加值（占GDP的百分比）	9	10	9
工业增加值（占GDP的百分比）	48	40	40
服务业增加值（占GDP的百分比）	43	49	51
货物和服务出口（占GDP的百分比）	120	87	74
货物和服务进口（占GDP的百分比）	101	71	65
资本形成总额（占GDP的百分比）	27	23	25
中央政府收入（占GDP的百分比）	17.5	19.4	*21.4*
中央政府现金盈余/赤字（占GDP的百分比）	-4.1	-5.0	*-4.4*
政府与市场			
创办企业的时间（天）	*37*	17	4
总体统计能力水平（0—100）	..	80.0	74.4
军费支出（占GDP的百分比）	1.6	1.5	1.5
移动电话用户（每100人）	21.9	119.7	148.8
互联网用户（占总人口的百分比）	21.4	56.3	67.5
金融部门提供的国内信用（占GDP的百分比）	138.4	123.3	140.5
高科技出口（占制成品出口的百分比）	60	45	44
全球联系			
商品贸易（占GDP的百分比）	192	142	131
净易货贸易条件指数（2000年=100）	100	98	96
外债总额（10亿美元）	42	134	211
债务还本付息总额（占出口的百分比）	5.6	2.4	4.9
净移民（千人）	*491*	*652*	*450*
获得的侨汇（10亿美元）	0.3	1.1	1.6
外国直接投资，净流入额（10亿美元）	3.8	10.9	10.6
获得的净官方发展援助（百万美元）	45.7	2.1	11.9

马尔代夫

南亚 **中高收入经济体**

人口（千人）	401	人口增长率（百分比）	2.0
陆地面积（平方千米）	300	每天生活费用不足1.90美元的人口（占人口的百分比）	5.6
GNI，图表集法（10亿美元）	2.6	人均GNI，图表集法（美元）	6,410
PPP衡量的GNI（10亿美元）	4.4	PPP衡量的人均GNI（美元）	10,920

	2000	2010	2014
人口			
最贫困的20%人口占国家消费/收入的份额（百分比）	*1.4*	*6.5*	..
出生时的预期寿命（岁）	70	76	77
总生育率（每个女性生育数）	2.9	2.2	2.1
孕产妇死亡率（每十万次分娩）	163	87	68
避孕普及率（占15—49岁已婚女性的百分比）	*42*	*35*	..
在熟练医护人员护理下的分娩（占总数的百分比）	*70*	98	..
5岁以下儿童死亡率（每千人）	44	13	9
生长迟缓（占5岁以下儿童的百分比）	*31.9*	*20.3*	..
儿童麻疹免疫接种率（占12—23个月年龄组的百分比）	99	97	99
小学毕业率，总数（占适龄年龄组的百分比）	*178*	*114*	..
小学和中学中女孩与男孩的比率	1.0	..	..
劳动力参与率（占15岁以上人口的百分比）	55	66	67
HIV感染率（占15—49岁人口的百分比）	..	..	..
环境			
森林（平方千米）	10.0	10.0	10.0
森林采伐（2000—2010年和2010—2015年，平均年度百分比）		0.0	0.0
淡水使用量（占内陆水资源的百分比）	..	..	19.7
获得改善的水资源的人口（占总人口的百分比）	95	98	99
获得改善的卫生设施的人口（占总人口的百分比）	79	97	98
人均能源使用量（千克石油当量）	..	*857*	..
人均二氧化碳排放量（吨）	1.7	2.9	..
人均用电量（千瓦时）	..	..	..
经济			
GDP（10亿美元）	0.6	*2.3*	3.1
GDP增长率（年度百分比）	*5.7*	6.0	6.5
GDP隐含价格平减指数（年度增长百分比）	*1.9*	1.2	3.0
农业增加值（占GDP的百分比）	9	4	4
工业增加值（占GDP的百分比）	15	16	19
服务业增加值（占GDP的百分比）	76	80	77
货物和服务出口（占GDP的百分比）	89	87	108
货物和服务进口（占GDP的百分比）	72	73	89
资本形成总额（占GDP的百分比）	26	..	..
中央政府收入（占GDP的百分比）	30.0	21.3	..
中央政府现金盈余/赤字（占GDP的百分比）	-5.0	-15.0	..
政府与市场			
创办企业的时间（天）	9	9	9
总体统计能力水平（0—100）	..	65.6	55.6
军费支出（占GDP的百分比）	..	..	..
移动电话用户（每100人）	2.8	151.8	189.4
互联网用户（占总人口的百分比）	2.2	26.5	49.3
金融部门提供的国内信用（占GDP的百分比）	34.8	85.6	70.7
高科技出口（占制成品出口的百分比）	..	..	..
全球联系			
商品贸易（占GDP的百分比）	80	55	76
净易货贸易条件指数（2000年=100）	100	93	91
外债总额（百万美元）	206	994	1,026
债务还本付息总额（占出口的百分比）	4.2	4.0	2.3
净移民（千人）	*-0.1*	*-0.1*	*-0.1*
获得的侨汇（百万美元）	2.2	3.2	3.5
外国直接投资，净流入额（百万美元）	22	216	363
获得的净官方发展援助（百万美元）	19	111	25

马里

撒哈拉以南非洲地区 **低收入经济体**

人口（百万）	17.1	人口增长率（百分比）	2.9
陆地面积（千平方千米）	1,240	每天生活费用不足1.90美元的人口（占人口的百分比）	*49.3*
GNI，图表集法（10亿美元）	11.0	人均GNI，图表集法（美元）	650
PPP衡量的GNI（10亿美元）	25.8	PPP衡量的人均GNI（美元）	1,510

	2000	2010	2014
人口			
最贫困的20%人口占国家消费/收入的份额（百分比）	*6.3*	*8.0*	..
出生时的预期寿命（岁）	49	56	58
总生育率（每个女性生育数）	6.9	6.5	6.2
孕产妇死亡率（每十万次分娩）	834	630	587
避孕普及率（占15—49岁已婚女性的百分比）	*8*	10	..
在熟练医护人员护理下的分娩（占总数的百分比）	*41*	56	*59*
5岁以下儿童死亡率（每千人）	220	137	115
生长迟缓（占5岁以下儿童的百分比）	*42.7*	*38.5*	..
儿童麻疹免疫接种率（占12—23个月年龄组的百分比）	49	78	80
小学毕业率，总数（占适龄年龄组的百分比）	31	57	53
小学和中学中女孩与男孩的比率	0.7	0.8	0.9
劳动力参与率（占15岁以上人口的百分比）	51	66	66
HIV感染率（占15—49岁人口的百分比）	1.8	1.4	1.4
环境			
森林（千平方千米）	59	51	47
森林采伐（2000—2010年和2010—2015年，平均年度百分比）		1.4	1.6
淡水使用量（占内陆水资源的百分比）	..	*8.6*	8.6
获得改善的水资源的人口（占总人口的百分比）	47	67	77
获得改善的卫生设施的人口（占总人口的百分比）	18	22	25
人均能源使用量（千克石油当量）	..	..	..
人均二氧化碳排放量（吨）	0.07	0.08	..
人均用电量（千瓦时）	..	..	..
经济			
GDP（10亿美元）	2.7	*9.3*	12.0
GDP增长率（年度百分比）	-3.3	5.8	7.2
GDP隐含价格平减指数（年度增长百分比）	8.0	2.4	2.7
农业增加值（占GDP的百分比）	36	41	40
工业增加值（占GDP的百分比）	21	20	22
服务业增加值（占GDP的百分比）	43	39	38
货物和服务出口（占GDP的百分比）	23	22	26
货物和服务进口（占GDP的百分比）	33	25	30
资本形成总额（占GDP的百分比）	20	25	24
中央政府收入（占GDP的百分比）	12.3	17.6	*17.8*
中央政府现金盈余/赤字（占GDP的百分比）	-3.1	-2.5	*-1.4*
政府与市场			
创办企业的时间（天）	*33*	8	9
总体统计能力水平（0—100）	..	63.3	65.6
军费支出（占GDP的百分比）	1.6	1.6	1.4
移动电话用户（每100人）	0.1	53.2	149.1
互联网用户（占总人口的百分比）	0.1	2.0	7.0
金融部门提供的国内信用（占GDP的百分比）	13.1	12.5	23.1
高科技出口（占制成品出口的百分比）	15	2	*1*
全球联系			
商品贸易（占GDP的百分比）	51	59	50
净易货贸易条件指数（2000年=100）	100	162	139
外债总额（10亿美元）	3.0	2.5	3.4
债务还本付息总额（占出口的百分比）	14.1	2.5	*3.0*
净移民（千人）	*-67*	*-101*	*-302*
获得的侨汇（百万美元）	73	473	923
外国直接投资，净流入额（百万美元）	82	372	199
获得的净官方发展援助（10亿美元）	0.3	1.1	1.2

马耳他

中东和北非			高收入经济体
人口（千人）	427	人口增长率（百分比）	0.9
陆地面积（平方千米）	320	每天生活费用不足1.90美元的人口（占人口的百分比）	..
GNI，图表集法（10亿美元）	*8.9*	人均GNI，图表集法（美元）	*21,000*
PPP衡量的GNI（10亿美元）	*11.6*	PPP衡量的人均GNI（美元）	*27,390*

	2000	2010	2014
人口			
最贫困的20%人口占国家消费/收入的份额（百分比）	..	..	..
出生时的预期寿命（岁）	78	81	82
总生育率（每个女性生育数）	1.7	1.4	1.4
孕产妇死亡率（每十万次分娩）	15	11	9
避孕普及率（占15—49岁已婚女性的百分比）	..	..	..
在熟练医护人员护理下的分娩（占总数的百分比）	..	*100*	..
5岁以下儿童死亡率（每千人）	8	7	6
生长迟缓（占5岁以下儿童的百分比）	..	..	..
儿童麻疹免疫接种率（占12—23个月年龄组的百分比）	74	73	98
小学毕业率，总数（占适龄年龄组的百分比）	102	89	92
小学和中学中女孩与男孩的比率	1.0	0.8	0.9
劳动力参与率（占15岁以上人口的百分比）	51	51	52
HIV感染率（占15—49岁人口的百分比）	..	..	..
环境			
森林（平方千米）	0.0	0.0	0.0
森林采伐（2000—2010年和2010—2015年，平均年度百分比）		0.0	0.0
淡水使用量（占内陆水资源的百分比）	*106.7*	..	106.7
获得改善的水资源的人口（占总人口的百分比）	100	100	100
获得改善的卫生设施的人口（占总人口的百分比）	100	100	100
人均能源使用量（千克石油当量）	1,771	1,985	*1,735*
人均二氧化碳排放量（吨）	5.4	6.3	..
人均用电量（千瓦时）	4,410	4,634	*4,736*
经济			
GDP（10亿美元）	4.0	*8.2*	*9.6*
GDP增长率（年度百分比）	6.8	4.3	*2.9*
GDP隐含价格平减指数（年度增长百分比）	4.2	1.4	*2.1*
农业增加值（占GDP的百分比）	2	2	..
工业增加值（占GDP的百分比）	51	33	..
服务业增加值（占GDP的百分比）	47	65	..
货物和服务出口（占GDP的百分比）	91	88	..
货物和服务进口（占GDP的百分比）	98	85	..
资本形成总额（占GDP的百分比）	25	14	..
中央政府收入（占GDP的百分比）	70.3	37.4	*38.8*
中央政府现金盈余/赤字（占GDP的百分比）	-12.0	-3.6	*-2.6*
政府与市场			
创办企业的时间（天）	..	*39*	28
总体统计能力水平（0—100）	..	..	..
军费支出（占GDP的百分比）	0.6	0.7	*0.6*
移动电话用户（每100人）	28.1	107.3	127.0
互联网用户（占总人口的百分比）	13.1	63.0	73.2
金融部门提供的国内信用（占GDP的百分比）	128.5	159.5	*151.5*
高科技出口（占制成品出口的百分比）	72	47	34
全球联系			
商品贸易（占GDP的百分比）	148	106	*101*
净易货贸易条件指数（2000年=100）	100	132	127
外债总额（百万美元）	..	..	..
债务还本付息总额（占出口的百分比）	..	..	..
净移民（千人）	*5.8*	*13.5*	*6.3*
获得的侨汇（百万美元）	20	230	196
外国直接投资，净流入额（百万美元）	601	9,247	-13
获得的净官方发展援助（百万美元）	21.2	..	..

马绍尔群岛

东亚和太平洋地区		中高收入经济体	
人口（千人）	53	人口增长率（百分比）	0.2
陆地面积（平方千米）	180	每天生活费用不足1.90美元的人口（占人口的百分比）	..
GNI，图表集法（百万美元）	232.0	人均GNI，图表集法（美元）	4,390
PPP衡量的GNI（百万美元）	248.5	PPP衡量的人均GNI（美元）	4,700

	2000	2010	2014
人口			
最贫困的20%人口占国家消费/收入的份额（百分比）	..	..	..
出生时的预期寿命（岁）	65	..	..
总生育率（每个女性生育数）	*5.7*	*4.1*	..
孕产妇死亡率（每十万次分娩）	..	..	..
避孕普及率（占15—49岁已婚女性的百分比）	*34*	*45*	..
在熟练医护人员护理下的分娩（占总数的百分比）	*95*	99	..
5岁以下儿童死亡率（每千人）	41	39	36
生长迟缓（占5岁以下儿童的百分比）	..	..	..
儿童麻疹免疫接种率（占12—23个月年龄组的百分比）	94	97	79
小学毕业率，总数（占适龄年龄组的百分比）	*93*	*100*	..
小学和中学中女孩与男孩的比率	*1.0*	*1.0*	..
劳动力参与率（占15岁以上人口的百分比）	..	..	..
HIV感染率（占15—49岁人口的百分比）	..	..	..
环境			
森林（平方千米）	130	130	130
森林采伐（2000—2010年和2010—2015年，平均年度百分比）		0.0	0.0
淡水使用量（占内陆水资源的百分比）	..	..	..
获得改善的水资源的人口（占总人口的百分比）	93	94	95
获得改善的卫生设施的人口（占总人口的百分比）	70	75	77
人均能源使用量（千克石油当量）	..	*614*	..
人均二氧化碳排放量（吨）	1.5	2.0	..
人均用电量（千瓦时）	..	..	..
经济			
GDP（百万美元）	110.9	*163.8*	186.7
GDP增长率（年度百分比）	5.9	4.1	-1.0
GDP隐含价格平减指数（年度增长百分比）	-3.0	3.4	-0.9
农业增加值（占GDP的百分比）	..	16	19
工业增加值（占GDP的百分比）	..	12	11
服务业增加值（占GDP的百分比）	..	72	71
货物和服务出口（占GDP的百分比）	..	..	..
货物和服务进口（占GDP的百分比）	..	..	..
资本形成总额（占GDP的百分比）	..	..	..
中央政府收入（占GDP的百分比）	..	..	..
中央政府现金盈余/赤字（占GDP的百分比）	..	..	..
政府与市场			
创办企业的时间（天）	*22*	17	17
总体统计能力水平（0—100）	..	41.1	37.8
军费支出（占GDP的百分比）	..	..	..
移动电话用户（每100人）	0.9	..	29.4
互联网用户（占总人口的百分比）	1.5	7.0	16.8
金融部门提供的国内信用（占GDP的百分比）	..	..	..
高科技出口（占制成品出口的百分比）	..	..	..
全球联系			
商品贸易（占GDP的百分比）	58	111	131
净易货贸易条件指数（2000年=100）	100	100	108
外债总额（百万美元）	..	..	..
债务还本付息总额（占出口的百分比）	..	..	..
净移民（千人）	..	..	..
获得的侨汇（百万美元）	..	22.2	26.1
外国直接投资，净流入额（百万美元）	0.0	-9.4	9.0
获得的净官方发展援助（百万美元）	57.2	32.3	55.8

毛里塔尼亚

撒哈拉以南非洲地区 | **中低收入经济体**

人口（百万）	4.0	人口增长率（百分比）	2.5
陆地面积（千平方千米）	1,031	每天生活费用不足1.90美元的人口（占人口的百分比）	*10.9*
GNI，图表集法（10亿美元）	5.0	人均GNI，图表集法（美元）	1,270
PPP衡量的GNI（10亿美元）	14.7	PPP衡量的人均GNI（美元）	3,710

	2000	2010	2014
人口			
最贫困的20%人口占国家消费/收入的份额（百分比）	6.2	*6.4*	..
出生时的预期寿命（岁）	60	62	63
总生育率（每个女性生育数）	5.4	4.8	4.6
孕产妇死亡率（每十万次分娩）	813	723	602
避孕普及率（占15—49岁已婚女性的百分比）	*8*	*11*	..
在熟练医护人员护理下的分娩（占总数的百分比）	*57*	*65*	..
5岁以下儿童死亡率（每千人）	114	98	85
生长迟缓（占5岁以下儿童的百分比）	39.5	*29.7*	*22.0*
儿童麻疹免疫接种率（占12—23个月年龄组的百分比）	46	67	84
小学毕业率，总数（占适龄年龄组的百分比）	*45*	*67*	68
小学和中学中女孩与男孩的比率	0.9	1.0	1.0
劳动力参与率（占15岁以上人口的百分比）	50	54	54
HIV感染率（占15—49岁人口的百分比）	0.8	0.8	0.7
环境			
森林（千平方千米）	3.2	2.4	2.3
森林采伐（2000—2010年和2010—2015年，平均年度百分比）		2.7	1.5
淡水使用量（占内陆水资源的百分比）	*400.3*	*337.5*	337.5
获得改善的水资源的人口（占总人口的百分比）	42	54	58
获得改善的卫生设施的人口（占总人口的百分比）	24	36	40
人均能源使用量（千克石油当量）	..	..	..
人均二氧化碳排放量（吨）	0.4	0.6	..
人均用电量（千瓦时）	..	..	..
经济			
GDP（10亿美元）	1.3	*4.3*	5.1
GDP增长率（年度百分比）	-0.4	4.8	6.4
GDP隐含价格平减指数（年度增长百分比）	5.4	18.9	-5.2
农业增加值（占GDP的百分比）	36	21	23
工业增加值（占GDP的百分比）	27	41	36
服务业增加值（占GDP的百分比）	37	38	42
货物和服务出口（占GDP的百分比）	30	51	48
货物和服务进口（占GDP的百分比）	45	61	70
资本形成总额（占GDP的百分比）	21	37	43
中央政府收入（占GDP的百分比）	..	..	..
中央政府现金盈余/赤字（占GDP的百分比）	..	..	..
政府与市场			
创办企业的时间（天）	*82*	19	8
总体统计能力水平（0—100）	..	62.2	66.7
军费支出（占GDP的百分比）	2.9	*3.1*	2.9
移动电话用户（每100人）	0.6	76.9	94.2
互联网用户（占总人口的百分比）	0.2	4.0	10.7
金融部门提供的国内信用（占GDP的百分比）	..	38.9	*31.9*
高科技出口（占制成品出口的百分比）	..	..	..
全球联系			
商品贸易（占GDP的百分比）	63	92	91
净易货贸易条件指数（2000年=100）	100	173	141
外债总额（10亿美元）	2.4	2.7	3.5
债务还本付息总额（占出口的百分比）	*27.8*	4.9	9.9
净移民（千人）	*30.0*	*-20.0*	*-20.0*
获得的侨汇（百万美元）	*2.2*	..	..
外国直接投资，净流入额（百万美元）	40	131	502
获得的净官方发展援助（百万美元）	223	370	257

毛里求斯

撒哈拉以南非洲地区		中高收入经济体	
人口（百万）	1.3	人口增长率（百分比）	0.2
陆地面积（千平方千米）	2.0	每天生活费用不足1.90美元的人口（占人口的百分比）	<2
GNI，图表集法（10亿美元）	12.1	人均GNI，图表集法（美元）	9,630
PPP衡量的GNI（10亿美元）	22.9	PPP衡量的人均GNI（美元）	18,150

	2000	2010	2014
人口			
最贫困的20%人口占国家消费/收入的份额（百分比）	..	..	*7.4*
出生时的预期寿命（岁）	72	73	74
总生育率（每个女性生育数）	2.0	1.6	1.4
孕产妇死亡率（每十万次分娩）	40	59	53
避孕普及率（占15—49岁已婚女性的百分比）	76	..	..
在熟练医护人员护理下的分娩（占总数的百分比）	99	..	..
5岁以下儿童死亡率（每千人）	19	15	14
生长迟缓（占5岁以下儿童的百分比）	..	..	..
儿童麻疹免疫接种率（占12—23个月年龄组的百分比）	84	99	98
小学毕业率，总数（占适龄年龄组的百分比）	103	99	97
小学和中学中女孩与男孩的比率	1.0	1.0	1.0
劳动力参与率（占15岁以上人口的百分比）	60	59	59
HIV感染率（占15—49岁人口的百分比）	0.9	1.1	0.9
环境			
森林（平方千米）	420	380	390
森林采伐（2000—2010年和2010—2015年，平均年度百分比）		0.9	-0.1
淡水使用量（占内陆水资源的百分比）	*22.2*	*26.4*	26.4
获得改善的水资源的人口（占总人口的百分比）	99	100	100
获得改善的卫生设施的人口（占总人口的百分比）	91	93	93
人均能源使用量（千克石油当量）	851	1,053	*1,095*
人均二氧化碳排放量（吨）	2.3	3.1	..
人均用电量（千瓦时）	1,363	1,995	*2,148*
经济			
GDP（10亿美元）	4.6	*9.7*	12.6
GDP增长率（年度百分比）	9.0	4.1	3.6
GDP隐含价格平减指数（年度增长百分比）	2.1	1.8	1.9
农业增加值（占GDP的百分比）	7	4	3
工业增加值（占GDP的百分比）	31	26	23
服务业增加值（占GDP的百分比）	62	70	74
货物和服务出口（占GDP的百分比）	61	52	52
货物和服务进口（占GDP的百分比）	62	64	63
资本形成总额（占GDP的百分比）	26	24	23
中央政府收入（占GDP的百分比）	20.9	21.8	*21.8*
中央政府现金盈余/赤字（占GDP的百分比）	-1.1	-3.5	*-4.1*
政府与市场			
创办企业的时间（天）	..	6	6
总体统计能力水平（0—100）	..	70.0	93.3
军费支出（占GDP的百分比）	0.2	0.2	0.3
移动电话用户（每100人）	15.2	96.8	132.2
互联网用户（占总人口的百分比）	7.3	28.3	41.4
金融部门提供的国内信用（占GDP的百分比）	70.8	103.2	115.5
高科技出口（占制成品出口的百分比）	1	1	0
全球联系			
商品贸易（占GDP的百分比）	80	68	69
净易货贸易条件指数（2000年=100）	100	73	76
外债总额（10亿美元）	1.0	2.7	11.3
债务还本付息总额（占出口的百分比）	17.0	1.5	26.9
净移民（千人）	*-19.4*	*-12.1*	*0.0*
获得的侨汇（百万美元）	177	1	1
外国直接投资，净流入额（百万美元）	266	430	418
获得的净官方发展援助（百万美元）	20	125	49

墨西哥

拉丁美洲和加勒比地区		中高收入经济体	
人口（百万）	125.4	人口增长率（百分比）	1.3
陆地面积（千平方千米）	1,964	每天生活费用不足1.90美元的人口（占人口的百分比）	*2.7*
GNI，图表集法（10亿美元）	1,237.5	人均GNI，图表集法（美元）	9,870
PPP衡量的GNI（10亿美元）	2,111.2	PPP衡量的人均GNI（美元）	16,840

	2000	2010	2014
人口			
最贫困的20%人口占国家消费/收入的份额（百分比）	3.9	4.7	*4.9*
出生时的预期寿命（岁）	74	76	77
总生育率（每个女性生育数）	2.7	2.4	2.2
孕产妇死亡率（每十万次分娩）	77	45	38
避孕普及率（占15—49岁已婚女性的百分比）	70	*73*	..
在熟练医护人员护理下的分娩（占总数的百分比）	*95*	94	*96*
5岁以下儿童死亡率（每千人）	26	17	13
生长迟缓（占5岁以下儿童的百分比）	*21.7*	*15.5*	*13.6*
儿童麻疹免疫接种率（占12—23个月年龄组的百分比）	96	95	97
小学毕业率，总数（占适龄年龄组的百分比）	95	93	*103*
小学和中学中女孩与男孩的比率	1.0	1.0	*1.0*
劳动力参与率（占15岁以上人口的百分比）	60	61	62
HIV感染率（占15—49岁人口的百分比）	0.5	0.3	0.2
环境			
森林（千平方千米）	679	665	660
森林采伐（2000—2010年和2010—2015年，平均年度百分比）		0.2	0.1
淡水使用量（占内陆水资源的百分比）	*17.8*	*19.3*	19.6
获得改善的水资源的人口（占总人口的百分比）	89	94	96
获得改善的卫生设施的人口（占总人口的百分比）	75	82	85
人均能源使用量（千克石油当量）	1,409	1,486	1,510
人均二氧化碳排放量（吨）	3.7	3.8	..
人均用电量（千瓦时）	1,717	1,904	*2,057*
经济			
GDP（10亿美元）	684	*1,050*	1,295
GDP增长率（年度百分比）	5.3	5.2	2.2
GDP隐含价格平减指数（年度增长百分比）	10.8	4.5	4.7
农业增加值（占GDP的百分比）	4	3	3
工业增加值（占GDP的百分比）	35	35	34
服务业增加值（占GDP的百分比）	62	62	62
货物和服务出口（占GDP的百分比）	26	30	32
货物和服务进口（占GDP的百分比）	27	31	33
资本形成总额（占GDP的百分比）	23	22	22
中央政府收入（占GDP的百分比）	12.5	..	..
中央政府现金盈余/赤字（占GDP的百分比）	-1.0	..	..
政府与市场			
创办企业的时间（天）	..	..	6
总体统计能力水平（0—100）	..	85.6	92.2
军费支出（占GDP的百分比）	0.5	0.6	0.7
移动电话用户（每100人）	13.6	77.5	82.2
互联网用户（占总人口的百分比）	5.1	31.1	44.4
金融部门提供的国内信用（占GDP的百分比）	29.0	44.5	50.2
高科技出口（占制成品出口的百分比）	22	17	16
全球联系			
商品贸易（占GDP的百分比）	51	58	62
净易货贸易条件指数（2000年=100）	100	99	97
外债总额（10亿美元）	152	246	433
债务还本付息总额（占出口的百分比）	31.6	10.1	12.2
净移民（百万）	*-2,841*	*-410*	*-524*
获得的侨汇（10亿美元）	7.5	22.1	24.5
外国直接投资，净流入额（10亿美元）	18.1	26.2	24.2
获得的净官方发展援助（百万美元）	-58	470	807

密克罗尼西亚联邦

东亚和太平洋地区			中低收入经济体
人口（千人）	104	人口增长率（百分比）	0.3
陆地面积（平方千米）	700	每天生活费用不足1.90美元的人口（占人口的百分比）	*50.4*
GNI，图表集法（百万美元）	333.4	人均GNI，图表集法（美元）	3,200
PPP衡量的GNI（百万美元）	373.2	PPP衡量的人均GNI（美元）	3,590

	2000	2010	2014
人口			
最贫困的20%人口占国家消费/收入的份额（百分比）	1.6	..	..
出生时的预期寿命（岁）	67	69	69
总生育率（每个女性生育数）	4.3	3.5	3.2
孕产妇死亡率（每十万次分娩）	153	115	100
避孕普及率（占15—49岁已婚女性的百分比）	*45*	*55*	..
在熟练医护人员护理下的分娩（占总数的百分比）	*88*	*100*	..
5岁以下儿童死亡率（每千人）	54	41	35
生长迟缓（占5岁以下儿童的百分比）	..	..	..
儿童麻疹免疫接种率（占12—23个月年龄组的百分比）	85	80	91
小学毕业率，总数（占适龄年龄组的百分比）	..	..	..
小学和中学中女孩与男孩的比率	..	..	..
劳动力参与率（占15岁以上人口的百分比）	..	..	..
HIV感染率（占15—49岁人口的百分比）	..	..	..
环境			
森林（平方千米）	640	640	640
森林采伐（2000—2010年和2010—2015年，平均年度百分比）		0.0	0.0
淡水使用量（占内陆水资源的百分比）	..	..	..
获得改善的水资源的人口（占总人口的百分比）	90	89	89
获得改善的卫生设施的人口（占总人口的百分比）	34	53	57
人均能源使用量（千克石油当量）	..	..	..
人均二氧化碳排放量（吨）	1.3	1.2	..
人均用电量（千瓦时）	..	..	..
经济			
GDP（百万美元）	233	*294*	318
GDP增长率（年度百分比）	4.6	2.5	-3.4
GDP隐含价格平减指数（年度增长百分比）	1.1	3.4	4.3
农业增加值（占GDP的百分比）	26	27	27
工业增加值（占GDP的百分比）	9	8	6
服务业增加值（占GDP的百分比）	65	65	67
货物和服务出口（占GDP的百分比）	..	..	..
货物和服务进口（占GDP的百分比）	..	..	..
资本形成总额（占GDP的百分比）	..	..	..
中央政府收入（占GDP的百分比）	..	..	..
中央政府现金盈余/赤字（占GDP的百分比）	..	..	..
政府与市场			
创办企业的时间（天）	*36*	16	16
总体统计能力水平（0—100）	..	27.8	35.6
军费支出（占GDP的百分比）	..	..	..
移动电话用户（每100人）	0.0	26.6	*30.3*
互联网用户（占总人口的百分比）	3.7	20.0	29.7
金融部门提供的国内信用（占GDP的百分比）	..	..	..
高科技出口（占制成品出口的百分比）	..	..	..
全球联系			
商品贸易（占GDP的百分比）	55	67	79
净易货贸易条件指数（2000年=100）	100	81	75
外债总额（百万美元）	..	..	..
债务还本付息总额（占出口的百分比）	..	..	..
净移民（千人）	*-12.9*	*-12.1*	*-8.2*
获得的侨汇（百万美元）	..	18.1	22.0
外国直接投资，净流入额（百万美元）	*-0.2*	1.1	0.8
获得的净官方发展援助（百万美元）	102	63	116

摩尔多瓦

欧洲和中亚			中低收入经济体
人口（百万）	3.6	人口增长率（百分比）	-0.1
陆地面积（千平方千米）	34	每天生活费用不足1.90美元的人口（占人口的百分比）	<2
GNI，图表集法（10亿美元）	9.1	人均GNI，图表集法（美元）	2,560
PPP衡量的GNI（10亿美元）	19.6	PPP衡量的人均GNI（美元）	5,500

	2000	2010	2014
人口			
最贫困的20%人口占国家消费/收入的份额（百分比）	6.9	8.1	*9.1*
出生时的预期寿命（岁）	67	70	71
总生育率（每个女性生育数）	1.4	1.3	1.3
孕产妇死亡率（每十万次分娩）	49	34	23
避孕普及率（占15—49岁已婚女性的百分比）	62	..	*60*
在熟练医护人员护理下的分娩（占总数的百分比）	98	99	*99*
5岁以下儿童死亡率（每千人）	31	17	16
生长迟缓（占5岁以下儿童的百分比）	..	..	*6.4*
儿童麻疹免疫接种率（占12—23个月年龄组的百分比）	89	97	90
小学毕业率，总数（占适龄年龄组的百分比）	98	92	*93*
小学和中学中女孩与男孩的比率	1.0	1.0	*1.0*
劳动力参与率（占15岁以上人口的百分比）	60	41	41
HIV感染率（占15—49岁人口的百分比）	0.3	0.5	0.6
环境			
森林（千平方千米）	3.2	3.9	4.1
森林采伐（2000—2010年和2010—2015年，平均年度百分比）		-1.8	-1.2
淡水使用量（占内陆水资源的百分比）	..	*65.7*	65.7
获得改善的水资源的人口（占总人口的百分比）	85	87	88
获得改善的卫生设施的人口（占总人口的百分比）	73	75	76
人均能源使用量（千克石油当量）	792	985	*863*
人均二氧化碳排放量（吨）	1.0	1.4	..
人均用电量（千瓦时）	1,638	1,723	*1,353*
经济			
GDP（10亿美元）	1.3	5.8	8.0
GDP增长率（年度百分比）	2.1	7.1	4.6
GDP隐含价格平减指数（年度增长百分比）	27.3	11.1	6.3
农业增加值（占GDP的百分比）	29	14	15
工业增加值（占GDP的百分比）	22	16	17
服务业增加值（占GDP的百分比）	49	70	68
货物和服务出口（占GDP的百分比）	50	39	42
货物和服务进口（占GDP的百分比）	75	79	78
资本形成总额（占GDP的百分比）	24	24	26
中央政府收入（占GDP的百分比）	24.5	31.6	*31.2*
中央政府现金盈余/赤字（占GDP的百分比）	-1.5	-2.6	*-2.0*
政府与市场			
创办企业的时间（天）	*42*	10	4
总体统计能力水平（0—100）	..	84.4	95.6
军费支出（占GDP的百分比）	0.4	0.3	0.3
移动电话用户（每100人）	3.4	71.4	108.0
互联网用户（占总人口的百分比）	1.3	32.3	46.6
金融部门提供的国内信用（占GDP的百分比）	25.2	36.3	38.9
高科技出口（占制成品出口的百分比）	3	8	5
全球联系			
商品贸易（占GDP的百分比）	97	93	96
净易货贸易条件指数（2000年=100）	100	78	71
外债总额（10亿美元）	1.8	4.7	6.5
债务还本付息总额（占出口的百分比）	20.0	14.5	14.6
净移民（千人）	*-12.1*	*-47.9*	-9.5
获得的侨汇（10亿美元）	0.2	1.4	2.1
外国直接投资，净流入额（百万美元）	128	212	350
获得的净官方发展援助（百万美元）	123	472	517

摩纳哥

欧洲和中亚			高收入经济体
人口（千人）	38	人口增长率（百分比）	0.3
陆地面积（平方千米）	2.0	每天生活费用不足1.90美元的人口（占人口的百分比）	..
GNI，图表集法（10亿美元）	..	人均GNI，图表集法（美元）	..
PPP衡量的GNI（百万美元）	..	PPP衡量的人均GNI（美元）	..

	2000	2010	2014
人口			
最贫困的20%人口占国家消费/收入的份额（百分比）	..	..	..
出生时的预期寿命（岁）	..	..	..
总生育率（每个女性生育数）	..	..	..
孕产妇死亡率（每十万次分娩）	..	..	..
避孕普及率（占15—49岁已婚女性的百分比）	..	..	..
在熟练医护人员护理下的分娩（占总数的百分比）	..	..	..
5岁以下儿童死亡率（每千人）	5	4	4
生长迟缓（占5岁以下儿童的百分比）	..	..	..
儿童麻疹免疫接种率（占12—23个月年龄组的百分比）	99	99	99
小学毕业率，总数（占适龄年龄组的百分比）	..	..	..
小学和中学中女孩与男孩的比率	..	..	..
劳动力参与率（占15岁以上人口的百分比）	..	..	..
HIV感染率（占15—49岁人口的百分比）	..	..	..
环境			
森林（平方千米）	0.0	0.0	0.0
森林采伐（2000—2010年和2010—2015年，平均年度百分比）		0.0	0.0
淡水使用量（占内陆水资源的百分比）	..	..	..
获得改善的水资源的人口（占总人口的百分比）	100	100	100
获得改善的卫生设施的人口（占总人口的百分比）	100	100	100
人均能源使用量（千克石油当量）	..	..	..
人均二氧化碳排放量（吨）	..	..	..
人均用电量（千瓦时）	..	..	..
经济			
GDP（10亿美元）	2.6	*5.4*	..
GDP增长率（年度百分比）	3.9	*10.0*	..
GDP隐含价格平减指数（年度增长百分比）	1.4	*-1.6*	..
农业增加值（占GDP的百分比）	..	..	..
工业增加值（占GDP的百分比）	..	..	..
服务业增加值（占GDP的百分比）	..	..	..
货物和服务出口（占GDP的百分比）	..	..	..
货物和服务进口（占GDP的百分比）	..	..	..
资本形成总额（占GDP的百分比）	..	..	..
中央政府收入（占GDP的百分比）	..	..	..
中央政府现金盈余/赤字（占GDP的百分比）	..	..	..
政府与市场			
创办企业的时间（天）	..	..	..
总体统计能力水平（0—100）	..	..	..
军费支出（占GDP的百分比）	..	..	..
移动电话用户（每100人）	43.4	63.5	88.5
互联网用户（占总人口的百分比）	42.2	75.0	92.4
金融部门提供的国内信用（占GDP的百分比）	..	..	..
高科技出口（占制成品出口的百分比）	..	..	..
全球联系			
商品贸易（占GDP的百分比）	..	..	..
净易货贸易条件指数（2000年=100）	..	..	..
外债总额（百万美元）	..	..	..
债务还本付息总额（占出口的百分比）	..	..	..
净移民（千人）	..	..	..
获得的侨汇（百万美元）	..	..	..
外国直接投资，净流入额（百万美元）	..	..	..
获得的净官方发展援助（百万美元）	..	..	..

蒙 古

东亚和太平洋地区		中高收入经济体	
人口（百万）	2.9	人口增长率（百分比）	1.8
陆地面积（千平方千米）	1,564	每天生活费用不足1.90美元的人口（占人口的百分比）	<2
GNI，图表集法（10亿美元）	12.5	人均GNI，图表集法（美元）	4,280
PPP衡量的GNI（10亿美元）	32.4	PPP衡量的人均GNI（美元）	11,120

	2000	2010	2014
人口			
最贫困的20%人口占国家消费/收入的份额（百分比）	7.5	7.8	*7.7*
出生时的预期寿命（岁）	63	68	69
总生育率（每个女性生育数）	2.1	2.6	2.7
孕产妇死亡率（每十万次分娩）	161	63	44
避孕普及率（占15—49岁已婚女性的百分比）	67	55	55
在熟练医护人员护理下的分娩（占总数的百分比）	97	99	99
5岁以下儿童死亡率（每千人）	63	30	22
生长迟缓（占5岁以下儿童的百分比）	29.8	15.6	*10.8*
儿童麻疹免疫接种率（占12—23个月年龄组的百分比）	92	97	98
小学毕业率，总数（占适龄年龄组的百分比）	87	..	110
小学和中学中女孩与男孩的比率	1.1	1.0	1.0
劳动力参与率（占15岁以上人口的百分比）	61	61	63
HIV感染率（占15—49岁人口的百分比）	..	..	..
环境			
森林（千平方千米）	117	130	126
森林采伐（2000—2010年和2010—2015年，平均年度百分比）		-1.1	0.8
淡水使用量（占内陆水资源的百分比）	..	*1.6*	1.6
获得改善的水资源的人口（占总人口的百分比）	56	63	64
获得改善的卫生设施的人口（占总人口的百分比）	48	57	60
人均能源使用量（千克石油当量）	1,000	1,453	*1,826*
人均二氧化碳排放量（吨）	3.1	4.2	..
人均用电量（千瓦时）	1,054	1,493	*1,909*
经济			
GDP（10亿美元）	1.1	*7.2*	12.0
GDP增长率（年度百分比）	1.1	6.4	7.8
GDP隐含价格平减指数（年度增长百分比）	12.0	39.2	6.0
农业增加值（占GDP的百分比）	31	13	16
工业增加值（占GDP的百分比）	25	37	37
服务业增加值（占GDP的百分比）	44	50	47
货物和服务出口（占GDP的百分比）	54	47	53
货物和服务进口（占GDP的百分比）	68	57	56
资本形成总额（占GDP的百分比）	29	42	32
中央政府收入（占GDP的百分比）	24.4	29.0	*25.6*
中央政府现金盈余/赤字（占GDP的百分比）	0.2	2.6	*-7.1*
政府与市场			
创办企业的时间（天）	*20*	13	6
总体统计能力水平（0—100）	..	74.4	74.4
军费支出（占GDP的百分比）	2.1	0.8	*0.9*
移动电话用户（每100人）	6.4	92.5	105.1
互联网用户（占总人口的百分比）	1.3	10.2	27.0
金融部门提供的国内信用（占GDP的百分比）	9.0	25.9	67.2
高科技出口（占制成品出口的百分比）	0	*7*	20
全球联系			
商品贸易（占GDP的百分比）	101	86	92
净易货贸易条件指数（2000年=100）	100	215	172
外债总额（10亿美元）	1.0	5.9	20.8
债务还本付息总额（占出口的百分比）	6.6	7.0	21.2
净移民（千人）	*-15.0*	*-15.0*	*-15.0*
获得的侨汇（百万美元）	12	266	255
外国直接投资，净流入额（百万美元）	54	1,692	384
获得的净官方发展援助（百万美元）	217	301	315

黑山

欧洲和中亚			中高收入经济体
人口（千人）	622	人口增长率（百分比）	0.1
陆地面积（千平方千米）	14	每天生活费用不足1.90美元的人口（占人口的百分比）	<2
GNI，图表集法（10亿美元）	4.5	人均GNI，图表集法（美元）	7,320
PPP衡量的GNI（10亿美元）	9.5	PPP衡量的人均GNI（美元）	15,250

	2000	2010	2014
人口			
最贫困的20%人口占国家消费/收入的份额（百分比）	..	8.7	*7.1*
出生时的预期寿命（岁）	73	75	76
总生育率（每个女性生育数）	1.9	1.8	1.7
孕产妇死亡率（每十万次分娩）	11	8	7
避孕普及率（占15—49岁已婚女性的百分比）	53	*39*	*23*
在熟练医护人员护理下的分娩（占总数的百分比）	99	*100*	99
5岁以下儿童死亡率（每千人）	14	7	5
生长迟缓（占5岁以下儿童的百分比）	..	..	*9.4*
儿童麻疹免疫接种率（占12—23个月年龄组的百分比）	..	90	88
小学毕业率，总数（占适龄年龄组的百分比）	..	*73*	*96*
小学和中学中女孩与男孩的比率	*1.0*	1.0	*1.0*
劳动力参与率（占15岁以上人口的百分比）	52	51	50
HIV感染率（占15—49岁人口的百分比）	..	..	..
环境			
森林（千平方千米）	6.3	8.3	8.3
森林采伐（2000—2010年和2010—2015年，平均年度百分比）		-2.8	0.0
淡水使用量（占内陆水资源的百分比）	..	..	..
获得改善的水资源的人口（占总人口的百分比）	97	99	100
获得改善的卫生设施的人口（占总人口的百分比）	89	94	96
人均能源使用量（千克石油当量）	..	1,898	*1,651*
人均二氧化碳排放量（吨）	..	4.2	..
人均用电量（千瓦时）	..	5,420	*5,618*
经济			
GDP（10亿美元）	1.0	*4.1*	4.6
GDP增长率（年度百分比）	3.1	2.5	1.8
GDP隐含价格平减指数（年度增长百分比）	*20.2*	2.3	1.0
农业增加值（占GDP的百分比）	12	9	10
工业增加值（占GDP的百分比）	23	21	18
服务业增加值（占GDP的百分比）	64	70	72
货物和服务出口（占GDP的百分比）	37	37	40
货物和服务进口（占GDP的百分比）	51	63	60
资本形成总额（占GDP的百分比）	22	22	20
中央政府收入（占GDP的百分比）	..	..	..
中央政府现金盈余/赤字（占GDP的百分比）	..	..	..
政府与市场			
创办企业的时间（天）	..	10	10
总体统计能力水平（0—100）	..	57.8	72.2
军费支出（占GDP的百分比）	..	1.8	1.7
移动电话用户（每100人）	..	188.7	163.0
互联网用户（占总人口的百分比）	..	37.5	61.0
金融部门提供的国内信用（占GDP的百分比）	..	..	..
高科技出口（占制成品出口的百分比）	..	..	..
全球联系			
商品贸易（占GDP的百分比）	..	63	61
净易货贸易条件指数（2000年=100）	..	..	..
外债总额（10亿美元）	0.0	1.6	2.5
债务还本付息总额（占出口的百分比）	..	5.7	12.6
净移民（千人）	*-8.0*	*-3.1*	*-2.4*
获得的侨汇（百万美元）	..	301	431
外国直接投资，净流入额（百万美元）	..	758	497
获得的净官方发展援助（百万美元）	*8*	80	102

摩洛哥

中东和北非			中低收入经济体
人口（百万）	33.9	人口增长率（百分比）	1.4
陆地面积（千平方千米）	447	每天生活费用不足1.90美元的人口（占人口的百分比）	*3.1*
GNI，图表集法（10亿美元）	105.8	人均GNI，图表集法（美元）	3,070
PPP衡量的GNI（10亿美元）	251.5	PPP衡量的人均GNI（美元）	7,290

	2000	2010	2014
人口			
最贫困的20%人口占国家消费/收入的份额（百分比）	6.5	6.5	..
出生时的预期寿命（岁）	68	73	74
总生育率（每个女性生育数）	2.7	2.5	2.5
孕产妇死亡率（每十万次分娩）	221	153	121
避孕普及率（占15—49岁已婚女性的百分比）	..	*67*	..
在熟练医护人员护理下的分娩（占总数的百分比）	..	*74*	..
5岁以下儿童死亡率（每千人）	50	33	28
生长迟缓（占5岁以下儿童的百分比）	*23.1*	*14.9*	..
儿童麻疹免疫接种率（占12—23个月年龄组的百分比）	93	98	99
小学毕业率，总数（占适龄年龄组的百分比）	58	84	102
小学和中学中女孩与男孩的比率	0.8	0.9	*0.9*
劳动力参与率（占15岁以上人口的百分比）	54	50	51
HIV感染率（占15—49岁人口的百分比）	0.1	0.1	0.1
环境			
森林（千平方千米）	50	57	56
森林采伐（2000—2010年和2010—2015年，平均年度百分比）		-1.3	0.1
淡水使用量（占内陆水资源的百分比）	*51.1*	..	36.0
获得改善的水资源的人口（占总人口的百分比）	78	84	85
获得改善的卫生设施的人口（占总人口的百分比）	64	74	77
人均能源使用量（千克石油当量）	381	527	*564*
人均二氧化碳排放量（吨）	1.2	1.7	..
人均用电量（千瓦时）	487	777	*866*
经济			
GDP（10亿美元）	37.0	*93.2*	110.0
GDP增长率（年度百分比）	1.6	3.8	2.4
GDP隐含价格平减指数（年度增长百分比）	-0.6	1.0	0.2
农业增加值（占GDP的百分比）	15	14	13
工业增加值（占GDP的百分比）	29	29	29
服务业增加值（占GDP的百分比）	56	57	58
货物和服务出口（占GDP的百分比）	28	32	34
货物和服务进口（占GDP的百分比）	33	43	47
资本形成总额（占GDP的百分比）	26	34	32
中央政府收入（占GDP的百分比）	*26.3*	27.0	*29.4*
中央政府现金盈余/赤字（占GDP的百分比）	*-2.4*	-3.5	*-7.4*
政府与市场			
创办企业的时间（天）	*35*	12	10
总体统计能力水平（0—100）	..	77.8	81.1
军费支出（占GDP的百分比）	2.3	3.4	3.7
移动电话用户（每100人）	8.2	101.1	131.7
互联网用户（占总人口的百分比）	0.7	52.0	56.8
金融部门提供的国内信用（占GDP的百分比）	81.1	101.5	112.4
高科技出口（占制成品出口的百分比）	11	8	5
全球联系			
商品贸易（占GDP的百分比）	51	57	63
净易货贸易条件指数（2000年=100）	100	105	125
外债总额（10亿美元）	20.6	27.2	42.8
债务还本付息总额（占出口的百分比）	25.3	11.8	15.1
净移民（千人）	*-695*	*-578*	*-311*
获得的侨汇（10亿美元）	2.2	6.4	7.0
外国直接投资，净流入额（10亿美元）	0.2	1.2	3.6
获得的净官方发展援助（百万美元）	434	990	2,247

莫桑比克

撒哈拉以南非洲地区 | 低收入经济体

人口（百万）	27.2	人口增长率（百分比）	2.8
陆地面积（千平方千米）	799	每天生活费用不足1.90美元的人口（占人口的百分比）	68.7
GNI，图表集法（10亿美元）	16.4	人均GNI，图表集法（美元）	600
PPP衡量的GNI（10亿美元）	30.3	PPP衡量的人均GNI（美元）	1,120

	2000	2010	2014
人口			
最贫困的20%人口占国家消费/收入的份额（百分比）	*5.4*	*5.2*	..
出生时的预期寿命（岁）	49	53	55
总生育率（每个女性生育数）	5.8	5.6	5.4
孕产妇死亡率（每十万次分娩）	915	619	489
避孕普及率（占15—49岁已婚女性的百分比）	..	*12*	..
在熟练医护人员护理下的分娩（占总数的百分比）	*48*	*54*	..
5岁以下儿童死亡率（每千人）	171	103	79
生长迟缓（占5岁以下儿童的百分比）	*49.6*	*43.1*	..
儿童麻疹免疫接种率（占12—23个月年龄组的百分比）	71	82	85
小学毕业率，总数（占适龄年龄组的百分比）	16	56	48
小学和中学中女孩与男孩的比率	0.7	0.9	0.9
劳动力参与率（占15岁以上人口的百分比）	85	85	84
HIV感染率（占15—49岁人口的百分比）	8.9	11.2	10.6
环境			
森林（千平方千米）	412	390	379
森林采伐（2000—2010年和2010—2015年，平均年度百分比）		0.6	0.5
淡水使用量（占内陆水资源的百分比）	*0.9*	..	0.9
获得改善的水资源的人口（占总人口的百分比）	41	49	51
获得改善的卫生设施的人口（占总人口的百分比）	14	19	21
人均能源使用量（千克石油当量）	393	407	*407*
人均二氧化碳排放量（吨）	0.07	0.12	..
人均用电量（千瓦时）	122	439	*436*
经济			
GDP（10亿美元）	5.0	*10.2*	15.9
GDP增长率（年度百分比）	1.7	6.7	7.2
GDP隐含价格平减指数（年度增长百分比）	10.9	7.6	3.6
农业增加值（占GDP的百分比）	23	30	25
工业增加值（占GDP的百分比）	23	19	21
服务业增加值（占GDP的百分比）	54	52	54
货物和服务出口（占GDP的百分比）	13	30	26
货物和服务进口（占GDP的百分比）	40	46	69
资本形成总额（占GDP的百分比）	33	24	51
中央政府收入（占GDP的百分比）	..	17.9	*22.4*
中央政府现金盈余/赤字（占GDP的百分比）	..	-3.5	*-2.6*
政府与市场			
创办企业的时间（天）	*168*	19	19
总体统计能力水平（0—100）	..	72.2	72.2
军费支出（占GDP的百分比）	1.1	1.0	1.0
移动电话用户（每100人）	0.3	30.1	69.8
互联网用户（占总人口的百分比）	0.1	4.2	5.9
金融部门提供的国内信用（占GDP的百分比）	9.3	23.2	34.7
高科技出口（占制成品出口的百分比）	9	1	6
全球联系			
商品贸易（占GDP的百分比）	30	75	85
净易货贸易条件指数（2000年=100）	100	107	95
外债总额（10亿美元）	5.6	3.7	7.8
债务还本付息总额（占出口的百分比）	9.4	3.2	3.7
净移民（千人）	*37.5*	*-50.0*	*-25.0*
获得的侨汇（百万美元）	37	116	155
外国直接投资，净流入额（10亿美元）	0.1	1.3	5.0
获得的净官方发展援助（10亿美元）	0.9	1.9	2.1

缅甸

东亚和太平洋地区 **中低收入经济体**

人口（百万）	53.4	人口增长率（百分比）	0.9
陆地面积（千平方千米）	677	每天生活费用不足1.90美元的人口（占人口的百分比）	..
GNI，图表集法（10亿美元）	68.1	人均GNI，图表集法（美元）	1,270
PPP衡量的GNI（10亿美元）	..	PPP衡量的人均GNI（美元）	..

	2000	2010	2014
人口			
最贫困的20%人口占国家消费/收入的份额（百分比）	..	..	..
出生时的预期寿命（岁）	62	65	66
总生育率（每个女性生育数）	2.9	2.4	2.2
孕产妇死亡率（每十万次分娩）	308	205	178
避孕普及率（占15—49岁已婚女性的百分比）	*37*	46	..
在熟练医护人员护理下的分娩（占总数的百分比）	57	71	..
5岁以下儿童死亡率（每千人）	82	59	50
生长迟缓（占5岁以下儿童的百分比）	40.8	*35.1*	..
儿童麻疹免疫接种率（占12—23个月年龄组的百分比）	84	88	86
小学毕业率，总数（占适龄年龄组的百分比）	76	84	85
小学和中学中女孩与男孩的比率	1.0	1.0	1.0
劳动力参与率（占15岁以上人口的百分比）	77	79	79
HIV感染率（占15—49岁人口的百分比）	0.7	0.8	0.7
环境			
森林（千平方千米）	349	318	290
森林采伐（2000—2010年和2010—2015年，平均年度百分比）		0.9	1.8
淡水使用量（占内陆水资源的百分比）	*3.3*	..	3.3
获得改善的水资源的人口（占总人口的百分比）	67	78	81
获得改善的卫生设施的人口（占总人口的百分比）	62	77	80
人均能源使用量（千克石油当量）	269	270	*313*
人均二氧化碳排放量（吨）	0.2	0.2	..
人均用电量（千瓦时）	74	122	*164*
经济			
GDP（10亿美元）	..	..	64.3
GDP增长率（年度百分比）	13.7	..	8.5
GDP隐含价格平减指数（年度增长百分比）	2.5	..	6.6
农业增加值（占GDP的百分比）	57	..	..
工业增加值（占GDP的百分比）	10	..	..
服务业增加值（占GDP的百分比）	33	..	..
货物和服务出口（占GDP的百分比）	0	..	..
货物和服务进口（占GDP的百分比）	1	..	..
资本形成总额（占GDP的百分比）	12	..	..
中央政府收入（占GDP的百分比）	5.3	..	..
中央政府现金盈余/赤字（占GDP的百分比）	*-2.7*	..	..
政府与市场			
创办企业的时间（天）	..	..	13
总体统计能力水平（0—100）	..	52.2	55.6
军费支出（占GDP的百分比）	2.3	..	3.7
移动电话用户（每100人）	0.0	1.1	54.0
互联网用户（占总人口的百分比）	*0.0*	0.3	2.1
金融部门提供的国内信用（占GDP的百分比）	31.2	..	*28.3*
高科技出口（占制成品出口的百分比）	..	0	..
全球联系			
商品贸易（占GDP的百分比）	..	..	42
净易货贸易条件指数（2000年=100）	100	110	115
外债总额（10亿美元）	5.9	8.2	6.4
债务还本付息总额（占出口的百分比）	0.4	0.0	0.5
净移民（千人）	*-1,373*	*-1,467*	*-474*
获得的侨汇（百万美元）	104	115	3,103
外国直接投资，净流入额（百万美元）	258	901	1,398
获得的净官方发展援助（百万美元）	106	355	1,380

纳米比亚

撒哈拉以南非洲地区		中高收入经济体	
人口（百万）	2.4	人口增长率（百分比）	2.4
陆地面积（千平方千米）	824	每天生活费用不足1.90美元的人口（占人口的百分比）	*22.6*
GNI，图表集法（10亿美元）	13.5	人均GNI，图表集法（美元）	5,630
PPP衡量的GNI（10亿美元）	23.6	PPP衡量的人均GNI（美元）	9,810

	2000	2010	2014
人口			
最贫困的20%人口占国家消费/收入的份额（百分比）	*3.0*	*3.3*	..
出生时的预期寿命（岁）	55	62	65
总生育率（每个女性生育数）	4.0	3.6	3.5
孕产妇死亡率（每十万次分娩）	352	319	265
避孕普及率（占15—49岁已婚女性的百分比）	44	*55*	*56*
在熟练医护人员护理下的分娩（占总数的百分比）	76	*81*	*88*
5岁以下儿童死亡率（每千人）	76	54	45
生长迟缓（占5岁以下儿童的百分比）	29.5	*29.6*	*23.1*
儿童麻疹免疫接种率（占12—23个月年龄组的百分比）	69	75	83
小学毕业率，总数（占适龄年龄组的百分比）	91	81	*86*
小学和中学中女孩与男孩的比率	1.0	*1.0*	..
劳动力参与率（占15岁以上人口的百分比）	57	61	60
HIV感染率（占15—49岁人口的百分比）	16.0	14.3	16.0
环境			
森林（千平方千米）	80	73	69
森林采伐（2000—2010年和2010—2015年，平均年度百分比）		1.0	1.0
淡水使用量（占内陆水资源的百分比）	*4.7*	..	4.7
获得改善的水资源的人口（占总人口的百分比）	79	87	91
获得改善的卫生设施的人口（占总人口的百分比）	27	32	34
人均能源使用量（千克石油当量）	545	708	*742*
人均二氧化碳排放量（吨）	0.9	1.4	..
人均用电量（千瓦时）	995	1,532	*1,611*
经济			
GDP（10亿美元）	3.9	*11.3*	13.0
GDP增长率（年度百分比）	3.5	6.0	6.4
GDP隐含价格平减指数（年度增长百分比）	12.3	3.6	7.7
农业增加值（占GDP的百分比）	12	9	7
工业增加值（占GDP的百分比）	28	30	32
服务业增加值（占GDP的百分比）	60	61	61
货物和服务出口（占GDP的百分比）	41	48	40
货物和服务进口（占GDP的百分比）	45	61	66
资本形成总额（占GDP的百分比）	17	24	34
中央政府收入（占GDP的百分比）	30.1	23.8	..
中央政府现金盈余/赤字（占GDP的百分比）	-1.6	-7.3	..
政府与市场			
创办企业的时间（天）	*85*	66	66
总体统计能力水平（0—100）	..	52.2	47.8
军费支出（占GDP的百分比）	2.4	3.5	4.2
移动电话用户（每100人）	4.3	89.5	113.8
互联网用户（占总人口的百分比）	1.6	11.6	14.8
金融部门提供的国内信用（占GDP的百分比）	42.7	51.7	54.6
高科技出口（占制成品出口的百分比）	2	1	3
全球联系			
商品贸易（占GDP的百分比）	73	85	93
净易货贸易条件指数（2000年=100）	100	124	123
外债总额（百万美元）	..	..	..
债务还本付息总额（占出口的百分比）	..	..	..
净移民（千人）	*-50.0*	*-50.0*	*-1.4*
获得的侨汇（百万美元）	9.5	15.1	10.2
外国直接投资，净流入额（百万美元）	119	756	493
获得的净官方发展援助（百万美元）	152	256	227

尼泊尔

南亚 **低收入经济体**

人口（百万）	28.2	人口增长率（百分比）	1.2
陆地面积（千平方千米）	147	每天生活费用不足1.90美元的人口（占人口的百分比）	*15.0*
GNI，图表集法（10亿美元）	20.6	人均GNI，图表集法（美元）	730
PPP衡量的GNI（10亿美元）	68.0	PPP衡量的人均GNI（美元）	2,410

	2000	2010	2014
人口			
最贫困的20%人口占国家消费/收入的份额（百分比）	*6.6*	8.3	..
出生时的预期寿命（岁）	62	68	70
总生育率（每个女性生育数）	4.0	2.6	2.2
孕产妇死亡率（每十万次分娩）	548	349	258
避孕普及率（占15—49岁已婚女性的百分比）	37	*50*	50
在熟练医护人员护理下的分娩（占总数的百分比）	12	*36*	56
5岁以下儿童死亡率（每千人）	81	45	36
生长迟缓（占5岁以下儿童的百分比）	*57.1*	*40.5*	..
儿童麻疹免疫接种率（占12—23个月年龄组的百分比）	71	86	88
小学毕业率，总数（占适龄年龄组的百分比）	67	*79*	104
小学和中学中女孩与男孩的比率	0.7	1.0	1.1
劳动力参与率（占15岁以上人口的百分比）	86	84	83
HIV感染率（占15—49岁人口的百分比）	0.2	0.3	0.2
环境			
森林（千平方千米）	39	36	36
森林采伐（2000—2010年和2010—2015年，平均年度百分比）		0.7	0.0
淡水使用量（占内陆水资源的百分比）	*4.8*	*4.8*	4.8
获得改善的水资源的人口（占总人口的百分比）	77	87	92
获得改善的卫生设施的人口（占总人口的百分比）	22	38	46
人均能源使用量（千克石油当量）	342	380	*370*
人均二氧化碳排放量（吨）	0.1	0.2	..
人均用电量（千瓦时）	59	103	*128*
经济			
GDP（10亿美元）	5.5	*16.0*	19.8
GDP增长率（年度百分比）	6.2	4.8	5.4
GDP隐含价格平减指数（年度增长百分比）	4.5	15.1	8.7
农业增加值（占GDP的百分比）	41	37	34
工业增加值（占GDP的百分比）	22	16	16
服务业增加值（占GDP的百分比）	37	48	51
货物和服务出口（占GDP的百分比）	23	10	12
货物和服务进口（占GDP的百分比）	32	36	41
资本形成总额（占GDP的百分比）	24	38	37
中央政府收入（占GDP的百分比）	10.6	14.9	*17.4*
中央政府现金盈余/赤字（占GDP的百分比）	..	-1.4	*1.5*
政府与市场			
创办企业的时间（天）	*31*	31	17
总体统计能力水平（0—100）	..	64.4	72.2
军费支出（占GDP的百分比）	1.0	1.6	1.5
移动电话用户（每100人）	0.0	34.3	81.9
互联网用户（占总人口的百分比）	0.2	7.9	15.4
金融部门提供的国内信用（占GDP的百分比）	40.8	67.4	71.5
高科技出口（占制成品出口的百分比）	0	1	0
全球联系			
商品贸易（占GDP的百分比）	43	37	43
净易货贸易条件指数（2000年=100）	100	74	77
外债总额（10亿美元）	2.9	3.8	4.0
债务还本付息总额（占出口的百分比）	7.6	10.6	8.2
净移民（千人）	*-923*	*-1,024*	*-372*
获得的侨汇（10亿美元）	0.1	3.5	5.8
外国直接投资，净流入额（百万美元）	-0.5	87.7	5.8
获得的净官方发展援助（百万美元）	386	818	880

荷兰

欧洲和中亚			高收入经济体
人口（百万）	16.9	人口增长率（百分比）	0.4
陆地面积（千平方千米）	42	每天生活费用不足1.90美元的人口（占人口的百分比）	..
GNI，图表集法（10亿美元）	874.6	人均GNI，图表集法（美元）	51,860
PPP衡量的GNI（10亿美元）	824.1	PPP衡量的人均GNI（美元）	48,860

	2000	2010	2014
人口			
最贫困的20%人口占国家消费/收入的份额（百分比）	..	8.3	*8.9*
出生时的预期寿命（岁）	78	81	81
总生育率（每个女性生育数）	1.7	1.8	1.7
孕产妇死亡率（每十万次分娩）	14	8	7
避孕普及率（占15—49岁已婚女性的百分比）	*67*	*69*	..
在熟练医护人员护理下的分娩（占总数的百分比）	*100*	..	..
5岁以下儿童死亡率（每千人）	6	4	4
生长迟缓（占5岁以下儿童的百分比）	..	..	..
儿童麻疹免疫接种率（占12—23个月年龄组的百分比）	96	96	96
小学毕业率，总数（占适龄年龄组的百分比）	98	..	..
小学和中学中女孩与男孩的比率	1.0	1.0	*1.0*
劳动力参与率（占15岁以上人口的百分比）	63	65	64
HIV感染率（占15—49岁人口的百分比）	..	..	..
环境			
森林（千平方千米）	3.6	3.7	3.8
森林采伐（2000—2010年和2010—2015年，平均年度百分比）		-0.4	-0.2
淡水使用量（占内陆水资源的百分比）	*81.1*	*104.2*	97.0
获得改善的水资源的人口（占总人口的百分比）	100	100	100
获得改善的卫生设施的人口（占总人口的百分比）	98	98	98
人均能源使用量（千克石油当量）	4,598	5,021	4,289
人均二氧化碳排放量（吨）	10.4	10.9	..
人均用电量（千瓦时）	6,560	7,010	*6,821*
经济			
GDP（10亿美元）	413	*836*	879
GDP增长率（年度百分比）	4.2	1.4	1.0
GDP隐含价格平减指数（年度增长百分比）	3.6	0.8	0.8
农业增加值（占GDP的百分比）	2	2	2
工业增加值（占GDP的百分比）	25	22	21
服务业增加值（占GDP的百分比）	73	76	77
货物和服务出口（占GDP的百分比）	66	72	83
货物和服务进口（占GDP的百分比）	60	64	71
资本形成总额（占GDP的百分比）	23	20	18
中央政府收入（占GDP的百分比）	38.7	25.8	*25.0*
中央政府现金盈余/赤字（占GDP的百分比）	0.5	-3.7	*-0.8*
政府与市场			
创办企业的时间（天）	9	8	4
总体统计能力水平（0—100）	..	..	..
军费支出（占GDP的百分比）	1.4	1.3	1.1
移动电话用户（每100人）	67.8	115.4	116.4
互联网用户（占总人口的百分比）	44.0	90.7	93.2
金融部门提供的国内信用（占GDP的百分比）	*138.5*	218.3	230.5
高科技出口（占制成品出口的百分比）	36	21	20
全球联系			
商品贸易（占GDP的百分比）	109	130	143
净易货贸易条件指数（2000年=100）	100	92	92
外债总额（百万美元）	..	..	..
债务还本付息总额（占出口的百分比）	..	..	..
净移民（千人）	*145*	*56*	*110*
获得的侨汇（10亿美元）	1.2	1.7	1.5
外国直接投资，净流入额（10亿美元）	63	116	48
获得的净官方发展援助（百万美元）	..	..	..

新喀里多尼亚

东亚和太平洋地区 **高收入经济体**

人口（千人）	266	人口增长率（百分比）	1.5
陆地面积（千平方千米）	19	每天生活费用不足1.90美元的人口（占人口的百分比）	..
GNI，图表集法（10亿美元）	..	人均GNI，图表集法（美元）	..
PPP衡量的GNI（百万美元）	..	PPP衡量的人均GNI（美元）	..

	2000	2010	2014
人口			
最贫困的20%人口占国家消费/收入的份额（百分比）	..	..	..
出生时的预期寿命（岁）	75	77	78
总生育率（每个女性生育数）	2.6	2.2	2.2
孕产妇死亡率（每十万次分娩）	..	..	..
避孕普及率（占15—49岁已婚女性的百分比）	..	..	..
在熟练医护人员护理下的分娩（占总数的百分比）	..	..	..
5岁以下儿童死亡率（每千人）	..	..	..
生长迟缓（占5岁以下儿童的百分比）	..	..	..
儿童麻疹免疫接种率（占12—23个月年龄组的百分比）	..	..	..
小学毕业率，总数（占适龄年龄组的百分比）	..	..	..
小学和中学中女孩与男孩的比率	..	..	..
劳动力参与率（占15岁以上人口的百分比）	60	57	57
HIV感染率（占15—49岁人口的百分比）	..	..	..
环境			
森林（千平方千米）	8.4	8.4	8.4
森林采伐（2000—2010年和2010—2015年，平均年度百分比）		0.0	0.0
淡水使用量（占内陆水资源的百分比）	..	..	..
获得改善的水资源的人口（占总人口的百分比）	94	98	99
获得改善的卫生设施的人口（占总人口的百分比）	100	100	100
人均能源使用量（千克石油当量）	..	..	..
人均二氧化碳排放量（吨）	10.8	15.7	..
人均用电量（千瓦时）	..	..	..
经济			
GDP（10亿美元）	2.7	..	..
GDP增长率（年度百分比）	2.1	..	..
GDP隐含价格平减指数（年度增长百分比）	-0.6	..	..
农业增加值（占GDP的百分比）	..	..	..
工业增加值（占GDP的百分比）	..	..	..
服务业增加值（占GDP的百分比）	..	..	..
货物和服务出口（占GDP的百分比）	*13*	..	..
货物和服务进口（占GDP的百分比）	*33*	..	..
资本形成总额（占GDP的百分比）	..	..	..
中央政府收入（占GDP的百分比）	..	..	..
中央政府现金盈余/赤字（占GDP的百分比）	..	..	..
政府与市场			
创办企业的时间（天）	..	..	..
总体统计能力水平（0—100）	..	..	..
军费支出（占GDP的百分比）	..	..	..
移动电话用户（每100人）	23.8	89.6	93.6
互联网用户（占总人口的百分比）	13.9	42.0	70.0
金融部门提供的国内信用（占GDP的百分比）	..	..	..
高科技出口（占制成品出口的百分比）	1	1	13
全球联系			
商品贸易（占GDP的百分比）	57	..	..
净易货贸易条件指数（2000年=100）	100	236	182
外债总额（百万美元）	..	..	..
债务还本付息总额（占出口的百分比）	..	..	..
净移民（千人）	*4.8*	*4.2*	*5.7*
获得的侨汇（百万美元）	*333*	492	479
外国直接投资，净流入额（10亿美元）	0.0	1.4	2.3
获得的净官方发展援助（百万美元）	*315*	..	..

新西兰

东亚和太平洋地区			高收入经济体
人口（百万）	4.5	人口增长率（百分比）	1.5
陆地面积（千平方千米）	268	每天生活费用不足1.90美元的人口（占人口的百分比）	..
GNI，图表集法（10亿美元）	185.2	人均GNI，图表集法（美元）	41,070
PPP衡量的GNI（10亿美元）	163.3	PPP衡量的人均GNI（美元）	36,200

	2000	2010	2014
人口			
最贫困的20%人口占国家消费/收入的份额（百分比）	..	..	..
出生时的预期寿命（岁）	79	81	81
总生育率（每个女性生育数）	2.0	2.2	1.9
孕产妇死亡率（每十万次分娩）	12	13	11
避孕普及率（占15—49岁已婚女性的百分比）	..	..	..
在熟练医护人员护理下的分娩（占总数的百分比）	*97*	..	..
5岁以下儿童死亡率（每千人）	7	6	6
生长迟缓（占5岁以下儿童的百分比）	..	..	..
儿童麻疹免疫接种率（占12—23个月年龄组的百分比）	85	91	93
小学毕业率，总数（占适龄年龄组的百分比）	..	..	..
小学和中学中女孩与男孩的比率	1.0	1.0	*1.0*
劳动力参与率（占15岁以上人口的百分比）	65	68	68
HIV感染率（占15—49岁人口的百分比）	..	..	..
环境			
森林（千平方千米）	101	102	102
森林采伐（2000—2010年和2010—2015年，平均年度百分比）		0.0	0.0
淡水使用量（占内陆水资源的百分比）	*1.0*	*1.5*	1.6
获得改善的水资源的人口（占总人口的百分比）	100	100	100
获得改善的卫生设施的人口（占总人口的百分比）	..	..	..
人均能源使用量（千克石油当量）	4,430	4,225	4,455
人均二氧化碳排放量（吨）	8.5	7.3	..
人均用电量（千瓦时）	9,384	9,602	*9,084*
经济			
GDP（10亿美元）	52.6	*145.3*	200.0
GDP增长率（年度百分比）	2.8	1.4	3.0
GDP隐含价格平减指数（年度增长百分比）	3.0	3.1	2.1
农业增加值（占GDP的百分比）	8	7	..
工业增加值（占GDP的百分比）	25	24	..
服务业增加值（占GDP的百分比）	66	69	..
货物和服务出口（占GDP的百分比）	36	31	29
货物和服务进口（占GDP的百分比）	33	28	27
资本形成总额（占GDP的百分比）	22	20	24
中央政府收入（占GDP的百分比）	*33.1*	34.7	*33.0*
中央政府现金盈余/赤字（占GDP的百分比）	*1.6*	-2.1	*-0.6*
政府与市场			
创办企业的时间（天）	*12*	1	1
总体统计能力水平（0—100）	..	..	..
军费支出（占GDP的百分比）	1.6	1.3	1.2
移动电话用户（每100人）	40.0	107.8	112.1
互联网用户（占总人口的百分比）	47.4	80.5	85.5
金融部门提供的国内信用（占GDP的百分比）	108.0	152.0	..
高科技出口（占制成品出口的百分比）	10	9	9
全球联系			
商品贸易（占GDP的百分比）	52	43	42
净易货贸易条件指数（2000年=100）	100	123	139
外债总额（百万美元）	..	..	..
债务还本付息总额（占出口的百分比）	..	..	..
净移民（千人）	*135*	*62*	*7*
获得的侨汇（百万美元）	236	371	462
外国直接投资，净流入额（10亿美元）	3.8	1.4	4.5
获得的净官方发展援助（百万美元）	..	..	..

尼加拉瓜

拉丁美洲和加勒比地区		中低收入经济体	
人口（百万）	6.0	人口增长率（百分比）	1.1
陆地面积（千平方千米）	130	每天生活费用不足1.90美元的人口（占人口的百分比）	*10.8*
GNI，图表集法（10亿美元）	11.3	人均GNI，图表集法（美元）	1,870
PPP衡量的GNI（10亿美元）	28.8	PPP衡量的人均GNI（美元）	4,790

	2000	2010	2014
人口			
最贫困的20%人口占国家消费/收入的份额（百分比）	*5.6*	*4.6*	..
出生时的预期寿命（岁）	70	74	75
总生育率（每个女性生育数）	3.1	2.4	2.3
孕产妇死亡率（每十万次分娩）	202	166	150
避孕普及率（占15—49岁已婚女性的百分比）	*69*	*72*	*80*
在熟练医护人员护理下的分娩（占总数的百分比）	*67*	*74*	*88*
5岁以下儿童死亡率（每千人）	40	26	22
生长迟缓（占5岁以下儿童的百分比）	*25.2*	*23.0*	..
儿童麻疹免疫接种率（占12—23个月年龄组的百分比）	86	99	99
小学毕业率，总数（占适龄年龄组的百分比）	66	85	..
小学和中学中女孩与男孩的比率	1.1	1.0	..
劳动力参与率（占15岁以上人口的百分比）	60	63	64
HIV感染率（占15—49岁人口的百分比）	0.4	0.3	0.3
环境			
森林（千平方千米）	38	31	31
森林采伐（2000—2010年和2010—2015年，平均年度百分比）		2.0	0.0
淡水使用量（占内陆水资源的百分比）	*0.9*	..	1.0
获得改善的水资源的人口（占总人口的百分比）	79	85	87
获得改善的卫生设施的人口（占总人口的百分比）	54	65	68
人均能源使用量（千克石油当量）	501	515	*594*
人均二氧化碳排放量（吨）	0.7	0.8	..
人均用电量（千瓦时）	348	514	*598*
经济			
GDP（10亿美元）	5.1	*8.7*	11.8
GDP增长率（年度百分比）	4.1	3.2	4.7
GDP隐含价格平减指数（年度增长百分比）	8.6	6.1	9.1
农业增加值（占GDP的百分比）	20	19	21
工业增加值（占GDP的百分比）	23	24	26
服务业增加值（占GDP的百分比）	57	57	54
货物和服务出口（占GDP的百分比）	20	38	42
货物和服务进口（占GDP的百分比）	41	58	59
资本形成总额（占GDP的百分比）	27	25	27
中央政府收入（占GDP的百分比）	11.6	14.8	*16.5*
中央政府现金盈余/赤字（占GDP的百分比）	-2.8	-0.7	*0.5*
政府与市场			
创办企业的时间（天）	*47*	39	13
总体统计能力水平（0—100）	..	75.6	70.0
军费支出（占GDP的百分比）	0.6	0.5	0.7
移动电话用户（每100人）	1.8	68.1	114.6
互联网用户（占总人口的百分比）	1.0	10.0	17.6
金融部门提供的国内信用（占GDP的百分比）	72.2	50.4	47.2
高科技出口（占制成品出口的百分比）	5	5	0
全球联系			
商品贸易（占GDP的百分比）	48	92	102
净易货贸易条件指数（2000年=100）	100	92	88
外债总额（10亿美元）	6.8	7.0	10.2
债务还本付息总额（占出口的百分比）	25.6	17.3	14.8
净移民（千人）	*-174*	*-155*	*-135*
获得的侨汇（百万美元）	320	825	1,140
外国直接投资，净流入额（百万美元）	267	490	884
获得的净官方发展援助（百万美元）	560	662	430

尼日尔

撒哈拉以南非洲地区			低收入经济体
人口（百万）	19.1	人口增长率（百分比）	4.0
陆地面积（千平方千米）	1,267	每天生活费用不足1.90美元的人口（占人口的百分比）	*50.3*
GNI，图表集法（10亿美元）	7.8	人均GNI，图表集法（美元）	410
PPP衡量的GNI（10亿美元）	17.4	PPP衡量的人均GNI（美元）	910

	2000	2010	2014
人口			
最贫困的20%人口占国家消费/收入的份额（百分比）	..	*8.9*	..
出生时的预期寿命（岁）	51	58	61
总生育率（每个女性生育数）	7.7	7.7	7.6
孕产妇死亡率（每十万次分娩）	794	657	553
避孕普及率（占15—49岁已婚女性的百分比）	14	18	*14*
在熟练医护人员护理下的分娩（占总数的百分比）	16	*18*	*29*
5岁以下儿童死亡率（每千人）	227	124	96
生长迟缓（占5岁以下儿童的百分比）	54.2	*54.8*	*43.0*
儿童麻疹免疫接种率（占12—23个月年龄组的百分比）	37	67	72
小学毕业率，总数（占适龄年龄组的百分比）	19	40	59
小学和中学中女孩与男孩的比率	0.6	0.8	0.8
劳动力参与率（占15岁以上人口的百分比）	63	65	65
HIV感染率（占15—49岁人口的百分比）	1.2	0.7	0.5
环境			
森林（千平方千米）	13	12	11
森林采伐（2000—2010年和2010—2015年，平均年度百分比）		1.0	1.1
淡水使用量（占内陆水资源的百分比）	..	*28.1*	28.1
获得改善的水资源的人口（占总人口的百分比）	44	54	58
获得改善的卫生设施的人口（占总人口的百分比）	7	10	11
人均能源使用量（千克石油当量）	131	137	*152*
人均二氧化碳排放量（吨）	0.07	0.08	..
人均用电量（千瓦时）	33	45	*49*
经济			
GDP（10亿美元）	1.8	5.7	8.2
GDP增长率（年度百分比）	-1.4	8.4	6.9
GDP隐含价格平减指数（年度增长百分比）	4.5	2.6	-0.5
农业增加值（占GDP的百分比）	38	41	37
工业增加值（占GDP的百分比）	18	16	20
服务业增加值（占GDP的百分比）	44	43	44
货物和服务出口（占GDP的百分比）	18	22	18
货物和服务进口（占GDP的百分比）	26	49	37
资本形成总额（占GDP的百分比）	11	40	40
中央政府收入（占GDP的百分比）	..	..	..
中央政府现金盈余/赤字（占GDP的百分比）	..	..	..
政府与市场			
创办企业的时间（天）	*35*	17	15
总体统计能力水平（0—100）	..	67.8	71.1
军费支出（占GDP的百分比）	1.1	1.2	*1.0*
移动电话用户（每100人）	0.0	23.1	44.4
互联网用户（占总人口的百分比）	0.0	0.8	2.0
金融部门提供的国内信用（占GDP的百分比）	9.2	12.4	12.3
高科技出口（占制成品出口的百分比）	6	7	57
全球联系			
商品贸易（占GDP的百分比）	38	63	46
净易货贸易条件指数（2000年=100）	100	155	158
外债总额（10亿美元）	1.7	1.5	2.6
债务还本付息总额（占出口的百分比）	8.0	1.8	*2.5*
净移民（千人）	*-28.5*	*-28.5*	*-28.5*
获得的侨汇（百万美元）	14	134	157
外国直接投资，净流入额（百万美元）	8	796	769
获得的净官方发展援助（百万美元）	209	739	918

尼日利亚

撒哈拉以南非洲地区　　中低收入经济体

人口（百万）	177.5	人口增长率（百分比）	2.7
陆地面积（千平方千米）	924	每天生活费用不足1.90美元的人口（占人口的百分比）	*53.5*
GNI，图表集法（10亿美元）	526.5	人均GNI，图表集法（美元）	2,970
PPP衡量的GNI（10亿美元）	1,013.7	PPP衡量的人均GNI（美元）	5,710

	2000	2010	2014
人口			
最贫困的20%人口占国家消费/收入的份额（百分比）	*5.7*	*5.4*	..
出生时的预期寿命（岁）	47	51	53
总生育率（每个女性生育数）	6.1	5.8	5.7
孕产妇死亡率（每十万次分娩）	1,170	867	814
避孕普及率（占15—49岁已婚女性的百分比）	*15*	*18*	*15*
在熟练医护人员护理下的分娩（占总数的百分比）	*42*	*49*	*38*
5岁以下儿童死亡率（每千人）	187	130	109
生长迟缓（占5岁以下儿童的百分比）	*39.7*	*36.0*	32.9
儿童麻疹免疫接种率（占12—23个月年龄组的百分比）	33	56	51
小学毕业率，总数（占适龄年龄组的百分比）	..	76	..
小学和中学中女孩与男孩的比率	0.8	0.9	..
劳动力参与率（占15岁以上人口的百分比）	56	56	56
HIV感染率（占15—49岁人口的百分比）	3.5	3.5	3.2
环境			
森林（千平方千米）	131	90	70
森林采伐（2000—2010年和2010—2015年，平均年度百分比）		3.7	5.0
淡水使用量（占内陆水资源的百分比）	*4.7*	5.9	5.9
获得改善的水资源的人口（占总人口的百分比）	52	63	69
获得改善的卫生设施的人口（占总人口的百分比）	34	31	29
人均能源使用量（千克石油当量）	700	753	*773*
人均二氧化碳排放量（吨）	0.6	0.5	..
人均用电量（千瓦时）	74	136	*142*
经济			
GDP（10亿美元）	46	*369*	569
GDP增长率（年度百分比）	5.3	7.8	6.3
GDP隐含价格平减指数（年度增长百分比）	35.2	103.8	4.7
农业增加值（占GDP的百分比）	26	24	20
工业增加值（占GDP的百分比）	52	25	24
服务业增加值（占GDP的百分比）	22	51	56
货物和服务出口（占GDP的百分比）	52	25	18
货物和服务进口（占GDP的百分比）	20	17	13
资本形成总额（占GDP的百分比）	7	17	16
中央政府收入（占GDP的百分比）	*12.0*	5.6	*5.0*
中央政府现金盈余/赤字（占GDP的百分比）	*-2.2*	-2.0	*-1.3*
政府与市场			
创办企业的时间（天）	..	..	31
总体统计能力水平（0—100）	..	68.9	71.1
军费支出（占GDP的百分比）	0.8	0.5	0.4
移动电话用户（每100人）	0.0	54.7	77.8
互联网用户（占总人口的百分比）	0.1	24.0	42.7
金融部门提供的国内信用（占GDP的百分比）	10.0	18.8	21.8
高科技出口（占制成品出口的百分比）	1	1	2
全球联系			
商品贸易（占GDP的百分比）	64	35	28
净易货贸易条件指数（2000年=100）	100	184	211
外债总额（10亿美元）	32.4	15.4	26.9
债务还本付息总额（占出口的百分比）	8.8	1.0	0.8
净移民（千人）	*-170*	*-300*	*-300*
获得的侨汇（10亿美元）	1.4	19.7	20.8
外国直接投资，净流入额（10亿美元）	1.1	6.0	4.7
获得的净官方发展援助（10亿美元）	0.2	2.1	2.5

北马里亚纳群岛

东亚和太平洋地区		高收入经济体	
人口（千人）	55	人口增长率（百分比）	1.2
陆地面积（平方千米）	460	每天生活费用不足1.90美元的人口（占人口的百分比）	..
GNI，图表集法（百万美元）	..	人均GNI，图表集法（美元）	..
PPP衡量的GNI（百万美元）	..	PPP衡量的人均GNI（美元）	..

	2000	2010	2014
人口			
最贫困的20%人口占国家消费/收入的份额（百分比）	..	..	..
出生时的预期寿命（岁）	..	..	..
总生育率（每个女性生育数）	..	..	..
孕产妇死亡率（每十万次分娩）	..	..	..
避孕普及率（占15—49岁已婚女性的百分比）	..	..	..
在熟练医护人员护理下的分娩（占总数的百分比）	100	..	..
5岁以下儿童死亡率（每千人）	..	..	..
生长迟缓（占5岁以下儿童的百分比）	..	..	..
儿童麻疹免疫接种率（占12—23个月年龄组的百分比）	..	..	..
小学毕业率，总数（占适龄年龄组的百分比）	..	..	..
小学和中学中女孩与男孩的比率	..	..	..
劳动力参与率（占15岁以上人口的百分比）	..	..	..
HIV感染率（占15—49岁人口的百分比）	..	..	..
环境			
森林（平方千米）	320	300	290
森林采伐（2000—2010年和2010—2015年，平均年度百分比）		0.5	0.5
淡水使用量（占内陆水资源的百分比）	..	..	..
获得改善的水资源的人口（占总人口的百分比）	96	97	98
获得改善的卫生设施的人口（占总人口的百分比）	74	79	80
人均能源使用量（千克石油当量）	..	..	..
人均二氧化碳排放量（吨）	..	..	..
人均用电量（千瓦时）	..	..	..
经济			
GDP（百万美元）	..	..	..
GDP增长率（年度百分比）	..	..	..
GDP隐含价格平减指数（年度增长百分比）	..	..	..
农业增加值（占GDP的百分比）	..	..	..
工业增加值（占GDP的百分比）	..	..	..
服务业增加值（占GDP的百分比）	..	..	..
货物和服务出口（占GDP的百分比）	..	..	..
货物和服务进口（占GDP的百分比）	..	..	..
资本形成总额（占GDP的百分比）	..	..	..
中央政府收入（占GDP的百分比）	..	..	..
中央政府现金盈余/赤字（占GDP的百分比）	..	..	..
政府与市场			
创办企业的时间（天）	..	..	..
总体统计能力水平（0—100）	..	..	..
军费支出（占GDP的百分比）	..	..	..
移动电话用户（每100人）	4.4	..	..
互联网用户（占总人口的百分比）	..	..	..
金融部门提供的国内信用（占GDP的百分比）	..	..	..
高科技出口（占制成品出口的百分比）	..	..	..
全球联系			
商品贸易（占GDP的百分比）	..	..	..
净易货贸易条件指数（2000年=100）	100	87	82
外债总额（百万美元）	..	..	..
债务还本付息总额（占出口的百分比）	..	..	..
净移民（千人）	..	..	..
获得的侨汇（百万美元）	..	..	..
外国直接投资，净流入额（百万美元）	1.5	14.8	3.2
获得的净官方发展援助（百万美元）	*0.1*	..	..

挪威

欧洲和中亚 **高收入经济体**

人口（百万）	5.1	人口增长率（百分比）	1.1
陆地面积（千平方千米）	385	每天生活费用不足1.90美元的人口（占人口的百分比）	..
GNI，图表集法（10亿美元）	532.3	人均GNI，图表集法（美元）	103,620
PPP衡量的GNI（10亿美元）	344.7	PPP衡量的人均GNI（美元）	67,100

	2000	2010	2014
人口			
最贫困的20%人口占国家消费/收入的份额（百分比）	..	9.4	*9.3*
出生时的预期寿命（岁）	79	81	82
总生育率（每个女性生育数）	1.9	2.0	1.8
孕产妇死亡率（每十万次分娩）	7	6	5
避孕普及率（占15—49岁已婚女性的百分比）	*87*	..	..
在熟练医护人员护理下的分娩（占总数的百分比）	..	..	..
5岁以下儿童死亡率（每千人）	5	3	3
生长迟缓（占5岁以下儿童的百分比）	..	..	..
儿童麻疹免疫接种率（占12—23个月年龄组的百分比）	88	93	94
小学毕业率，总数（占适龄年龄组的百分比）	98	100	*101*
小学和中学中女孩与男孩的比率	1.0	1.0	*1.0*
劳动力参与率（占15岁以上人口的百分比）	66	66	65
HIV感染率（占15—49岁人口的百分比）	0.1	0.1	0.2
环境			
森林（千平方千米）	121	121	121
森林采伐（2000—2010年和2010—2015年，平均年度百分比）		0.0	0.0
淡水使用量（占内陆水资源的百分比）	*0.6*	*0.8*	0.8
获得改善的水资源的人口（占总人口的百分比）	100	100	100
获得改善的卫生设施的人口（占总人口的百分比）	98	98	98
人均能源使用量（千克石油当量）	5,826	6,939	5,854
人均二氧化碳排放量（吨）	8.6	11.6	..
人均用电量（千瓦时）	24,994	24,891	*23,326*
经济			
GDP（10亿美元）	171	*429*	500
GDP增长率（年度百分比）	3.2	0.6	2.2
GDP隐含价格平减指数（年度增长百分比）	15.4	6.0	0.4
农业增加值（占GDP的百分比）	2	2	2
工业增加值（占GDP的百分比）	41	39	38
服务业增加值（占GDP的百分比）	57	59	60
货物和服务出口（占GDP的百分比）	46	40	38
货物和服务进口（占GDP的百分比）	29	29	30
资本形成总额（占GDP的百分比）	22	25	28
中央政府收入（占GDP的百分比）	47.5	46.9	*46.4*
中央政府现金盈余/赤字（占GDP的百分比）	14.6	12.0	*11.6*
政府与市场			
创办企业的时间（天）	*18*	6	4
总体统计能力水平（0—100）	..	..	..
军费支出（占GDP的百分比）	1.7	1.5	1.4
移动电话用户（每100人）	71.8	114.5	116.1
互联网用户（占总人口的百分比）	52.0	93.4	96.3
金融部门提供的国内信用（占GDP的百分比）	67.0	*85.6*	..
高科技出口（占制成品出口的百分比）	17	16	21
全球联系			
商品贸易（占GDP的百分比）	55	49	47
净易货贸易条件指数（2000年=100）	100	139	157
外债总额（百万美元）	..	..	..
债务还本付息总额（占出口的百分比）	..	..	..
净移民（千人）	*67*	*174*	*236*
获得的侨汇（百万美元）	270	680	761
外国直接投资，净流入额（10亿美元）	7.0	20.4	10.6
获得的净官方发展援助（百万美元）	..	..	..

阿 曼

中东和北非			高收入经济体
人口（百万）	4.2	人口增长率（百分比）	8.1
陆地面积（千平方千米）	310	每天生活费用不足1.90美元的人口（占人口的百分比）	..
GNI，图表集法（10亿美元）	*65.9*	人均GNI，图表集法（美元）	*16,870*
PPP衡量的GNI（10亿美元）	*131.6*	PPP衡量的人均GNI（美元）	*33,690*

	2000	2010	2014
人口			
最贫困的20%人口占国家消费/收入的份额（百分比）	..	..	..
出生时的预期寿命（岁）	72	76	77
总生育率（每个女性生育数）	3.7	2.9	2.8
孕产妇死亡率（每十万次分娩）	20	18	17
避孕普及率（占15—49岁已婚女性的百分比）	32	*24*	30
在熟练医护人员护理下的分娩（占总数的百分比）	95	*99*	99
5岁以下儿童死亡率（每千人）	17	12	12
生长迟缓（占5岁以下儿童的百分比）	*12.9*	*9.8*	..
儿童麻疹免疫接种率（占12—23个月年龄组的百分比）	99	99	99
小学毕业率，总数（占适龄年龄组的百分比）	83	*102*	109
小学和中学中女孩与男孩的比率	1.0	*1.0*	*1.0*
劳动力参与率（占15岁以上人口的百分比）	55	60	66
HIV感染率（占15—49岁人口的百分比）	0.1	0.1	0.2
环境			
森林（平方千米）	20	20	20
森林采伐（2000—2010年和2010—2015年，平均年度百分比）		0.0	0.0
淡水使用量（占内陆水资源的百分比）	*97.1*	*94.4*	94.4
获得改善的水资源的人口（占总人口的百分比）	84	92	93
获得改善的卫生设施的人口（占总人口的百分比）	89	97	97
人均能源使用量（千克石油当量）	3,441	6,797	*6,232*
人均二氧化碳排放量（吨）	9.8	19.1	..
人均用电量（千瓦时）	3,243	5,704	*5,981*
经济			
GDP（10亿美元）	19.5	*58.6*	81.8
GDP增长率（年度百分比）	5.4	4.8	2.9
GDP隐含价格平减指数（年度增长百分比）	17.8	15.6	1.7
农业增加值（占GDP的百分比）	2	1	1
工业增加值（占GDP的百分比）	59	64	65
服务业增加值（占GDP的百分比）	39	35	33
货物和服务出口（占GDP的百分比）	54	57	69
货物和服务进口（占GDP的百分比）	26	33	47
资本形成总额（占GDP的百分比）	15	25	22
中央政府收入（占GDP的百分比）	30.0	34.9	*45.8*
中央政府现金盈余/赤字（占GDP的百分比）	-5.3	-0.4	*-0.4*
政府与市场			
创办企业的时间（天）	*35*	11	7
总体统计能力水平（0—100）	..	..	..
军费支出（占GDP的百分比）	10.8	8.3	11.8
移动电话用户（每100人）	7.4	164.3	157.8
互联网用户（占总人口的百分比）	3.5	35.8	70.2
金融部门提供的国内信用（占GDP的百分比）	37.6	37.2	41.2
高科技出口（占制成品出口的百分比）	3	1	4
全球联系			
商品贸易（占GDP的百分比）	84	96	102
净易货贸易条件指数（2000年=100）	100	191	239
外债总额（百万美元）	..	..	..
债务还本付息总额（占出口的百分比）	..	..	..
净移民（千人）	*40*	*186*	*1,211*
获得的侨汇（百万美元）	39.0	39.0	39.0
外国直接投资，净流入额（百万美元）	82	1,243	739
获得的净官方发展援助（百万美元）	79.7	-21.6	..

巴基斯坦

南亚			中低收入经济体
人口（百万）	185.0	人口增长率（百分比）	2.1
陆地面积（千平方千米）	796	每天生活费用不足1.90美元的人口（占人口的百分比）	*8.3*
GNI，图表集法（10亿美元）	258.3	人均GNI，图表集法（美元）	1,400
PPP衡量的GNI（10亿美元）	941.1	PPP衡量的人均GNI（美元）	5,090

	2000	**2010**	**2014**
人口			
最贫困的20%人口占国家消费/收入的份额（百分比）	*9.4*	9.6	..
出生时的预期寿命（岁）	63	65	66
总生育率（每个女性生育数）	4.6	3.9	3.6
孕产妇死亡率（每十万次分娩）	306	211	178
避孕普及率（占15—49岁已婚女性的百分比）	*28*	*27*	*35*
在熟练医护人员护理下的分娩（占总数的百分比）	*23*	*43*	*52*
5岁以下儿童死亡率（每千人）	112	92	81
生长迟缓（占5岁以下儿童的百分比）	*41.5*	*43.0*	*45.0*
儿童麻疹免疫接种率（占12—23个月年龄组的百分比）	59	69	63
小学毕业率，总数（占适龄年龄组的百分比）	..	69	74
小学和中学中女孩与男孩的比率	..	0.8	0.8
劳动力参与率（占15岁以上人口的百分比）	51	54	55
HIV感染率（占15—49岁人口的百分比）	0.1	0.1	0.1
环境			
森林（千平方千米）	21	17	15
森林采伐（2000—2010年和2010—2015年，平均年度百分比）		2.2	2.7
淡水使用量（占内陆水资源的百分比）	*313.8*	..	333.6
获得改善的水资源的人口（占总人口的百分比）	89	91	91
获得改善的卫生设施的人口（占总人口的百分比）	37	55	64
人均能源使用量（千克石油当量）	463	496	*475*
人均二氧化碳排放量（吨）	0.8	1.0	..
人均用电量（千瓦时）	373	467	*450*
经济			
GDP（10亿美元）	74	*177*	244
GDP增长率（年度百分比）	4.3	1.6	4.7
GDP隐含价格平减指数（年度增长百分比）	24.9	10.9	6.9
农业增加值（占GDP的百分比）	26	24	25
工业增加值（占GDP的百分比）	23	21	21
服务业增加值（占GDP的百分比）	51	55	54
货物和服务出口（占GDP的百分比）	13	14	12
货物和服务进口（占GDP的百分比）	15	19	19
资本形成总额（占GDP的百分比）	17	16	15
中央政府收入（占GDP的百分比）	13.9	13.8	*14.5*
中央政府现金盈余/赤字（占GDP的百分比）	-4.1	-5.0	*-5.2*
政府与市场			
创办企业的时间（天）	..	..	19
总体统计能力水平（0—100）	..	76.7	75.6
军费支出（占GDP的百分比）	4.2	3.4	3.4
移动电话用户（每100人）	0.2	57.3	73.3
互联网用户（占总人口的百分比）	*1.3*	8.0	13.8
金融部门提供的国内信用（占GDP的百分比）	41.6	46.2	47.5
高科技出口（占制成品出口的百分比）	0	2	1
全球联系			
商品贸易（占GDP的百分比）	27	33	30
净易货贸易条件指数（2000年=100）	100	65	59
外债总额（10亿美元）	33.0	64.0	62.2
债务还本付息总额（占出口的百分比）	28.1	14.9	19.1
净移民（千人）	*-896*	*-1,296*	*-1,082*
获得的侨汇（10亿美元）	1.1	9.7	17.1
外国直接投资，净流入额（10亿美元）	0.3	2.0	1.8
获得的净官方发展援助（10亿美元）	0.7	3.0	3.6

帕劳

东亚和太平洋地区			中高收入经济体
人口（千人）	21	人口增长率（百分比）	0.8
陆地面积（平方千米）	460	每天生活费用不足1.90美元的人口（占人口的百分比）	..
GNI，图表集法（百万美元）	234.3	人均GNI，图表集法（美元）	11,110
PPP衡量的GNI（百万美元）	301.2	PPP衡量的人均GNI（美元）	14,280

	2000	2010	2014
人口			
最贫困的20%人口占国家消费/收入的份额（百分比）	..	..	..
出生时的预期寿命（岁）	70	..	..
总生育率（每个女性生育数）	..	..	..
孕产妇死亡率（每十万次分娩）	..	..	..
避孕普及率（占15—49岁已婚女性的百分比）	17	22	..
在熟练医护人员护理下的分娩（占总数的百分比）	*100*	100	..
5岁以下儿童死亡率（每千人）	27	19	16
生长迟缓（占5岁以下儿童的百分比）	..	..	..
儿童麻疹免疫接种率（占12—23个月年龄组的百分比）	83	39	83
小学毕业率，总数（占适龄年龄组的百分比）	..	..	96
小学和中学中女孩与男孩的比率	..	..	1.0
劳动力参与率（占15岁以上人口的百分比）	..	..	..
HIV感染率（占15—49岁人口的百分比）	..	..	..
环境			
森林（平方千米）	400	400	400
森林采伐（2000—2010年和2010—2015年，平均年度百分比）		-0.2	0.0
淡水使用量（占内陆水资源的百分比）	..	..	..
获得改善的水资源的人口（占总人口的百分比）	92	95	..
获得改善的卫生设施的人口（占总人口的百分比）	81	100	100
人均能源使用量（千克石油当量）	..	..	..
人均二氧化碳排放量（吨）	6.1	10.6	..
人均用电量（千瓦时）	..	..	..
经济			
GDP（百万美元）	150	*184*	251
GDP增长率（年度百分比）	-5.5	1.8	8.0
GDP隐含价格平减指数（年度增长百分比）	39.9	-3.1	1.6
农业增加值（占GDP的百分比）	5	5	4
工业增加值（占GDP的百分比）	18	11	9
服务业增加值（占GDP的百分比）	78	85	87
货物和服务出口（占GDP的百分比）	44	52	63
货物和服务进口（占GDP的百分比）	104	75	88
资本形成总额（占GDP的百分比）	..	..	..
中央政府收入（占GDP的百分比）	..	..	..
中央政府现金盈余/赤字（占GDP的百分比）	..	..	..
政府与市场			
创办企业的时间（天）	*33*	28	28
总体统计能力水平（0—100）	..	34.4	42.2
军费支出（占GDP的百分比）	..	..	..
移动电话用户（每100人）	*12.6*	70.9	90.6
互联网用户（占总人口的百分比）	*20.2*	..	..
金融部门提供的国内信用（占GDP的百分比）	..	..	..
高科技出口（占制成品出口的百分比）	..	..	20
全球联系			
商品贸易（占GDP的百分比）	90	61	74
净易货贸易条件指数（2000年=100）	100	92	88
外债总额（百万美元）	..	..	..
债务还本付息总额（占出口的百分比）	..	..	..
净移民（千人）	..	..	..
获得的侨汇（百万美元）	..	1.7	2.2
外国直接投资，净流入额（百万美元）	14.9	2.7	39.9
获得的净官方发展援助（百万美元）	39.1	28.4	23.4

巴拿马

拉丁美洲和加勒比地区 **中高收入经济体**

人口（百万）	3.9	人口增长率（百分比）	1.6
陆地面积（千平方千米）	75	每天生活费用不足1.90美元的人口（占人口的百分比）	*2.9*
GNI，图表集法（10亿美元）	43.1	人均GNI，图表集法（美元）	11,130
PPP衡量的GNI（10亿美元）	77.1	PPP衡量的人均GNI（美元）	19,930

	2000	2010	2014
人口			
最贫困的20%人口占国家消费/收入的份额（百分比）	1.7	3.3	*3.4*
出生时的预期寿命（岁）	75	77	78
总生育率（每个女性生育数）	2.7	2.5	2.4
孕产妇死亡率（每十万次分娩）	82	101	94
避孕普及率（占15—49岁已婚女性的百分比）	..	*52*	*63*
在熟练医护人员护理下的分娩（占总数的百分比）	*93*	*94*	*91*
5岁以下儿童死亡率（每千人）	26	20	17
生长迟缓（占5岁以下儿童的百分比）	*22.2*	*19.1*	..
儿童麻疹免疫接种率（占12—23个月年龄组的百分比）	97	97	90
小学毕业率，总数（占适龄年龄组的百分比）	92	94	*102*
小学和中学中女孩与男孩的比率	1.0	1.0	*1.0*
劳动力参与率（占15岁以上人口的百分比）	63	66	66
HIV感染率（占15—49岁人口的百分比）	1.1	0.7	0.6
环境			
森林（千平方千米）	49	47	46
森林采伐（2000—2010年和2010—2015年，平均年度百分比）		0.4	0.4
淡水使用量（占内陆水资源的百分比）	..	..	0.8
获得改善的水资源的人口（占总人口的百分比）	90	93	95
获得改善的卫生设施的人口（占总人口的百分比）	67	72	75
人均能源使用量（千克石油当量）	848	1,025	*1,057*
人均二氧化碳排放量（吨）	1.9	2.4	..
人均用电量（千瓦时）	1,267	1,760	*2,038*
经济			
GDP（10亿美元）	11.6	*28.8*	46.2
GDP增长率（年度百分比）	2.7	5.9	6.2
GDP隐含价格平减指数（年度增长百分比）	-1.2	5.0	2.1
农业增加值（占GDP的百分比）	7	4	*3*
工业增加值（占GDP的百分比）	19	21	*22*
服务业增加值（占GDP的百分比）	74	75	*74*
货物和服务出口（占GDP的百分比）	73	71	*80*
货物和服务进口（占GDP的百分比）	70	69	*75*
资本形成总额（占GDP的百分比）	24	24	*27*
中央政府收入（占GDP的百分比）	23.1	..	..
中央政府现金盈余/赤字（占GDP的百分比）	-0.8	..	..
政府与市场			
创办企业的时间（天）	*18*	9	6
总体统计能力水平（0—100）	..	78.9	78.9
军费支出（占GDP的百分比）	*1.0*	..	..
移动电话用户（每100人）	13.4	180.7	158.1
互联网用户（占总人口的百分比）	6.6	40.1	44.9
金融部门提供的国内信用（占GDP的百分比）	94.3	81.5	83.7
高科技出口（占制成品出口的百分比）	1	1	0
全球联系			
商品贸易（占GDP的百分比）	36	96	74
净易货贸易条件指数（2000年=100）	100	80	80
外债总额（10亿美元）	6.6	11.4	19.3
债务还本付息总额（占出口的百分比）	9.4	4.8	4.6
净移民（千人）	*16.1*	*22.2*	*28.1*
获得的侨汇（百万美元）	16	410	760
外国直接投资，净流入额（10亿美元）	0.6	2.5	5.2
获得的净官方发展援助（百万美元）	15	126	-196

巴布亚新几内亚

东亚和太平洋地区 中低收入经济体

人口（百万）	7.5	人口增长率（百分比）	2.1
陆地面积（千平方千米）	463	每天生活费用不足1.90美元的人口（占人口的百分比）	*39.3*
GNI，图表集法（10亿美元）	16.7	人均GNI，图表集法（美元）	2,240
PPP衡量的GNI（10亿美元）	20.8	PPP衡量的人均GNI（美元）	2,790

	2000	2010	2014
人口			
最贫困的20%人口占国家消费/收入的份额（百分比）	..	*4.7*	..
出生时的预期寿命（岁）	59	62	63
总生育率（每个女性生育数）	4.5	4.0	3.8
孕产妇死亡率（每十万次分娩）	342	238	215
避孕普及率（占15—49岁已婚女性的百分比）	..	*32*	..
在熟练医护人员护理下的分娩（占总数的百分比）	41	53	..
5岁以下儿童死亡率（每千人）	79	66	57
生长迟缓（占5岁以下儿童的百分比）	..	*49.5*	..
儿童麻疹免疫接种率（占12—23个月年龄组的百分比）	62	55	65
小学毕业率，总数（占适龄年龄组的百分比）	55	..	*79*
小学和中学中女孩与男孩的比率	*0.8*	..	*0.9*
劳动力参与率（占15岁以上人口的百分比）	72	72	72
HIV感染率（占15—49岁人口的百分比）	0.8	0.8	0.7
环境			
森林（千平方千米）	336	336	336
森林采伐（2000—2010年和2010—2015年，平均年度百分比）		0.0	0.0
淡水使用量（占内陆水资源的百分比）	*0.0*	*0.0*	0.0
获得改善的水资源的人口（占总人口的百分比）	35	39	40
获得改善的卫生设施的人口（占总人口的百分比）	19	19	19
人均能源使用量（千克石油当量）	..	..	..
人均二氧化碳排放量（吨）	0.5	0.7	..
人均用电量（千瓦时）	..	..	..
经济			
GDP（10亿美元）	3.5	*9.7*	16.9
GDP增长率（年度百分比）	-2.5	*7.7*	8.5
GDP隐含价格平减指数（年度增长百分比）	13.1	9.9	11.0
农业增加值（占GDP的百分比）	36	..	..
工业增加值（占GDP的百分比）	41	..	..
服务业增加值（占GDP的百分比）	23	..	..
货物和服务出口（占GDP的百分比）	66	..	..
货物和服务进口（占GDP的百分比）	49	..	..
资本形成总额（占GDP的百分比）	22	..	..
中央政府收入（占GDP的百分比）	24.2	..	..
中央政府现金盈余/赤字（占GDP的百分比）	-1.9	..	..
政府与市场			
创办企业的时间（天）	52	52	53
总体统计能力水平（0—100）	..	41.1	45.6
军费支出（占GDP的百分比）	1.0	0.5	0.6
移动电话用户（每100人）	0.2	27.8	44.9
互联网用户（占总人口的百分比）	0.8	1.3	9.4
金融部门提供的国内信用（占GDP的百分比）	28.2	34.8	51.0
高科技出口（占制成品出口的百分比）	19	*14*	*3*
全球联系			
商品贸易（占GDP的百分比）	92	100	57
净易货贸易条件指数（2000年=100）	100	190	189
外债总额（10亿美元）	2.3	6.0	20.9
债务还本付息总额（占出口的百分比）	12.9	13.3	13.0
净移民（千人）	*0.0*	*0.0*	*0.0*
获得的侨汇（百万美元）	7.2	3.5	10.4
外国直接投资，净流入额（百万美元）	95.9	28.7	-30.4
获得的净官方发展援助（百万美元）	275	511	577

巴拉圭

拉丁美洲和加勒比地区 **中高收入经济体**

人口（百万）	6.6	人口增长率（百分比）	1.3
陆地面积（千平方千米）	407	每天生活费用不足1.90美元的人口（占人口的百分比）	*2.2*
GNI，图表集法（10亿美元）	28.8	人均GNI，图表集法（美元）	4,400
PPP衡量的GNI（10亿美元）	55.5	PPP衡量的人均GNI（美元）	8,470

	2000	2010	2014
人口			
最贫困的20%人口占国家消费/收入的份额（百分比）	*3.0*	3.6	*4.3*
出生时的预期寿命（岁）	70	72	73
总生育率（每个女性生育数）	3.6	2.7	2.5
孕产妇死亡率（每十万次分娩）	158	139	132
避孕普及率（占15—49岁已婚女性的百分比）	*62*	*79*	..
在熟练医护人员护理下的分娩（占总数的百分比）	*61*	*96*	..
5岁以下儿童死亡率（每千人）	34	24	21
生长迟缓（占5岁以下儿童的百分比）	..	..	*10.9*
儿童麻疹免疫接种率（占12—23个月年龄组的百分比）	92	94	90
小学毕业率，总数（占适龄年龄组的百分比）	92	92	*89*
小学和中学中女孩与男孩的比率	1.0	1.0	*1.0*
劳动力参与率（占15岁以上人口的百分比）	69	70	70
HIV感染率（占15—49岁人口的百分比）	0.1	0.3	0.4
环境			
森林（千平方千米）	194	170	153
森林采伐（2000—2010年和2010—2015年，平均年度百分比）		1.3	2.0
淡水使用量（占内陆水资源的百分比）	*0.4*	..	2.1
获得改善的水资源的人口（占总人口的百分比）	73	90	98
获得改善的卫生设施的人口（占总人口的百分比）	69	83	89
人均能源使用量（千克石油当量）	726	774	*764*
人均二氧化碳排放量（吨）	0.7	0.8	..
人均用电量（千瓦时）	887	1,179	*1,473*
经济			
GDP（10亿美元）	8.2	*20.0*	30.9
GDP增长率（年度百分比）	-2.3	13.1	4.7
GDP隐含价格平减指数（年度增长百分比）	11.7	6.1	5.1
农业增加值（占GDP的百分比）	16	23	21
工业增加值（占GDP的百分比）	36	30	29
服务业增加值（占GDP的百分比）	49	47	51
货物和服务出口（占GDP的百分比）	47	55	47
货物和服务进口（占GDP的百分比）	38	51	43
资本形成总额（占GDP的百分比）	16	16	16
中央政府收入（占GDP的百分比）	..	19.9	*22.6*
中央政府现金盈余/赤字（占GDP的百分比）	..	1.9	*-1.0*
政府与市场			
创办企业的时间（天）	*72*	35	35
总体统计能力水平（0—100）	..	70.0	72.2
军费支出（占GDP的百分比）	1.4	1.1	1.5
移动电话用户（每100人）	15.3	91.7	105.6
互联网用户（占总人口的百分比）	0.7	19.8	43.0
金融部门提供的国内信用（占GDP的百分比）	27.0	29.7	40.8
高科技出口（占制成品出口的百分比）	3	7	6
全球联系			
商品贸易（占GDP的百分比）	37	83	71
净易货贸易条件指数（2000年=100）	100	99	103
外债总额（10亿美元）	3.1	12.7	14.1
债务还本付息总额（占出口的百分比）	11.2	4.1	19.5
净移民（千人）	*-47*	*-117*	*-87*
获得的侨汇（百万美元）	278	410	507
外国直接投资，净流入额（百万美元）	104	344	523
获得的净官方发展援助（百万美元）	82	120	60

秘 鲁

拉丁美洲和加勒比地区		中高收入经济体	
人口（百万）	31.0	人口增长率（百分比）	1.3
陆地面积（千平方千米）	1,285	每天生活费用不足1.90美元的人口（占人口的百分比）	3.7
GNI，图表集法（10亿美元）	196.9	人均GNI，图表集法（美元）	6,360
PPP衡量的GNI（10亿美元）	354.2	PPP衡量的人均GNI（美元）	11,440

	2000	2010	2014
人口			
最贫困的20%人口占国家消费/收入的份额（百分比）	3.4	4.2	*4.4*
出生时的预期寿命（岁）	71	74	75
总生育率（每个女性生育数）	2.9	2.5	2.5
孕产妇死亡率（每十万次分娩）	140	92	68
避孕普及率（占15—49岁已婚女性的百分比）	69	74	75
在熟练医护人员护理下的分娩（占总数的百分比）	59	84	90
5岁以下儿童死亡率（每千人）	39	21	17
生长迟缓（占5岁以下儿童的百分比）	31.3	23.3	*18.4*
儿童麻疹免疫接种率（占12—23个月年龄组的百分比）	97	94	89
小学毕业率，总数（占适龄年龄组的百分比）	101	103	96
小学和中学中女孩与男孩的比率	1.0	1.0	1.0
劳动力参与率（占15岁以上人口的百分比）	70	76	76
HIV感染率（占15—49岁人口的百分比）	0.6	0.4	0.4
环境			
森林（千平方千米）	761	748	740
森林采伐（2000—2010年和2010—2015年，平均年度百分比）		0.2	0.2
淡水使用量（占内陆水资源的百分比）	..	..	0.8
获得改善的水资源的人口（占总人口的百分比）	80	85	87
获得改善的卫生设施的人口（占总人口的百分比）	63	72	76
人均能源使用量（千克石油当量）	472	654	*708*
人均二氧化碳排放量（吨）	1.2	2.0	..
人均用电量（千瓦时）	680	1,094	*1,270*
经济			
GDP（10亿美元）	51	*149*	203
GDP增长率（年度百分比）	2.7	8.5	2.4
GDP隐含价格平减指数（年度增长百分比）	3.8	6.0	3.0
农业增加值（占GDP的百分比）	9	7	*7*
工业增加值（占GDP的百分比）	32	38	*37*
服务业增加值（占GDP的百分比）	59	54	*56*
货物和服务出口（占GDP的百分比）	17	27	22
货物和服务进口（占GDP的百分比）	19	23	24
资本形成总额（占GDP的百分比）	18	25	26
中央政府收入（占GDP的百分比）	18.2	20.1	*21.5*
中央政府现金盈余/赤字（占GDP的百分比）	-2.1	0.5	*2.0*
政府与市场			
创办企业的时间（天）	*98*	27	26
总体统计能力水平（0—100）	..	81.1	93.3
军费支出（占GDP的百分比）	1.8	1.3	1.4
移动电话用户（每100人）	4.9	99.5	103.6
互联网用户（占总人口的百分比）	3.1	34.8	40.2
金融部门提供的国内信用（占GDP的百分比）	27.2	18.7	24.8
高科技出口（占制成品出口的百分比）	4	7	4
全球联系			
商品贸易（占GDP的百分比）	28	44	40
净易货贸易条件指数（2000年=100）	100	214	206
外债总额（10亿美元）	28.8	42.2	66.5
债务还本付息总额（占出口的百分比）	27.9	16.7	10.9
净移民（千人）	*-635*	*-490*	*-240*
获得的侨汇（10亿美元）	0.7	2.5	2.6
外国直接投资，净流入额（10亿美元）	0.8	8.5	7.9
获得的净官方发展援助（百万美元）	397	-300	325

菲律宾

东亚和太平洋地区			中低收入经济体
人口（百万）	99.1	人口增长率（百分比）	1.6
陆地面积（千平方千米）	300	每天生活费用不足1.90美元的人口（占人口的百分比）	*13.1*
GNI，图表集法（10亿美元）	347.5	人均GNI，图表集法（美元）	3,500
PPP衡量的GNI（10亿美元）	837.6	PPP衡量的人均GNI（美元）	8,450

	2000	2010	2014
人口			
最贫困的20%人口占国家消费/收入的份额（百分比）	5.4	*6.0*	5.9
出生时的预期寿命（岁）	67	68	68
总生育率（每个女性生育数）	3.8	3.1	3.0
孕产妇死亡率（每十万次分娩）	124	129	114
避孕普及率（占15—49岁已婚女性的百分比）	47	*49*	*55*
在熟练医护人员护理下的分娩（占总数的百分比）	58	*72*	*73*
5岁以下儿童死亡率（每千人）	40	32	28
生长迟缓（占5岁以下儿童的百分比）	*33.8*	*33.6*	..
儿童麻疹免疫接种率（占12—23个月年龄组的百分比）	78	80	88
小学毕业率，总数（占适龄年龄组的百分比）	*100*	*92*	*101*
小学和中学中女孩与男孩的比率	*1.0*	*1.0*	*1.0*
劳动力参与率（占15岁以上人口的百分比）	65	65	65
HIV感染率（占15—49岁人口的百分比）	0.1	0.1	0.1
环境			
森林（千平方千米）	70	68	80
森林采伐（2000—2010年和2010—2015年，平均年度百分比）		0.3	-3.3
淡水使用量（占内陆水资源的百分比）	..	*16.5*	17.0
获得改善的水资源的人口（占总人口的百分比）	87	90	92
获得改善的卫生设施的人口（占总人口的百分比）	64	71	74
人均能源使用量（千克石油当量）	513	434	*457*
人均二氧化碳排放量（吨）	0.9	0.9	..
人均用电量（千瓦时）	500	644	*692*
经济			
GDP（10亿美元）	81	*200*	285
GDP增长率（年度百分比）	4.4	7.6	6.1
GDP隐含价格平减指数（年度增长百分比）	5.7	4.2	3.2
农业增加值（占GDP的百分比）	14	12	11
工业增加值（占GDP的百分比）	34	33	31
服务业增加值（占GDP的百分比）	52	55	57
货物和服务出口（占GDP的百分比）	51	35	29
货物和服务进口（占GDP的百分比）	53	37	32
资本形成总额（占GDP的百分比）	18	21	21
中央政府收入（占GDP的百分比）	14.2	13.4	*14.5*
中央政府现金盈余/赤字（占GDP的百分比）	-3.7	-3.5	*-1.9*
政府与市场			
创办企业的时间（天）	*49*	37	29
总体统计能力水平（0—100）	..	88.9	82.2
军费支出（占GDP的百分比）	1.6	1.2	1.2
移动电话用户（每100人）	8.3	89.0	111.2
互联网用户（占总人口的百分比）	2.0	25.0	39.7
金融部门提供的国内信用（占GDP的百分比）	58.3	49.2	55.8
高科技出口（占制成品出口的百分比）	73	55	49
全球联系			
商品贸易（占GDP的百分比）	95	55	46
净易货贸易条件指数（2000年=100）	100	69	65
外债总额（10亿美元）	58.5	65.3	77.7
债务还本付息总额（占出口的百分比）	16.0	18.7	7.2
净移民（千人）	*-1,097*	*-1,829*	*-700*
获得的侨汇（10亿美元）	7.0	21.6	28.4
外国直接投资，净流入额（10亿美元）	2.2	1.1	6.2
获得的净官方发展援助（百万美元）	572	530	676

波 兰

欧洲和中亚			高收入经济体
人口（百万）	38.0	人口增长率（百分比）	-0.1
陆地面积（千平方千米）	313	每天生活费用不足1.90美元的人口（占人口的百分比）	<2
GNI，图表集法（10亿美元）	520.1	人均GNI，图表集法（美元）	13,680
PPP衡量的GNI（10亿美元）	928.4	PPP衡量的人均GNI（美元）	24,430

	2000	2010	2014
人口			
最贫困的20%人口占国家消费/收入的份额（百分比）	7.9	7.9	*8.0*
出生时的预期寿命（岁）	74	76	77
总生育率（每个女性生育数）	1.4	1.4	1.3
孕产妇死亡率（每十万次分娩）	8	4	3
避孕普及率（占15—49岁已婚女性的百分比）	..	..	..
在熟练医护人员护理下的分娩（占总数的百分比）	100	..	..
5岁以下儿童死亡率（每千人）	9	6	5
生长迟缓（占5岁以下儿童的百分比）	..	..	..
儿童麻疹免疫接种率（占12—23个月年龄组的百分比）	97	98	98
小学毕业率，总数（占适龄年龄组的百分比）	94	95	*98*
小学和中学中女孩与男孩的比率	1.0	1.0	*1.0*
劳动力参与率（占15岁以上人口的百分比）	56	56	57
HIV感染率（占15—49岁人口的百分比）	0.1	0.1	0.1
环境			
森林（千平方千米）	91	93	94
森林采伐（2000—2010年和2010—2015年，平均年度百分比）		-0.3	-0.2
淡水使用量（占内陆水资源的百分比）	*21.9*	*22.4*	21.4
获得改善的水资源的人口（占总人口的百分比）	96	98	98
获得改善的卫生设施的人口（占总人口的百分比）	87	94	97
人均能源使用量（千克石油当量）	2,320	2,640	2,496
人均二氧化碳排放量（吨）	7.8	8.3	..
人均用电量（千瓦时）	3,256	3,797	*3,938*
经济			
GDP（10亿美元）	172	*479*	545
GDP增长率（年度百分比）	4.3	3.7	3.3
GDP隐含价格平减指数（年度增长百分比）	7.4	2.3	0.4
农业增加值（占GDP的百分比）	3	3	3
工业增加值（占GDP的百分比）	33	33	33
服务业增加值（占GDP的百分比）	64	64	64
货物和服务出口（占GDP的百分比）	27	40	47
货物和服务进口（占GDP的百分比）	34	42	46
资本形成总额（占GDP的百分比）	25	21	20
中央政府收入（占GDP的百分比）	28.6	19.5	*18.6*
中央政府现金盈余/赤字（占GDP的百分比）	-3.0	-6.2	*-3.5*
政府与市场			
创办企业的时间（天）	*56*	32	30
总体统计能力水平（0—100）	..	85.6	85.6
军费支出（占GDP的百分比）	1.8	1.8	1.9
移动电话用户（每100人）	17.6	122.9	148.9
互联网用户（占总人口的百分比）	7.3	62.3	66.6
金融部门提供的国内信用（占GDP的百分比）	34.3	63.2	71.0
高科技出口（占制成品出口的百分比）	3	7	9
全球联系			
商品贸易（占GDP的百分比）	47	70	80
净易货贸易条件指数（2000年=100）	100	102	99
外债总额（百万美元）	..	..	..
债务还本付息总额（占出口的百分比）	..	..	..
净移民（千人）	*38.1*	*5.2*	*-73.8*
获得的侨汇（10亿美元）	1.5	7.7	7.4
外国直接投资，净流入额（10亿美元）	9.3	18.4	17.3
获得的净官方发展援助（百万美元）	..	..	..

葡萄牙

欧洲和中亚		高收入经济体	
人口（百万）	10.4	人口增长率（百分比）	-0.5
陆地面积（千平方千米）	92	每天生活费用不足1.90美元的人口（占人口的百分比）	..
GNI，图表集法（10亿美元）	222.1	人均GNI，图表集法（美元）	21,360
PPP衡量的GNI（10亿美元）	295.1	PPP衡量的人均GNI（美元）	28,370

	2000	2010	2014
人口			
最贫困的20%人口占国家消费/收入的份额（百分比）	..	7.0	6.5
出生时的预期寿命（岁）	76	79	81
总生育率（每个女性生育数）	1.6	1.4	1.2
孕产妇死亡率（每十万次分娩）	13	11	10
避孕普及率（占15—49岁已婚女性的百分比）	..	*67*	..
在熟练医护人员护理下的分娩（占总数的百分比）	100	..	..
5岁以下儿童死亡率（每千人）	7	4	4
生长迟缓（占5岁以下儿童的百分比）	..	..	..
儿童麻疹免疫接种率（占12—23个月年龄组的百分比）	87	96	98
小学毕业率，总数（占适龄年龄组的百分比）	..	..	..
小学和中学中女孩与男孩的比率	1.0	1.0	*1.0*
劳动力参与率（占15岁以上人口的百分比）	61	62	60
HIV感染率（占15—49岁人口的百分比）	..	..	..
环境			
森林（千平方千米）	33	32	32
森林采伐（2000—2010年和2010—2015年，平均年度百分比）		0.3	0.4
淡水使用量（占内陆水资源的百分比）	*29.3*	*24.1*	24.1
获得改善的水资源的人口（占总人口的百分比）	98	100	100
获得改善的卫生设施的人口（占总人口的百分比）	96	99	100
人均能源使用量（千克石油当量）	2,390	2,223	2,028
人均二氧化碳排放量（吨）	6.1	4.7	..
人均用电量（千瓦时）	3,989	4,959	*4,685*
经济			
GDP（10亿美元）	118	*238*	230
GDP增长率（年度百分比）	3.8	1.9	0.9
GDP隐含价格平减指数（年度增长百分比）	3.5	0.6	1.0
农业增加值（占GDP的百分比）	4	2	2
工业增加值（占GDP的百分比）	28	23	22
服务业增加值（占GDP的百分比）	69	75	76
货物和服务出口（占GDP的百分比）	28	30	40
货物和服务进口（占GDP的百分比）	39	37	40
资本形成总额（占GDP的百分比）	29	21	15
中央政府收入（占GDP的百分比）	35.1	26.6	*30.8*
中央政府现金盈余/赤字（占GDP的百分比）	-4.2	-10.7	*-5.4*
政府与市场			
创办企业的时间（天）	*78*	5	3
总体统计能力水平（0—100）	..	..	..
军费支出（占GDP的百分比）	1.9	2.0	1.8
移动电话用户（每100人）	64.7	115.3	112.1
互联网用户（占总人口的百分比）	16.4	53.3	64.6
金融部门提供的国内信用（占GDP的百分比）	*135.6*	205.9	173.3
高科技出口（占制成品出口的百分比）	6	4	4
全球联系			
商品贸易（占GDP的百分比）	54	53	62
净易货贸易条件指数（2000年=100）	100	93	94
外债总额（百万美元）	..	..	..
债务还本付息总额（占出口的百分比）	..	..	..
净移民（千人）	*178*	*127*	*-140*
获得的侨汇（百万美元）	3,495	517	424
外国直接投资，净流入额（10亿美元）	6.7	8.5	12.4
获得的净官方发展援助（百万美元）	..	..	..

波多黎各

拉丁美洲和加勒比地区		高收入经济体	
人口（百万）	3.5	人口增长率（百分比）	-1.3
陆地面积（千平方千米）	8.9	每天生活费用不足1.90美元的人口（占人口的百分比）	..
GNI，图表集法（10亿美元）	*69.4*	人均GNI，图表集法（美元）	*19,310*
PPP衡量的GNI（10亿美元）	*86.2*	PPP衡量的人均GNI（美元）	*23,960*

	2000	**2010**	**2014**
人口			
最贫困的20%人口占国家消费/收入的份额（百分比）	..	..	..
出生时的预期寿命（岁）	77	78	79
总生育率（每个女性生育数）	2.0	1.6	1.5
孕产妇死亡率（每十万次分娩）	22	16	14
避孕普及率（占15—49岁已婚女性的百分比）	*84*	..	..
在熟练医护人员护理下的分娩（占总数的百分比）	..	..	..
5岁以下儿童死亡率（每千人）	..	..	..
生长迟缓（占5岁以下儿童的百分比）	..	..	..
儿童麻疹免疫接种率（占12—23个月年龄组的百分比）	..	..	..
小学毕业率，总数（占适龄年龄组的百分比）	..	..	..
小学和中学中女孩与男孩的比率	..	1.0	*1.0*
劳动力参与率（占15岁以上人口的百分比）	47	44	43
HIV感染率（占15—49岁人口的百分比）	..	..	..
环境			
森林（千平方千米）	4.5	4.8	5.0
森林采伐（2000—2010年和2010—2015年，平均年度百分比）		-0.6	-0.7
淡水使用量（占内陆水资源的百分比）	*12.1*	*14.0*	14.0
获得改善的水资源的人口（占总人口的百分比）	94	..	..
获得改善的卫生设施的人口（占总人口的百分比）	99	99	99
人均能源使用量（千克石油当量）	..	..	..
人均二氧化碳排放量（吨）	..	..	..
人均用电量（千瓦时）	..	..	..
经济			
GDP（10亿美元）	61.7	*98.4*	*103.1*
GDP增长率（年度百分比）	1.5	-2.6	*-0.6*
GDP隐含价格平减指数（年度增长百分比）	5.1	4.8	*2.6*
农业增加值（占GDP的百分比）	1	1	*1*
工业增加值（占GDP的百分比）	82	97	*95*
服务业增加值（占GDP的百分比）	17	2	*4*
货物和服务出口（占GDP的百分比）	72	76	*76*
货物和服务进口（占GDP的百分比）	62	53	*55*
资本形成总额（占GDP的百分比）	20	9	*10*
中央政府收入（占GDP的百分比）	..	..	..
中央政府现金盈余/赤字（占GDP的百分比）	..	..	..
政府与市场			
创办企业的时间（天）	*7*	7	6
总体统计能力水平（0—100）	..	..	..
军费支出（占GDP的百分比）	..	..	..
移动电话用户（每100人）	34.7	79.1	87.1
互联网用户（占总人口的百分比）	10.5	45.3	78.8
金融部门提供的国内信用（占GDP的百分比）	..	..	..
高科技出口（占制成品出口的百分比）	..	..	..
全球联系			
商品贸易（占GDP的百分比）	..	..	..
净易货贸易条件指数（2000年=100）	..	..	..
外债总额（百万美元）	..	..	..
债务还本付息总额（占出口的百分比）	..	..	..
净移民（千人）	*-146*	*-138*	*-104*
获得的侨汇（百万美元）	..	..	..
外国直接投资，净流入额（百万美元）	..	..	..
获得的净官方发展援助（百万美元）	..	..	..

卡塔尔

中东和北非		高收入经济体	
人口（百万）	2.2	人口增长率（百分比）	3.3
陆地面积（千平方千米）	12	每天生活费用不足1.90美元的人口（占人口的百分比）	..
GNI，图表集法（10亿美元）	200.3	人均GNI，图表集法（美元）	92,200
PPP衡量的GNI（10亿美元）	292.0	PPP衡量的人均GNI（美元）	134,420

	2000	2010	2014
人口			
最贫困的20%人口占国家消费/收入的份额（百分比）	..	..	..
出生时的预期寿命（岁）	76	78	79
总生育率（每个女性生育数）	3.2	2.1	2.0
孕产妇死亡率（每十万次分娩）	24	16	13
避孕普及率（占15—49岁已婚女性的百分比）	*43*	..	*38*
在熟练医护人员护理下的分娩（占总数的百分比）	*100*	*100*	*100*
5岁以下儿童死亡率（每千人）	12	9	8
生长迟缓（占5岁以下儿童的百分比）	..	..	..
儿童麻疹免疫接种率（占12—23个月年龄组的百分比）	91	99	99
小学毕业率，总数（占适龄年龄组的百分比）	*92*	*94*	..
小学和中学中女孩与男孩的比率	1.1	1.0	..
劳动力参与率（占15岁以上人口的百分比）	76	86	87
HIV感染率（占15—49岁人口的百分比）	..	..	..
环境			
森林（平方千米）	0.0	0.0	0.0
森林采伐（2000—2010年和2010—2015年，平均年度百分比）		0.0	0.0
淡水使用量（占内陆水资源的百分比）	*524.8*	*792.9*	792.9
获得改善的水资源的人口（占总人口的百分比）	99	100	100
获得改善的卫生设施的人口（占总人口的百分比）	99	98	98
人均能源使用量（千克石油当量）	18,401	15,657	*19,120*
人均二氧化碳排放量（吨）	58.5	42.6	..
人均用电量（千瓦时）	14,325	14,940	*15,471*
经济			
GDP（10亿美元）	18	*125*	210
GDP增长率（年度百分比）	*3.9*	19.6	4.0
GDP隐含价格平减指数（年度增长百分比）	*-5.0*	7.0	0.1
农业增加值（占GDP的百分比）	0	0	0
工业增加值（占GDP的百分比）	71	68	68
服务业增加值（占GDP的百分比）	29	32	32
货物和服务出口（占GDP的百分比）	67	62	69
货物和服务进口（占GDP的百分比）	22	24	30
资本形成总额（占GDP的百分比）	20	31	32
中央政府收入（占GDP的百分比）	..	34.2	..
中央政府现金盈余/赤字（占GDP的百分比）	..	2.9	..
政府与市场			
创办企业的时间（天）	..	10	9
总体统计能力水平（0—100）	..	..	..
军费支出（占GDP的百分比）	*3.9*	1.5	..
移动电话用户（每100人）	20.4	125.0	145.8
互联网用户（占总人口的百分比）	4.9	69.0	91.5
金融部门提供的国内信用（占GDP的百分比）	40.1	71.6	80.4
高科技出口（占制成品出口的百分比）	0	0	0
全球联系			
商品贸易（占GDP的百分比）	84	78	79
净易货贸易条件指数（2000年=100）	100	179	214
外债总额（百万美元）	..	..	..
债务还本付息总额（占出口的百分比）	..	..	..
净移民（千人）	*185*	*855*	*364*
获得的侨汇（百万美元）	..	*574*	499
外国直接投资，净流入额（10亿美元）	0.3	4.7	1.0
获得的净官方发展援助（百万美元）	..	..	..

罗马尼亚

欧洲和中亚　　中高收入经济体

人口（百万）	19.9	人口增长率（百分比）	-0.4
陆地面积（千平方千米）	238	每天生活费用不足1.90美元的人口（占人口的百分比）	<2
GNI，图表集法（10亿美元）	189.5	人均GNI，图表集法（美元）	9,520
PPP衡量的GNI（10亿美元）	397.1	PPP衡量的人均GNI（美元）	19,950

	2000	2010	2014
人口			
最贫困的20%人口占国家消费/收入的份额（百分比）	8.5	8.7	*8.9*
出生时的预期寿命（岁）	71	73	75
总生育率（每个女性生育数）	1.3	1.6	1.4
孕产妇死亡率（每十万次分娩）	51	30	31
避孕普及率（占15—49岁已婚女性的百分比）	*64*	..	..
在熟练医护人员护理下的分娩（占总数的百分比）	99	99	..
5岁以下儿童死亡率（每千人）	27	14	11
生长迟缓（占5岁以下儿童的百分比）	12.8	..	..
儿童麻疹免疫接种率（占12—23个月年龄组的百分比）	98	95	89
小学毕业率，总数（占适龄年龄组的百分比）	96	94	*94*
小学和中学中女孩与男孩的比率	1.0	1.0	*1.0*
劳动力参与率（占15岁以上人口的百分比）	65	56	57
HIV感染率（占15—49岁人口的百分比）	..	..	..
环境			
森林（千平方千米）	64	65	69
森林采伐（2000—2010年和2010—2015年，平均年度百分比）		-0.2	-1.0
淡水使用量（占内陆水资源的百分比）	*21.8*	*19.9*	16.2
获得改善的水资源的人口（占总人口的百分比）	85	97	100
获得改善的卫生设施的人口（占总人口的百分比）	74	78	79
人均能源使用量（千克石油当量）	1,614	1,730	*1,592*
人均二氧化碳排放量（吨）	4.0	3.9	..
人均用电量（千瓦时）	1,988	2,551	*2,495*
经济			
GDP（10亿美元）	37.4	*168.0*	199.0
GDP增长率（年度百分比）	2.4	-0.8	2.8
GDP隐含价格平减指数（年度增长百分比）	43.1	5.4	1.7
农业增加值（占GDP的百分比）	12	6	5
工业增加值（占GDP的百分比）	28	31	27
服务业增加值（占GDP的百分比）	60	62	67
货物和服务出口（占GDP的百分比）	33	32	41
货物和服务进口（占GDP的百分比）	38	38	41
资本形成总额（占GDP的百分比）	20	27	23
中央政府收入（占GDP的百分比）	32.0	23.4	*22.0*
中央政府现金盈余/赤字（占GDP的百分比）	-5.7	-5.9	*-2.8*
政府与市场			
创办企业的时间（天）	*29*	9	8
总体统计能力水平（0—100）	..	95.6	82.2
军费支出（占GDP的百分比）	2.5	1.2	1.3
移动电话用户（每100人）	11.2	111.4	105.9
互联网用户（占总人口的百分比）	3.6	39.9	54.1
金融部门提供的国内信用（占GDP的百分比）	13.8	47.6	38.0
高科技出口（占制成品出口的百分比）	6	11	6
全球联系			
商品贸易（占GDP的百分比）	63	66	74
净易货贸易条件指数（2000年=100）	100	108	107
外债总额（10亿美元）	11	115	111
债务还本付息总额（占出口的百分比）	20.1	33.2	28.9
净移民（千人）	*-490*	*-874*	*-437*
获得的侨汇（10亿美元）	0.1	3.9	3.4
外国直接投资，净流入额（10亿美元）	1.0	3.2	3.9
获得的净官方发展援助（百万美元）	..	..	..

俄罗斯联邦

欧洲和中亚 高收入经济体

人口（百万）	143.8	人口增长率（百分比）	0.2
陆地面积（千平方千米）	17,098	每天生活费用不足1.90美元的人口（占人口的百分比）	<2
GNI，图表集法（10亿美元）	1,930.6	人均GNI，图表集法（美元）	13,220
PPP衡量的GNI（10亿美元）	3,237.4	PPP衡量的人均GNI（美元）	22,160

	2000	2010	2014
人口			
最贫困的20%人口占国家消费/收入的份额（百分比）	6.4	5.8	5.9
出生时的预期寿命（岁）	65	69	70
总生育率（每个女性生育数）	1.2	1.6	1.7
孕产妇死亡率（每十万次分娩）	57	29	25
避孕普及率（占15—49岁已婚女性的百分比）	..	*68*	..
在熟练医护人员护理下的分娩（占总数的百分比）	99	100	..
5岁以下儿童死亡率（每千人）	23	12	10
生长迟缓（占5岁以下儿童的百分比）	..	..	..
儿童麻疹免疫接种率（占12—23个月年龄组的百分比）	97	98	98
小学毕业率，总数（占适龄年龄组的百分比）	90	*97*	*101*
小学和中学中女孩与男孩的比率	*1.0*	*1.0*	*1.0*
劳动力参与率（占15岁以上人口的百分比）	61	63	64
HIV感染率（占15—49岁人口的百分比）	..	..	..
环境			
森林（千平方千米）	8,093	8,151	8,149
森林采伐（2000—2010年和2010—2015年，平均年度百分比）		-0.1	0.0
淡水使用量（占内陆水资源的百分比）	*1.5*	..	1.5
获得改善的水资源的人口（占总人口的百分比）	95	96	97
获得改善的卫生设施的人口（占总人口的百分比）	73	72	72
人均能源使用量（千克石油当量）	4,224	4,828	*5,093*
人均二氧化碳排放量（吨）	10.6	12.2	..
人均用电量（千瓦时）	5,198	6,410	*6,539*
经济			
GDP（10亿美元）	260	*1,525*	1,861
GDP增长率（年度百分比）	10.0	4.5	0.6
GDP隐含价格平减指数（年度增长百分比）	37.7	14.2	7.2
农业增加值（占GDP的百分比）	6	4	4
工业增加值（占GDP的百分比）	38	35	36
服务业增加值（占GDP的百分比）	56	61	60
货物和服务出口（占GDP的百分比）	44	29	30
货物和服务进口（占GDP的百分比）	24	21	23
资本形成总额（占GDP的百分比）	19	23	20
中央政府收入（占GDP的百分比）	24.6	20.0	*21.5*
中央政府现金盈余/赤字（占GDP的百分比）	2.5	-2.4	*0.7*
政府与市场			
创办企业的时间（天）	..	..	11
总体统计能力水平（0—100）	..	..	..
军费支出（占GDP的百分比）	3.6	3.9	4.5
移动电话用户（每100人）	2.2	165.5	155.1
互联网用户（占总人口的百分比）	2.0	43.0	70.5
金融部门提供的国内信用（占GDP的百分比）	24.9	37.7	52.4
高科技出口（占制成品出口的百分比）	16	9	11
全球联系			
商品贸易（占GDP的百分比）	58	43	43
净易货贸易条件指数（2000年=100）	100	160	182
外债总额（百万美元）	..	..	..
债务还本付息总额（占出口的百分比）	..	..	..
净移民（千人）	*1,735*	*2,157*	*1,118*
获得的侨汇（10亿美元）	1.3	5.3	7.8
外国直接投资，净流入额（10亿美元）	2.7	43.2	22.9
获得的净官方发展援助（百万美元）	..	..	..

卢旺达

撒哈拉以南非洲地区		低收入经济体	
人口（百万）	11.3	人口增长率（百分比）	2.4
陆地面积（千平方千米）	26	每天生活费用不足1.90美元的人口（占人口的百分比）	*60.3*
GNI，图表集法（10亿美元）	7.9	人均GNI，图表集法（美元）	700
PPP衡量的GNI（10亿美元）	18.5	PPP衡量的人均GNI（美元）	1,630

	2000	2010	2014
人口			
最贫困的20%人口占国家消费/收入的份额（百分比）	5.2	5.1	..
出生时的预期寿命（岁）	48	61	64
总生育率（每个女性生育数）	5.6	4.4	3.9
孕产妇死亡率（每十万次分娩）	1,020	381	290
避孕普及率（占15—49岁已婚女性的百分比）	13	52	..
在熟练医护人员护理下的分娩（占总数的百分比）	31	69	..
5岁以下儿童死亡率（每千人）	184	64	42
生长迟缓（占5岁以下儿童的百分比）	48.3	44.3	..
儿童麻疹免疫接种率（占12—23个月年龄组的百分比）	74	95	98
小学毕业率，总数（占适龄年龄组的百分比）	23	70	67
小学和中学中女孩与男孩的比率	0.9	1.0	*1.0*
劳动力参与率（占15岁以上人口的百分比）	86	86	86
HIV感染率（占15—49岁人口的百分比）	5.3	3.1	2.8
环境			
森林（千平方千米）	3.4	4.5	4.8
森林采伐（2000—2010年和2010—2015年，平均年度百分比）		-2.6	-1.5
淡水使用量（占内陆水资源的百分比）	*1.6*	..	1.6
获得改善的水资源的人口（占总人口的百分比）	66	73	76
获得改善的卫生设施的人口（占总人口的百分比）	47	57	62
人均能源使用量（千克石油当量）	..	..	..
人均二氧化碳排放量（吨）	0.07	0.06	..
人均用电量（千瓦时）	..	..	..
经济			
GDP（10亿美元）	1.7	*5.7*	7.9
GDP增长率（年度百分比）	8.3	7.3	7.0
GDP隐含价格平减指数（年度增长百分比）	2.8	2.6	3.6
农业增加值（占GDP的百分比）	37	33	33
工业增加值（占GDP的百分比）	14	13	14
服务业增加值（占GDP的百分比）	49	55	53
货物和服务出口（占GDP的百分比）	6	12	15
货物和服务进口（占GDP的百分比）	25	28	31
资本形成总额（占GDP的百分比）	13	23	26
中央政府收入（占GDP的百分比）	..	14.3	*15.1*
中央政府现金盈余/赤字（占GDP的百分比）	..	-1.1	*-3.0*
政府与市场			
创办企业的时间（天）	*18*	7	6
总体统计能力水平（0—100）	..	67.8	73.3
军费支出（占GDP的百分比）	3.5	1.3	1.1
移动电话用户（每100人）	0.5	32.7	64.0
互联网用户（占总人口的百分比）	0.1	8.0	10.6
金融部门提供的国内信用（占GDP的百分比）	13.1	..	..
高科技出口（占制成品出口的百分比）	*2*	5	12
全球联系			
商品贸易（占GDP的百分比）	15	30	40
净易货贸易条件指数（2000年=100）	100	221	181
外债总额（10亿美元）	1.3	0.9	2.0
债务还本付息总额（占出口的百分比）	25.7	2.3	4.5
净移民（千人）	*-72.6*	*-75.0*	*-75.0*
获得的侨汇（百万美元）	7	106	128
外国直接投资，净流入额（百万美元）	8	42	292
获得的净官方发展援助（10亿美元）	0.3	1.0	1.0

萨摩亚

东亚和太平洋地区			中低收入经济体
人口（千人）	192	人口增长率（百分比）	0.8
陆地面积（千平方千米）	2.8	每天生活费用不足1.90美元的人口（占人口的百分比）	<2
GNI，图表集法（百万美元）	778.3	人均GNI，图表集法（美元）	4,060
PPP衡量的GNI（百万美元）	1,075.9	PPP衡量的人均GNI（美元）	5,610

	2000	2010	2014
人口			
最贫困的20%人口占国家消费/收入的份额（百分比）	..	*6.3*	..
出生时的预期寿命（岁）	69	72	74
总生育率（每个女性生育数）	4.5	4.3	4.1
孕产妇死亡率（每十万次分娩）	93	64	51
避孕普及率（占15—49岁已婚女性的百分比）	*25*	*29*	27
在熟练医护人员护理下的分娩（占总数的百分比）	*100*	*81*	83
5岁以下儿童死亡率（每千人）	22	19	18
生长迟缓（占5岁以下儿童的百分比）	*6.4*	..	..
儿童麻疹免疫接种率（占12—23个月年龄组的百分比）	93	61	91
小学毕业率，总数（占适龄年龄组的百分比）	94	106	100
小学和中学中女孩与男孩的比率	1.1	1.1	1.1
劳动力参与率（占15岁以上人口的百分比）	54	43	42
HIV感染率（占15—49岁人口的百分比）	..	..	..
环境			
森林（千平方千米）	1.7	1.7	1.7
森林采伐（2000—2010年和2010—2015年，平均年度百分比）		0.0	0.0
淡水使用量（占内陆水资源的百分比）	..	..	..
获得改善的水资源的人口（占总人口的百分比）	93	98	99
获得改善的卫生设施的人口（占总人口的百分比）	92	92	92
人均能源使用量（千克石油当量）	..	*318*	..
人均二氧化碳排放量（吨）	0.8	1.1	..
人均用电量（千瓦时）	..	..	..
经济			
GDP（百万美元）	269	657	800
GDP增长率（年度百分比）	6.9	0.5	1.2
GDP隐含价格平减指数（年度增长百分比）	2.9	1.5	0.3
农业增加值（占GDP的百分比）	..	..	..
工业增加值（占GDP的百分比）	..	..	..
服务业增加值（占GDP的百分比）	..	..	..
货物和服务出口（占GDP的百分比）	30	29	28
货物和服务进口（占GDP的百分比）	51	53	52
资本形成总额（占GDP的百分比）	..	..	..
中央政府收入（占GDP的百分比）	..	0.0	*0.0*
中央政府现金盈余/赤字（占GDP的百分比）	..	0.0	*0.0*
政府与市场			
创办企业的时间（天）	*42*	9	9
总体统计能力水平（0—100）	..	48.9	53.3
军费支出（占GDP的百分比）	..	..	..
移动电话用户（每100人）	1.4	48.4	55.5
互联网用户（占总人口的百分比）	0.6	7.0	21.2
金融部门提供的国内信用（占GDP的百分比）	18.3	63.9	77.4
高科技出口（占制成品出口的百分比）	*1*	0	2
全球联系			
商品贸易（占GDP的百分比）	64	58	58
净易货贸易条件指数（2000年=100）	100	88	84
外债总额（百万美元）	139	325	450
债务还本付息总额（占出口的百分比）	*5.7*	5.3	7.9
净移民（千人）	*-15.7*	*-15.4*	*-12.7*
获得的侨汇（百万美元）	45	139	141
外国直接投资，净流入额（百万美元）	-1.5	-1.3	22.8
获得的净官方发展援助（百万美元）	27	148	93

圣马力诺

欧洲和中亚			高收入经济体
人口（千人）	32	人口增长率（百分比）	0.6
陆地面积（平方千米）	60	每天生活费用不足1.90美元的人口（占人口的百分比）	..
GNI，图表集法（10亿美元）	..	人均GNI，图表集法（美元）	..
PPP衡量的GNI（百万美元）	..	PPP衡量的人均GNI（美元）	..

	2000	2010	2014
人口			
最贫困的20%人口占国家消费/收入的份额（百分比）	..	..	..
出生时的预期寿命（岁）	81	83	..
总生育率（每个女性生育数）	..	..	*1.3*
孕产妇死亡率（每十万次分娩）	..	..	..
避孕普及率（占15—49岁已婚女性的百分比）	..	..	..
在熟练医护人员护理下的分娩（占总数的百分比）	..	..	..
5岁以下儿童死亡率（每千人）	6	4	3
生长迟缓（占5岁以下儿童的百分比）	..	..	..
儿童麻疹免疫接种率（占12—23个月年龄组的百分比）	74	68	57
小学毕业率，总数（占适龄年龄组的百分比）	..	101	*95*
小学和中学中女孩与男孩的比率	..	1.1	*1.0*
劳动力参与率（占15岁以上人口的百分比）	..	..	..
HIV感染率（占15—49岁人口的百分比）	..	..	..
环境			
森林（平方千米）	0.0	0.0	*0.0*
森林采伐（2000—2010年和2010—2015年，平均年度百分比）		..	..
淡水使用量（占内陆水资源的百分比）	..	..	..
获得改善的水资源的人口（占总人口的百分比）	..	..	..
获得改善的卫生设施的人口（占总人口的百分比）	..	..	..
人均能源使用量（千克石油当量）	..	..	..
人均二氧化碳排放量（吨）	..	..	..
人均用电量（千瓦时）	..	..	..
经济			
GDP（百万美元）	774	*1,900*	..
GDP增长率（年度百分比）	2.2	*1.9*	..
GDP隐含价格平减指数（年度增长百分比）	2.6	*3.2*	..
农业增加值（占GDP的百分比）	..	..	..
工业增加值（占GDP的百分比）	..	..	..
服务业增加值（占GDP的百分比）	..	..	..
货物和服务出口（占GDP的百分比）	..	..	..
货物和服务进口（占GDP的百分比）	..	..	..
资本形成总额（占GDP的百分比）	..	..	..
中央政府收入（占GDP的百分比）	*46.4*	*45.6*	..
中央政府现金盈余/赤字（占GDP的百分比）	*-0.1*	6.9	..
政府与市场			
创办企业的时间（天）	..	..	17
总体统计能力水平（0—100）	..	..	..
军费支出（占GDP的百分比）	..	..	..
移动电话用户（每100人）	53.8	99.1	118.8
互联网用户（占总人口的百分比）	48.8	*49.6*	..
金融部门提供的国内信用（占GDP的百分比）	..	..	..
高科技出口（占制成品出口的百分比）	..	..	..
全球联系			
商品贸易（占GDP的百分比）	..	..	..
净易货贸易条件指数（2000年=100）	..	..	..
外债总额（百万美元）	..	..	..
债务还本付息总额（占出口的百分比）	..	..	..
净移民（千人）	..	..	..
获得的侨汇（百万美元）	..	..	..
外国直接投资，净流入额（百万美元）	..	..	..
获得的净官方发展援助（百万美元）	..	..	..

圣多美和普林西比

撒哈拉以南非洲地区 **中低收入经济体**

人口（千人）	186	人口增长率（百分比）	2.1
陆地面积（平方千米）	960	每天生活费用不足1.90美元的人口（占人口的百分比）	*33.9*
GNI，图表集法（百万美元）	311.8	人均GNI，图表集法（美元）	1,670
PPP衡量的GNI（百万美元）	586.0	PPP衡量的人均GNI（美元）	3,140

	2000	2010	2014
人口			
最贫困的20%人口占国家消费/收入的份额（百分比）	7.9	8.4	..
出生时的预期寿命（岁）	63	66	66
总生育率（每个女性生育数）	5.3	4.8	4.6
孕产妇死亡率（每十万次分娩）	222	162	156
避孕普及率（占15—49岁已婚女性的百分比）	29	*38*	41
在熟练医护人员护理下的分娩（占总数的百分比）	79	*82*	93
5岁以下儿童死亡率（每千人）	89	56	47
生长迟缓（占5岁以下儿童的百分比）	35.2	*31.6*	..
儿童麻疹免疫接种率（占12—23个月年龄组的百分比）	69	92	92
小学毕业率，总数（占适龄年龄组的百分比）	*48*	84	90
小学和中学女孩与男孩的比率	*1.0*	1.0	*1.0*
劳动力参与率（占15岁以上人口的百分比）	55	60	61
HIV感染率（占15—49岁人口的百分比）	1.7	1.1	0.8
环境			
森林（平方千米）	560	540	540
森林采伐（2000—2010年和2010—2015年，平均年度百分比）		0.4	0.0
淡水使用量（占内陆水资源的百分比）	..	..	0.3
获得改善的水资源的人口（占总人口的百分比）	78	95	97
获得改善的卫生设施的人口（占总人口的百分比）	21	33	35
人均能源使用量（千克石油当量）	..	*275*	..
人均二氧化碳排放量（吨）	0.3	0.6	..
人均用电量（千瓦时）	..	..	..
经济			
GDP（百万美元）	*72*	*195*	337
GDP增长率（年度百分比）	*3.2*	4.5	4.5
GDP隐含价格平减指数（年度增长百分比）	*11.9*	10.7	5.8
农业增加值（占GDP的百分比）	*21*	23	23
工业增加值（占GDP的百分比）	*20*	14	10
服务业增加值（占GDP的百分比）	*60*	63	67
货物和服务出口（占GDP的百分比）	..	..	..
货物和服务进口（占GDP的百分比）	..	..	..
资本形成总额（占GDP的百分比）	..	..	..
中央政府收入（占GDP的百分比）	*16.1*	19.6	*15.2*
中央政府现金盈余/赤字（占GDP的百分比）	*-8.4*	-10.8	*-12.1*
政府与市场			
创办企业的时间（天）	..	144	5
总体统计能力水平（0—100）	..	61.1	65.6
军费支出（占GDP的百分比）	..	..	..
移动电话用户（每100人）	0.0	57.6	64.9
互联网用户（占总人口的百分比）	4.6	18.8	24.4
金融部门提供的国内信用（占GDP的百分比）	*2.6*	40.6	26.2
高科技出口（占制成品出口的百分比）	*1*	14	1
全球联系			
商品贸易（占GDP的百分比）	*43*	63	55
净易货贸易条件指数（2000年=100）	100	133	134
外债总额（百万美元）	304	181	212
债务还本付息总额（占出口的百分比）	25.4	6.0	13.7
净移民（千人）	*-5.6*	*-5.6*	*-5.6*
获得的侨汇（百万美元）	0.5	6.4	26.8
外国直接投资，净流入额（百万美元）	3.8	50.6	27.1
获得的净官方发展援助（百万美元）	34.9	49.3	38.6

沙特阿拉伯

中东和北非			高收入经济体
人口（百万）	30.9	人口增长率（百分比）	2.2
陆地面积（千平方千米）	2,150	每天生活费用不足1.90美元的人口（占人口的百分比）	..
GNI，图表集法（10亿美元）	*759.3*	人均GNI，图表集法（美元）	*25,140*
PPP衡量的GNI（10亿美元）	*1,549.8*	PPP衡量的人均GNI（美元）	*51,320*

	2000	2010	2014
人口			
最贫困的20%人口占国家消费/收入的份额（百分比）	..	..	..
出生时的预期寿命（岁）	73	74	74
总生育率（每个女性生育数）	4.0	3.0	2.8
孕产妇死亡率（每十万次分娩）	23	14	12
避孕普及率（占15—49岁已婚女性的百分比）	*21*	*24*	..
在熟练医护人员护理下的分娩（占总数的百分比）	..	*97*	..
5岁以下儿童死亡率（每千人）	23	17	15
生长迟缓（占5岁以下儿童的百分比）	..	..	..
儿童麻疹免疫接种率（占12—23个月年龄组的百分比）	94	98	98
小学毕业率，总数（占适龄年龄组的百分比）	..	*93*	111
小学和中学中女孩与男孩的比率	..	*0.9*	0.9
劳动力参与率（占15岁以上人口的百分比）	49	52	55
HIV感染率（占15—49岁人口的百分比）	..	..	..
环境			
森林（千平方千米）	9.8	9.8	9.8
森林采伐（2000—2010年和2010—2015年，平均年度百分比）		0.0	0.0
淡水使用量（占内陆水资源的百分比）	..	*986.3*	986.3
获得改善的水资源的人口（占总人口的百分比）	95	97	97
获得改善的卫生设施的人口（占总人口的百分比）	97	100	100
人均能源使用量（千克石油当量）	4,574	6,603	*6,363*
人均二氧化碳排放量（吨）	13.9	19.0	..
人均用电量（千瓦时）	5,472	7,785	*8,741*
经济			
GDP（10亿美元）	188	*527*	754
GDP增长率（年度百分比）	4.9	4.8	3.6
GDP隐含价格平减指数（年度增长百分比）	11.6	17.2	-2.3
农业增加值（占GDP的百分比）	5	2	2
工业增加值（占GDP的百分比）	54	59	56
服务业增加值（占GDP的百分比）	41	39	41
货物和服务出口（占GDP的百分比）	44	50	47
货物和服务进口（占GDP的百分比）	25	33	34
资本形成总额（占GDP的百分比）	19	31	29
中央政府收入（占GDP的百分比）	..	..	..
中央政府现金盈余/赤字（占GDP的百分比）	..	..	..
政府与市场			
创办企业的时间（天）	*77*	23	19
总体统计能力水平（0—100）	..	..	..
军费支出（占GDP的百分比）	10.6	8.6	10.7
移动电话用户（每100人）	6.8	189.2	179.6
互联网用户（占总人口的百分比）	2.2	41.0	63.7
金融部门提供的国内信用（占GDP的百分比）	34.7	-0.1	1.8
高科技出口（占制成品出口的百分比）	0	1	*1*
全球联系			
商品贸易（占GDP的百分比）	57	68	69
净易货贸易条件指数（2000年=100）	100	170	205
外债总额（百万美元）	..	..	..
债务还本付息总额（占出口的百分比）	..	..	..
净移民（千人）	*945*	*815*	*850*
获得的侨汇（百万美元）	..	236	269
外国直接投资，净流入额（10亿美元）	-1.9	29.2	8.0
获得的净官方发展援助（百万美元）	22	*-131*	..

塞内加尔

撒哈拉以南非洲地区		中低收入经济体	
人口（百万）	14.7	人口增长率（百分比）	3.1
陆地面积（千平方千米）	197	每天生活费用不足1.90美元的人口（占人口的百分比）	*38.0*
GNI，图表集法（10亿美元）	15.4	人均GNI，图表集法（美元）	1,050
PPP衡量的GNI（10亿美元）	33.8	PPP衡量的人均GNI（美元）	2,300

	2000	2010	2014
人口			
最贫困的20%人口占国家消费/收入的份额（百分比）	6.6	*6.1*	..
出生时的预期寿命（岁）	58	64	66
总生育率（每个女性生育数）	5.6	5.2	5.1
孕产妇死亡率（每十万次分娩）	488	375	315
避孕普及率（占15—49岁已婚女性的百分比）	*11*	*13*	22
在熟练医护人员护理下的分娩（占总数的百分比）	58	65	59
5岁以下儿童死亡率（每千人）	135	65	47
生长迟缓（占5岁以下儿童的百分比）	29.5	*28.7*	19.4
儿童麻疹免疫接种率（占12—23个月年龄组的百分比）	48	81	80
小学毕业率，总数（占适龄年龄组的百分比）	39	56	59
小学和中学中女孩与男孩的比率	0.8	1.0	..
劳动力参与率（占15岁以上人口的百分比）	76	76	77
HIV感染率（占15—49岁人口的百分比）	0.7	0.7	0.5
环境			
森林（千平方千米）	89	85	83
森林采伐（2000—2010年和2010—2015年，平均年度百分比）		0.5	0.5
淡水使用量（占内陆水资源的百分比）	*8.6*	..	8.6
获得改善的水资源的人口（占总人口的百分比）	67	75	79
获得改善的卫生设施的人口（占总人口的百分比）	40	45	48
人均能源使用量（千克石油当量）	243	296	*261*
人均二氧化碳排放量（吨）	0.4	0.6	..
人均用电量（千瓦时）	102	199	*219*
经济			
GDP（10亿美元）	4.7	*12.9*	15.7
GDP增长率（年度百分比）	3.2	4.2	4.7
GDP隐含价格平减指数（年度增长百分比）	1.9	1.6	0.1
农业增加值（占GDP的百分比）	19	18	16
工业增加值（占GDP的百分比）	23	23	24
服务业增加值（占GDP的百分比）	58	59	61
货物和服务出口（占GDP的百分比）	28	25	27
货物和服务进口（占GDP的百分比）	37	40	46
资本形成总额（占GDP的百分比）	20	22	26
中央政府收入（占GDP的百分比）	16.9	19.3	*20.2*
中央政府现金盈余/赤字（占GDP的百分比）	-0.9	-5.2	*-5.3*
政府与市场			
创办企业的时间（天）	57	9	6
总体统计能力水平（0—100）	..	73.3	75.6
军费支出（占GDP的百分比）	1.3	1.5	1.5
移动电话用户（每100人）	2.5	64.4	98.8
互联网用户（占总人口的百分比）	0.4	8.0	17.7
金融部门提供的国内信用（占GDP的百分比）	23.5	28.8	34.1
高科技出口（占制成品出口的百分比）	7	1	4
全球联系			
商品贸易（占GDP的百分比）	52	54	60
净易货贸易条件指数（2000年=100）	100	99	109
外债总额（10亿美元）	3.7	3.9	5.7
债务还本付息总额（占出口的百分比）	16.3	8.9	*8.9*
净移民（千人）	*-151*	*-166*	*-100*
获得的侨汇（10亿美元）	0.2	1.5	1.6
外国直接投资，净流入额（百万美元）	63	266	343
获得的净官方发展援助（百万美元）	431	937	1,107

塞尔维亚

欧洲和中亚		中高收入经济体	
人口（百万）	7.1	人口增长率（百分比）	-0.5
陆地面积（千平方千米）	88	每天生活费用不足1.90美元的人口（占人口的百分比）	<2
GNI，图表集法（10亿美元）	41.5	人均GNI，图表集法（美元）	5,820
PPP衡量的GNI（10亿美元）	93.0	PPP衡量的人均GNI（美元）	13,040

	2000	2010	2014
人口			
最贫困的20%人口占国家消费/收入的份额（百分比）	*8.0*	8.4	..
出生时的预期寿命（岁）	72	74	76
总生育率（每个女性生育数）	1.5	1.4	1.4
孕产妇死亡率（每十万次分娩）	17	16	17
避孕普及率（占15—49岁已婚女性的百分比）	59	61	58
在熟练医护人员护理下的分娩（占总数的百分比）	98	100	98
5岁以下儿童死亡率（每千人）	13	8	7
生长迟缓（占5岁以下儿童的百分比）	..	6.6	6.0
儿童麻疹免疫接种率（占12—23个月年龄组的百分比）	89	95	86
小学毕业率，总数（占适龄年龄组的百分比）	..	96	102
小学和中学中女孩与男孩的比率	1.0	1.0	1.0
劳动力参与率（占15岁以上人口的百分比）	55	52	53
HIV感染率（占15—49岁人口的百分比）	..	..	..
环境			
森林（千平方千米）	25	27	27
森林采伐（2000—2010年和2010—2015年，平均年度百分比）		-1.0	-0.1
淡水使用量（占内陆水资源的百分比）	..	*47.0*	49.0
获得改善的水资源的人口（占总人口的百分比）	99	99	99
获得改善的卫生设施的人口（占总人口的百分比）	97	97	96
人均能源使用量（千克石油当量）	1,826	2,141	*2,078*
人均二氧化碳排放量（吨）	..	6.3	..
人均用电量（千瓦时）	4,199	4,359	*4,444*
经济			
GDP（10亿美元）	6.5	*39.5*	43.9
GDP增长率（年度百分比）	7.8	0.6	-1.8
GDP隐含价格平减指数（年度增长百分比）	78.6	5.9	1.9
农业增加值（占GDP的百分比）	20	10	10
工业增加值（占GDP的百分比）	33	28	30
服务业增加值（占GDP的百分比）	47	61	61
货物和服务出口（占GDP的百分比）	10	33	44
货物和服务进口（占GDP的百分比）	14	48	54
资本形成总额（占GDP的百分比）	11	18	16
中央政府收入（占GDP的百分比）	..	36.5	*34.9*
中央政府现金盈余/赤字（占GDP的百分比）	..	-3.8	*-6.1*
政府与市场			
创办企业的时间（天）	*56*	13	12
总体统计能力水平（0—100）	..	75.6	90.0
军费支出（占GDP的百分比）	5.2	2.2	2.2
移动电话用户（每100人）	..	125.3	122.1
互联网用户（占总人口的百分比）	..	40.9	53.5
金融部门提供的国内信用（占GDP的百分比）	58.3	56.2	52.8
高科技出口（占制成品出口的百分比）	3	*4*	..
全球联系			
商品贸易（占GDP的百分比）	..	67	81
净易货贸易条件指数（2000年=100）	..	106	103
外债总额（10亿美元）	11.6[e]	32.9	33.1
债务还本付息总额（占出口的百分比）	..	32.7	41.4
净移民（千人）	*-276*	*-38*	*-100*
获得的侨汇（10亿美元）	..	4.1	3.7
外国直接投资，净流入额（10亿美元）	0.1[e]	1.7	2.0
获得的净官方发展援助（百万美元）	1,134[e]	660	371

塞舌尔

撒哈拉以南非洲地区			高收入经济体
人口（千人）	91	人口增长率（百分比）	1.7
陆地面积（平方千米）	455	每天生活费用不足1.90美元的人口（占人口的百分比）	<2
GNI，图表集法（10亿美元）	1.3	人均GNI，图表集法（美元）	14,120
PPP衡量的GNI（10亿美元）	2.3	PPP衡量的人均GNI（美元）	24,810

	2000	2010	2014
人口			
最贫困的20%人口占国家消费/收入的份额（百分比）	5.7	..	..
出生时的预期寿命（岁）	*73*	73	73
总生育率（每个女性生育数）	2.1	2.1	2.3
孕产妇死亡率（每十万次分娩）	..	..	..
避孕普及率（占15—49岁已婚女性的百分比）	..	..	..
在熟练医护人员护理下的分娩（占总数的百分比）	..	..	..
5岁以下儿童死亡率（每千人）	14	14	14
生长迟缓（占5岁以下儿童的百分比）	..	..	*7.9*
儿童麻疹免疫接种率（占12—23个月年龄组的百分比）	97	99	99
小学毕业率，总数（占适龄年龄组的百分比）	99	..	112
小学和中学中女孩与男孩的比率	1.1	1.0	1.0
劳动力参与率（占15岁以上人口的百分比）	..	..	..
HIV感染率（占15—49岁人口的百分比）	..	..	..
环境			
森林（平方千米）	410	410	410
森林采伐（2000—2010年和2010—2015年，平均年度百分比）		0.0	0.0
淡水使用量（占内陆水资源的百分比）	..	..	..
获得改善的水资源的人口（占总人口的百分比）	96	96	96
获得改善的卫生设施的人口（占总人口的百分比）	98	98	98
人均能源使用量（千克石油当量）	..	*2,411*	..
人均二氧化碳排放量（吨）	6.9	7.7	..
人均用电量（千瓦时）	..	..	..
经济			
GDP（百万美元）	615	*970*	1,423
GDP增长率（年度百分比）	1.5	5.9	3.3
GDP隐含价格平减指数（年度增长百分比）	4.0	-4.2	3.1
农业增加值（占GDP的百分比）	3	2	2
工业增加值（占GDP的百分比）	29	14	12
服务业增加值（占GDP的百分比）	68	67	71
货物和服务出口（占GDP的百分比）	75	94	83
货物和服务进口（占GDP的百分比）	82	108	98
资本形成总额（占GDP的百分比）	25	37	37
中央政府收入（占GDP的百分比）	38.7	35.1	*34.1*
中央政府现金盈余/赤字（占GDP的百分比）	-13.9	1.4	*4.8*
政府与市场			
创办企业的时间（天）	..	33	32
总体统计能力水平（0—100）	..	58.9	65.6
军费支出（占GDP的百分比）	1.7	0.7	1.1
移动电话用户（每100人）	32.5	128.9	162.2
互联网用户（占总人口的百分比）	7.4	41.0	54.3
金融部门提供的国内信用（占GDP的百分比）	110.1	49.6	33.1
高科技出口（占制成品出口的百分比）	2	*3*	..
全球联系			
商品贸易（占GDP的百分比）	87	143	118
净易货贸易条件指数（2000年=100）	100	86	88
外债总额（百万美元）	..	..	..
债务还本付息总额（占出口的百分比）	4.2	5.7	5.7
净移民（千人）	*2.5*	*-1.1*	*-1.6*
获得的侨汇（百万美元）	3.2	17.4	15.1
外国直接投资，净流入额（百万美元）	24	160	108
获得的净官方发展援助（百万美元）	23.1	56.0	9.7

塞拉利昂

撒哈拉以南非洲地区		低收入经济体	
人口（百万）	6.3	人口增长率（百分比）	2.2
陆地面积（千平方千米）	72	每天生活费用不足1.90美元的人口（占人口的百分比）	*52.3*
GNI，图表集法（10亿美元）	4.4	人均GNI，图表集法（美元）	700
PPP衡量的GNI（10亿美元）	11.2	PPP衡量的人均GNI（美元）	1,770

	2000	2010	2014
人口			
最贫困的20%人口占国家消费/收入的份额（百分比）	*6.6*	*7.9*	..
出生时的预期寿命（岁）	39	48	51
总生育率（每个女性生育数）	6.3	5.2	4.6
孕产妇死亡率（每十万次分娩）	2,650	1,630	1,360
避孕普及率（占15—49岁已婚女性的百分比）	4	11	*17*
在熟练医护人员护理下的分娩（占总数的百分比）	42	63	*60*
5岁以下儿童死亡率（每千人）	236	160	120
生长迟缓（占5岁以下儿童的百分比）	38.4	44.9	*37.9*
儿童麻疹免疫接种率（占12—23个月年龄组的百分比）	37	81	78
小学毕业率，总数（占适龄年龄组的百分比）	..	*75*	*70*
小学和中学中女孩与男孩的比率	*0.7*	*0.9*	*1.0*
劳动力参与率（占15岁以上人口的百分比）	64	67	67
HIV感染率（占15—49岁人口的百分比）	1.0	1.6	1.4
环境			
森林（千平方千米）	29	27	30
森林采伐（2000—2010年和2010—2015年，平均年度百分比）		0.7	-2.2
淡水使用量（占内陆水资源的百分比）	*0.1*	*0.1*	0.1
获得改善的水资源的人口（占总人口的百分比）	47	57	63
获得改善的卫生设施的人口（占总人口的百分比）	11	13	13
人均能源使用量（千克石油当量）	..	..	..
人均二氧化碳排放量（吨）	0.1	0.1	..
人均用电量（千瓦时）	..	..	..
经济			
GDP（10亿美元）	0.6	*2.6*	4.8
GDP增长率（年度百分比）	6.7	5.3	4.6
GDP隐含价格平减指数（年度增长百分比）	3.3	17.2	-0.2
农业增加值（占GDP的百分比）	58	56	56
工业增加值（占GDP的百分比）	28	8	16
服务业增加值（占GDP的百分比）	13	36	28
货物和服务出口（占GDP的百分比）	18	17	..
货物和服务进口（占GDP的百分比）	39	34	..
资本形成总额（占GDP的百分比）	1	31	..
中央政府收入（占GDP的百分比）	..	..	..
中央政府现金盈余/赤字（占GDP的百分比）	..	..	..
政府与市场			
创办企业的时间（天）	*26*	12	10
总体统计能力水平（0—100）	..	52.2	63.3
军费支出（占GDP的百分比）	3.7	1.0	0.8
移动电话用户（每100人）	0.3	34.8	76.7
互联网用户（占总人口的百分比）	0.1	0.6	2.1
金融部门提供的国内信用（占GDP的百分比）	54.4	17.3	14.8
高科技出口（占制成品出口的百分比）	28	..	0
全球联系			
商品贸易（占GDP的百分比）	25	43	70
净易货贸易条件指数（2000年=100）	100	71	56
外债总额（10亿美元）	1.2	0.9	1.2
债务还本付息总额（占出口的百分比）	76.4	2.7	2.3
净移民（千人）	*500*	*60*	*-21*
获得的侨汇（百万美元）	7.1	44.2	62.4
外国直接投资，净流入额（百万美元）	39	238	690
获得的净官方发展援助（百万美元）	181	458	911

新加坡

东亚和太平洋地区 **高收入经济体**

人口（百万）	5.5	人口增长率（百分比）	1.3
陆地面积（平方千米）	717	每天生活费用不足1.90美元的人口（占人口的百分比）	..
GNI，图表集法（10亿美元）	301.6	人均GNI，图表集法（美元）	55,150
PPP衡量的GNI（10亿美元）	439.0	PPP衡量的人均GNI（美元）	80,270

	2000	2010	2014
人口			
最贫困的20%人口占国家消费/收入的份额（百分比）	..	..	..
出生时的预期寿命（岁）	78	82	83
总生育率（每个女性生育数）	*1.4*	1.2	1.3
孕产妇死亡率（每十万次分娩）	18	11	10
避孕普及率（占15—49岁已婚女性的百分比）	..	..	..
在熟练医护人员护理下的分娩（占总数的百分比）	*100*	..	..
5岁以下儿童死亡率（每千人）	4	3	3
生长迟缓（占5岁以下儿童的百分比）	4.4	..	..
儿童麻疹免疫接种率（占12—23个月年龄组的百分比）	96	95	95
小学毕业率，总数（占适龄年龄组的百分比）	..	..	..
小学和中学中女孩与男孩的比率	..	..	..
劳动力参与率（占15岁以上人口的百分比）	65	67	68
HIV感染率（占15—49岁人口的百分比）	..	..	..
环境			
森林（平方千米）	160	160	160
森林采伐（2000—2010年和2010—2015年，平均年度百分比）		0.0	0.0
淡水使用量（占内陆水资源的百分比）	..	..	..
获得改善的水资源的人口（占总人口的百分比）	100	100	100
获得改善的卫生设施的人口（占总人口的百分比）	100	100	100
人均能源使用量（千克石油当量）	4,635	5,007	*4,833*
人均二氧化碳排放量（吨）	12.2	2.7	..
人均用电量（千瓦时）	7,575	8,571	*8,840*
经济			
GDP（10亿美元）	96	*236*	308
GDP增长率（年度百分比）	8.9	15.2	2.9
GDP隐含价格平减指数（年度增长百分比）	3.7	0.0	0.2
农业增加值（占GDP的百分比）	0	0	0
工业增加值（占GDP的百分比）	35	28	25
服务业增加值（占GDP的百分比）	65	72	75
货物和服务出口（占GDP的百分比）	189	199	188
货物和服务进口（占GDP的百分比）	177	173	163
资本形成总额（占GDP的百分比）	35	28	28
中央政府收入（占GDP的百分比）	25.7	17.0	*17.8*
中央政府现金盈余/赤字（占GDP的百分比）	11.1	7.6	*8.6*
政府与市场			
创办企业的时间（天）	*8*	3	3
总体统计能力水平（0—100）	..	..	..
军费支出（占GDP的百分比）	4.5	3.4	3.2
移动电话用户（每100人）	70.1	145.4	146.9
互联网用户（占总人口的百分比）	36.0	71.0	82.0
金融部门提供的国内信用（占GDP的百分比）	76.7	80.8	126.3
高科技出口（占制成品出口的百分比）	63	50	47
全球联系			
商品贸易（占GDP的百分比）	284	280	252
净易货贸易条件指数（2000年=100）	100	80	78
外债总额（百万美元）	..	..	..
债务还本付息总额（占出口的百分比）	..	..	..
净移民（千人）	*436*	*449*	*398*
获得的侨汇（百万美元）	..	..	..
外国直接投资，净流入额（10亿美元）	16.5	55.1	67.5
获得的净官方发展援助（百万美元）	..	..	..

荷属圣马丁

拉丁美洲和加勒比地区		高收入经济体	
人口（千人）	38	人口增长率（百分比）	2.9
陆地面积（平方千米）	34	每天生活费用不足1.90美元的人口（占人口的百分比）	..
GNI，图表集法（百万美元）	..	人均GNI，图表集法（美元）	..
PPP衡量的GNI（百万美元）	..	PPP衡量的人均GNI（美元）	..

	2000	2010	2014
人口			
最贫困的20%人口占国家消费/收入的份额（百分比）	..	..	..
出生时的预期寿命（岁）	..	*76*	*73*
总生育率（每个女性生育数）	*2.0*	*2.0*	..
孕产妇死亡率（每十万次分娩）	..	..	..
避孕普及率（占15—49岁已婚女性的百分比）	..	..	..
在熟练医护人员护理下的分娩（占总数的百分比）	..	..	..
5岁以下儿童死亡率（每千人）	..	..	..
生长迟缓（占5岁以下儿童的百分比）	..	..	..
儿童麻疹免疫接种率（占12—23个月年龄组的百分比）	..	..	..
小学毕业率，总数（占适龄年龄组的百分比）	..	..	..
小学和中学中女孩与男孩的比率	..	..	..
劳动力参与率（占15岁以上人口的百分比）	..	..	..
HIV感染率（占15—49岁人口的百分比）	..	..	..
环境			
森林（平方千米）	..	..	..
森林采伐（2000—2010年和2010—2015年，平均年度百分比）		..	..
淡水使用量（占内陆水资源的百分比）	..	..	..
获得改善的水资源的人口（占总人口的百分比）	..	..	..
获得改善的卫生设施的人口（占总人口的百分比）	..	..	..
人均能源使用量（千克石油当量）	..	..	..
人均二氧化碳排放量（吨）	..	..	..
人均用电量（千瓦时）	..	..	..
经济			
GDP（百万美元）	..	..	..
GDP增长率（年度百分比）	..	..	..
GDP隐含价格平减指数（年度增长百分比）	..	..	..
农业增加值（占GDP的百分比）	..	..	..
工业增加值（占GDP的百分比）	..	..	..
服务业增加值（占GDP的百分比）	..	..	..
货物和服务出口（占GDP的百分比）	..	..	..
货物和服务进口（占GDP的百分比）	..	..	..
资本形成总额（占GDP的百分比）	..	..	..
中央政府收入（占GDP的百分比）	..	..	..
中央政府现金盈余/赤字（占GDP的百分比）	..	..	..
政府与市场			
创办企业的时间（天）	..	..	..
总体统计能力水平（0—100）	..	..	..
军费支出（占GDP的百分比）	..	..	..
移动电话用户（每100人）	..	..	..
互联网用户（占总人口的百分比）	..	..	..
金融部门提供的国内信用（占GDP的百分比）	..	..	..
高科技出口（占制成品出口的百分比）	..	..	..
全球联系			
商品贸易（占GDP的百分比）	..	..	..
净易货贸易条件指数（2000年=100）	..	..	..
外债总额（百万美元）	..	..	..
债务还本付息总额（占出口的百分比）	..	..	..
净移民（千人）	..	..	..
获得的侨汇（百万美元）	..	*54.1*	62.1
外国直接投资，净流入额（百万美元）	..	*-48.5*	47.7
获得的净官方发展援助（百万美元）	..	..	..

斯洛伐克

欧洲和中亚 高收入经济体

人口（百万）	5.4	人口增长率（百分比）	0.1
陆地面积（千平方千米）	49	每天生活费用不足1.90美元的人口（占人口的百分比）	<2
GNI，图表集法（10亿美元）	96.2	人均GNI，图表集法（美元）	17,750
PPP衡量的GNI（10亿美元）	148.5	PPP衡量的人均GNI（美元）	27,410

	2000	2010	2014
人口			
最贫困的20%人口占国家消费/收入的份额（百分比）	..	8.5	*8.6*
出生时的预期寿命（岁）	73	75	77
总生育率（每个女性生育数）	1.3	1.4	1.3
孕产妇死亡率（每十万次分娩）	8	6	6
避孕普及率（占15—49岁已婚女性的百分比）	..	..	..
在熟练医护人员护理下的分娩（占总数的百分比）	100	99	..
5岁以下儿童死亡率（每千人）	12	8	7
生长迟缓（占5岁以下儿童的百分比）	..	..	..
儿童麻疹免疫接种率（占12—23个月年龄组的百分比）	98	98	97
小学毕业率，总数（占适龄年龄组的百分比）	97	100	*96*
小学和中学中女孩与男孩的比率	1.0	1.0	*1.0*
劳动力参与率（占15岁以上人口的百分比）	60	59	60
HIV感染率（占15—49岁人口的百分比）	0.1	0.1	0.1
环境			
森林（千平方千米）	19	19	19
森林采伐（2000—2010年和2010—2015年，平均年度百分比）		-0.1	0.0
淡水使用量（占内陆水资源的百分比）	*9.0*	*5.5*	5.5
获得改善的水资源的人口（占总人口的百分比）	100	100	100
获得改善的卫生设施的人口（占总人口的百分比）	99	99	99
人均能源使用量（千克石油当量）	3,293	3,307	2,847
人均二氧化碳排放量（吨）	6.7	6.7	..
人均用电量（千瓦时）	4,956	5,201	*5,202*
经济			
GDP（10亿美元）	29.1	*89.3*	100.2
GDP增长率（年度百分比）	1.2	5.1	2.5
GDP隐含价格平减指数（年度增长百分比）	9.4	0.5	-0.2
农业增加值（占GDP的百分比）	4	3	4
工业增加值（占GDP的百分比）	36	35	34
服务业增加值（占GDP的百分比）	60	62	62
货物和服务出口（占GDP的百分比）	54	77	92
货物和服务进口（占GDP的百分比）	57	78	88
资本形成总额（占GDP的百分比）	28	24	21
中央政府收入（占GDP的百分比）	1.2	15.3	*20.8*
中央政府现金盈余/赤字（占GDP的百分比）	-0.3	-6.6	*-2.3*
政府与市场			
创办企业的时间（天）	*103*	18	12
总体统计能力水平（0—100）	..	83.3	86.7
军费支出（占GDP的百分比）	1.7	1.3	1.0
移动电话用户（每100人）	23.1	109.0	116.9
互联网用户（占总人口的百分比）	9.4	75.7	80.0
金融部门提供的国内信用（占GDP的百分比）	55.8	64.8	65.7
高科技出口（占制成品出口的百分比）	4	7	10
全球联系			
商品贸易（占GDP的百分比）	84	145	168
净易货贸易条件指数（2000年=100）	100	94	94
外债总额（百万美元）	..	..	..
债务还本付息总额（占出口的百分比）	..	..	..
净移民（千人）	*1.2*	9.6	*1.2*
获得的侨汇（10亿美元）	0.0	1.6	2.4
外国直接投资，净流入额（10亿美元）	2.1	2.1	0.1
获得的净官方发展援助（百万美元）	..	..	..

斯洛文尼亚

欧洲和中亚			高收入经济体
人口（百万）	2.1	人口增长率（百分比）	0.1
陆地面积（千平方千米）	20	每天生活费用不足1.90美元的人口（占人口的百分比）	<2
GNI，图表集法（10亿美元）	48.6	人均GNI，图表集法（美元）	23,580
PPP衡量的GNI（10亿美元）	62.6	PPP衡量的人均GNI（美元）	30,360

	2000	2010	2014
人口			
最贫困的20%人口占国家消费/收入的份额（百分比）	*8.7*	9.7	*9.4*
出生时的预期寿命（岁）	75	79	81
总生育率（每个女性生育数）	1.3	1.6	1.6
孕产妇死亡率（每十万次分娩）	12	9	9
避孕普及率（占15—49岁已婚女性的百分比）	..	..	..
在熟练医护人员护理下的分娩（占总数的百分比）	100	100	..
5岁以下儿童死亡率（每千人）	6	3	3
生长迟缓（占5岁以下儿童的百分比）	..	..	..
儿童麻疹免疫接种率（占12—23个月年龄组的百分比）	95	95	94
小学毕业率，总数（占适龄年龄组的百分比）	96	97	*98*
小学和中学中女孩与男孩的比率	1.0	1.0	*1.0*
劳动力参与率（占15岁以上人口的百分比）	57	59	58
HIV感染率（占15—49岁人口的百分比）	0.1	0.1	0.1
环境			
森林（千平方千米）	12	12	12
森林采伐（2000—2010年和2010—2015年，平均年度百分比）		-0.1	0.0
淡水使用量（占内陆水资源的百分比）	*4.8*	*5.0*	5.0
获得改善的水资源的人口（占总人口的百分比）	100	100	100
获得改善的卫生设施的人口（占总人口的百分比）	99	99	99
人均能源使用量（千克石油当量）	3,224	3,539	3,272
人均二氧化碳排放量（吨）	7.2	7.5	..
人均用电量（千瓦时）	5,778	6,521	*6,833*
经济			
GDP（10亿美元）	20.3	*48.0*	49.5
GDP增长率（年度百分比）	4.2	1.2	3.0
GDP隐含价格平减指数（年度增长百分比）	5.4	-1.0	0.8
农业增加值（占GDP的百分比）	3	2	2
工业增加值（占GDP的百分比）	35	31	33
服务业增加值（占GDP的百分比）	62	67	65
货物和服务出口（占GDP的百分比）	50	64	77
货物和服务进口（占GDP的百分比）	54	63	69
资本形成总额（占GDP的百分比）	29	22	20
中央政府收入（占GDP的百分比）	38.2	36.1	*38.0*
中央政府现金盈余/赤字（占GDP的百分比）	-1.1	-5.4	*-3.5*
政府与市场			
创办企业的时间（天）	*60*	6	6
总体统计能力水平（0—100）	..	..	..
军费支出（占GDP的百分比）	1.1	1.6	1.0
移动电话用户（每100人）	61.1	103.3	112.1
互联网用户（占总人口的百分比）	15.1	70.0	71.6
金融部门提供的国内信用（占GDP的百分比）	42.0	96.0	68.7
高科技出口（占制成品出口的百分比）	5	6	6
全球联系			
商品贸易（占GDP的百分比）	93	123	142
净易货贸易条件指数（2000年=100）	100	96	95
外债总额（百万美元）	..	..	..
债务还本付息总额（占出口的百分比）	..	..	..
净移民（千人）	*15.0*	*49.6*	*4.3*
获得的侨汇（百万美元）	205	347	757
外国直接投资，净流入额（百万美元）	136	319	1,030
获得的净官方发展援助（百万美元）	60.8	..	..

所罗门群岛

东亚和太平洋地区 | 中低收入经济体

人口（千人）	572	人口增长率（百分比）	2.0
陆地面积（千平方千米）	29	每天生活费用不足1.90美元的人口（占人口的百分比）	*45.6*
GNI，图表集法（10亿美元）	1.0	人均GNI，图表集法（美元）	1,830
PPP衡量的GNI（10亿美元）	1.2	PPP衡量的人均GNI（美元）	2,020

	2000	**2010**	**2014**
人口			
最贫困的20%人口占国家消费/收入的份额（百分比）	..	..	..
出生时的预期寿命（岁）	63	67	68
总生育率（每个女性生育数）	4.7	4.2	4.0
孕产妇死亡率（每十万次分娩）	214	136	114
避孕普及率（占15—49岁已婚女性的百分比）	*7*	*35*	..
在熟练医护人员护理下的分娩（占总数的百分比）	*85*	*86*	..
5岁以下儿童死亡率（每千人）	33	32	28
生长迟缓（占5岁以下儿童的百分比）	..	*32.8*	..
儿童麻疹免疫接种率（占12—23个月年龄组的百分比）	91	85	93
小学毕业率，总数（占适龄年龄组的百分比）	..	85	87
小学和中学女孩与男孩的比率	0.9	0.9	*1.0*
劳动力参与率（占15岁以上人口的百分比）	66	66	66
HIV感染率（占15—49岁人口的百分比）	..	..	..
环境			
森林（千平方千米）	23	22	22
森林采伐（2000—2010年和2010—2015年，平均年度百分比）		0.2	0.3
淡水使用量（占内陆水资源的百分比）	..	..	..
获得改善的水资源的人口（占总人口的百分比）	80	80	81
获得改善的卫生设施的人口（占总人口的百分比）	26	28	30
人均能源使用量（千克石油当量）	..	*130*	..
人均二氧化碳排放量（吨）	0.4	0.4	..
人均用电量（千瓦时）	..	..	..
经济			
GDP（百万美元）	435	*672*	1,158
GDP增长率（年度百分比）	-14.3	6.9	1.5
GDP隐含价格平减指数（年度增长百分比）	10.7	5.2	8.8
农业增加值（占GDP的百分比）	35	..	..
工业增加值（占GDP的百分比）	13	..	..
服务业增加值（占GDP的百分比）	53	..	..
货物和服务出口（占GDP的百分比）	24	50	*56*
货物和服务进口（占GDP的百分比）	39	82	*67*
资本形成总额（占GDP的百分比）	7	..	..
中央政府收入（占GDP的百分比）	..	..	..
中央政府现金盈余/赤字（占GDP的百分比）	..	..	..
政府与市场			
创办企业的时间（天）	*55*	55	9
总体统计能力水平（0—100）	..	40.0	48.9
军费支出（占GDP的百分比）	..	..	..
移动电话用户（每100人）	0.3	21.9	65.8
互联网用户（占总人口的百分比）	0.5	5.0	9.0
金融部门提供的国内信用（占GDP的百分比）	26.5	27.2	22.2
高科技出口（占制成品出口的百分比）	..	*87*	0
全球联系			
商品贸易（占GDP的百分比）	37	94	83
净易货贸易条件指数（2000年=100）	100	96	104
外债总额（百万美元）	156	231	187
债务还本付息总额（占出口的百分比）	7.1	6.2	2.8
净移民（千人）	*-4.9*	*-11.9*	*-11.9*
获得的侨汇（百万美元）	4.3	14.3	16.3
外国直接投资，净流入额（百万美元）	13	166	21
获得的净官方发展援助（百万美元）	68	340	199

索马里

撒哈拉以南非洲地区 **低收入经济体**

人口（百万）	10.5	人口增长率（百分比）	2.4
陆地面积（千平方千米）	638	每天生活费用不足1.90美元的人口（占人口的百分比）	..
GNI，图表集法（百万美元）	..	人均GNI，图表集法（美元）	..
PPP衡量的GNI（百万美元）	..	PPP衡量的人均GNI（美元）	..

	2000	2010	2014
人口			
最贫困的20%人口占国家消费/收入的份额（百分比）	..	..	..
出生时的预期寿命（岁）	51	54	55
总生育率（每个女性生育数）	7.6	6.9	6.5
孕产妇死亡率（每十万次分娩）	1,080	820	732
避孕普及率（占15—49岁已婚女性的百分比）	*8*	*15*	..
在熟练医护人员护理下的分娩（占总数的百分比）	*33*	*33*	..
5岁以下儿童死亡率（每千人）	174	160	137
生长迟缓（占5岁以下儿童的百分比）	29.2	*25.3*	..
儿童麻疹免疫接种率（占12—23个月年龄组的百分比）	24	46	46
小学毕业率，总数（占适龄年龄组的百分比）	..	..	..
小学和中学中女孩与男孩的比率	..	*0.5*	..
劳动力参与率（占15岁以上人口的百分比）	56	56	56
HIV感染率（占15—49岁人口的百分比）	0.7	0.6	0.5
环境			
森林（千平方千米）	75	67	64
森林采伐（2000—2010年和2010—2015年，平均年度百分比）		1.1	1.2
淡水使用量（占内陆水资源的百分比）	*54.8*	*55.0*	55.0
获得改善的水资源的人口（占总人口的百分比）	24	31	..
获得改善的卫生设施的人口（占总人口的百分比）	22	23	..
人均能源使用量（千克石油当量）	..	..	..
人均二氧化碳排放量（吨）	0.07	0.06	..
人均用电量（千瓦时）	..	..	..
经济			
GDP（百万美元）	..	..	5,707
GDP增长率（年度百分比）	..	..	..
GDP隐含价格平减指数（年度增长百分比）	..	..	..
农业增加值（占GDP的百分比）	..	..	..
工业增加值（占GDP的百分比）	..	..	..
服务业增加值（占GDP的百分比）	..	..	..
货物和服务出口（占GDP的百分比）	..	..	14
货物和服务进口（占GDP的百分比）	..	..	61
资本形成总额（占GDP的百分比）	..	..	..
中央政府收入（占GDP的百分比）	..	..	..
中央政府现金盈余/赤字（占GDP的百分比）	..	..	..
政府与市场			
创办企业的时间（天）	..	..	..
总体统计能力水平（0—100）	..	26.7	20.0
军费支出（占GDP的百分比）	..	..	0.0
移动电话用户（每100人）	1.1	6.7	50.9
互联网用户（占总人口的百分比）	0.0	*1.3*	1.6
金融部门提供的国内信用（占GDP的百分比）	..	..	..
高科技出口（占制成品出口的百分比）	..	..	..
全球联系			
商品贸易（占GDP的百分比）	..	..	..
净易货贸易条件指数（2000年=100）	100	101	112
外债总额（10亿美元）	2.6	3.0	2.9
债务还本付息总额（占出口的百分比）	..	..	..
净移民（千人）	*-200*	*-350*	*-400*
获得的侨汇（百万美元）	..	..	..
外国直接投资，净流入额（百万美元）	0	112	106
获得的净官方发展援助（百万美元）	102	506	1,109

南非

撒哈拉以南非洲地区 **中高收入经济体**

人口（百万）	54.0	人口增长率（百分比）	1.6
陆地面积（千平方千米）	1,219	每天生活费用不足1.90美元的人口（占人口的百分比）	*16.6*
GNI，图表集法（10亿美元）	367.2	人均GNI，图表集法（美元）	6,800
PPP衡量的GNI（10亿美元）	685.7	PPP衡量的人均GNI（美元）	12,700

	2000	2010	2014
人口			
最贫困的20%人口占国家消费/收入的份额（百分比）	3.1	*2.5*	..
出生时的预期寿命（岁）	56	54	57
总生育率（每个女性生育数）	2.9	2.5	2.4
孕产妇死亡率（每十万次分娩）	85	154	138
避孕普及率（占15—49岁已婚女性的百分比）	*60*	..	..
在熟练医护人员护理下的分娩（占总数的百分比）	*91*	*94*	..
5岁以下儿童死亡率（每千人）	75	54	41
生长迟缓（占5岁以下儿童的百分比）	*30.9*	*23.9*	..
儿童麻疹免疫接种率（占12—23个月年龄组的百分比）	72	74	70
小学毕业率，总数（占适龄年龄组的百分比）	86	..	..
小学和中学中女孩与男孩的比率	1.0	1.1	*1.1*
劳动力参与率（占15岁以上人口的百分比）	57	51	53
HIV感染率（占15—49岁人口的百分比）	15.7	18.4	18.9
环境			
森林（千平方千米）	92	92	92
森林采伐（2000—2010年和2010—2015年，平均年度百分比）		0.0	0.0
淡水使用量（占内陆水资源的百分比）	*27.9*	..	27.9
获得改善的水资源的人口（占总人口的百分比）	87	91	93
获得改善的卫生设施的人口（占总人口的百分比）	57	64	66
人均能源使用量（千克石油当量）	2,478	2,791	*2,658*
人均二氧化碳排放量（吨）	8.4	9.0	..
人均用电量（千瓦时）	4,681	4,581	*4,328*
经济			
GDP（10亿美元）	136	*375*	350
GDP增长率（年度百分比）	4.2	3.0	1.5
GDP隐含价格平减指数（年度增长百分比）	8.8	6.4	5.8
农业增加值（占GDP的百分比）	3	3	2
工业增加值（占GDP的百分比）	32	30	29
服务业增加值（占GDP的百分比）	65	67	68
货物和服务出口（占GDP的百分比）	27	29	31
货物和服务进口（占GDP的百分比）	24	27	33
资本形成总额（占GDP的百分比）	16	20	20
中央政府收入（占GDP的百分比）	25.7	26.7	*27.9*
中央政府现金盈余/赤字（占GDP的百分比）	-1.9	-4.4	*-4.3*
政府与市场			
创办企业的时间（天）	*36*	22	46
总体统计能力水平（0—100）	..	82.2	81.1
军费支出（占GDP的百分比）	1.4	1.1	1.1
移动电话用户（每100人）	18.6	97.9	149.2
互联网用户（占总人口的百分比）	5.3	24.0	49.0
金融部门提供的国内信用（占GDP的百分比）	148.6	185.5	185.6
高科技出口（占制成品出口的百分比）	7	5	6
全球联系			
商品贸易（占GDP的百分比）	44	50	61
净易货贸易条件指数（2000年=100）	100	141	135
外债总额（10亿美元）	25	108	144
债务还本付息总额（占出口的百分比）	9.9	5.6	8.6
净移民（千人）	*1,072*	*1,403*	*600*
获得的侨汇（百万美元）	344	1,070	913
外国直接投资，净流入额（10亿美元）	1.0	3.7	5.7
获得的净官方发展援助（10亿美元）	0.5	1.0	1.1

南苏丹

撒哈拉以南非洲地区		低收入经济体	
人口（百万）	11.9	人口增长率（百分比）	3.9
陆地面积（千平方千米）	644	每天生活费用不足1.90美元的人口（占人口的百分比）	..
GNI，图表集法（10亿美元）	11.6	人均GNI，图表集法（美元）	970
PPP衡量的GNI（10亿美元）	21.4	PPP衡量的人均GNI（美元）	1,800

	2000	2010	2014
人口			
最贫困的20%人口占国家消费/收入的份额（百分比）	..	..	..
出生时的预期寿命（岁）	49	54	56
总生育率（每个女性生育数）	6.2	5.4	5.0
孕产妇死亡率（每十万次分娩）	1,310	876	789
避孕普及率（占15—49岁已婚女性的百分比）	..	4	..
在熟练医护人员护理下的分娩（占总数的百分比）	..	19	..
5岁以下儿童死亡率（每千人）	182	111	93
生长迟缓（占5岁以下儿童的百分比）	..	31.1	..
儿童麻疹免疫接种率（占12—23个月年龄组的百分比）	..	*62*	22
小学毕业率，总数（占适龄年龄组的百分比）	..	*37*	..
小学和中学中女孩与男孩的比率	..	..	..
劳动力参与率（占15岁以上人口的百分比）	..	..	..
HIV感染率（占15—49岁人口的百分比）	2.1	2.8	2.7
环境			
森林（千平方千米）	..	*72*	72
森林采伐（2000—2010年和2010—2015年，平均年度百分比）		0.0	0.0
淡水使用量（占内陆水资源的百分比）	..	..	2.5
获得改善的水资源的人口（占总人口的百分比）	..	*59*	59
获得改善的卫生设施的人口（占总人口的百分比）	..	*7*	7
人均能源使用量（千克石油当量）	..	..	59
人均二氧化碳排放量（吨）	..	..	..
人均用电量（千瓦时）	..	..	39
经济			
GDP（10亿美元）	..	*15.7*	13.3
GDP增长率（年度百分比）	..	5.5	3.4
GDP隐含价格平减指数（年度增长百分比）	..	21.6	-3.1
农业增加值（占GDP的百分比）	..	..	..
工业增加值（占GDP的百分比）	..	..	..
服务业增加值（占GDP的百分比）	..	..	..
货物和服务出口（占GDP的百分比）	..	61	20
货物和服务进口（占GDP的百分比）	..	30	34
资本形成总额（占GDP的百分比）	..	10	10
中央政府收入（占GDP的百分比）	..	..	..
中央政府现金盈余/赤字（占GDP的百分比）	..	..	..
政府与市场			
创办企业的时间（天）	..	..	14
总体统计能力水平（0—100）	..	..	34.4
军费支出（占GDP的百分比）	..	4.1	8.2
移动电话用户（每100人）	..	14.4	24.5
互联网用户（占总人口的百分比）	..	7.0	15.9
金融部门提供的国内信用（占GDP的百分比）	..	..	..
高科技出口（占制成品出口的百分比）	..	..	..
全球联系			
商品贸易（占GDP的百分比）	..	..	..
净易货贸易条件指数（2000年=100）	..	..	..
外债总额（百万美元）	..	..	..
债务还本付息总额（占出口的百分比）	..	..	..
净移民（千人）	*432*	*785*	*865*
获得的侨汇（百万美元）	..	..	..
外国直接投资，净流入额（百万美元）	..	..	-700
获得的净官方发展援助（百万美元）	..	*437*	1,964

西班牙

欧洲和中亚		高收入经济体	
人口（百万）	46.5	人口增长率（百分比）	-0.3
陆地面积（千平方千米）	506	每天生活费用不足1.90美元的人口（占人口的百分比）	..
GNI，图表集法（10亿美元）	1,366.0	人均GNI，图表集法（美元）	29,390
PPP衡量的GNI（10亿美元）	1,556.6	PPP衡量的人均GNI（美元）	33,490

	2000	2010	2014
人口			
最贫困的20%人口占国家消费/收入的份额（百分比）	..	6.0	5.8
出生时的预期寿命（岁）	79	82	83
总生育率（每个女性生育数）	1.2	1.4	1.3
孕产妇死亡率（每十万次分娩）	5	5	5
避孕普及率（占15—49岁已婚女性的百分比）	72	66	..
在熟练医护人员护理下的分娩（占总数的百分比）	..	..	..
5岁以下儿童死亡率（每千人）	7	5	4
生长迟缓（占5岁以下儿童的百分比）	..	..	..
儿童麻疹免疫接种率（占12—23个月年龄组的百分比）	94	95	96
小学毕业率，总数（占适龄年龄组的百分比）	..	103	100
小学和中学中女孩与男孩的比率	1.0	1.0	1.0
劳动力参与率（占15岁以上人口的百分比）	53	59	59
HIV感染率（占15—49岁人口的百分比）	..	..	..
环境			
森林（千平方千米）	170	182	184
森林采伐（2000—2010年和2010—2015年，平均年度百分比）		-0.7	-0.2
淡水使用量（占内陆水资源的百分比）	32.3	30.2	30.2
获得改善的水资源的人口（占总人口的百分比）	100	100	100
获得改善的卫生设施的人口（占总人口的百分比）	100	100	100
人均能源使用量（千克石油当量）	3,026	2,743	2,450
人均二氧化碳排放量（吨）	7.3	5.8	..
人均用电量（千瓦时）	5,207	5,707	5,401
经济			
GDP（10亿美元）	595	1,432	1,381
GDP增长率（年度百分比）	5.3	0.0	1.4
GDP隐含价格平减指数（年度增长百分比）	3.3	0.2	-0.4
农业增加值（占GDP的百分比）	4	3	3
工业增加值（占GDP的百分比）	31	26	22
服务业增加值（占GDP的百分比）	65	71	75
货物和服务出口（占GDP的百分比）	29	26	33
货物和服务进口（占GDP的百分比）	32	27	30
资本形成总额（占GDP的百分比）	27	24	20
中央政府收入（占GDP的百分比）	..	15.6	17.4
中央政府现金盈余/赤字（占GDP的百分比）	..	-4.8	-4.8
政府与市场			
创办企业的时间（天）	138	52	14
总体统计能力水平（0—100）	..	..	..
军费支出（占GDP的百分比）	1.2	1.0	0.9
移动电话用户（每100人）	60.2	111.3	107.8
互联网用户（占总人口的百分比）	13.6	65.8	76.2
金融部门提供的国内信用（占GDP的百分比）	116.4	241.0	210.6
高科技出口（占制成品出口的百分比）	8	6	7
全球联系			
商品贸易（占GDP的百分比）	46	41	49
净易货贸易条件指数（2000年=100）	100	94	89
外债总额（百万美元）	..	..	..
债务还本付息总额（占出口的百分比）	..	..	..
净移民（千人）	2,829	2,250	-593
获得的侨汇（10亿美元）	4.9	1.6	3.1
外国直接投资，净流入额（10亿美元）	38.8	41.0	34.2
获得的净官方发展援助（百万美元）	..	..	..

斯里兰卡

南亚			中低收入经济体
人口（百万）	20.8	人口增长率（百分比）	0.9
陆地面积（千平方千米）	66	每天生活费用不足1.90美元的人口（占人口的百分比）	<2
GNI，图表集法（10亿美元）	71.4	人均GNI，图表集法（美元）	3,440
PPP衡量的GNI（10亿美元）	214.0	PPP衡量的人均GNI（美元）	10,300

	2000	2010	2014
人口			
最贫困的20%人口占国家消费/收入的份额（百分比）	*6.9*	*7.7*	*7.3*
出生时的预期寿命（岁）	71	74	75
总生育率（每个女性生育数）	2.2	2.2	2.1
孕产妇死亡率（每十万次分娩）	57	35	30
避孕普及率（占15—49岁已婚女性的百分比）	70	*68*	..
在熟练医护人员护理下的分娩（占总数的百分比）	96	*99*	..
5岁以下儿童死亡率（每千人）	16	11	10
生长迟缓（占5岁以下儿童的百分比）	18.4	*19.2*	*14.7*
儿童麻疹免疫接种率（占12—23个月年龄组的百分比）	99	99	99
小学毕业率，总数（占适龄年龄组的百分比）	*107*	99	98
小学和中学中女孩与男孩的比率	..	1.0	*1.0*
劳动力参与率（占15岁以上人口的百分比）	57	55	55
HIV感染率（占15—49岁人口的百分比）	0.1	0.1	0.1
环境			
森林（千平方千米）	22	21	21
森林采伐（2000—2010年和2010—2015年，平均年度百分比）		0.4	0.3
淡水使用量（占内陆水资源的百分比）	*24.6*	*24.5*	24.5
获得改善的水资源的人口（占总人口的百分比）	80	91	96
获得改善的卫生设施的人口（占总人口的百分比）	81	92	95
人均能源使用量（千克石油当量）	436	472	*488*
人均二氧化碳排放量（吨）	0.5	0.6	..
人均用电量（千瓦时）	290	451	*526*
经济			
GDP（10亿美元）	16.3	*56.7*	78.8
GDP增长率（年度百分比）	6.0	8.0	4.5
GDP隐含价格平减指数（年度增长百分比）	7.3	22.8	2.7
农业增加值（占GDP的百分比）	20	9	8
工业增加值（占GDP的百分比）	27	30	30
服务业增加值（占GDP的百分比）	53	61	62
货物和服务出口（占GDP的百分比）	39	20	..
货物和服务进口（占GDP的百分比）	50	27	..
资本形成总额（占GDP的百分比）	28	24	..
中央政府收入（占GDP的百分比）	16.8	12.7	*12.0*
中央政府现金盈余/赤字（占GDP的百分比）	-8.4	-6.3	-5.3
政府与市场			
创办企业的时间（天）	*56*	38	10
总体统计能力水平（0—100）	..	76.7	73.3
军费支出（占GDP的百分比）	5.0	2.7	2.3
移动电话用户（每100人）	2.3	83.6	103.2
互联网用户（占总人口的百分比）	0.6	12.0	25.8
金融部门提供的国内信用（占GDP的百分比）	43.7	35.4	43.0
高科技出口（占制成品出口的百分比）	3	1	1
全球联系			
商品贸易（占GDP的百分比）	77	39	39
净易货贸易条件指数（2000年=100）	100	110	106
外债总额（10亿美元）	9.2	21.8	43.6
债务还本付息总额（占出口的百分比）	12.1	12.2	14.7
净移民（千人）	*-449*	*-520*	*-485*
获得的侨汇（10亿美元）	1.2	4.1	7.0
外国直接投资，净流入额（百万美元）	173	478	944
获得的净官方发展援助（百万美元）	275	583	488

圣基茨和尼维斯

拉丁美洲和加勒比地区		高收入经济体	
人口（千人）	55	人口增长率（百分比）	1.2
陆地面积（平方千米）	260	每天生活费用不足1.90美元的人口（占人口的百分比）	..
GNI，图表集法（百万美元）	819.7	人均GNI，图表集法（美元）	14,920
PPP衡量的GNI（百万美元）	1,241.9	PPP衡量的人均GNI（美元）	22,600

	2000	2010	2014
人口			
最贫困的20%人口占国家消费/收入的份额（百分比）	..	..	..
出生时的预期寿命（岁）	*71*	..	..
总生育率（每个女性生育数）	*2.1*	..	..
孕产妇死亡率（每十万次分娩）	..	..	..
避孕普及率（占15—49岁已婚女性的百分比）	..	*54*	..
在熟练医护人员护理下的分娩（占总数的百分比）	99	*100*	*100*
5岁以下儿童死亡率（每千人）	19	13	11
生长迟缓（占5岁以下儿童的百分比）	..	..	..
儿童麻疹免疫接种率（占12—23个月年龄组的百分比）	99	99	93
小学毕业率，总数（占适龄年龄组的百分比）	103	89	82
小学和中学中女孩与男孩的比率	1.1	1.0	1.0
劳动力参与率（占15岁以上人口的百分比）	..	..	..
HIV感染率（占15—49岁人口的百分比）	..	..	..
环境			
森林（平方千米）	110	110	110
森林采伐（2000—2010年和2010—2015年，平均年度百分比）		0.0	0.0
淡水使用量（占内陆水资源的百分比）	..	..	65.0
获得改善的水资源的人口（占总人口的百分比）	98	98	98
获得改善的卫生设施的人口（占总人口的百分比）	87	*87*	..
人均能源使用量（千克石油当量）	..	*1,645*	..
人均二氧化碳排放量（吨）	2.3	5.0	..
人均用电量（千瓦时）	..	..	..
经济			
GDP（百万美元）	420	*692*	852
GDP增长率（年度百分比）	5.0	-3.2	6.9
GDP隐含价格平减指数（年度增长百分比）	2.6	0.9	1.3
农业增加值（占GDP的百分比）	2	2	1
工业增加值（占GDP的百分比）	30	27	25
服务业增加值（占GDP的百分比）	68	72	73
货物和服务出口（占GDP的百分比）	36	31	38
货物和服务进口（占GDP的百分比）	59	53	47
资本形成总额（占GDP的百分比）	52	34	30
中央政府收入（占GDP的百分比）	22.4	27.2	*32.6*
中央政府现金盈余/赤字（占GDP的百分比）	-11.2	-4.0	*11.2*
政府与市场			
创办企业的时间（天）	..	19	19
总体统计能力水平（0—100）	..	61.1	56.7
军费支出（占GDP的百分比）	..	..	..
移动电话用户（每100人）	2.6	152.8	118.6
互联网用户（占总人口的百分比）	5.9	63.0	65.4
金融部门提供的国内信用（占GDP的百分比）	98.8	127.9	81.1
高科技出口（占制成品出口的百分比）	1	1	..
全球联系			
商品贸易（占GDP的百分比）	55	44	37
净易货贸易条件指数（2000年=100）	100	74	68
外债总额（百万美元）	..	..	..
债务还本付息总额（占出口的百分比）	..	..	..
净移民（千人）	..	..	..
获得的侨汇（百万美元）	27.1	47.0	51.6
外国直接投资，净流入额（百万美元）	96	116	120
获得的净官方发展援助（百万美元）	3.9	11.4	*29.3*

圣卢西亚

拉丁美洲和加勒比地区		中高收入经济体	
人口（千人）	184	人口增长率（百分比）	0.7
陆地面积（平方千米）	620	每天生活费用不足1.90美元的人口（占人口的百分比）	*35.8*
GNI，图表集法（10亿美元）	1.3	人均GNI，图表集法（美元）	7,260
PPP衡量的GNI（10亿美元）	1.9	PPP衡量的人均GNI（美元）	10,540

	2000	2010	2014
人口			
最贫困的20%人口占国家消费/收入的份额（百分比）	..	..	..
出生时的预期寿命（岁）	71	74	75
总生育率（每个女性生育数）	2.3	2.0	1.9
孕产妇死亡率（每十万次分娩）	54	54	48
避孕普及率（占15—49岁已婚女性的百分比）	*47*	..	*56*
在熟练医护人员护理下的分娩（占总数的百分比）	100	99	*99*
5岁以下儿童死亡率（每千人）	18	16	14
生长迟缓（占5岁以下儿童的百分比）	..	..	*2.5*
儿童麻疹免疫接种率（占12—23个月年龄组的百分比）	88	95	99
小学毕业率，总数（占适龄年龄组的百分比）	*105*	*108*	..
小学和中学中女孩与男孩的比率	1.1	*1.0*	..
劳动力参与率（占15岁以上人口的百分比）	69	69	69
HIV感染率（占15—49岁人口的百分比）	..	..	..
环境			
森林（平方千米）	210	210	200
森林采伐（2000—2010年和2010—2015年，平均年度百分比）		0.3	0.3
淡水使用量（占内陆水资源的百分比）	..	*14.3*	14.3
获得改善的水资源的人口（占总人口的百分比）	94	96	96
获得改善的卫生设施的人口（占总人口的百分比）	83	89	91
人均能源使用量（千克石油当量）	..	*752*	..
人均二氧化碳排放量（吨）	2.1	2.3	..
人均用电量（千瓦时）	..	..	..
经济			
GDP（百万美元）	781	*1,249*	1,404
GDP增长率（年度百分比）	4.4	-1.7	0.5
GDP隐含价格平减指数（年度增长百分比）	8.0	7.1	4.8
农业增加值（占GDP的百分比）	6	3	3
工业增加值（占GDP的百分比）	17	16	13
服务业增加值（占GDP的百分比）	77	81	84
货物和服务出口（占GDP的百分比）	48	49	45
货物和服务进口（占GDP的百分比）	57	63	50
资本形成总额（占GDP的百分比）	27	28	19
中央政府收入（占GDP的百分比）	23.1	23.0	*22.9*
中央政府现金盈余/赤字（占GDP的百分比）	-1.0	-0.6	*-6.5*
政府与市场			
创办企业的时间（天）	..	14	11
总体统计能力水平（0—100）	..	60.0	61.1
军费支出（占GDP的百分比）	..	..	..
移动电话用户（每100人）	1.6	111.7	102.6
互联网用户（占总人口的百分比）	5.1	43.3	51.0
金融部门提供的国内信用（占GDP的百分比）	70.9	111.6	108.2
高科技出口（占制成品出口的百分比）	6	*17*	5
全球联系			
商品贸易（占GDP的百分比）	51	70	54
净易货贸易条件指数（2000年=100）	100	104	96
外债总额（百万美元）	222	580	528
债务还本付息总额（占出口的百分比）	7.9	7.4	5.7
净移民（千人）	*-0.2*	*2.9*	*0.0*
获得的侨汇（百万美元）	26.4	29.0	30.1
外国直接投资，净流入额（百万美元）	54	121	75
获得的净官方发展援助（百万美元）	11.0	41.2	18.1

法属圣马丁

拉丁美洲和加勒比地区 | **高收入经济体**

人口（千人）	32	人口增长率（百分比）	0.8
陆地面积（平方千米）	54	每天生活费用不足1.90美元的人口（占人口的百分比）	..
GNI，图表集法（百万美元）	..	人均GNI，图表集法（美元）	..
PPP衡量的GNI（百万美元）	..	PPP衡量的人均GNI（美元）	..

	2000	2010	2014
人口			
最贫困的20%人口占国家消费/收入的份额（百分比）	..	..	..
出生时的预期寿命（岁）	77	79	79
总生育率（每个女性生育数）	1.8	1.8	1.8
孕产妇死亡率（每十万次分娩）	..	..	..
避孕普及率（占15—49岁已婚女性的百分比）	..	..	..
在熟练医护人员护理下的分娩（占总数的百分比）	..	..	..
5岁以下儿童死亡率（每千人）	..	..	..
生长迟缓（占5岁以下儿童的百分比）	..	..	..
儿童麻疹免疫接种率（占12—23个月年龄组的百分比）	..	..	..
小学毕业率，总数（占适龄年龄组的百分比）	..	..	..
小学和中学中女孩与男孩的比率	..	..	..
劳动力参与率（占15岁以上人口的百分比）	..	..	..
HIV感染率（占15—49岁人口的百分比）	..	..	..
环境			
森林（平方千米）	10.0	10.0	10.0
森林采伐（2000—2010年和2010—2015年，平均年度百分比）		0.0	0.0
淡水使用量（占内陆水资源的百分比）	..	..	..
获得改善的水资源的人口（占总人口的百分比）	..	..	..
获得改善的卫生设施的人口（占总人口的百分比）	..	..	..
人均能源使用量（千克石油当量）	..	..	..
人均二氧化碳排放量（吨）	..	..	..
人均用电量（千瓦时）	..	..	..
经济			
GDP（百万美元）	..	..	..
GDP增长率（年度百分比）	..	..	..
GDP隐含价格平减指数（年度增长百分比）	..	..	..
农业增加值（占GDP的百分比）	..	..	..
工业增加值（占GDP的百分比）	..	..	..
服务业增加值（占GDP的百分比）	..	..	..
货物和服务出口（占GDP的百分比）	..	..	..
货物和服务进口（占GDP的百分比）	..	..	..
资本形成总额（占GDP的百分比）	..	..	..
中央政府收入（占GDP的百分比）	..	..	..
中央政府现金盈余/赤字（占GDP的百分比）	..	..	..
政府与市场			
创办企业的时间（天）	..	..	..
总体统计能力水平（0—100）	..	..	..
军费支出（占GDP的百分比）	..	..	..
移动电话用户（每100人）	..	..	..
互联网用户（占总人口的百分比）	..	..	..
金融部门提供的国内信用（占GDP的百分比）	..	..	..
高科技出口（占制成品出口的百分比）	..	..	..
全球联系			
商品贸易（占GDP的百分比）	..	..	..
净易货贸易条件指数（2000年=100）	..	..	..
外债总额（百万美元）	..	..	..
债务还本付息总额（占出口的百分比）	..	..	..
净移民（千人）	..	..	..
获得的侨汇（百万美元）	..	..	..
外国直接投资，净流入额（百万美元）	..	..	..
获得的净官方发展援助（百万美元）	..	..	..

圣文森特和格林纳丁斯

拉丁美洲和加勒比地区		中高收入经济体	
人口（千人）	109	人口增长率（百分比）	0.0
陆地面积（平方千米）	390	每天生活费用不足1.90美元的人口（占人口的百分比）	..
GNI，图表集法（百万美元）	722.8	人均GNI，图表集法（美元）	6,610
PPP衡量的GNI（百万美元）	1,173.1	PPP衡量的人均GNI（美元）	10,730

	2000	2010	2014
人口			
最贫困的20%人口占国家消费/收入的份额（百分比）	..	..	..
出生时的预期寿命（岁）	71	72	73
总生育率（每个女性生育数）	2.4	2.1	2.0
孕产妇死亡率（每十万次分娩）	74	50	45
避孕普及率（占15—49岁已婚女性的百分比）	*58*	*48*	..
在熟练医护人员护理下的分娩（占总数的百分比）	100	*99*	*99*
5岁以下儿童死亡率（每千人）	22	21	18
生长迟缓（占5岁以下儿童的百分比）	..	..	..
儿童麻疹免疫接种率（占12—23个月年龄组的百分比）	96	99	99
小学毕业率，总数（占适龄年龄组的百分比）	*93*	94	101
小学和中学中女孩与男孩的比率	1.1	1.0	1.0
劳动力参与率（占15岁以上人口的百分比）	65	67	67
HIV感染率（占15—49岁人口的百分比）	..	..	..
环境			
森林（平方千米）	260	270	270
森林采伐（2000—2010年和2010—2015年，平均年度百分比）		-0.4	0.0
淡水使用量（占内陆水资源的百分比）	..	..	8.5
获得改善的水资源的人口（占总人口的百分比）	94	95	95
获得改善的卫生设施的人口（占总人口的百分比）	73	*76*	..
人均能源使用量（千克石油当量）	..	*642*	..
人均二氧化碳排放量（吨）	1.4	2.1	..
人均用电量（千瓦时）	..	..	..
经济			
GDP（百万美元）	396	*681*	729
GDP增长率（年度百分比）	1.6	-3.4	0.6
GDP隐含价格平减指数（年度增长百分比）	-0.2	4.4	0.6
农业增加值（占GDP的百分比）	9	7	8
工业增加值（占GDP的百分比）	20	19	17
服务业增加值（占GDP的百分比）	72	73	75
货物和服务出口（占GDP的百分比）	45	27	25
货物和服务进口（占GDP的百分比）	51	57	56
资本形成总额（占GDP的百分比）	23	25	22
中央政府收入（占GDP的百分比）	..	..	..
中央政府现金盈余/赤字（占GDP的百分比）	..	..	..
政府与市场			
创办企业的时间（天）	..	10	10
总体统计能力水平（0—100）	..	54.4	55.6
军费支出（占GDP的百分比）	..	..	..
移动电话用户（每100人）	2.2	120.6	105.2
互联网用户（占总人口的百分比）	3.2	38.5	56.5
金融部门提供的国内信用（占GDP的百分比）	64.2	54.9	57.9
高科技出口（占制成品出口的百分比）	0	0	*0*
全球联系			
商品贸易（占GDP的百分比）	53	56	56
净易货贸易条件指数（2000年=100）	100	108	94
外债总额（百万美元）	195	295	339
债务还本付息总额（占出口的百分比）	7.2	18.6	*15.8*
净移民（千人）	*-5.2*	*-5.1*	*-5.0*
获得的侨汇（百万美元）	22.5	29.1	32.6
外国直接投资，净流入额（百万美元）	38	97	139
获得的净官方发展援助（百万美元）	6.2	16.9	9.2

苏丹

撒哈拉以南非洲地区 | **中低收入经济体**

人口（百万）	39.4	人口增长率（百分比）	2.1
陆地面积（千平方千米）	1,879	每天生活费用不足1.90美元的人口（占人口的百分比）	*14.9*
GNI，图表集法（10亿美元）	67.3	人均GNI，图表集法（美元）	1,710
PPP衡量的GNI（10亿美元）	154.4	PPP衡量的人均GNI（美元）	3,920

	2000	2010	2014
人口			
最贫困的20%人口占国家消费/收入的份额（百分比）	..	*6.8*	..
出生时的预期寿命（岁）	58[f]	62[f]	63
总生育率（每个女性生育数）	5.4[f]	4.6[f]	4.4
孕产妇死亡率（每十万次分娩）	544[f]	349[f]	311
避孕普及率（占15—49岁已婚女性的百分比）	7	9	12
在熟练医护人员护理下的分娩（占总数的百分比）	..	23[f]	..
5岁以下儿童死亡率（每千人）	106[f]	80[f]	70
生长迟缓（占5岁以下儿童的百分比）	47.6	*38.3*[f]	38.2
儿童麻疹免疫接种率（占12—23个月年龄组的百分比）	58	90	86
小学毕业率，总数（占适龄年龄组的百分比）	..	60[f]	*56*
小学和中学中女孩与男孩的比率	*0.8*[f]	0.9[f]	*0.9*
劳动力参与率（占15岁以上人口的百分比）	52[f]	53[f]	54
HIV感染率（占15—49岁人口的百分比）	0.1[f]	0.2[f]	0.2
环境			
森林（千平方千米）	290	272	192
森林采伐（2000—2010年和2010—2015年，平均年度百分比）		0.8	0.9
淡水使用量（占内陆水资源的百分比）	..	..	673.3
获得改善的水资源的人口（占总人口的百分比）	62	55	*56*
获得改善的卫生设施的人口（占总人口的百分比）	25	23	*24*
人均能源使用量（千克石油当量）	383	362	*375*
人均二氧化碳排放量（吨）	0.2	0.3	..
人均用电量（千瓦时）	62	131	*159*
经济			
GDP（10亿美元）	12.3	*65.6*	73.8
GDP增长率（年度百分比）	6.3	3.5	3.1
GDP隐含价格平减指数（年度增长百分比）	9.9	19.6	29.9
农业增加值（占GDP的百分比）	42	25	29
工业增加值（占GDP的百分比）	21	28	20
服务业增加值（占GDP的百分比）	37	47	50
货物和服务出口（占GDP的百分比）	16	20	6
货物和服务进口（占GDP的百分比）	13	17	13
资本形成总额（占GDP的百分比）	25	23	18
中央政府收入（占GDP的百分比）	*8.0*	..	..
中央政府现金盈余/赤字（占GDP的百分比）	*-0.4*	..	..
政府与市场			
创办企业的时间（天）	..	35	36
总体统计能力水平（0—100）	..	44.4	51.1
军费支出（占GDP的百分比）	4.8	..	..
移动电话用户（每100人）	0.1	41.5	72.2
互联网用户（占总人口的百分比）	0.0	16.7	24.6
金融部门提供的国内信用（占GDP的百分比）	8.9	22.0	20.9
高科技出口（占制成品出口的百分比）	4	0	..
全球联系			
商品贸易（占GDP的百分比）	27	33	18[g]
净易货贸易条件指数（2000年=100）	100	198	..
外债总额（10亿美元）	15.8	22.2	21.8[g]
债务还本付息总额（占出口的百分比）	13.5	4.2	4.4[g]
净移民（千人）	*-430*[f]	*-500*[f]	*-800*
获得的侨汇（百万美元）	641	1,100	507[g]
外国直接投资，净流入额（10亿美元）	0.4[f]	2.1[f]	1.3
获得的净官方发展援助（百万美元）	225	2,028	872

苏里南

拉丁美洲和加勒比地区		中高收入经济体	
人口（千人）	538	人口增长率（百分比）	0.9
陆地面积（千平方千米）	164	每天生活费用不足1.90美元的人口（占人口的百分比）	*23.4*
GNI，图表集法（10亿美元）	5.4	人均GNI，图表集法（美元）	9,950
PPP衡量的GNI（10亿美元）	9.2	PPP衡量的人均GNI（美元）	17,040

	2000	2010	2014
人口			
最贫困的20%人口占国家消费/收入的份额（百分比）	..	..	..
出生时的预期寿命（岁）	68	70	71
总生育率（每个女性生育数）	2.8	2.5	2.4
孕产妇死亡率（每十万次分娩）	259	169	155
避孕普及率（占15—49岁已婚女性的百分比）	42	48	..
在熟练医护人员护理下的分娩（占总数的百分比）	85	91	..
5岁以下儿童死亡率（每千人）	34	25	21
生长迟缓（占5岁以下儿童的百分比）	14.5	8.8	..
儿童麻疹免疫接种率（占12—23个月年龄组的百分比）	84	90	85
小学毕业率，总数（占适龄年龄组的百分比）	..	*92*	94
小学和中学中女孩与男孩的比率	*1.1*	*1.1*	*1.1*
劳动力参与率（占15岁以上人口的百分比）	51	54	55
HIV感染率（占15—49岁人口的百分比）	1.0	1.1	1.0
环境			
森林（千平方千米）	154	154	153
森林采伐（2000—2010年和2010—2015年，平均年度百分比）		0.0	0.0
淡水使用量（占内陆水资源的百分比）	*0.7*	*0.6*	0.6
获得改善的水资源的人口（占总人口的百分比）	89	94	95
获得改善的卫生设施的人口（占总人口的百分比）	81	80	79
人均能源使用量（千克石油当量）	..	*1,425*	..
人均二氧化碳排放量（吨）	4.4	4.6	..
人均用电量（千瓦时）	..	..	..
经济			
GDP（10亿美元）	0.9	*4.4*	5.2
GDP增长率（年度百分比）	-0.1	5.2	1.8
GDP隐含价格平减指数（年度增长百分比）	54.8	7.2	-0.3
农业增加值（占GDP的百分比）	11	8	*7*
工业增加值（占GDP的百分比）	25	52	*49*
服务业增加值（占GDP的百分比）	64	40	*44*
货物和服务出口（占GDP的百分比）	20	..	..
货物和服务进口（占GDP的百分比）	33	..	..
资本形成总额（占GDP的百分比）	12	..	6
中央政府收入（占GDP的百分比）	*34.1*	20.5	*25.7*
中央政府现金盈余/赤字（占GDP的百分比）	*1.1*	-2.1	*-1.2*
政府与市场			
创办企业的时间（天）	..	690	84
总体统计能力水平（0—100）	..	71.1	62.2
军费支出（占GDP的百分比）	..	..	..
移动电话用户（每100人）	8.8	99.3	170.6
互联网用户（占总人口的百分比）	2.5	31.6	40.1
金融部门提供的国内信用（占GDP的百分比）	33.7	26.9	38.9
高科技出口（占制成品出口的百分比）	8	12	21
全球联系			
商品贸易（占GDP的百分比）	104	78	80
净易货贸易条件指数（2000年=100）	100	140	122
外债总额（百万美元）	..	..	..
债务还本付息总额（占出口的百分比）	..	..	..
净移民（千人）	*-22.1*	*-5.7*	*-5.0*
获得的侨汇（百万美元）	1.3	4.3	8.8
外国直接投资，净流入额（百万美元）	-148	-248	-210
获得的净官方发展援助（百万美元）	34	104	13

斯威士兰

撒哈拉以南非洲地区 | **中低收入经济体**

人口（百万）	1.3	人口增长率（百分比）	1.5
陆地面积（千平方千米）	17	每天生活费用不足1.90美元的人口（占人口的百分比）	*42.0*
GNI，图表集法（10亿美元）	4.5	人均GNI，图表集法（美元）	3,550
PPP衡量的GNI（10亿美元）	10.0	PPP衡量的人均GNI（美元）	7,880

	2000	2010	2014
人口			
最贫困的20%人口占国家消费/收入的份额（百分比）	4.5	*4.0*	..
出生时的预期寿命（岁）	49	48	49
总生育率（每个女性生育数）	4.2	3.6	3.3
孕产妇死亡率（每十万次分娩）	586	436	389
避孕普及率（占15—49岁已婚女性的百分比）	28	65	66
在熟练医护人员护理下的分娩（占总数的百分比）	70	82	88
5岁以下儿童死亡率（每千人）	128	88	61
生长迟缓（占5岁以下儿童的百分比）	36.6	31.0	..
儿童麻疹免疫接种率（占12—23个月年龄组的百分比）	92	94	86
小学毕业率，总数（占适龄年龄组的百分比）	61	77	*79*
小学和中学中女孩与男孩的比率	1.0	0.9	*0.9*
劳动力参与率（占15岁以上人口的百分比）	56	57	58
HIV感染率（占15—49岁人口的百分比）	25.2	27.4	27.7
环境			
森林（千平方千米）	5.2	5.6	5.9
森林采伐（2000—2010年和2010—2015年，平均年度百分比）		-0.8	-0.8
淡水使用量（占内陆水资源的百分比）	*39.5*	..	39.5
获得改善的水资源的人口（占总人口的百分比）	52	70	74
获得改善的卫生设施的人口（占总人口的百分比）	52	57	58
人均能源使用量（千克石油当量）	..	*373*	..
人均二氧化碳排放量（吨）	1.1	0.9	..
人均用电量（千瓦时）	..	..	..
经济			
GDP（10亿美元）	1.5	3.5	4.4
GDP增长率（年度百分比）	1.8	1.7	2.5
GDP隐含价格平减指数（年度增长百分比）	9.9	-4.7	6.1
农业增加值（占GDP的百分比）	12	8	6
工业增加值（占GDP的百分比）	44	50	44
服务业增加值（占GDP的百分比）	44	42	50
货物和服务出口（占GDP的百分比）	74	58	..
货物和服务进口（占GDP的百分比）	88	75	..
资本形成总额（占GDP的百分比）	18	14	..
中央政府收入（占GDP的百分比）	..	..	..
中央政府现金盈余/赤字（占GDP的百分比）	..	..	..
政府与市场			
创办企业的时间（天）	..	56	30
总体统计能力水平（0—100）	..	67.8	58.9
军费支出（占GDP的百分比）	1.6	2.9	1.8
移动电话用户（每100人）	3.1	60.8	72.3
互联网用户（占总人口的百分比）	0.9	11.0	27.1
金融部门提供的国内信用（占GDP的百分比）	11.1	18.1	16.5
高科技出口（占制成品出口的百分比）	0	*0*	..
全球联系			
商品贸易（占GDP的百分比）	128	107	79
净易货贸易条件指数（2000年=100）	100	115	107
外债总额（百万美元）	260	707	438
债务还本付息总额（占出口的百分比）	2.2	1.9	1.3
净移民（千人）	*-46.1*	*-6.0*	*-6.0*
获得的侨汇（百万美元）	56.9	54.7	24.5
外国直接投资，净流入额（百万美元）	91	136	27
获得的净官方发展援助（百万美元）	13.1	91.1	85.9

瑞典

欧洲和中亚			高收入经济体
人口（百万）	9.7	人口增长率（百分比）	1.0
陆地面积（千平方千米）	447	每天生活费用不足1.90美元的人口（占人口的百分比）	..
GNI，图表集法（10亿美元）	596.9	人均GNI，图表集法（美元）	61,570
PPP衡量的GNI（10亿美元）	454.4	PPP衡量的人均GNI（美元）	46,870

	2000	**2010**	**2014**
人口			
最贫困的20%人口占国家消费/收入的份额（百分比）	..	9.0	*8.7*
出生时的预期寿命（岁）	80	81	82
总生育率（每个女性生育数）	1.5	2.0	1.9
孕产妇死亡率（每十万次分娩）	5	4	4
避孕普及率（占15—49岁已婚女性的百分比）	..	..	..
在熟练医护人员护理下的分娩（占总数的百分比）	..	..	..
5岁以下儿童死亡率（每千人）	4	3	3
生长迟缓（占5岁以下儿童的百分比）	..	..	..
儿童麻疹免疫接种率（占12—23个月年龄组的百分比）	91	97	97
小学毕业率，总数（占适龄年龄组的百分比）	100	97	*102*
小学和中学中女孩与男孩的比率	1.2	1.0	*1.1*
劳动力参与率（占15岁以上人口的百分比）	63	64	64
HIV感染率（占15—49岁人口的百分比）	0.1	0.2	0.2
环境			
森林（千平方千米）	282	281	281
森林采伐（2000—2010年和2010—2015年，平均年度百分比）		0.0	0.0
淡水使用量（占内陆水资源的百分比）	*1.6*	*1.5*	1.6
获得改善的水资源的人口（占总人口的百分比）	100	100	100
获得改善的卫生设施的人口（占总人口的百分比）	99	99	99
人均能源使用量（千克石油当量）	5,360	5,428	4,811
人均二氧化碳排放量（吨）	5.6	5.6	..
人均用电量（千瓦时）	15,682	14,934	*13,870*
经济			
GDP（10亿美元）	260	*488*	571
GDP增长率（年度百分比）	4.7	6.0	2.3
GDP隐含价格平减指数（年度增长百分比）	1.6	1.0	1.6
农业增加值（占GDP的百分比）	2	2	1
工业增加值（占GDP的百分比）	30	29	26
服务业增加值（占GDP的百分比）	68	69	73
货物和服务出口（占GDP的百分比）	44	46	45
货物和服务进口（占GDP的百分比）	38	41	41
资本形成总额（占GDP的百分比）	23	23	24
中央政府收入（占GDP的百分比）	38.0	29.8	*28.7*
中央政府现金盈余/赤字（占GDP的百分比）	1.2	-0.4	*-1.2*
政府与市场			
创办企业的时间（天）	*16*	16	7
总体统计能力水平（0—100）	..	..	..
军费支出（占GDP的百分比）	1.8	1.2	1.2
移动电话用户（每100人）	71.8	117.2	127.8
互联网用户（占总人口的百分比）	45.7	90.0	92.5
金融部门提供的国内信用（占GDP的百分比）	46.3	146.9	157.5
高科技出口（占制成品出口的百分比）	23	14	14
全球联系			
商品贸易（占GDP的百分比）	62	63	57
净易货贸易条件指数（2000年=100）	100	95	92
外债总额（百万美元）	..	..	..
债务还本付息总额（占出口的百分比）	..	..	..
净移民（千人）	*142*	*262*	*273*
获得的侨汇（百万美元）	438	762	4,442
外国直接投资，净流入额（10亿美元）	23.9	2.3	-2.5
获得的净官方发展援助（百万美元）	..	..	..

瑞士

欧洲和中亚　　　　高收入经济体

人口（百万）	8.2	人口增长率（百分比）	1.2
陆地面积（千平方千米）	41	每天生活费用不足1.90美元的人口（占人口的百分比）	..
GNI，图表集法（10亿美元）	693.7	人均GNI，图表集法（美元）	84,720
PPP衡量的GNI（10亿美元）	484.4	PPP衡量的人均GNI（美元）	59,160

	2000	2010	2014
人口			
最贫困的20%人口占国家消费/收入的份额（百分比）	..	7.7	*8.1*
出生时的预期寿命（岁）	80	82	83
总生育率（每个女性生育数）	1.5	1.5	1.5
孕产妇死亡率（每十万次分娩）	7	6	5
避孕普及率（占15—49岁已婚女性的百分比）	..	..	..
在熟练医护人员护理下的分娩（占总数的百分比）	..	*100*	..
5岁以下儿童死亡率（每千人）	6	5	4
生长迟缓（占5岁以下儿童的百分比）	..	..	..
儿童麻疹免疫接种率（占12—23个月年龄组的百分比）	82	92	93
小学毕业率，总数（占适龄年龄组的百分比）	96	96	*97*
小学和中学中女孩与男孩的比率	1.0	1.0	*1.0*
劳动力参与率（占15岁以上人口的百分比）	67	68	68
HIV感染率（占15—49岁人口的百分比）	..	..	..
环境			
森林（千平方千米）	12	12	13
森林采伐（2000—2010年和2010—2015年，平均年度百分比）		-0.3	-0.3
淡水使用量（占内陆水资源的百分比）	*6.2*	*5.5*	4.9
获得改善的水资源的人口（占总人口的百分比）	100	100	100
获得改善的卫生设施的人口（占总人口的百分比）	100	100	100
人均能源使用量（千克石油当量）	3,480	3,347	3,075
人均二氧化碳排放量（吨）	5.4	5.0	..
人均用电量（千瓦时）	7,846	8,175	*7,807*
经济			
GDP（10亿美元）	272	*581*	701
GDP增长率（年度百分比）	3.9	3.0	1.9
GDP隐含价格平减指数（年度增长百分比）	1.4	0.3	-0.7
农业增加值（占GDP的百分比）	1	1	1
工业增加值（占GDP的百分比）	26	26	26
服务业增加值（占GDP的百分比）	72	73	73
货物和服务出口（占GDP的百分比）	52	64	64
货物和服务进口（占GDP的百分比）	46	54	53
资本形成总额（占GDP的百分比）	25	24	23
中央政府收入（占GDP的百分比）	22.4	10.0	*9.9*
中央政府现金盈余/赤字（占GDP的百分比）	2.0	0.3	*0.1*
政府与市场			
创办企业的时间（天）	*20*	18	10
总体统计能力水平（0—100）	..	..	..
军费支出（占GDP的百分比）	1.0	0.7	0.7
移动电话用户（每100人）	64.7	123.2	136.7
互联网用户（占总人口的百分比）	47.1	83.9	87.0
金融部门提供的国内信用（占GDP的百分比）	158.2	173.5	176.0
高科技出口（占制成品出口的百分比）	22	25	26
全球联系			
商品贸易（占GDP的百分比）	60	64	84
净易货贸易条件指数（2000年=100）	100	108	102
外债总额（百万美元）	..	..	..
债务还本付息总额（占出口的百分比）	..	..	..
净移民（千人）	*186*	*345*	*382*
获得的侨汇（10亿美元）	1.1	2.5	2.3
外国直接投资，净流入额（10亿美元）	19.8	17.7	22.7
获得的净官方发展援助（百万美元）	..	..	..

叙利亚

中东和北非			中低收入经济体
人口（百万）	22.2	人口增长率（百分比）	1.7
陆地面积（千平方千米）	185	每天生活费用不足1.90美元的人口（占人口的百分比）	..
GNI，图表集法（10亿美元）	..	人均GNI，图表集法（美元）	..
PPP衡量的GNI（百万美元）	..	PPP衡量的人均GNI（美元）	..

	2000	2010	2014
人口			
最贫困的20%人口占国家消费/收入的份额（百分比）	..	..	..
出生时的预期寿命（岁）	73	72	70
总生育率（每个女性生育数）	4.0	3.1	3.0
孕产妇死亡率（每十万次分娩）	73	49	68
避孕普及率（占15—49岁已婚女性的百分比）	45	*54*	..
在熟练医护人员护理下的分娩（占总数的百分比）	..	*96*	..
5岁以下儿童死亡率（每千人）	23	15	13
生长迟缓（占5岁以下儿童的百分比）	24.3	*27.5*	..
儿童麻疹免疫接种率（占12—23个月年龄组的百分比）	84	82	54
小学毕业率，总数（占适龄年龄组的百分比）	92	106	69
小学和中学中女孩与男孩的比率	0.9	1.0	1.0
劳动力参与率（占15岁以上人口的百分比）	51	44	44
HIV感染率（占15—49岁人口的百分比）	0.1	0.1	0.1
环境			
森林（千平方千米）	4.3	4.9	4.9
森林采伐（2000—2010年和2010—2015年，平均年度百分比）		-1.3	0.0
淡水使用量（占内陆水资源的百分比）	*229.4*	*235.0*	235.0
获得改善的水资源的人口（占总人口的百分比）	88	90	90
获得改善的卫生设施的人口（占总人口的百分比）	89	95	96
人均能源使用量（千克石油当量）	944	1,045	*592*
人均二氧化碳排放量（吨）	3.1	3.0	..
人均用电量（千瓦时）	1,069	1,880	*999*
经济			
GDP（10亿美元）	19.3	*40.4*	..
GDP增长率（年度百分比）	2.7	*5.7*	..
GDP隐含价格平减指数（年度增长百分比）	9.7	*12.0*	..
农业增加值（占GDP的百分比）	24	*18*	..
工业增加值（占GDP的百分比）	38	*33*	..
服务业增加值（占GDP的百分比）	38	*49*	..
货物和服务出口（占GDP的百分比）	35	*39*	..
货物和服务进口（占GDP的百分比）	29	*38*	..
资本形成总额（占GDP的百分比）	17	*28*	..
中央政府收入（占GDP的百分比）	26.6	*22.7*	..
中央政府现金盈余/赤字（占GDP的百分比）	-1.1	*-3.1*	..
政府与市场			
创办企业的时间（天）	*43*	13	13
总体统计能力水平（0—100）	..	56.7	47.8
军费支出（占GDP的百分比）	5.3	*4.1*	..
移动电话用户（每100人）	0.2	54.3	63.9
互联网用户（占总人口的白分比）	0.2	20.7	28.1
金融部门提供的国内信用（占GDP的百分比）	25.5	*36.2*	..
高科技出口（占制成品出口的百分比）	1	1	..
全球联系			
商品贸易（占GDP的百分比）	44	*65*	..
净易货贸易条件指数（2000年=100）	100	130	140
外债总额（10亿美元）	22.2	5.3	4.6
债务还本付息总额（占出口的百分比）	6.8	3.1	..
净移民（千人）	*-380*	*370*	*-4,030*
获得的侨汇（10亿美元）	0.2	1.6	1.6
外国直接投资，净流入额（10亿美元）	0.3	1.5	..
获得的净官方发展援助（百万美元）	159	135	4,198

塔吉克斯坦

欧洲和中亚		中低收入经济体	
人口（百万）	8.3	人口增长率（百分比）	2.2
陆地面积（千平方千米）	143	每天生活费用不足1.90美元的人口（占人口的百分比）	*4.7*
GNI，图表集法（10亿美元）	8.9	人均GNI，图表集法（美元）	1,080
PPP衡量的GNI（10亿美元）	22.1	PPP衡量的人均GNI（美元）	2,660

	2000	2010	2014
人口			
最贫困的20%人口占国家消费/收入的份额（百分比）	*8.3*	*8.4*	..
出生时的预期寿命（岁）	64	69	70
总生育率（每个女性生育数）	4.0	3.5	3.5
孕产妇死亡率（每十万次分娩）	68	35	32
避孕普及率（占15—49岁已婚女性的百分比）	34	*37*	*28*
在熟练医护人员护理下的分娩（占总数的百分比）	71	88	*87*
5岁以下儿童死亡率（每千人）	93	53	45
生长迟缓（占5岁以下儿童的百分比）	42.1	*28.8*	*26.8*
儿童麻疹免疫接种率（占12—23个月年龄组的百分比）	88	94	98
小学毕业率，总数（占适龄年龄组的百分比）	91	101	97
小学和中学中女孩与男孩的比率	0.9	0.9	*0.9*
劳动力参与率（占15岁以上人口的百分比）	67	67	68
HIV感染率（占15—49岁人口的百分比）	0.2	0.3	0.4
环境			
森林（千平方千米）	4.1	4.1	4.1
森林采伐（2000—2010年和2010—2015年，平均年度百分比）		0.0	-0.1
淡水使用量（占内陆水资源的百分比）	*18.8*	*18.1*	18.1
获得改善的水资源的人口（占总人口的百分比）	60	70	74
获得改善的卫生设施的人口（占总人口的百分比）	90	94	95
人均能源使用量（千克石油当量）	347	287	*303*
人均二氧化碳排放量（吨）	0.4	0.4	..
人均用电量（千瓦时）	2,172	1,880	*1,682*
经济			
GDP（10亿美元）	0.9	5.6	9.2
GDP增长率（年度百分比）	8.3	6.5	6.7
GDP隐含价格平减指数（年度增长百分比）	22.7	12.5	5.5
农业增加值（占GDP的百分比）	27	22	*27*
工业增加值（占GDP的百分比）	39	28	*22*
服务业增加值（占GDP的百分比）	34	50	*51*
货物和服务出口（占GDP的百分比）	99	15	*19*
货物和服务进口（占GDP的百分比）	101	53	*68*
资本形成总额（占GDP的百分比）	9	18	*19*
中央政府收入（占GDP的百分比）	10.6	..	..
中央政府现金盈余/赤字（占GDP的百分比）	-0.8	..	..
政府与市场			
创办企业的时间（天）	..	16	11
总体统计能力水平（0—100）	..	74.4	81.1
军费支出（占GDP的百分比）	1.2	1.0	1.1
移动电话用户（每100人）	0.0	77.9	95.1
互联网用户（占总人口的百分比）	0.0	11.6	17.5
金融部门提供的国内信用（占GDP的百分比）	17.9	7.6	19.5
高科技出口（占制成品出口的百分比）	42	..	..
全球联系			
商品贸易（占GDP的百分比）	170	68	60
净易货贸易条件指数（2000年=100）	100	110	91
外债总额（10亿美元）	1.1	3.1	4.0
债务还本付息总额（占出口的百分比）	*12.7*	76.3	13.2
净移民（千人）	*-97*	*-65*	*-117*
获得的侨汇（10亿美元）	*0.1*	2.3	4.0
外国直接投资，净流入额（百万美元）	24	-16	261
获得的净官方发展援助（百万美元）	124	433	356

坦桑尼亚

撒哈拉以南非洲地区			低收入经济体
人口（百万）	51.8	人口增长率（百分比）	3.2
陆地面积（千平方千米）	947	每天生活费用不足1.90美元的人口（占人口的百分比）	*46.6*
GNI，图表集法（10亿美元）	46.4	人均GNI，图表集法（美元）	920
PPP衡量的GNI（10亿美元）	126.3	PPP衡量的人均GNI（美元）	2,510

	2000	2010	2014
人口			
最贫困的20%人口占国家消费/收入的份额（百分比）	6.8	*7.4*	..
出生时的预期寿命（岁）	50	62	65
总生育率（每个女性生育数）	5.7	5.4	5.1
孕产妇死亡率（每十万次分娩）	842	514	398
避孕普及率（占15—49岁已婚女性的百分比）	*25*	34	..
在熟练医护人员护理下的分娩（占总数的百分比）	*36*	49	..
5岁以下儿童死亡率（每千人）	131	63	49
生长迟缓（占5岁以下儿童的百分比）	*48.3*	42.5	..
儿童麻疹免疫接种率（占12—23个月年龄组的百分比）	78	92	99
小学毕业率，总数（占适龄年龄组的百分比）	50	88	*74*
小学和中学中女孩与男孩的比率	..	1.0	*1.0*
劳动力参与率（占15岁以上人口的百分比）	89	89	89
HIV感染率（占15—49岁人口的百分比）	7.9	6.1	5.3
环境			
森林（千平方千米）	519	479	461
森林采伐（2000—2010年和2010—2015年，平均年度百分比）		0.8	0.8
淡水使用量（占内陆水资源的百分比）	*6.2*	..	6.2
获得改善的水资源的人口（占总人口的百分比）	54	55	56
获得改善的卫生设施的人口（占总人口的百分比）	9	13	16
人均能源使用量（千克石油当量）	396	449	*470*
人均二氧化碳排放量（吨）	0.08	0.15	..
人均用电量（千瓦时）	58	94	*89*
经济			
GDP（10亿美元）	10.2	*31.4*	48.1
GDP增长率（年度百分比）	4.9	6.4	7.0
GDP隐含价格平减指数（年度增长百分比）	7.6	9.2	4.7
农业增加值（占GDP的百分比）	33	32	31
工业增加值（占GDP的百分比）	19	22	25
服务业增加值（占GDP的百分比）	47	46	44
货物和服务出口（占GDP的百分比）	13	19	19
货物和服务进口（占GDP的百分比）	20	29	30
资本形成总额（占GDP的百分比）	17	27	31
中央政府收入（占GDP的百分比）	..	12.7	*12.6*
中央政府现金盈余/赤字（占GDP的百分比）	..	-1.9	*-5.3*
政府与市场			
创办企业的时间（天）	*34*	29	26
总体统计能力水平（0—100）	..	67.8	75.6
军费支出（占GDP的百分比）	1.3	0.9	1.0
移动电话用户（每100人）	0.3	46.7	62.8
互联网用户（占总人口的百分比）	0.1	2.9	4.9
金融部门提供的国内信用（占GDP的百分比）	10.7	15.5	20.2
高科技出口（占制成品出口的百分比）	1	3	3
全球联系			
商品贸易（占GDP的百分比）	22	38	35
净易货贸易条件指数（2000年＝100）	100	140	136
外债总额（10亿美元）	7.2	9.0	14.4
债务还本付息总额（占出口的百分比）	11.9	3.0	2.9
净移民（千人）	*-296*	*-265*	*-200*
获得的侨汇（百万美元）	8	344	389
外国直接投资，净流入额（10亿美元）	0.5	1.8	2.0
获得的净官方发展援助（10亿美元）	1.1	3.0	2.6

泰国

东亚和太平洋地区			中高收入经济体
人口（百万）	67.7	人口增长率（百分比）	0.4
陆地面积（千平方千米）	513	每天生活费用不足1.90美元的人口（占人口的百分比）	<2
GNI，图表集法（10亿美元）	391.7	人均GNI，图表集法（美元）	5,780
PPP衡量的GNI（10亿美元）	1,006.9	PPP衡量的人均GNI（美元）	14,870

	2000	2010	2014
人口			
最贫困的20%人口占国家消费/收入的份额（百分比）	6.2	6.6	*6.7*
出生时的预期寿命（岁）	71	74	74
总生育率（每个女性生育数）	1.7	1.5	1.5
孕产妇死亡率（每十万次分娩）	25	23	20
避孕普及率（占15—49岁已婚女性的百分比）	79	*80*	*79*
在熟练医护人员护理下的分娩（占总数的百分比）	99	*100*	*100*
5岁以下儿童死亡率（每千人）	23	15	12
生长迟缓（占5岁以下儿童的百分比）	..	*15.7*	*16.3*
儿童麻疹免疫接种率（占12—23个月年龄组的百分比）	94	98	99
小学毕业率，总数（占适龄年龄组的百分比）	85	..	..
小学和中学中女孩与男孩的比率	*1.0*	1.0	*1.0*
劳动力参与率（占15岁以上人口的百分比）	73	72	72
HIV感染率（占15—49岁人口的百分比）	2.1	1.3	1.1
环境			
森林（千平方千米）	170	162	164
森林采伐（2000—2010年和2010—2015年，平均年度百分比）		0.5	-0.2
淡水使用量（占内陆水资源的百分比）	..	*25.5*	25.5
获得改善的水资源的人口（占总人口的百分比）	92	96	98
获得改善的卫生设施的人口（占总人口的百分比）	91	93	93
人均能源使用量（千克石油当量）	1,153	1,767	*1,988*
人均二氧化碳排放量（吨）	3.0	4.5	..
人均用电量（千瓦时）	1,454	2,325	*2,471*
经济			
GDP（10亿美元）	126	*341*	405
GDP增长率（年度百分比）	4.5	7.5	0.9
GDP隐含价格平减指数（年度增长百分比）	1.3	4.1	1.0
农业增加值（占GDP的百分比）	9	11	10
工业增加值（占GDP的百分比）	37	40	37
服务业增加值（占GDP的百分比）	55	49	53
货物和服务出口（占GDP的百分比）	65	66	69
货物和服务进口（占GDP的百分比）	56	61	63
资本形成总额（占GDP的百分比）	22	25	24
中央政府收入（占GDP的百分比）	15.5	17.3	*19.5*
中央政府现金盈余/赤字（占GDP的百分比）	-1.8	-1.9	*-0.8*
政府与市场			
创办企业的时间（天）	*33*	32	28
总体统计能力水平（0—100）	..	80.0	85.6
军费支出（占GDP的百分比）	1.5	1.5	1.4
移动电话用户（每100人）	4.9	108.0	144.4
互联网用户（占总人口的百分比）	3.7	22.4	34.9
金融部门提供的国内信用（占GDP的百分比）	134.3	133.5	168.6
高科技出口（占制成品出口的百分比）	33	24	20
全球联系			
商品贸易（占GDP的百分比）	104	110	113
净易货贸易条件指数（2000年=100）	100	98	95
外债总额（10亿美元）	80	106	136
债务还本付息总额（占出口的百分比）	16.3	4.7	5.2
净移民（千人）	*1,103*	*-859*	*100*
获得的侨汇（10亿美元）	1.7	3.6	5.7
外国直接投资，净流入额（10亿美元）	3.4	14.7	3.7
获得的净官方发展援助（百万美元）	697	-12	351

东帝汶

东亚和太平洋地区			中低收入经济体
人口（百万）	1.2	人口增长率（百分比）	2.7
陆地面积（千平方千米）	15	每天生活费用不足1.90美元的人口（占人口的百分比）	*46.8*
GNI，图表集法（10亿美元）	3.2	人均GNI，图表集法（美元）	2,680
PPP衡量的GNI（10亿美元）	6.2	PPP衡量的人均GNI（美元）	5,080

	2000	2010	2014
人口			
最贫困的20%人口占国家消费/收入的份额（百分比）	*7.1*	*9.0*	..
出生时的预期寿命（岁）	59	67	68
总生育率（每个女性生育数）	7.1	5.6	5.1
孕产妇死亡率（每十万次分娩）	694	317	215
避孕普及率（占15—49岁已婚女性的百分比）	*8*	22	..
在熟练医护人员护理下的分娩（占总数的百分比）	*24*	29	..
5岁以下儿童死亡率（每千人）	110	64	53
生长迟缓（占5岁以下儿童的百分比）	*55.7*	*57.7*	..
儿童麻疹免疫接种率（占12—23个月年龄组的百分比）	56	66	74
小学毕业率，总数（占适龄年龄组的百分比）	..	80	98
小学和中学中女孩与男孩的比率	..	1.0	1.0
劳动力参与率（占15岁以上人口的百分比）	56	39	38
HIV感染率（占15—49岁人口的百分比）	..	..	..
环境			
森林（千平方千米）	8.5	7.4	6.9
森林采伐（2000—2010年和2010—2015年，平均年度百分比）		1.4	1.6
淡水使用量（占内陆水资源的百分比）	..	*14.3*	14.3
获得改善的水资源的人口（占总人口的百分比）	54	68	72
获得改善的卫生设施的人口（占总人口的百分比）	37	39	41
人均能源使用量（千克石油当量）	..	*60*	..
人均二氧化碳排放量（吨）	*0.2*	0.2	..
人均用电量（千瓦时）	..	..	..
经济			
GDP（百万美元）	368	*934*	1,417
GDP增长率（年度百分比）	17.5	9.4	7.0
GDP隐含价格平减指数（年度增长百分比）	*5.6*	4.4	0.4
农业增加值（占GDP的百分比）	28	20	*19*
工业增加值（占GDP的百分比）	16	18	*18*
服务业增加值（占GDP的百分比）	56	62	*63*
货物和服务出口（占GDP的百分比）	10	10	*8*
货物和服务进口（占GDP的百分比）	168	116	*96*
资本形成总额（占GDP的百分比）	38	40	*39*
中央政府收入（占GDP的百分比）	..	..	..
中央政府现金盈余/赤字（占GDP的百分比）	..	..	..
政府与市场			
创办企业的时间（天）	..	110	9
总体统计能力水平（0—100）	..	55.6	62.2
军费支出（占GDP的百分比）	..	2.8	2.1
移动电话用户（每100人）	*2.1*	43.8	119.4
互联网用户（占总人口的百分比）	*0.0*	0.2	1.1
金融部门提供的国内信用（占GDP的百分比）	*-8.7*	-23.7	-1.1
高科技出口（占制成品出口的百分比）	..	..	*10*
全球联系			
商品贸易（占GDP的百分比）	*30*	28	68
净易货贸易条件指数（2000年=100）	..	..	..
外债总额（百万美元）	..	..	..
债务还本付息总额（占出口的百分比）	..	..	..
净移民（千人）	*0*	*-105*	*-50*
获得的侨汇（百万美元）	..	137	44
外国直接投资，净流入额（百万美元）	*4.5*	30.3	33.9
获得的净官方发展援助（百万美元）	231	291	247

多哥

撒哈拉以南非洲地区 **低收入经济体**

人口（百万）	7.1	人口增长率（百分比）	2.7
陆地面积（千平方千米）	57	每天生活费用不足1.90美元的人口（占人口的百分比）	*54.2*
GNI，图表集法（10亿美元）	4.0	人均GNI，图表集法（美元）	570
PPP衡量的GNI（10亿美元）	9.2	PPP衡量的人均GNI（美元）	1,290

	2000	2010	2014
人口			
最贫困的20%人口占国家消费/收入的份额（百分比）	..	*4.8*	..
出生时的预期寿命（岁）	53	57	60
总生育率（每个女性生育数）	5.4	4.9	4.6
孕产妇死亡率（每十万次分娩）	491	393	368
避孕普及率（占15—49岁已婚女性的百分比）	26	15	20
在熟练医护人员护理下的分娩（占总数的百分比）	49	59	59
5岁以下儿童死亡率（每千人）	121	91	78
生长迟缓（占5岁以下儿童的百分比）	*29.8*	29.8	27.5
儿童麻疹免疫接种率（占12—23个月年龄组的百分比）	58	68	82
小学毕业率，总数（占适龄年龄组的百分比）	65	70	85
小学和中学中女孩与男孩的比率	0.7	*0.8*	..
劳动力参与率（占15岁以上人口的百分比）	79	81	81
HIV感染率（占15—49岁人口的百分比）	3.5	2.8	2.4
环境			
森林（千平方千米）	4.9	2.9	1.9
森林采伐（2000—2010年和2010—2015年，平均年度百分比）		5.1	8.1
淡水使用量（占内陆水资源的百分比）	*1.5*	..	1.5
获得改善的水资源的人口（占总人口的百分比）	54	60	63
获得改善的卫生设施的人口（占总人口的百分比）	11	12	12
人均能源使用量（千克石油当量）	433	487	*463*
人均二氧化碳排放量（吨）	0.3	0.3	..
人均用电量（千瓦时）	96	125	*148*
经济			
GDP（10亿美元）	1.3	*3.2*	4.5
GDP增长率（年度百分比）	-0.8	4.0	5.7
GDP隐含价格平减指数（年度增长百分比）	-4.3	1.2	-1.4
农业增加值（占GDP的百分比）	35	31	42
工业增加值（占GDP的百分比）	18	17	17
服务业增加值（占GDP的百分比）	47	52	41
货物和服务出口（占GDP的百分比）	34	40	50
货物和服务进口（占GDP的百分比）	48	57	101
资本形成总额（占GDP的百分比）	15	19	21
中央政府收入（占GDP的百分比）	..	17.4	*21.0*
中央政府现金盈余/赤字（占GDP的百分比）	..	0.6	*-4.6*
政府与市场			
创办企业的时间（天）	*74*	84	10
总体统计能力水平（0—100）	..	51.1	65.6
军费支出（占GDP的百分比）	*1.7*	1.8	..
移动电话用户（每100人）	1.0	41.3	64.6
互联网用户（占总人口的百分比）	0.8	3.0	5.7
金融部门提供的国内信用（占GDP的百分比）	22.4	31.7	39.7
高科技出口（占制成品出口的百分比）	1	0	*0*
全球联系			
商品贸易（占GDP的百分比）	71	84	92
净易货贸易条件指数（2000年=100）	100	116	111
外债总额（10亿美元）	1.4	1.3	1.0
债务还本付息总额（占出口的百分比）	6.6	2.6	*2.3*
净移民（千人）	*-10.0*	*-10.0*	*-10.0*
获得的侨汇（百万美元）	34	337	343
外国直接投资，净流入额（百万美元）	42	125	292
获得的净官方发展援助（百万美元）	70	404	208

汤加

东亚和太平洋地区			中高收入经济体
人口（千人）	106	人口增长率（百分比）	0.4
陆地面积（平方千米）	750	每天生活费用不足1.90美元的人口（占人口的百分比）	<2
GNI，图表集法（百万美元）	449.4	人均GNI，图表集法（美元）	4,260
PPP衡量的GNI（百万美元）	556.0	PPP衡量的人均GNI（美元）	5,270

	2000	2010	2014
人口			
最贫困的20%人口占国家消费/收入的份额（百分比）	..	6.6	..
出生时的预期寿命（岁）	71	72	73
总生育率（每个女性生育数）	4.3	3.9	3.7
孕产妇死亡率（每十万次分娩）	97	130	124
避孕普及率（占15—49岁已婚女性的百分比）	33	32	34
在熟练医护人员护理下的分娩（占总数的百分比）	95	98	98
5岁以下儿童死亡率（每千人）	18	17	17
生长迟缓（占5岁以下儿童的百分比）	..	..	8.1
儿童麻疹免疫接种率（占12—23个月年龄组的百分比）	88	68	67
小学毕业率，总数（占适龄年龄组的百分比）	107	..	111
小学和中学中女孩与男孩的比率	1.0	1.0	1.0
劳动力参与率（占15岁以上人口的百分比）	61	64	64
HIV感染率（占15—49岁人口的百分比）	..	..	..
环境			
森林（平方千米）	90	90	90
森林采伐（2000—2010年和2010—2015年，平均年度百分比）		0.0	0.0
淡水使用量（占内陆水资源的百分比）	..	..	..
获得改善的水资源的人口（占总人口的百分比）	99	99	100
获得改善的卫生设施的人口（占总人口的百分比）	93	92	91
人均能源使用量（千克石油当量）	..	568	..
人均二氧化碳排放量（吨）	1.0	1.1	..
人均用电量（千瓦时）	..	..	..
经济			
GDP（百万美元）	189	370	434
GDP增长率（年度百分比）	3.4	4.2	2.1
GDP隐含价格平减指数（年度增长百分比）	3.1	3.5	2.3
农业增加值（占GDP的百分比）	23	19	21
工业增加值（占GDP的百分比）	21	21	19
服务业增加值（占GDP的百分比）	56	61	61
货物和服务出口（占GDP的百分比）	15	13	18
货物和服务进口（占GDP的百分比）	47	48	54
资本形成总额（占GDP的百分比）	21	30	34
中央政府收入（占GDP的百分比）	..	..	..
中央政府现金盈余/赤字（占GDP的百分比）	..	..	..
政府与市场			
创办企业的时间（天）	32	25	16
总体统计能力水平（0—100）	..	58.9	47.8
军费支出（占GDP的百分比）	..	..	..
移动电话用户（每100人）	0.2	52.2	64.3
互联网用户（占总人口的百分比）	2.4	16.0	40.0
金融部门提供的国内信用（占GDP的百分比）	38.8	40.3	29.5
高科技出口（占制成品出口的百分比）	0	0	2
全球联系			
商品贸易（占GDP的百分比）	42	45	51
净易货贸易条件指数（2000年=100）	100	90	85
外债总额（百万美元）	74	154	196
债务还本付息总额（占出口的百分比）	8.9	7.4	5.8
净移民（千人）	-8.1	-8.2	-8.1
获得的侨汇（百万美元）	53	77	114
外国直接投资，净流入额（百万美元）	4.8	9.0	56.0
获得的净官方发展援助（百万美元）	18.8	70.4	79.9

特立尼达和多巴哥

拉丁美洲和加勒比地区		高收入经济体	
人口（百万）	1.4	人口增长率（百分比）	0.5
陆地面积（千平方千米）	5.1	每天生活费用不足1.90美元的人口（占人口的百分比）	*3.4*
GNI，图表集法（10亿美元）	27.2	人均GNI，图表集法（美元）	20,070
PPP衡量的GNI（10亿美元）	43.3	PPP衡量的人均GNI（美元）	31,970

	2000	2010	2014
人口			
最贫困的20%人口占国家消费/收入的份额（百分比）	..	..	..
出生时的预期寿命（岁）	69	70	70
总生育率（每个女性生育数）	1.8	1.8	1.8
孕产妇死亡率（每十万次分娩）	62	65	63
避孕普及率（占15—49岁已婚女性的百分比）	38	*43*	..
在熟练医护人员护理下的分娩（占总数的百分比）	96	*98*	*100*
5岁以下儿童死亡率（每千人）	29	24	20
生长迟缓（占5岁以下儿童的百分比）	5.3	..	..
儿童麻疹免疫接种率（占12—23个月年龄组的百分比）	90	92	96
小学毕业率，总数（占适龄年龄组的百分比）	93	95	..
小学和中学中女孩与男孩的比率	..	..	..
劳动力参与率（占15岁以上人口的百分比）	61	64	64
HIV感染率（占15—49岁人口的百分比）	..	..	..
环境			
森林（千平方千米）	2.3	2.3	2.3
森林采伐（2000—2010年和2010—2015年，平均年度百分比）		0.3	-0.7
淡水使用量（占内陆水资源的百分比）	*8.2*	*9.0*	10.0
获得改善的水资源的人口（占总人口的百分比）	93	95	95
获得改善的卫生设施的人口（占总人口的百分比）	91	91	92
人均能源使用量（千克石油当量）	7,760	15,109	*14,538*
人均二氧化碳排放量（吨）	18.8	38.3	..
人均用电量（千瓦时）	3,991	6,189	*6,876*
经济			
GDP（10亿美元）	8.2	*21.0*	28.9
GDP增长率（年度百分比）	7.6	-0.1	0.8
GDP隐含价格平减指数（年度增长百分比）	11.4	10.7	4.5
农业增加值（占GDP的百分比）	1	1	*1*
工业增加值（占GDP的百分比）	49	63	*57*
服务业增加值（占GDP的百分比）	49	37	*43*
货物和服务出口（占GDP的百分比）	59	58	44
货物和服务进口（占GDP的百分比）	45	33	31
资本形成总额（占GDP的百分比）	17	14	14
中央政府收入（占GDP的百分比）	*27.1*	34.7	..
中央政府现金盈余/赤字（占GDP的百分比）	*2.0*	-1.6	..
政府与市场			
创办企业的时间（天）	..	40	12
总体统计能力水平（0—100）	..	71.1	56.7
军费支出（占GDP的百分比）	0.0	0.7	0.8
移动电话用户（每100人）	12.8	142.6	147.3
互联网用户（占总人口的百分比）	7.7	48.5	65.1
金融部门提供的国内信用（占GDP的百分比）	45.2	33.8	29.1
高科技出口（占制成品出口的百分比）	1	0	..
全球联系			
商品贸易（占GDP的百分比）	93	83	70
净易货贸易条件指数（2000年=100）	100	122	145
外债总额（百万美元）	..	..	..
债务还本付息总额（占出口的百分比）	..	..	..
净移民（千人）	*-13.2*	*-11.3*	*-5.0*
获得的侨汇（百万美元）	38	91	131
外国直接投资，净流入额（百万美元）	680	549	2,423
获得的净官方发展援助（百万美元）	-1.5	4.3	..

突尼斯

中东和北非			中高收入经济体
人口（百万）	11.0	人口增长率（百分比）	1.0
陆地面积（千平方千米）	164	每天生活费用不足1.90美元的人口（占人口的百分比）	<2
GNI，图表集法（10亿美元）	46.5	人均GNI，图表集法（美元）	4,230
PPP衡量的GNI（10亿美元）	121.2	PPP衡量的人均GNI（美元）	11,020

	2000	2010	2014
人口			
最贫困的20%人口占国家消费/收入的份额（百分比）	6.0	6.7	..
出生时的预期寿命（岁）	73	75	74
总生育率（每个女性生育数）	2.1	2.1	2.2
孕产妇死亡率（每十万次分娩）	84	67	62
避孕普及率（占15—49岁已婚女性的百分比）	66	*60*	*63*
在熟练医护人员护理下的分娩（占总数的百分比）	90	*95*	*99*
5岁以下儿童死亡率（每千人）	32	17	14
生长迟缓（占5岁以下儿童的百分比）	16.8	*9.0*	*10.1*
儿童麻疹免疫接种率（占12—23个月年龄组的百分比）	95	97	98
小学毕业率，总数（占适龄年龄组的百分比）	87	99	*97*
小学和中学中女孩与男孩的比率	1.0	1.0	..
劳动力参与率（占15岁以上人口的百分比）	48	47	48
HIV感染率（占15—49岁人口的百分比）	0.1	0.1	0.1
环境			
森林（千平方千米）	8	10	10
森林采伐（2000—2010年和2010—2015年，平均年度百分比）		-1.7	-1.0
淡水使用量（占内陆水资源的百分比）	*67.9*	..	78.8
获得改善的水资源的人口（占总人口的百分比）	90	96	98
获得改善的卫生设施的人口（占总人口的百分比）	82	89	92
人均能源使用量（千克石油当量）	765	975	*956*
人均二氧化碳排放量（吨）	2.1	2.5	..
人均用电量（千瓦时）	992	1,376	*1,435*
经济			
GDP（10亿美元）	21.5	*44.1*	48.6
GDP增长率（年度百分比）	4.7	3.5	2.7
GDP隐含价格平减指数（年度增长百分比）	3.3	3.8	5.4
农业增加值（占GDP的百分比）	11	8	9
工业增加值（占GDP的百分比）	30	32	29
服务业增加值（占GDP的百分比）	58	60	62
货物和服务出口（占GDP的百分比）	40	50	45
货物和服务进口（占GDP的百分比）	43	55	55
资本形成总额（占GDP的百分比）	26	27	22
中央政府收入（占GDP的百分比）	26.5	29.0	*31.3*
中央政府现金盈余/赤字（占GDP的百分比）	-2.4	-1.4	*-5.1*
政府与市场			
创办企业的时间（天）	*11*	11	11
总体统计能力水平（0—100）	..	78.9	76.7
军费支出（占GDP的百分比）	1.5	1.3	1.9
移动电话用户（每100人）	1.2	104.5	128.5
互联网用户（占总人口的百分比）	2.8	36.8	46.2
金融部门提供的国内信用（占GDP的百分比）	66.4	74.1	84.6
高科技出口（占制成品出口的百分比）	3	5	5
全球联系			
商品贸易（占GDP的百分比）	67	88	86
净易货贸易条件指数（2000年=100）	100	113	116
外债总额（10亿美元）	11.4	22.5	26.4
债务还本付息总额（占出口的百分比）	21.9	10.4	8.7
净移民（千人）	*-139*	*-33*	*-33*
获得的侨汇（10亿美元）	0.8	2.1	2.3
外国直接投资，净流入额（10亿美元）	0.8	1.3	1.0
获得的净官方发展援助（百万美元）	222	550	921

土耳其

欧洲和中亚		中高收入经济体	
人口（百万）	75.9	人口增长率（百分比）	1.2
陆地面积（千平方千米）	784	每天生活费用不足1.90美元的人口（占人口的百分比）	<2
GNI，图表集法（10亿美元）	822.4	人均GNI，图表集法（美元）	10,830
PPP衡量的GNI（10亿美元）	1,485.2	PPP衡量的人均GNI（美元）	19,560

	2000	2010	2014
人口			
最贫困的20%人口占国家消费/收入的份额（百分比）	*5.8*	*5.9*	*5.8*
出生时的预期寿命（岁）	70	74	75
总生育率（每个女性生育数）	2.5	2.1	2.1
孕产妇死亡率（每十万次分娩）	79	23	16
避孕普及率（占15—49岁已婚女性的百分比）	*71*	*73*	*73*
在熟练医护人员护理下的分娩（占总数的百分比）	*83*	*95*	*97*
5岁以下儿童死亡率（每千人）	40	19	14
生长迟缓（占5岁以下儿童的百分比）	*19.1*	*12.3*	*9.5*
儿童麻疹免疫接种率（占12—23个月年龄组的百分比）	87	97	94
小学毕业率，总数（占适龄年龄组的百分比）	..	99	*100*
小学和中学中女孩与男孩的比率	0.8	0.9	*1.0*
劳动力参与率（占15岁以上人口的百分比）	49	49	49
HIV感染率（占15—49岁人口的百分比）	..	..	..
环境			
森林（千平方千米）	102	112	117
森林采伐（2000—2010年和2010—2015年，平均年度百分比）		-1.0	-0.9
淡水使用量（占内陆水资源的百分比）	*18.5*	*17.7*	17.7
获得改善的水资源的人口（占总人口的百分比）	93	99	100
获得改善的卫生设施的人口（占总人口的百分比）	88	93	95
人均能源使用量（千克石油当量）	1,201	1,456	1,573
人均二氧化碳排放量（吨）	3.4	4.1	..
人均用电量（千瓦时）	1,653	2,492	*2,789*
经济			
GDP（10亿美元）	267	*731*	798
GDP增长率（年度百分比）	6.8	9.2	2.9
GDP隐含价格平减指数（年度增长百分比）	49.2	5.7	8.3
农业增加值（占GDP的百分比）	11	9	8
工业增加值（占GDP的百分比）	31	26	27
服务业增加值（占GDP的百分比）	57	64	65
货物和服务出口（占GDP的百分比）	20	21	28
货物和服务进口（占GDP的百分比）	23	27	32
资本形成总额（占GDP的百分比）	21	20	20
中央政府收入（占GDP的百分比）	*17.6*	24.0	*25.7*
中央政府现金盈余/赤字（占GDP的百分比）	*-5.8*	-3.0	*-0.8*
政府与市场			
创办企业的时间（天）	*39*	7	8
总体统计能力水平（0—100）	..	84.4	82.2
军费支出（占GDP的百分比）	3.7	2.4	2.2
移动电话用户（每100人）	25.5	85.6	94.8
互联网用户（占总人口的百分比）	3.8	39.8	51.0
金融部门提供的国内信用（占GDP的百分比）	37.9	71.8	88.1
高科技出口（占制成品出口的百分比）	5	2	2
全球联系			
商品贸易（占GDP的百分比）	31	41	50
净易货贸易条件指数（2000年=100）	100	92	92
外债总额（10亿美元）	117	299	408
债务还本付息总额（占出口的百分比）	38.9	36.6	25.0
净移民（千人）	*-100*	*-50*	*2,000*
获得的侨汇（10亿美元）	4.6	1.1	1.1
外国直接投资，净流入额（10亿美元）	1.0	9.1	12.8
获得的净官方发展援助（10亿美元）	0.3	1.0	3.4

土库曼斯坦

欧洲和中亚		中高收入经济体	
人口（百万）	5.3	人口增长率（百分比）	1.3
陆地面积（千平方千米）	488	每天生活费用不足1.90美元的人口（占人口的百分比）	*42.3*
GNI，图表集法（10亿美元）	42.5	人均GNI，图表集法（美元）	8,020
PPP衡量的GNI（10亿美元）	77.1	PPP衡量的人均GNI（美元）	14,520

	2000	2010	2014
人口			
最贫困的20%人口占国家消费/收入的份额（百分比）	*6.1*	..	..
出生时的预期寿命（岁）	64	65	66
总生育率（每个女性生育数）	2.8	2.4	2.3
孕产妇死亡率（每十万次分娩）	59	46	42
避孕普及率（占15—49岁已婚女性的百分比）	62	*48*	..
在熟练医护人员护理下的分娩（占总数的百分比）	97	*100*	..
5岁以下儿童死亡率（每千人）	82	60	51
生长迟缓（占5岁以下儿童的百分比）	28.1	..	..
儿童麻疹免疫接种率（占12—23个月年龄组的百分比）	96	99	99
小学毕业率，总数（占适龄年龄组的百分比）	..	..	..
小学和中学中女孩与男孩的比率	..	..	1.0
劳动力参与率（占15岁以上人口的百分比）	61	61	62
HIV感染率（占15—49岁人口的百分比）	..	..	..
环境			
森林（千平方千米）	41	41	41
森林采伐（2000—2010年和2010—2015年，平均年度百分比）		0.0	0.0
淡水使用量（占内陆水资源的百分比）	*1,773.0*	*1,989.3*	1,989.3
获得改善的水资源的人口（占总人口的百分比）	60	..	..
获得改善的卫生设施的人口（占总人口的百分比）	62	..	..
人均能源使用量（千克石油当量）	3,306	4,499	*5,012*
人均二氧化碳排放量（吨）	7.9	11.4	..
人均用电量（千瓦时）	1,698	2,403	*2,602*
经济			
GDP（10亿美元）	2.9	*22.1*	47.9
GDP增长率（年度百分比）	5.5	9.2	10.3
GDP隐含价格平减指数（年度增长百分比）	23.5	0.3	6.0
农业增加值（占GDP的百分比）	24	15	*15*
工业增加值（占GDP的百分比）	44	48	*48*
服务业增加值（占GDP的百分比）	31	37	*37*
货物和服务出口（占GDP的百分比）	96	78	*73*
货物和服务进口（占GDP的百分比）	81	45	*44*
资本形成总额（占GDP的百分比）	35	53	*47*
中央政府收入（占GDP的百分比）	..	..	..
中央政府现金盈余/赤字（占GDP的百分比）	..	..	..
政府与市场			
创办企业的时间（天）	..	..	..
总体统计能力水平（0—100）	..	38.9	33.3
军费支出（占GDP的百分比）	*2.9*	..	..
移动电话用户（每100人）	0.2	63.4	135.8
互联网用户（占总人口的百分比）	0.1	3.0	12.2
金融部门提供的国内信用（占GDP的百分比）	..	..	..
高科技出口（占制成品出口的百分比）	5	..	..
全球联系			
商品贸易（占GDP的百分比）	148	55	58
净易货贸易条件指数（2000年=100）	100	190	224
外债总额（百万美元）	2,509	529	441
债务还本付息总额（占出口的百分比）	..	..	..
净移民（千人）	*-114*	*-57*	*-25*
获得的侨汇（百万美元）	..	..	..
外国直接投资，净流入额（10亿美元）	0.1	3.6	3.2
获得的净官方发展援助（百万美元）	35.3	45.8	34.2

特克斯和凯科斯群岛

拉丁美洲和加勒比地区 高收入经济体

人口（千人）	34	人口增长率（百分比）	1.9
陆地面积（平方千米）	950	每天生活费用不足1.90美元的人口（占人口的百分比）	..
GNI，图表集法（百万美元）	..	人均GNI，图表集法（美元）	..
PPP衡量的GNI（百万美元）	..	PPP衡量的人均GNI（美元）	..

	2000	2010	2014
人口			
最贫困的20%人口占国家消费/收入的份额（百分比）	..	..	..
出生时的预期寿命（岁）	..	..	..
总生育率（每个女性生育数）	..	..	..
孕产妇死亡率（每十万次分娩）	..	..	..
避孕普及率（占15—49岁已婚女性的百分比）	..	..	..
在熟练医护人员护理下的分娩（占总数的百分比）	*88*	*100*	..
5岁以下儿童死亡率（每千人）	..	..	..
生长迟缓（占5岁以下儿童的百分比）	..	..	..
儿童麻疹免疫接种率（占12—23个月年龄组的百分比）	..	..	..
小学毕业率，总数（占适龄年龄组的百分比）	..	..	..
小学和中学中女孩与男孩的比率	*1.0*	..	..
劳动力参与率（占15岁以上人口的百分比）	..	..	..
HIV感染率（占15—49岁人口的百分比）	..	..	..
环境			
森林（平方千米）	340	340	340
森林采伐（2000—2010年和2010—2015年，平均年度百分比）		0.0	0.0
淡水使用量（占内陆水资源的百分比）	..	..	..
获得改善的水资源的人口（占总人口的百分比）	87	*87*	..
获得改善的卫生设施的人口（占总人口的百分比）	81	*81*	..
人均能源使用量（千克石油当量）	..	..	..
人均二氧化碳排放量（吨）	0.8	6.2	..
人均用电量（千瓦时）	..	..	..
经济			
GDP（百万美元）	..	..	..
GDP增长率（年度百分比）	..	..	..
GDP隐含价格平减指数（年度增长百分比）	..	..	..
农业增加值（占GDP的百分比）	..	..	..
工业增加值（占GDP的百分比）	..	..	..
服务业增加值（占GDP的百分比）	..	..	..
货物和服务出口（占GDP的百分比）	..	..	..
货物和服务进口（占GDP的百分比）	..	..	..
资本形成总额（占GDP的百分比）	..	..	..
中央政府收入（占GDP的百分比）	..	..	..
中央政府现金盈余/赤字（占GDP的百分比）	..	..	..
政府与市场			
创办企业的时间（天）	..	..	..
总体统计能力水平（0—100）	..	..	..
军费支出（占GDP的百分比）	..	..	..
移动电话用户（每100人）	..	..	..
互联网用户（占总人口的百分比）	..	..	..
金融部门提供的国内信用（占GDP的百分比）	..	..	..
高科技出口（占制成品出口的百分比）	20	*2*	*2*
全球联系			
商品贸易（占GDP的百分比）	..	..	..
净易货贸易条件指数（2000年=100）	100	73	71
外债总额（百万美元）	..	..	..
债务还本付息总额（占出口的百分比）	..	..	..
净移民（千人）	..	..	..
获得的侨汇（百万美元）	..	..	..
外国直接投资，净流入额（百万美元）	..	..	..
获得的净官方发展援助（百万美元）	6.7	*15.4*	..

图瓦卢

东亚和太平洋地区			中高收入经济体
人口（千人）	10	人口增长率（百分比）	0.2
陆地面积（平方千米）	30	每天生活费用不足1.90美元的人口（占人口的百分比）	..
GNI，图表集法（百万美元）	56.6	人均GNI，图表集法（美元）	5,720
PPP衡量的GNI（百万美元）	53.5	PPP衡量的人均GNI（美元）	5,410

	2000	2010	2014
人口			
最贫困的20%人口占国家消费/收入的份额（百分比）	..	..	..
出生时的预期寿命（岁）	..	..	..
总生育率（每个女性生育数）	..	..	..
孕产妇死亡率（每十万次分娩）	..	..	..
避孕普及率（占15—49岁已婚女性的百分比）	*32*	*31*	..
在熟练医护人员护理下的分娩（占总数的百分比）	*100*	*98*	..
5岁以下儿童死亡率（每千人）	43	32	27
生长迟缓（占5岁以下儿童的百分比）	..	*10.0*	..
儿童麻疹免疫接种率（占12—23个月年龄组的百分比）	81	85	96
小学毕业率，总数（占适龄年龄组的百分比）	*102*	..	93
小学和中学中女孩与男孩的比率	*1.1*	..	1.1
劳动力参与率（占15岁以上人口的百分比）	..	..	..
HIV感染率（占15—49岁人口的百分比）	..	..	..
环境			
森林（平方千米）	10.0	10.0	10.0
森林采伐（2000—2010年和2010—2015年，平均年度百分比）		0.0	0.0
淡水使用量（占内陆水资源的百分比）	..	..	..
获得改善的水资源的人口（占总人口的百分比）	94	98	98
获得改善的卫生设施的人口（占总人口的百分比）	78	83	*83*
人均能源使用量（千克石油当量）	..	..	..
人均二氧化碳排放量（吨）	..	..	..
人均用电量（千瓦时）	..	..	..
经济			
GDP（百万美元）	13.7	*31.8*	37.9
GDP增长率（年度百分比）	-1.0	-2.7	2.0
GDP隐含价格平减指数（年度增长百分比）	12.8	2.6	3.7
农业增加值（占GDP的百分比）	20	29	*22*
工业增加值（占GDP的百分比）	8	6	*9*
服务业增加值（占GDP的百分比）	72	65	*69*
货物和服务出口（占GDP的百分比）	..	..	..
货物和服务进口（占GDP的百分比）	..	..	..
资本形成总额（占GDP的百分比）	..	..	..
中央政府收入（占GDP的百分比）	..	..	..
中央政府现金盈余/赤字（占GDP的百分比）	..	..	..
政府与市场			
创办企业的时间（天）	..	..	..
总体统计能力水平（0—100）	..	..	37.8
军费支出（占GDP的百分比）	..	..	..
移动电话用户（每100人）	0.0	16.3	38.4
互联网用户（占总人口的百分比）	5.2	25.0	*37.0*
金融部门提供的国内信用（占GDP的百分比）	..	..	..
高科技出口（占制成品出口的百分比）	*28*	..	..
全球联系			
商品贸易（占GDP的百分比）	36	51	32
净易货贸易条件指数（2000年=100）	..	..	..
外债总额（百万美元）	..	..	..
债务还本付息总额（占出口的百分比）	..	..	..
净移民（千人）	..	..	..
获得的侨汇（百万美元）	..	3.9	4.1
外国直接投资，净流入额（百万美元）	..	0.5	*0.3*
获得的净官方发展援助（百万美元）	4.0	13.3	34.4

乌干达

撒哈拉以南非洲地区		低收入经济体	
人口（百万）	37.8	人口增长率（百分比）	3.3
陆地面积（千平方千米）	242	每天生活费用不足1.90美元的人口（占人口的百分比）	*33.2*
GNI，图表集法（10亿美元）	25.3	人均GNI，图表集法（美元）	670
PPP衡量的GNI（10亿美元）	65.0	PPP衡量的人均GNI（美元）	1,720

	2000	**2010**	**2014**
人口			
最贫困的20%人口占国家消费/收入的份额（百分比）	5.9	*5.9*	*6.1*
出生时的预期寿命（岁）	46	56	58
总生育率（每个女性生育数）	6.9	6.2	5.8
孕产妇死亡率（每十万次分娩）	620	420	343
避孕普及率（占15—49岁已婚女性的百分比）	*23*	*30*	..
在熟练医护人员护理下的分娩（占总数的百分比）	*39*	*57*	..
5岁以下儿童死亡率（每千人）	148	75	55
生长迟缓（占5岁以下儿童的百分比）	44.8	*33.7*	..
儿童麻疹免疫接种率（占12—23个月年龄组的百分比）	57	73	82
小学毕业率，总数（占适龄年龄组的百分比）	*61*	57	*56*
小学和中学中女孩与男孩的比率	0.9	1.0	*1.0*
劳动力参与率（占15岁以上人口的百分比）	82	78	77
HIV感染率（占15—49岁人口的百分比）	7.4	6.9	7.3
环境			
森林（千平方千米）	39	28	21
森林采伐（2000—2010年和2010—2015年，平均年度百分比）		3.3	5.5
淡水使用量（占内陆水资源的百分比）	*0.8*	..	1.6
获得改善的水资源的人口（占总人口的百分比）	56	73	79
获得改善的卫生设施的人口（占总人口的百分比）	16	18	19
人均能源使用量（千克石油当量）	..	..	..
人均二氧化碳排放量（吨）	0.06	0.11	..
人均用电量（千瓦时）	..	..	..
经济			
GDP（10亿美元）	6.2	*20.2*	27.0
GDP增长率（年度百分比）	3.1	5.2	4.8
GDP隐含价格平减指数（年度增长百分比）	11.1	12.8	2.3
农业增加值（占GDP的百分比）	29	28	27
工业增加值（占GDP的百分比）	23	20	22
服务业增加值（占GDP的百分比）	48	52	51
货物和服务出口（占GDP的百分比）	11	17	18
货物和服务进口（占GDP的百分比）	22	29	28
资本形成总额（占GDP的百分比）	19	26	27
中央政府收入（占GDP的百分比）	10.8	10.5	*11.2*
中央政府现金盈余/赤字（占GDP的百分比）	-1.9	-3.4	*-2.1*
政府与市场			
创办企业的时间（天）	*34*	24	27
总体统计能力水平（0—100）	..	70.0	72.2
军费支出（占GDP的百分比）	2.5	3.2	1.2
移动电话用户（每100人）	0.5	37.7	52.4
互联网用户（占总人口的百分比）	0.2	12.5	17.7
金融部门提供的国内信用（占GDP的百分比）	12.2	14.6	16.8
高科技出口（占制成品出口的百分比）	4	2	2
全球联系			
商品贸易（占GDP的百分比）	31	31	30
净易货贸易条件指数（2000年=100）	100	114	115
外债总额（10亿美元）	3.5	3.0	5.1
债务还本付息总额（占出口的百分比）	10.6	1.8	2.1
净移民（千人）	*-5*	*-135*	*-150*
获得的侨汇（百万美元）	238	771	887
外国直接投资，净流入额（百万美元）	161	544	1,147
获得的净官方发展援助（10亿美元）	0.9	1.7	1.6

乌克兰

欧洲和中亚	中低收入经济体	
人口（百万）	人口增长率（百分比）	
陆地面积（千平方千米）	每天生活费用不足1.90美元的人口（占人口的百分比）	<2
GNI，图表集法（10亿美元）	人均GNI，图表集法（美元）	
PPP衡量的GNI（10亿美元）	PPP衡量的人均GNI（美元）	

	2000	2010	2014
人口			
最贫困的20%人口占国家消费/收入的份额（百分比）	*8.8*	10.2	*10.3*
出生时的预期寿命（岁）	68	70	71
总生育率（每个女性生育数）	1.1	1.4	1.5
孕产妇死亡率（每十万次分娩）	34	26	24
避孕普及率（占15—49岁已婚女性的百分比）	72	67	65
在熟练医护人员护理下的分娩（占总数的百分比）	100	100	99
5岁以下儿童死亡率（每千人）	19	12	9
生长迟缓（占5岁以下儿童的百分比）	22.9	..	..
儿童麻疹免疫接种率（占12—23个月年龄组的百分比）	99	56	79
小学毕业率，总数（占适龄年龄组的百分比）	98	98	110
小学和中学中女孩与男孩的比率	1.0	1.0	1.0
劳动力参与率（占15岁以上人口的百分比）	58	59	60
HIV感染率（占15—49岁人口的百分比）	0.7	1.2	1.2
环境			
森林（千平方千米）	95	95	97
森林采伐（2000—2010年和2010—2015年，平均年度百分比）		0.0	-0.2
淡水使用量（占内陆水资源的百分比）	*33.2*	*27.4*	27.0
获得改善的水资源的人口（占总人口的百分比）	98	97	96
获得改善的卫生设施的人口（占总人口的百分比）	95	96	96
人均能源使用量（千克石油当量）	2,721	2,887	*2,553*
人均二氧化碳排放量（吨）	6.5	6.6	..
人均用电量（千瓦时）	2,778	3,550	*3,600*
经济			
GDP（10亿美元）	31.3	*136.4*	131.8
GDP增长率（年度百分比）	5.9	4.2	-6.8
GDP隐含价格平减指数（年度增长百分比）	23.1	13.8	14.7
农业增加值（占GDP的百分比）	17	8	12
工业增加值（占GDP的百分比）	36	31	25
服务业增加值（占GDP的百分比）	47	60	63
货物和服务出口（占GDP的百分比）	62	51	49
货物和服务进口（占GDP的百分比）	57	54	53
资本形成总额（占GDP的百分比）	20	20	14
中央政府收入（占GDP的百分比）	26.8	34.3	*37.5*
中央政府现金盈余/赤字（占GDP的百分比）	-0.6	-6.5	*-4.1*
政府与市场			
创办企业的时间（天）	*40*	27	7
总体统计能力水平（0—100）	..	87.8	91.1
军费支出（占GDP的百分比）	3.6	2.7	3.1
移动电话用户（每100人）	1.7	117.1	144.1
互联网用户（占总人口的百分比）	0.7	23.3	43.4
金融部门提供的国内信用（占GDP的百分比）	23.8	93.9	109.9
高科技出口（占制成品出口的百分比）	5	4	7
全球联系			
商品贸易（占GDP的百分比）	91	82	82
净易货贸易条件指数（2000年=100）	100	102	91
外债总额（10亿美元）	14	125	131
债务还本付息总额（占出口的百分比）	18.4	38.6	25.2
净移民（千人）	*-165*	*235*	*195*
获得的侨汇（10亿美元）	0.0	6.5	7.4
外国直接投资，净流入额（百万美元）	595	6,451	847
获得的净官方发展援助（百万美元）	..	651	1,404

阿拉伯联合酋长国

中东和北非 高收入经济体

人口（百万）	9.1	人口增长率（百分比）	0.5
陆地面积（千平方千米）	84	每天生活费用不足1.90美元的人口（占人口的百分比）	..
GNI，图表集法（10亿美元）	405.2	人均GNI，图表集法（美元）	44,600
PPP衡量的GNI（10亿美元）	615.3	PPP衡量的人均GNI（美元）	67,720

	2000	2010	2014
人口			
最贫困的20%人口占国家消费/收入的份额（百分比）	..	..	..
出生时的预期寿命（岁）	74	77	77
总生育率（每个女性生育数）	2.6	1.9	1.8
孕产妇死亡率（每十万次分娩）	8	6	6
避孕普及率（占15—49岁已婚女性的百分比）	..	..	..
在熟练医护人员护理下的分娩（占总数的百分比）	*100*	*100*	..
5岁以下儿童死亡率（每千人）	11	9	7
生长迟缓（占5岁以下儿童的百分比）	..	..	..
儿童麻疹免疫接种率（占12—23个月年龄组的百分比）	94	94	94
小学毕业率，总数（占适龄年龄组的百分比）	*89*	87	103
小学和中学中女孩与男孩的比率	*1.0*	..	..
劳动力参与率（占15岁以上人口的百分比）	76	78	81
HIV感染率（占15—49岁人口的百分比）	..	..	..
环境			
森林（千平方千米）	3.1	3.2	3.2
森林采伐（2000—2010年和2010—2015年，平均年度百分比）		-0.2	-0.3
淡水使用量（占内陆水资源的百分比）	*1,936.0*	*2,665.3*	2,665.3
获得改善的水资源的人口（占总人口的百分比）	100	100	100
获得改善的卫生设施的人口（占总人口的百分比）	97	98	98
人均能源使用量（千克石油当量）	11,129	7,415	*7,691*
人均二氧化碳排放量（吨）	36.9	20.1	..
人均用电量（千瓦时）	12,653	10,891	*10,904*
经济			
GDP（10亿美元）	104	*286*	399
GDP增长率（年度百分比）	10.9	1.6	4.6
GDP隐含价格平减指数（年度增长百分比）	11.5	11.0	-1.3
农业增加值（占GDP的百分比）	*2*	*1*	..
工业增加值（占GDP的百分比）	*50*	*55*	..
服务业增加值（占GDP的百分比）	*48*	*45*	..
货物和服务出口（占GDP的百分比）	*49*	79	98
货物和服务进口（占GDP的百分比）	*41*	72	78
资本形成总额（占GDP的百分比）	*22*	26	24
中央政府收入（占GDP的百分比）	*6.5*	*3.1*	*2.9*
中央政府现金盈余/赤字（占GDP的百分比）	*0.1*	*-0.1*	*0.2*
政府与市场			
创办企业的时间（天）	*19*	15	8
总体统计能力水平（0—100）	..	..	..
军费支出（占GDP的百分比）	5.6	6.1	5.7
移动电话用户（每100人）	47.2	129.4	178.1
互联网用户（占总人口的百分比）	23.6	68.0	90.4
金融部门提供的国内信用（占GDP的百分比）	28.9	96.0	83.0
高科技出口（占制成品出口的百分比）	1	*3*	..
全球联系			
商品贸易（占GDP的百分比）	81	132	156
净易货贸易条件指数（2000年=100）	100	164	180
外债总额（百万美元）	..	..	..
债务还本付息总额（占出口的百分比）	..	..	..
净移民（千人）	*1,180*	*3,493*	*405*
获得的侨汇（百万美元）	..	..	..
外国直接投资，净流入额（10亿美元）	-0.5	5.5	10.1
获得的净官方发展援助（百万美元）	..	..	..

英 国

欧洲和中亚		高收入经济体	
人口（百万）	64.6	人口增长率（百分比）	0.7
陆地面积（千平方千米）	244	每天生活费用不足1.90美元的人口（占人口的百分比）	..
GNI，图表集法（10亿美元）	2,801.5	人均GNI，图表集法（美元）	43,390
PPP衡量的GNI（10亿美元）	2,550.1	PPP衡量的人均GNI（美元）	39,500

	2000	2010	2014
人口			
最贫困的20%人口占国家消费/收入的份额（百分比）	..	7.1	7.5
出生时的预期寿命（岁）	78	80	81
总生育率（每个女性生育数）	1.6	1.9	1.8
孕产妇死亡率（每十万次分娩）	12	10	9
避孕普及率（占15—49岁已婚女性的百分比）	76	*84*	..
在熟练医护人员护理下的分娩（占总数的百分比）	*99*	..	..
5岁以下儿童死亡率（每千人）	7	5	4
生长迟缓（占5岁以下儿童的百分比）	..	..	..
儿童麻疹免疫接种率（占12—23个月年龄组的百分比）	88	89	93
小学毕业率，总数（占适龄年龄组的百分比）	..	..	..
小学和中学中女孩与男孩的比率	1.0	1.0	*1.0*
劳动力参与率（占15岁以上人口的百分比）	62	62	62
HIV感染率（占15—49岁人口的百分比）	..	..	..
环境			
森林（千平方千米）	30	31	31
森林采伐（2000—2010年和2010—2015年，平均年度百分比）		-0.3	-0.5
淡水使用量（占内陆水资源的百分比）	*10.8*	*9.0*	7.5
获得改善的水资源的人口（占总人口的百分比）	100	100	100
获得改善的卫生设施的人口（占总人口的百分比）	99	99	99
人均能源使用量（千克石油当量）	3,786	3,225	2,754
人均二氧化碳排放量（吨）	9.2	7.8	..
人均用电量（千瓦时）	6,115	5,701	*5,407*
经济			
GDP（10亿美元）	1,555	*2,404*	2,989
GDP增长率（年度百分比）	3.8	1.5	2.9
GDP隐含价格平减指数（年度增长百分比）	2.3	3.1	1.7
农业增加值（占GDP的百分比）	1	1	1
工业增加值（占GDP的百分比）	27	21	21
服务业增加值（占GDP的百分比）	72	78	78
货物和服务出口（占GDP的百分比）	26	29	28
货物和服务进口（占GDP的百分比）	28	31	30
资本形成总额（占GDP的百分比）	20	16	17
中央政府收入（占GDP的百分比）	36.0	35.5	*35.9*
中央政府现金盈余/赤字（占GDP的百分比）	0.6	-9.5	*-5.5*
政府与市场			
创办企业的时间（天）	*13*	12	5
总体统计能力水平（0—100）	..	..	..
军费支出（占GDP的百分比）	2.3	2.4	2.0
移动电话用户（每100人）	73.7	123.6	123.6
互联网用户（占总人口的百分比）	26.8	85.0	91.6
金融部门提供的国内信用（占GDP的百分比）	123.7	209.5	168.8
高科技出口（占制成品出口的百分比）	32	21	21
全球联系			
商品贸易（占GDP的百分比）	41	42	40
净易货贸易条件指数（2000年=100）	100	103	101
外债总额（百万美元）	..	..	..
债务还本付息总额（占出口的百分比）	..	..	..
净移民（千人）	*968*	*1,524*	*900*
获得的侨汇（10亿美元）	3.6	5.0	4.9
外国直接投资，净流入额（10亿美元）	122	67	45
获得的净官方发展援助（百万美元）	..	..	..

美国

北美			高收入经济体
人口（百万）	318.9	人口增长率（百分比）	0.7
陆地面积（千平方千米）	9,832	每天生活费用不足1.90美元的人口（占人口的百分比）	..
GNI，图表集法（10亿美元）	17,611.5	人均GNI，图表集法（美元）	55,230
PPP衡量的GNI（10亿美元）	17,823.2	PPP衡量的人均GNI（美元）	55,900

	2000	2010	2014
人口			
最贫困的20%人口占国家消费/收入的份额（百分比）	5.4	5.1	*5.1*
出生时的预期寿命（岁）	77	79	79
总生育率（每个女性生育数）	2.1	1.9	1.9
孕产妇死亡率（每十万次分娩）	12	14	14
避孕普及率（占15—49岁已婚女性的百分比）	*73*	76	..
在熟练医护人员护理下的分娩（占总数的百分比）	*99*	99	..
5岁以下儿童死亡率（每千人）	8	7	7
生长迟缓（占5岁以下儿童的百分比）	*3.3*	*2.7*	*2.1*
儿童麻疹免疫接种率（占12—23个月年龄组的百分比）	91	92	91
小学毕业率，总数（占适龄年龄组的百分比）	..	..	..
小学和中学中女孩与男孩的比率	1.0	1.0	*1.0*
劳动力参与率（占15岁以上人口的百分比）	66	64	62
HIV感染率（占15—49岁人口的百分比）	..	..	..
环境			
森林（千平方千米）	3,035	3,087	3,101
森林采伐（2000—2010年和2010—2015年，平均年度百分比）		-0.2	-0.1
淡水使用量（占内陆水资源的百分比）	*16.8*	*17.0*	17.0
获得改善的水资源的人口（占总人口的百分比）	99	99	99
获得改善的卫生设施的人口（占总人口的百分比）	100	100	100
人均能源使用量（千克石油当量）	8,057	7,162	6,919
人均二氧化碳排放量（吨）	20.2	17.5	..
人均用电量（千瓦时）	13,671	13,394	*12,985*
经济			
GDP（10亿美元）	10,285	*14,964*	17,419
GDP增长率（年度百分比）	4.1	2.5	2.4
GDP隐含价格平减指数（年度增长百分比）	2.3	1.2	1.5
农业增加值（占GDP的百分比）	1	1	*1*
工业增加值（占GDP的百分比）	23	20	*21*
服务业增加值（占GDP的百分比）	76	79	*78*
货物和服务出口（占GDP的百分比）	11	12	13
货物和服务进口（占GDP的百分比）	14	16	16
资本形成总额（占GDP的百分比）	24	18	20
中央政府收入（占GDP的百分比）	20.5	10.0	19.1
中央政府现金盈余/赤字（占GDP的百分比）	2.2	-6.8	-5.1
政府与市场			
创办企业的时间（天）	..	..	6
总体统计能力水平（0—100）	..	..	..
军费支出（占GDP的百分比）	2.9	4.7	3.5
移动电话用户（每100人）	38.5	91.3	110.2
互联网用户（占总人口的百分比）	43.1	71.7	87.4
金融部门提供的国内信用（占GDP的百分比）	191.0	227.1	253.5
高科技出口（占制成品出口的百分比）	34	20	18
全球联系			
商品贸易（占GDP的百分比）	20	22	23
净易货贸易条件指数（2000年=100）	100	97	96
外债总额（百万美元）	..	..	..
债务还本付息总额（占出口的百分比）	..	..	..
净移民（千人）	*5,149*	*5,070*	*5,008*
获得的侨汇（10亿美元）	4.4	5.9	6.9
外国直接投资，净流入额（10亿美元）	321	259	132
获得的净官方发展援助（百万美元）	..	..	..

乌拉圭

拉丁美洲和加勒比地区		高收入经济体	
人口（百万）	3.4	人口增长率（百分比）	0.3
陆地面积（千平方千米）	176	每天生活费用不足1.90美元的人口（占人口的百分比）	<2
GNI，图表集法（10亿美元）	55.9	人均GNI，图表集法（美元）	16,350
PPP衡量的GNI（10亿美元）	69.1	PPP衡量的人均GNI（美元）	20,220

	2000	2010	2014
人口			
最贫困的20%人口占国家消费/收入的份额（百分比）	4.7	4.9	*5.1*
出生时的预期寿命（岁）	75	76	77
总生育率（每个女性生育数）	2.2	2.1	2.0
孕产妇死亡率（每十万次分娩）	31	19	15
避孕普及率（占15—49岁已婚女性的百分比）	..	..	..
在熟练医护人员护理下的分娩（占总数的百分比）	*100*	*100*	*98*
5岁以下儿童死亡率（每千人）	17	12	10
生长迟缓（占5岁以下儿童的百分比）	*13.9*	*11.7*	..
儿童麻疹免疫接种率（占12—23个月年龄组的百分比）	89	95	96
小学毕业率，总数（占适龄年龄组的百分比）	97	104	..
小学和中学中女孩与男孩的比率	1.1	1.0	..
劳动力参与率（占15岁以上人口的百分比）	63	65	66
HIV感染率（占15—49岁人口的百分比）	0.5	0.8	0.7
环境			
森林（千平方千米）	14	17	18
森林采伐（2000—2010年和2010—2015年，平均年度百分比）		-2.4	-1.3
淡水使用量（占内陆水资源的百分比）	*4.0*	..	4.0
获得改善的水资源的人口（占总人口的百分比）	97	99	100
获得改善的卫生设施的人口（占总人口的百分比）	94	96	96
人均能源使用量（千克石油当量）	931	1,211	*1,351*
人均二氧化碳排放量（吨）	1.6	1.9	..
人均用电量（千瓦时）	2,030	2,803	*2,985*
经济			
GDP（10亿美元）	22.8	*40.3*	57.5
GDP增长率（年度百分比）	-1.9	7.8	3.5
GDP隐含价格平减指数（年度增长百分比）	3.5	4.9	9.6
农业增加值（占GDP的百分比）	7	8	8
工业增加值（占GDP的百分比）	25	28	28
服务业增加值（占GDP的百分比）	69	64	64
货物和服务出口（占GDP的百分比）	17	26	23
货物和服务进口（占GDP的百分比）	20	25	26
资本形成总额（占GDP的百分比）	14	19	21
中央政府收入（占GDP的百分比）	24.7	29.9	*29.9*
中央政府现金盈余/赤字（占GDP的百分比）	-3.0	-0.9	*-2.0*
政府与市场			
创办企业的时间（天）	*45*	64	7
总体统计能力水平（0—100）	..	95.6	88.9
军费支出（占GDP的百分比）	2.5	2.0	1.6
移动电话用户（每100人）	12.4	131.6	160.8
互联网用户（占总人口的百分比）	10.5	46.4	61.5
金融部门提供的国内信用（占GDP的百分比）	50.2	31.7	35.5
高科技出口（占制成品出口的百分比）	2	7	8
全球联系			
商品贸易（占GDP的百分比）	25	38	36
净易货贸易条件指数（2000年=100）	100	119	129
外债总额（10亿美元）	..	..	..
债务还本付息总额（占出口的百分比）	..	..	..
净移民（千人）	*-104*	*-50*	*-30*
获得的侨汇（百万美元）	*0*	125	122
外国直接投资，净流入额（10亿美元）	0.3	2.2	2.8
获得的净官方发展援助（百万美元）	17.4	46.7	88.7

乌兹别克斯坦

欧洲和中亚		中低收入经济体	
人口（百万）	30.8	人口增长率（百分比）	1.7
陆地面积（千平方千米）	447	每天生活费用不足1.90美元的人口（占人口的百分比）	*66.8*
GNI，图表集法（10亿美元）	64.3	人均GNI，图表集法（美元）	2,090
PPP衡量的GNI（10亿美元）	179.4	PPP衡量的人均GNI（美元）	5,830

	2000	2010	2014
人口			
最贫困的20%人口占国家消费/收入的份额（百分比）	7.1	..	..
出生时的预期寿命（岁）	67	68	68
总生育率（每个女性生育数）	2.6	2.3	2.2
孕产妇死亡率（每十万次分娩）	34	39	36
避孕普及率（占15—49岁已婚女性的百分比）	67	*65*	..
在熟练医护人员护理下的分娩（占总数的百分比）	96	*100*	..
5岁以下儿童死亡率（每千人）	63	46	39
生长迟缓（占5岁以下儿童的百分比）	*25.3*	*19.6*	..
儿童麻疹免疫接种率（占12—23个月年龄组的百分比）	99	98	99
小学毕业率，总数（占适龄年龄组的百分比）	94	96	..
小学和中学中女孩与男孩的比率	1.0	1.0	..
劳动力参与率（占15岁以上人口的百分比）	60	61	62
HIV感染率（占15—49岁人口的百分比）	0.1	0.2	0.2
环境			
森林（千平方千米）	32	33	32
森林采伐（2000—2010年和2010—2015年，平均年度百分比）		-0.2	0.3
淡水使用量（占内陆水资源的百分比）	*370.7*	*342.7*	342.7
获得改善的水资源的人口（占总人口的百分比）	89	87	*87*
获得改善的卫生设施的人口（占总人口的百分比）	91	100	100
人均能源使用量（千克石油当量）	2,064	1,513	*1,419*
人均二氧化碳排放量（吨）	4.9	3.7	..
人均用电量（千瓦时）	1,780	1,653	*1,637*
经济			
GDP（10亿美元）	13.8	*39.3*	62.6
GDP增长率（年度百分比）	3.8	8.5	8.1
GDP隐含价格平减指数（年度增长百分比）	47.3	19.6	12.6
农业增加值（占GDP的百分比）	34	19	19
工业增加值（占GDP的百分比）	23	33	34
服务业增加值（占GDP的百分比）	43	48	48
货物和服务出口（占GDP的百分比）	25	32	23
货物和服务进口（占GDP的百分比）	22	29	27
资本形成总额（占GDP的百分比）	22	23	25
中央政府收入（占GDP的百分比）	..	..	..
中央政府现金盈余/赤字（占GDP的百分比）	..	..	..
政府与市场			
创办企业的时间（天）	*29*	15	7
总体统计能力水平（0—100）	..	61.1	51.1
军费支出（占GDP的百分比）	1.2	..	..
移动电话用户（每100人）	0.2	75.5	78.4
互联网用户（占总人口的百分比）	0.5	20.0	43.6
金融部门提供的国内信用（占GDP的百分比）	..	..	..
高科技出口（占制成品出口的百分比）	..	..	..
全球联系			
商品贸易（占GDP的百分比）	40	52	43
净易货贸易条件指数（2000年=100）	100	166	171
外债总额（10亿美元）	5.0	7.8	13.4
债务还本付息总额（占出口的百分比）	..	..	..
净移民（千人）	*-450*	*-290*	*-195*
获得的侨汇（百万美元）	..	..	..
外国直接投资，净流入额（百万美元）	75	1,636	751
获得的净官方发展援助（百万美元）	186	232	324

瓦努阿图

东亚和太平洋地区			中低收入经济体
人口（千人）	259	人口增长率（百分比）	2.2
陆地面积（千平方千米）	12	每天生活费用不足1.90美元的人口（占人口的百分比）	*15.4*
GNI，图表集法（百万美元）	819.3	人均GNI，图表集法（美元）	3,160
PPP衡量的GNI（百万美元）	784.8	PPP衡量的人均GNI（美元）	3,030

	2000	2010	2014
人口			
最贫困的20%人口占国家消费/收入的份额（百分比）	..	6.7	..
出生时的预期寿命（岁）	68	71	72
总生育率（每个女性生育数）	4.4	3.5	3.3
孕产妇死亡率（每十万次分娩）	144	94	78
避孕普及率（占15—49岁已婚女性的百分比）	*28*	*38*	*49*
在熟练医护人员护理下的分娩（占总数的百分比）	*88*	*74*	*89*
5岁以下儿童死亡率（每千人）	29	29	28
生长迟缓（占5岁以下儿童的百分比）	..	*25.9*	*28.5*
儿童麻疹免疫接种率（占12—23个月年龄组的百分比）	61	53	53
小学毕业率，总数（占适龄年龄组的百分比）	92	84	*94*
小学和中学中女孩与男孩的比率	1.0	1.0	..
劳动力参与率（占15岁以上人口的百分比）	77	71	71
HIV感染率（占15—49岁人口的百分比）	..	..	..
环境			
森林（千平方千米）	4.4	4.4	4.4
森林采伐（2000—2010年和2010—2015年，平均年度百分比）		0.0	0.0
淡水使用量（占内陆水资源的百分比）	..	..	..
获得改善的水资源的人口（占总人口的百分比）	76	88	95
获得改善的卫生设施的人口（占总人口的百分比）	42	56	58
人均能源使用量（千克石油当量）	..	*159*	..
人均二氧化碳排放量（吨）	0.4	0.5	..
人均用电量（千瓦时）	..	..	..
经济			
GDP（百万美元）	272	*701*	815
GDP增长率（年度百分比）	5.9	1.6	2.3
GDP隐含价格平减指数（年度增长百分比）	2.2	2.6	2.0
农业增加值（占GDP的百分比）	26	23	28
工业增加值（占GDP的百分比）	13	14	9
服务业增加值（占GDP的百分比）	61	63	63
货物和服务出口（占GDP的百分比）	39	47	48
货物和服务进口（占GDP的百分比）	48	53	49
资本形成总额（占GDP的百分比）	20	35	26
中央政府收入（占GDP的百分比）	*19.4*	17.9	..
中央政府现金盈余/赤字（占GDP的百分比）	*-0.1*	-2.5	..
政府与市场			
创办企业的时间（天）	*47*	47	35
总体统计能力水平（0—100）	..	42.2	45.6
军费支出（占GDP的百分比）	..	..	..
移动电话用户（每100人）	0.2	71.9	60.4
互联网用户（占总人口的百分比）	2.1	8.0	18.8
金融部门提供的国内信用（占GDP的百分比）	35.6	63.7	72.1
高科技出口（占制成品出口的百分比）	0	14	..
全球联系			
商品贸易（占GDP的百分比）	42	48	46
净易货贸易条件指数（2000年=100）	100	86	95
外债总额（百万美元）	96	173	181
债务还本付息总额（占出口的百分比）	1.6	1.6	1.8
净移民（千人）	*-0.5*	*1.1*	*0.6*
获得的侨汇（百万美元）	34.7	11.8	28.1
外国直接投资，净流入额（百万美元）	20.3	63.1	13.3
获得的净官方发展援助（百万美元）	46	108	98

委内瑞拉

拉丁美洲和加勒比地区			高收入经济体
人口（百万）	30.7	人口增长率（百分比）	1.4
陆地面积（千平方千米）	912	每天生活费用不足1.90美元的人口（占人口的百分比）	*9.2*
GNI，图表集法（10亿美元）	*373.3*	人均GNI，图表集法（美元）	*12,500*
PPP衡量的GNI（10亿美元）	*535.7*	PPP衡量的人均GNI（美元）	*17,700*

	2000	2010	2014
人口			
最贫困的20%人口占国家消费/收入的份额（百分比）	*3.5*	..	..
出生时的预期寿命（岁）	72	74	74
总生育率（每个女性生育数）	2.8	2.5	2.4
孕产妇死亡率（每十万次分娩）	90	99	95
避孕普及率（占15—49岁已婚女性的百分比）	*70*	..	..
在熟练医护人员护理下的分娩（占总数的百分比）	94	..	*96*
5岁以下儿童死亡率（每千人）	22	17	15
生长迟缓（占5岁以下儿童的百分比）	17.4	*13.4*	..
儿童麻疹免疫接种率（占12—23个月年龄组的百分比）	84	79	89
小学毕业率，总数（占适龄年龄组的百分比）	82	93	96
小学和中学中女孩与男孩的比率	1.0	1.0	1.0
劳动力参与率（占15岁以上人口的百分比）	66	65	65
HIV感染率（占15—49岁人口的百分比）	0.3	0.5	0.6
环境			
森林（千平方千米）	492	475	467
森林采伐（2000—2010年和2010—2015年，平均年度百分比）		0.3	0.3
淡水使用量（占内陆水资源的百分比）	*1.1*	*2.8*	2.8
获得改善的水资源的人口（占总人口的百分比）	91	93	93
获得改善的卫生设施的人口（占总人口的百分比）	88	93	94
人均能源使用量（千克石油当量）	2,094	2,496	*2,271*
人均二氧化碳排放量（吨）	6.2	6.8	..
人均用电量（千瓦时）	2,636	3,134	*3,245*
经济			
GDP（10亿美元）	117	*394*	*381*
GDP增长率（年度百分比）	3.7	-1.5	-4.0
GDP隐含价格平减指数（年度增长百分比）	29.5	45.9	35.5
农业增加值（占GDP的百分比）	4	6	5
工业增加值（占GDP的百分比）	50	52	*49*
服务业增加值（占GDP的百分比）	46	42	..
货物和服务出口（占GDP的百分比）	30	29	*25*
货物和服务进口（占GDP的百分比）	18	18	*30*
资本形成总额（占GDP的百分比）	24	22	*27*
中央政府收入（占GDP的百分比）	21.2	..	..
中央政府现金盈余/赤字（占GDP的百分比）	-1.2	..	..
政府与市场			
创办企业的时间（天）	*143*	141	144
总体统计能力水平（0—100）	..	83.3	82.2
军费支出（占GDP的百分比）	1.5	0.9	*1.4*
移动电话用户（每100人）	22.3	96.0	99.0
互联网用户（占总人口的百分比）	3.4	37.4	57.0
金融部门提供的国内信用（占GDP的百分比）	14.9	22.5	*61.9*
高科技出口（占制成品出口的百分比）	3	5	*1*
全球联系			
商品贸易（占GDP的百分比）	42	27	*41*
净易货贸易条件指数（2000年=100）	100	216	*255*
外债总额（10亿美元）	..	..	..
债务还本付息总额（占出口的百分比）	16.9	22.0	*22.2*
净移民（千人）	*-7.6*	*-28.4*	*-69.1*
获得的侨汇（百万美元）	17	143	121
外国直接投资，净流入额（10亿美元）	4.7	1.9	6.9
获得的净官方发展援助（百万美元）	76.1	52.6	40.6

越 南

东亚和太平洋地区			中低收入经济体
人口（百万）	90.7	人口增长率（百分比）	1.1
陆地面积（千平方千米）	331	每天生活费用不足1.90美元的人口（占人口的百分比）	*3.2*
GNI，图表集法（10亿美元）	171.9	人均GNI，图表集法（美元）	1,890
PPP衡量的GNI（10亿美元）	485.2	PPP衡量的人均GNI（美元）	5,350

	2000	2010	2014
人口			
最贫困的20%人口占国家消费/收入的份额（百分比）	*7.5*	5.9	*6.5*
出生时的预期寿命（岁）	73	75	76
总生育率（每个女性生育数）	2.0	1.9	2.0
孕产妇死亡率（每十万次分娩）	81	58	54
避孕普及率（占15—49岁已婚女性的百分比）	74	*78*	76
在熟练医护人员护理下的分娩（占总数的百分比）	70	*93*	94
5岁以下儿童死亡率（每千人）	34	25	22
生长迟缓（占5岁以下儿童的百分比）	43.4	23.3	*19.4*
儿童麻疹免疫接种率（占12—23个月年龄组的百分比）	97	98	97
小学毕业率，总数（占适龄年龄组的百分比）	99	*103*	106
小学和中学女孩与男孩的比率	*0.9*	..	..
劳动力参与率（占15岁以上人口的百分比）	78	77	78
HIV感染率（占15—49岁人口的百分比）	0.2	0.4	0.5
环境			
森林（千平方千米）	117	141	148
森林采伐（2000—2010年和2010—2015年，平均年度百分比）		-1.9	-0.9
淡水使用量（占内陆水资源的百分比）	..	*22.8*	22.8
获得改善的水资源的人口（占总人口的百分比）	77	91	98
获得改善的卫生设施的人口（占总人口的百分比）	53	70	78
人均能源使用量（千克石油当量）	370	678	*668*
人均二氧化碳排放量（吨）	0.7	1.8	..
人均用电量（千瓦时）	295	1,035	*1,306*
经济			
GDP（10亿美元）	33.6	*115.9*	186.2
GDP增长率（年度百分比）	6.8	6.4	6.0
GDP隐含价格平减指数（年度增长百分比）	11.6	12.1	3.7
农业增加值（占GDP的百分比）	23	19	18
工业增加值（占GDP的百分比）	34	38	39
服务业增加值（占GDP的百分比）	43	43	43
货物和服务出口（占GDP的百分比）	50	72	86
货物和服务进口（占GDP的百分比）	53	80	83
资本形成总额（占GDP的百分比）	27	36	27
中央政府收入（占GDP的百分比）	..	..	..
中央政府现金盈余/赤字（占GDP的百分比）	..	..	..
政府与市场			
创办企业的时间（天）	*62*	36	20
总体统计能力水平（0—100）	..	64.4	82.2
军费支出（占GDP的百分比）	*2.0*	2.3	2.3
移动电话用户（每100人）	1.0	125.3	147.1
互联网用户（占总人口的百分比）	0.3	30.7	48.3
金融部门提供的国内信用（占GDP的百分比）	32.6	124.7	113.8
高科技出口（占制成品出口的百分比）	11	9	27
全球联系			
商品贸易（占GDP的百分比）	90	135	161
净易货贸易条件指数（2000年=100）	100	130	130
外债总额（10亿美元）	12.9	44.9	71.9
债务还本付息总额（占出口的百分比）	7.5	2.3	4.2
净移民（千人）	*-772*	*-878*	*-200*
获得的侨汇（10亿美元）	1.3	8.3	..
外国直接投资，净流入额（10亿美元）	1.3	8.0	9.2
获得的净官方发展援助（10亿美元）	1.7	2.9	4.2

美属维尔京群岛

拉丁美洲和加勒比地区		高收入经济体	
人口（千人）	104	人口增长率（百分比）	-0.5
陆地面积（平方千米）	350	每天生活费用不足1.90美元的人口（占人口的百分比）	..
GNI，图表集法（10亿美元）	..	人均GNI，图表集法（美元）	..
PPP衡量的GNI（百万美元）	..	PPP衡量的人均GNI（美元）	..

	2000	2010	2014
人口			
最贫困的20%人口占国家消费/收入的份额（百分比）	..	..	..
出生时的预期寿命（岁）	77	79	80
总生育率（每个女性生育数）	2.1	1.8	1.8
孕产妇死亡率（每十万次分娩）	..	..	..
避孕普及率（占15—49岁已婚女性的百分比）	*78*	..	..
在熟练医护人员护理下的分娩（占总数的百分比）	*98*	..	..
5岁以下儿童死亡率（每千人）	..	..	..
生长迟缓（占5岁以下儿童的百分比）	..	..	..
儿童麻疹免疫接种率（占12—23个月年龄组的百分比）	..	..	..
小学毕业率，总数（占适龄年龄组的百分比）	..	..	..
小学和中学中女孩与男孩的比率	..	..	..
劳动力参与率（占15岁以上人口的百分比）	64	64	62
HIV感染率（占15—49岁人口的百分比）	..	..	..
环境			
森林（平方千米）	200	180	180
森林采伐（2000—2010年和2010—2015年，平均年度百分比）		1.2	0.6
淡水使用量（占内陆水资源的百分比）	..	..	..
获得改善的水资源的人口（占总人口的百分比）	100	100	100
获得改善的卫生设施的人口（占总人口的百分比）	96	96	96
人均能源使用量（千克石油当量）	..	..	..
人均二氧化碳排放量（吨）	..	..	..
人均用电量（千瓦时）	..	..	..
经济			
GDP（百万美元）	..	..	..
GDP增长率（年度百分比）	..	..	..
GDP隐含价格平减指数（年度增长百分比）	..	..	..
农业增加值（占GDP的百分比）	..	..	..
工业增加值（占GDP的百分比）	..	..	..
服务业增加值（占GDP的百分比）	..	..	..
货物和服务出口（占GDP的百分比）	..	..	..
货物和服务进口（占GDP的百分比）	..	..	..
资本形成总额（占GDP的百分比）	..	..	..
中央政府收入（占GDP的百分比）	..	..	..
中央政府现金盈余/赤字（占GDP的百分比）	..	..	..
政府与市场			
创办企业的时间（天）	..	..	..
总体统计能力水平（0—100）	..	..	..
军费支出（占GDP的百分比）	..	..	..
移动电话用户（每100人）	32.3	..	..
互联网用户（占总人口的百分比）	13.8	31.2	50.1
金融部门提供的国内信用（占GDP的百分比）	..	..	..
高科技出口（占制成品出口的百分比）	..	..	..
全球联系			
商品贸易（占GDP的百分比）	..	..	..
净易货贸易条件指数（2000年=100）	..	..	..
外债总额（百万美元）	..	..	..
债务还本付息总额（占出口的百分比）	..	..	..
净移民（千人）	-5.3	-6.2	-3.6
获得的侨汇（百万美元）	..	..	..
外国直接投资，净流入额（百万美元）	..	..	..
获得的净官方发展援助（百万美元）	..	..	..

西岸和加沙

中东和北非			中低收入经济体
人口（百万）	4.3	人口增长率（百分比）	3.0
陆地面积（千平方千米）	6.0	每天生活费用不足1.90美元的人口（占人口的百分比）	<2
GNI，图表集法（10亿美元）	13.1	人均GNI，图表集法（美元）	3,060
PPP衡量的GNI（10亿美元）	21.5	PPP衡量的人均GNI（美元）	5,000

	2000	2010	2014
人口			
最贫困的20%人口占国家消费/收入的份额（百分比）	..	*7.7*	..
出生时的预期寿命（岁）	71	72	73
总生育率（每个女性生育数）	5.4	4.4	4.2
孕产妇死亡率（每十万次分娩）	72	54	45
避孕普及率（占15—49岁已婚女性的百分比）	51	53	57
在熟练医护人员护理下的分娩（占总数的百分比）	97	99	100
5岁以下儿童死亡率（每千人）	30	24	21
生长迟缓（占5岁以下儿童的百分比）	*16.1*	10.9	7.4
儿童麻疹免疫接种率（占12—23个月年龄组的百分比）	..	..	..
小学毕业率，总数（占适龄年龄组的百分比）	94	95	97
小学和中学中女孩与男孩的比率	1.0	1.0	1.1
劳动力参与率（占15岁以上人口的百分比）	38	41	41
HIV感染率（占15—49岁人口的百分比）	..	..	..
环境			
森林（平方千米）	90	90	90
森林采伐（2000—2010年和2010—2015年，平均年度百分比）		-0.1	0.0
淡水使用量（占内陆水资源的百分比）	*34.4*	*51.5*	51.5
获得改善的水资源的人口（占总人口的百分比）	91	70	58
获得改善的卫生设施的人口（占总人口的百分比）	89	92	92
人均能源使用量（千克石油当量）	..	..	..
人均二氧化碳排放量（吨）	0.3	0.5	..
人均用电量（千瓦时）	..	..	..
经济			
GDP（10亿美元）	4.3	*8.9*	12.7
GDP增长率（年度百分比）	-9.9	2.3	-1.5
GDP隐含价格平减指数（年度增长百分比）	10.4	13.4	2.7
农业增加值（占GDP的百分比）	11	7	5
工业增加值（占GDP的百分比）	25	24	*24*
服务业增加值（占GDP的百分比）	64	69	*72*
货物和服务出口（占GDP的百分比）	21	15	18
货物和服务进口（占GDP的百分比）	67	59	61
资本形成总额（占GDP的百分比）	32	22	19
中央政府收入（占GDP的百分比）	..	6.0	*5.1*
中央政府现金盈余/赤字（占GDP的百分比）	..	0.5	*0.3*
政府与市场			
创办企业的时间（天）	..	48	44
总体统计能力水平（0—100）	..	42.2	80.0
军费支出（占GDP的百分比）	..	..	..
移动电话用户（每100人）	0.2	64.9	72.1
互联网用户（占总人口的百分比）	1.1	37.4	53.7
金融部门提供的国内信用（占GDP的百分比）	7.0	7.2	9.8
高科技出口（占制成品出口的百分比）	..	..	..
全球联系			
商品贸易（占GDP的百分比）	..	..	..
净易货贸易条件指数（2000年=100）	100	79	77
外债总额（百万美元）	..	..	..
债务还本付息总额（占出口的百分比）	..	..	..
净移民（千人）	*-190*	*-90*	*-44*
获得的侨汇（10亿美元）	1.0	0.9	2.2
外国直接投资，净流入额（百万美元）	62	180	127
获得的净官方发展援助（10亿美元）	0.7	2.5	2.5

也门共和国

中东和北非			中低收入经济体
人口（百万）	26.2	人口增长率（百分比）	2.5
陆地面积（千平方千米）	528	每天生活费用不足1.90美元的人口（占人口的百分比）	..
GNI，图表集法（10亿美元）	*33.3*	人均GNI，图表集法（美元）	*1,300*
PPP衡量的GNI（10亿美元）	*93.3*	PPP衡量的人均GNI（美元）	*3,650*

	2000	2010	2014
人口			
最贫困的20%人口占国家消费/收入的份额（百分比）	..	..	..
出生时的预期寿命（岁）	60	63	64
总生育率（每个女性生育数）	6.3	4.7	4.2
孕产妇死亡率（每十万次分娩）	440	416	385
避孕普及率（占15—49岁已婚女性的百分比）	*23*	*28*	*34*
在熟练医护人员护理下的分娩（占总数的百分比）	*27*	*36*	*45*
5岁以下儿童死亡率（每千人）	95	54	42
生长迟缓（占5岁以下儿童的百分比）	*57.7*	*46.6*	*46.8*
儿童麻疹免疫接种率（占12—23个月年龄组的百分比）	71	73	75
小学毕业率，总数（占适龄年龄组的百分比）	*58*	65	69
小学和中学中女孩与男孩的比率	*0.5*	0.8	*0.8*
劳动力参与率（占15岁以上人口的百分比）	47	48	49
HIV感染率（占15—49岁人口的百分比）	0.1	0.1	0.1
环境			
森林（千平方千米）	5.5	5.5	5.5
森林采伐（2000—2010年和2010—2015年，平均年度百分比）		0.0	0.0
淡水使用量（占内陆水资源的百分比）	*161.9*	*169.8*	169.8
获得改善的水资源的人口（占总人口的百分比）	60	55	*55*
获得改善的卫生设施的人口（占总人口的百分比）	39	53	*53*
人均能源使用量（千克石油当量）	267	332	*324*
人均二氧化碳排放量（吨）	0.8	1.1	..
人均用电量（千瓦时）	140	250	*247*
经济			
GDP（10亿美元）	9.6	*30.9*	*36.0*
GDP增长率（年度百分比）	6.2	3.3	*4.2*
GDP隐含价格平减指数（年度增长百分比）	23.3	13.8	*7.9*
农业增加值（占GDP的百分比）	14	..	..
工业增加值（占GDP的百分比）	46	..	..
服务业增加值（占GDP的百分比）	40	..	..
货物和服务出口（占GDP的百分比）	41	..	..
货物和服务进口（占GDP的百分比）	34	..	..
资本形成总额（占GDP的百分比）	19	..	..
中央政府收入（占GDP的百分比）	..	..	..
中央政府现金盈余/赤字（占GDP的百分比）	..	..	..
政府与市场			
创办企业的时间（天）	*72*	12	40
总体统计能力水平（0—100）	..	48.9	55.6
军费支出（占GDP的百分比）	4.9	4.7	*4.6*
移动电话用户（每100人）	0.2	48.7	68.5
互联网用户（占总人口的百分比）	0.1	12.4	22.6
金融部门提供的国内信用（占GDP的百分比）	5.3	19.5	33.9
高科技出口（占制成品出口的百分比）	*0*	0	1
全球联系			
商品贸易（占GDP的百分比）	66	56	*60*
净易货贸易条件指数（2000年=100）	100	149	159
外债总额（10亿美元）	5.2	6.7	7.7
债务还本付息总额（占出口的百分比）	5.9	2.8	3.3
净移民（千人）	*-100.0*	*0.0*	*-50.0*
获得的侨汇（10亿美元）	1.3	1.5	3.4
外国直接投资，净流入额（百万美元）	6	189	-738
获得的净官方发展援助（百万美元）	311	667	1,164

赞比亚

撒哈拉以南非洲地区		中低收入经济体	
人口（百万）	15.7	人口增长率（百分比）	3.1
陆地面积（千平方千米）	753	每天生活费用不足1.90美元的人口（占人口的百分比）	*64.4*
GNI，图表集法（10亿美元）	26.4	人均GNI，图表集法（美元）	1,680
PPP衡量的GNI（10亿美元）	57.9	PPP衡量的人均GNI（美元）	3,690

	2000	2010	2014
人口			
最贫困的20%人口占国家消费/收入的份额（百分比）	*6.1*	3.8	..
出生时的预期寿命（岁）	43	56	60
总生育率（每个女性生育数）	6.1	5.7	5.4
孕产妇死亡率（每十万次分娩）	541	262	224
避孕普及率（占15—49岁已婚女性的百分比）	*22*	*41*	49
在熟练医护人员护理下的分娩（占总数的百分比）	*47*	*47*	64
5岁以下儿童死亡率（每千人）	163	82	64
生长迟缓（占5岁以下儿童的百分比）	*57.9*	*45.8*	*40.0*
儿童麻疹免疫接种率（占12—23个月年龄组的百分比）	85	96	85
小学毕业率，总数（占适龄年龄组的百分比）	57	98	*81*
小学和中学中女孩与男孩的比率	..	..	..
劳动力参与率（占15岁以上人口的百分比）	80	80	79
HIV感染率（占15—49岁人口的百分比）	14.3	13.0	12.4
环境			
森林（千平方千米）	511	495	486
森林采伐（2000—2010年和2010—2015年，平均年度百分比）		0.3	0.3
淡水使用量（占内陆水资源的百分比）	*2.0*	..	2.0
获得改善的水资源的人口（占总人口的百分比）	53	61	65
获得改善的卫生设施的人口（占总人口的百分比）	41	43	44
人均能源使用量（千克石油当量）	590	591	*631*
人均二氧化碳排放量（吨）	0.2	0.2	..
人均用电量（千瓦时）	588	577	*731*
经济			
GDP（10亿美元）	3.6	*20.3*	27.1
GDP增长率（年度百分比）	3.9	10.3	6.0
GDP隐含价格平减指数（年度增长百分比）	32.6	14.0	8.6
农业增加值（占GDP的百分比）	18	10	*10*
工业增加值（占GDP的百分比）	26	36	*34*
服务业增加值（占GDP的百分比）	55	54	*57*
货物和服务出口（占GDP的百分比）	24	37	41
货物和服务进口（占GDP的百分比）	36	31	38
资本形成总额（占GDP的百分比）	..	30	..
中央政府收入（占GDP的百分比）	*17.5*	13.9	..
中央政府现金盈余/赤字（占GDP的百分比）	*1.6*	-1.2	..
政府与市场			
创办企业的时间（天）	*35*	18	8
总体统计能力水平（0—100）	..	57.8	60.0
军费支出（占GDP的百分比）	*1.6*	1.4	1.6
移动电话用户（每100人）	1.0	41.2	67.3
互联网用户（占总人口的百分比）	0.2	10.0	17.3
金融部门提供的国内信用（占GDP的百分比）	64.0	15.1	25.9
高科技出口（占制成品出口的百分比）	0	1	2
全球联系			
商品贸易（占GDP的百分比）	49	62	71
净易货贸易条件指数（2000年=100）	100	193	172
外债总额（10亿美元）	5.8	4.4	7.4
债务还本付息总额（占出口的百分比）	21.2	1.9	3.7
净移民（千人）	*-93*	*-124*	*-34*
获得的侨汇（百万美元）	*36.3*	43.7	58.3
外国直接投资，净流入额（10亿美元）	0.1	1.7	1.5
获得的净官方发展援助（百万美元）	795	917	995

津巴布韦

撒哈拉以南非洲地区　　　　低收入经济体

人口（百万）	15.2	人口增长率（百分比）	2.3
陆地面积（千平方千米）	391	每天生活费用不足1.90美元的人口（占人口的百分比）	..
GNI，图表集法（10亿美元）	12.8	人均GNI，图表集法（美元）	840
PPP衡量的GNI（10亿美元）	25.2	PPP衡量的人均GNI（美元）	1,650

	2000	2010	2014
人口			
最贫困的20%人口占国家消费/收入的份额（百分比）	..	..	..
出生时的预期寿命（岁）	42	50	57
总生育率（每个女性生育数）	4.1	4.0	3.9
孕产妇死亡率（每十万次分娩）	590	446	443
避孕普及率（占15—49岁已婚女性的百分比）	*54*	59	67
在熟练医护人员护理下的分娩（占总数的百分比）	*73*	66	80
5岁以下儿童死亡率（每千人）	106	90	71
生长迟缓（占5岁以下儿童的百分比）	*33.7*	32.3	27.6
儿童麻疹免疫接种率（占12—23个月年龄组的百分比）	75	90	92
小学毕业率，总数（占适龄年龄组的百分比）	*90*	..	*89*
小学和中学中女孩与男孩的比率	0.9	..	*1.0*
劳动力参与率（占15岁以上人口的百分比）	75	86	87
HIV感染率（占15—49岁人口的百分比）	28.4	18.0	16.7
环境			
森林（千平方千米）	189	156	141
森林采伐（2000—2010年和2010—2015年，平均年度百分比）		1.9	2.1
淡水使用量（占内陆水资源的百分比）	*34.3*	..	34.3
获得改善的水资源的人口（占总人口的百分比）	79	78	77
获得改善的卫生设施的人口（占总人口的百分比）	39	38	37
人均能源使用量（千克石油当量）	801	677	*758*
人均二氧化碳排放量（吨）	1.1	0.6	..
人均用电量（千瓦时）	853	551	*532*
经济			
GDP（10亿美元）	6.7	*9.4*	14.2
GDP增长率（年度百分比）	-3.1	11.4	3.8
GDP隐含价格平减指数（年度增长百分比）	0.6	3.7	1.3
农业增加值（占GDP的百分比）	18	15	14
工业增加值（占GDP的百分比）	*24*	31	29
服务业增加值（占GDP的百分比）	*57*	55	57
货物和服务出口（占GDP的百分比）	38	37	27
货物和服务进口（占GDP的百分比）	36	64	52
资本形成总额（占GDP的百分比）	14	24	13
中央政府收入（占GDP的百分比）	..	..	..
中央政府现金盈余/赤字（占GDP的百分比）	..	..	..
政府与市场			
创办企业的时间（天）	*131*	86	90
总体统计能力水平（0—100）	..	51.1	62.2
军费支出（占GDP的百分比）	5.2	1.0	2.6
移动电话用户（每100人）	2.1	58.9	80.8
互联网用户（占总人口的百分比）	0.4	11.5	19.9
金融部门提供的国内信用（占GDP的百分比）	52.2	..	..
高科技出口（占制成品出口的百分比）	2	1	2
全球联系			
商品贸易（占GDP的百分比）	57	74	51
净易货贸易条件指数（2000年=100）	100	114	108
外债总额（10亿美元）	3.8	6.6	10.6
债务还本付息总额（占出口的百分比）	..	..	..
净移民（千人）	*-396*	*-308*	*-220*
获得的侨汇（百万美元）	..	..	..
外国直接投资，净流入额（百万美元）	23	166	545
获得的净官方发展援助（百万美元）	176	713	758

注 释

a. 数据会根据阿根廷国家数据统计院的后续官方报告做出最终调整。

b. 阿根廷的数据来自阿根廷国家数据统计院的官方报告。但国际货币基金组织已在2013年2月1日要求对其进行审核，并在2013年12月呼吁阿根廷采取补救措施，以保证其官方GDP、CPI数据的质量。2015年6月3日，国际货币基金组织执行会认可了对自2013年以来数据提供不准所采取的补救产生了实质性效果，但直到2015年2月为止，呼吁当局采取的行动中仍有些未完全落实。国际货币基金组织执委会将在2016年7月15日对此问题进行复核。

c. 估计值不同于中国政府官方统计值中公布的军费开支估计值：2000年占GDP的1.2%，2013年为1.3%，2014年为1.3%（见中国国家统计局网站，www.stats.gov.cn）。

d. 指不被冰山覆盖的地区。

e. 包括黑山。

f. 不包括南苏丹。

g. 包括南苏丹。

获得改善的卫生设施——拥有获得改善的卫生设施的人口百分比。改善的卫生设施可以使人免于接触排泄物。这些设施包括冲水马桶（到管道下水系统、化粪池、旱厕）、通风改进式旱厕、有盖板的旱厕、堆肥厕所。2014年数据为2015年的。（世界卫生组织/联合国儿童基金会水供给与卫生联合监督项目）

获得改善的水资源——从改善的水源合理获得足够用水的人口百分比。改善的水源包括室内自来水（诸如接入家庭建筑物、用地或院落的自来水）以及其他改善的水源（公共水管、受到保护的蓄水池、受到保护的井、泉以及雨水收集）。2014年数据为2015年的。（世界卫生组织、联合国儿童基金会水供给与卫生联合监督项目）

在熟练医护人员护理下的分娩——在经过培训的医护人员护理下分娩的百分比，护理内容包括在女性怀孕、分娩和产后期间给予必要的监护、照顾和建议指导，引导产妇自己分娩以及照顾新生儿。（联合国儿童基金会、ICF国际咨询公司）

人均二氧化碳排放量——化石燃料燃烧和水泥生产所产生的二氧化碳排放量除以年中人口数量。它们包括在消费固态、液态和气态燃料以及天然气废气燃烧时产生的二氧化碳。（二氧化碳信息分析中心）

中央政府现金盈余/赤字——指收益（包括赠款）减去支出和非金融资产的净获得额。在2005年前的版本中，非金融资产包括在收入和支出总额中。现金盈余/赤字的概念接近于早期的总预算盈余（缺少的仍然是贷款减去债务偿还，该项被记作金融资产净获得额下的融资项目）。（国际货币基金组织）

中央政府收入——来自税收、社会捐款以及其他诸如罚金、收费、租金和来自财产及销售的收入。赠款通常也被认为是中央政府收入的一部分，但这里不包括此项收益。（国际货币基金组织）

儿童麻疹免疫接种率——指在调查时接种了麻疹疫苗的

12—23 个月的儿童所占的百分比，接种是在 12 个月之内或调查之前的任何时间。儿童在接种 1 次麻疹疫苗后被认为对麻疹有足够的免疫力。（世界卫生组织、联合国儿童基金会）

避孕普及率——15—49 岁结婚或者同居女性（或者其性伴侣）采取任何形式的避孕措施所占的百分比。（联合国儿童基金会、联合国人口署、ICF 国际咨询公司）

森林采伐——天然林永久性地转换为其他用途，包括林农轮作、永久性农业、牧业、拓居地以及基础设施建设。森林面积减少不包括已砍伐但准备重植的面积，也不包括采集薪柴、酸沉降或森林火灾所导致的森林退化的面积。负数表示森林面积的增加。（粮食与农业组织）

金融部门提供的国内信用——指除对中央政府外各种部门在总量基础上提供的所有信用。金融部门包括金融主管当局、存款银行及其他可获得数据的银行业机构。（国际货币基金组织）

人均用电量——用电量为发电厂和热力、电力综合工厂的发电量减去输变电损耗和热力、电力厂的自用量，再加上进口减去出口，除以年中人口数量。（国际能源署）

人均能源使用量——在转化为其他最终用途的燃料之前，主要能源的使用量，等于国内生产量加进口量和存量变化，减去出口量和用于国际运输中的船舶和飞机用燃料，除以年中人口数量。（国际能源署）

货物和服务出口——提供给世界其他地区的所有货物与服务的价值，包括商品、货运、保险、运输、旅游、版税、特许权费和其他服务的价值。劳动收入及财产收益（以前称为要素服务）和转移支付不在其中。（世界银行、经济合作与发展组织、联合国）

外国直接投资，净流入量——投资者为获得其本国之外企业经营中持久的管理利益而进行的投资形成的净流入量。它是股票、收益再投资、其他长期资本以及国际收支平衡

表中显示的短期资本之和。净流入量是指报告期的新投资减去投资收回。（世界银行、国际货币基金组织）

森林——自然生长或人工种植的立木所覆盖的地区，无论其是否是生产性的。2014 年数据为 2015 年的。（粮食与农业组织）

淡水使用量——对居民、工业和农业淡水使用的估计总量，但不包括在水存储地点的蒸腾损失。国内的水资源仅仅指国内可更新的水资源（一个国家内降水产生的河川和地表水径流量）。因为不包括来自其他国家的河川径流，因为从不可更新的含水地层抽取或咸水淡化厂生产的淡水量很大，或者因为水的重复利用规模很大，水的使用量可以超过可更新的淡水总量。（粮食与农业组织、世界资源研究所）

GDP（国内生产总值）——以购买者价格计算的国内生产总值。即一个经济体内所有居民创造的总增加值之和加上任何产品税，减去不包括在产品价值中的任何补贴。计算中没有扣除成套设备资产的折旧或自然资源的损耗和退化。（世界银行、经济合作与发展组织、联合国）

GDP 增长率——国内生产总值一年的实际增长率。（世界银行和经济合作与发展组织）

GDP 隐含价格平减指数——一个经济体整体上一年的价格变化率。（世界银行、经济合作与发展组织、联合国）

GNI（国民总收入）——国内生产总值（GDP）加上境外营业收入的净收益（雇员获得的报酬和收入）。国内生产总值（GDP）指所有居民生产者创造的增加值的总和，加上未统计在估计产值中的产品税（减去补贴）。（世界银行）

人均 GNI——利用世界银行图表集方法将国民总收入转化成美元之后除以年中人口数量。国民总收入（GNI）指所有居民生产者创造的增加值的总和，加上未统计在估计产值中的任何产品税（减去补贴），加上境外营业收入的净收益（雇员获得的报酬和财产收入）。以本币计算的 GNI 通常要以官方汇率（与各经济体的比较）转化成美元。世界银行图表集方法通常用于熨平价格和汇率的波动。将给定年份及其前两年的汇率加以平均，对各个国家、欧元区、日本、英国和美国不同的通货膨胀率加以调整。（世界银行）

购买力平价衡量的 GNI——利用购买力平价将 GNI 转化成国际美元。对于 GNI 来讲，一国际美元所具有的购买力与美国美元在美国的购买力相同。（世界银行）

购买力平价衡量的人均 GNI——利用购买力平价将 GNI 转化成国际美元，除以年中人口数量。对于 GNI 来讲，一国际美元所具有的购买力与美国美元在美国的购买力相同。对大多数经济体，购买力平价数值是根据 2011 年国际比较项目（ICP）估计的基本值推算而来，或是利用基于 2011 年 ICP 的统计模型计算而来。对于 47 个高收入及中高收入经济体，换算因子由欧盟统计局及经济合作与发展组织提供。（世界银行）

资本形成总额——由新增固定资产支出加上库存的净变动值构成。固定资产包括改良后的土地（围栏、水渠、排水沟等）；厂房、机器和设备的购置；建设公路、铁路以及学校、办公室、医院、私人住宅和工商业建筑等的修建。库存是企业为满足生产、销售或引进项目的暂时需要或应付意外变化而贮存的商品。依照 1993 年 SNA，贵重物品的净收入也被认为是主要的构成。（世界银行、经济合作与发展组织、联合国）

高科技出口——具有较高的研究与开发强度的产品，包括诸如航空航天、计算机、药品、科研设备和电子设备等。（联合国商品贸易统计数据库）

HIV 感染率——15—49 岁的人口感染 HIV 的百分比。（联合国艾滋病合作规划署）

货物和服务进口——提供给世界其他国家的所有货物和服务的价值，包括商品、货运、保险、运输、旅游、版税、特许权费和其他服务。劳务和财产收入（以前称要素性服务）

作为转移支付不包括在内。（世界银行、经济合作与发展组织、联合国）

互联网用户——指最近 12 个月使用国际互联网络（任何地方）的人数所占百分比。国际互联网可以在电脑、移动电话、掌上电脑、游戏机、数字电视等上面使用。（国际电信联盟）

劳动力参与率——15 岁及以上人口中积极参与到劳动力市场中的比率，包括相应时期内正在工作或正在找工作的人口。表中数据为模型化的估计值。（国际劳工组织劳动力市场关键指标）

出生时的预期寿命——假定出生时死亡格局在其一生中保持不变，一名新生儿可能生存的年数。（欧洲统计局、联合国人口署、世界银行）

孕产妇死亡率——每十万次分娩中在怀孕期或怀孕结束后 42 天内因怀孕而死亡的妇女比例。表中数据是通过回归模型估计出的，模型使用了 15—49 岁妇女因非艾滋病原因造成孕产期死亡的人数、生育率、接生状况、GDP。2014 年数据为 2015 年的。（世界卫生组织、联合国儿童基金、联合国人口基金、世界银行、联合国人口署）

商品贸易——以现值美元衡量的商品出口和进口之和。（世界贸易组织和世界银行）

军费支出——包括用于武装力量的所有日常开支和资本开支，武装力量包括维和部队、国防部以及从事国防项目的其他政府机构、准武装力量（如果他们受过训练并装备了武器）以及军事空间活动等。这些开支包括军职人员和文职人员，其中包括军事人员的退休金以及向军事人员提供的社会服务、运转和维护费用、采购、军事研究与开发以及军事援助（包括在援助国的军费开支内）等。民间防御以及用于以往军事活动的日常开支不包括在内，例如退役军人的福利，复员、转业以及武器的销毁等。该定义并不适用于所有国家，然而，这需要更为详细的信息，而不仅仅是军费预算和预算外军费开支项目中所包含的内容。(例如，军费预算可能包括，也可能不包括民间防御、储备和后备部队、警察和准军事部队、双重任务部队，例如军警和民警、各种军事赠予、军事人员的退休金、政府提供的社会保障)(斯德哥尔摩国际和平研究所)

移动电话用户——利用蜂窝技术而获得公共交换台电话网使用权的手机用户，包括非预付话费和预付话费用户。(国际电信联盟)

净易货贸易条件——相对于以 2000 年为基年的出口价格指数与相应的进口价格指数之比。(联合国贸易与发展会议、国际货币基金组织)

净移民——一段期间内的外国向本国移民人数减本国向外国移民人数，包括公民和非公民。数据为 5 年期估计值。(联合国人口署)

获得的净官方发展援助——为满足发展援助委员会所定义的官方发展援助的资金流量（净偿还额），并且要拨付给发展援助委员会受援国名单上的国家和地区。(经济合作与发展组织)

总体统计能力水平——是评估一国统计系统能力的复合分值。基于对以下领域的诊断性框架评估：方法；数据来源；周期及时间轴。各国在这些领域按 25 条准则打分，使用可获得的公开数据和或国家输入数据。总体统计能力分析通过对三个领域分在 0—100 范围内简单平均获得。2014 数据为 2015 年的。(世界银行)

获得的侨汇——指雇员的个人转移支付和补偿金。包括常住住户从非常住住户那里收到的现金转移支付或者各种收入、非常住劳工获得的工资和薪金、非常住实体雇佣的常住劳工获得的工资和薪金。(国际货币基金组织、世界银行)

人口——年中所有居民的估计数，无论其法律地位或公民权状况如何，该数字不包括在避难国非永久居住的难民，他们通常被认为是来源国人口的一部分。(欧洲统计局、联

合国人口署、世界银行)

每天生活费用不足 1.90 美元的人口——指每天生活费用不足 1.90 美元(以 2011 年的国际价格计算)的人口百分比。由于购买力平价汇率的修订,单个国家的贫困率不能与之前的版本进行比较。注意孟加拉国、佛得角、柬埔寨、约旦和老挝五国的数据是基于 2005 年每天 1.25 美元的贫困线。(世界银行)

人口增长率——相对于前一年年中人口的指数增长率。(世界银行)

生长迟缓——五岁以下儿童中身高低于本年龄段 0—59 个月国际参考人口中位值两个标准差的儿童所占百分比。两岁以下儿童按卧姿身长计。两岁以上按直立身高计。数据基于 2006 年 WHO 的新儿童发育标准。(世界卫生组织)

小学毕业率,总数——完成最后一年小学教育的学生所占的百分比。其计算如下:完成最后一年小学教育的学生人数减去该年级的复读人数,然后除以达到官方规定的毕业年龄的儿童总数。(联合国教科文组织统计研究所)

小学和中学中女孩与男孩的比率——指小学与中学中女性与男性总入学率之比。(联合国教科文组织统计研究所)

最贫困的 20% 人口占国家消费或者收入的份额——最贫困的 1/5 人口的消费或者收入在总的国家消费或者收入中占有的份额。因福利衡量方式不同,一国在各年的数据可能无法进行严格的比较。(世界银行)

创办企业的时间——指在法律上创办一个企业而必须完成的程序所需要的日历天数。如果某项程序可以通过额外的成本加速,那么不考虑成本,只计算最快的时间。表中给出的 2014 年的数据为 2015 年 6 月的数据。(世界银行)

陆地面积——一国的总面积,包括内陆水体和部分沿海水道。(粮食与农业组织)。

词汇表

债务还本付息总额——对长期债务（政府债务、政府担保债务以及私人未担保的债务）的本金偿还和实际利息支付、短期债务的利息支付以及国际货币基金组织贷款的偿还（重新购买和付费），以占出口的百分比表示。出口涉及一般商品和服务出口总价值、非居民劳工就业赔偿收入、海外投资收入。（世界银行、国际货币基金组织）

外债总额——拖欠非居民的以外币、商品和服务形式偿付的债务。外债总额是长期外债、短期债务和国际货币基金组织贷款使用的总和。以本币偿还的债务不包括在内。（世界银行）

总生育率——一个女性育龄期结束时，如按目前特定年龄生育率生育孩子的话，可能生育的孩子数量。（欧洲统计局、联合国人口署、世界银行）

5 岁以下儿童死亡率——在当前特定年龄组别死亡率情况下，一名新生儿在 5 岁以前死亡的概率，以千分数计。2014 年数据为 2015 年的。（联合国儿童基金会、世界卫生组织、世界银行、联合国人口署）

农业增加值——农业部门（国际工业标准分类 1—5 项，包括林业和渔业）净产出的加总减去中间产品的投入。（世界银行、经济合作与发展组织、联合国）

工业增加值——工业部门（国际工业标准分类 10—45 项，包括采矿、制造业、建筑、电力、供水和煤气）净产出的加总减去中间产品的投入。（世界银行、经济合作与发展组织、联合国）

服务业增加值——服务业部门（国际工业标准分类 50—99 项）净产出的加总减去中间产品的投入。这部分属残余的来源，不可能恰当地反映服务产出总量，其中包括银行业和金融服务业。（世界银行、经济合作与发展组织、联合国）

图书在版编目（CIP）数据

2016年世界发展数据手册/世界银行著；中国财政经济出版社组织翻译．—北京：中国财政经济出版社，2017.1

ISBN 978-7-5095-7114-9

Ⅰ．①2… Ⅱ．①世… ②中… Ⅲ．①世界经济—经济发展—统计数据—2016—手册 Ⅳ．①F112-62

中国版本图书馆CIP数据核字（2016）第289935号

责任编辑：孙　腾

2016年世界发展数据手册

中国财政经济出版社 出版

URL：http://www.cfeph.cn

E-mail：cfeph@cfeph.cn

社址：北京市海淀区阜成路甲28号　邮政编码：100142

发行处电话：88190406　财经书店电话：64033436

北京财经印刷厂印刷　各地新华书店经销

787×1092毫米　24开　10.25印张　230 000字

2016年12月第1版　2016年12月北京第1次印刷

定价：25.00元

图字：01-2016-7407

ISBN 978-7-5095-7114-9/F·5704

（图书出现印装问题，本社负责调换）

本社质量投诉电话：010-88190744

打击盗版举报热线：010-88190492、QQ：634579818